ÄGYPTEN UND ALTES TESTAMENT

Band 9

DIE MEERWUNDERERZÄHLUNG

EINE REDAKTIONSKRITISCHE ANALYSE VON Ex 13,17 - 14,31

von

Peter Weimar

In Kommission bei
OTTO HARRASSOWITZ · WIESBADEN

Ägypten und Altes Testament

Band 9

ÄGYPTEN UND ALTES TESTAMENT

Studien zu Geschichte, Kultur und Religion Ägyptens
und des Alten Testaments

herausgegeben von
Manfred Görg

Band 9

Peter Weimar

DIE MEERWUNDERERZÄHLUNG
EINE REDAKTIONSKRITISCHE ANALYSE
VON Ex 13,17 - 14,31

1985

In Kommission bei
OTTO HARRASSOWITZ · WIESBADEN

DIE MEERWUNDERERZÄHLUNG

EINE REDAKTIONSKRITISCHE ANALYSE VON Ex 13,17 - 14,31

von

Peter Weimar

1985

In Kommission bei

OTTO HARRASSOWITZ · WIESBADEN

CIP-Kurztitelaufnahme der Deutschen Bibliothek

Weimar, Peter:
Die Meerwundererzählung : e. red.-krit. Analyse von
Ex 13,17 - 14,31 / Peter Weimar. - Wiesbaden :
Harrassowitz, 1985.
   (Ägypten und Altes Testament ; 9)
   ISBN 3-447-02568-9
NE: GT

© 1985 MANFRED GÖRG, BAMBERG

Druck: Offsetdruckerei Kurt Urlaub, Bamberg

für Ursula

VORWORT

Die hier vorgelegten Untersuchungen zur Meerwundererzählung, die über
einen längeren Zeitraum zur vorliegenden Form gewachsen sind, sind ein
weiteres Stück Vorarbeit zu einem Exoduskommentar. Der Abschluß der Arbeit ist nicht zuletzt dem freundschaftlichen Drängen von Prof.Dr.Dr.
M. Görg zu verdanken, der sie auch bereitwillig in seiner Reihe *Ägypten
und Altes Testament* aufgenommen hat. Um die Darstellung zu entlasten
und die Lesbarkeit zu erhöhen, ist die Auseinandersetzung mit anderen
Positionen ganz in die Anmerkungen verlegt.

Bei der Endredaktion sowie beim Lesen der Korrekturen haben mich meine
Mitarbeiter und vor allem auch meine Frau unterstützt. Die Druckvorlage
hat Frau E. Brüning mit großem Einfühlungsvermögen und viel Geduld er-
stellt. Ihnen allen danke ich herzlich.

Münster, im Juli 1985   Peter Weimar

VORWORT

INHALT

EINFÜHRUNG

Wenn die Errettung am Meer als Zentrum israelitischen Glaubensverständnisses
anzusehen ist, dann erscheint es nicht weiter verwunderlich, daß gerade dieses Geschehen immer wieder und immer neu Gegenstand theologischer Reflexion
geworden ist [1]. Das vielfältige Bemühen um das für die Existenz des Jahwe-
Volkes grundlegende Ereignis der Errettung am Meer hat sich auch im Text
der Meerwundererzählung in Ex 13,17-14,31 niedergeschlagen, der literargeschichtlich zu den umstrittensten des Pentateuch gehört [2]. Nicht einmal in
Grundfragen der Analyse ist ein Konsens in Sicht. Umstritten ist schon die
Abgrenzung der Meerwundererzählung aus dem größeren Textzusammenhang des
Exodusbuches [3]. Aber auch in der Beurteilung der entstehungsgeschichtlichen
Problematik ist ein in Grundzügen übereintreffendes Ergebnis nicht erkenn-
bar.

Im allgemeinen wird die Meerwundererzählung zwar als eine zusammengesetzte
Texteinheit angesehen [4]. Doch wird sowohl die Frage nach den an der Erzählung beteiligten Pentateuchquellen [5] als auch nach dem Anteil der Redaktio-

---

1 Eine Übersicht über das Vorkommen der Meerwunderthematik findet sich bei
   A. LAUHA, VTS 9 (1963) 32-46; J. KÜHLEWEIN, CThM A 2, 134-136; St.I.L.
   NORIN, CB.OT 9; J. SCHARBERT, Schilfmeerwunder 395-417.

2 Dazu zuletzt H.-Chr. SCHMITT, Meerwundererzählung 139-155 (vor allem
   14o).

3 Zum Problem der Abgrenzung des Textes aus dem Zusammenhang des Exodusbuches vgl. Kap. I; dort auch Diskussion der in der Forschung vertretenen
   Positionen.

4 Als Ausnahmen sind etwa die Exoduskommentare von B. JACOB 544-6oo und U.
   CASSUTO 155-173 anzusehen.

5 Im wesentlichen sind in der Forschung zwei Hypothesentypen vertreten. Entweder rechnet man innerhalb von Ex 13,17-14,31 mit zwei parallelen Erzählfäden (vgl. nur K. VON RABENAU, Schilfmeerwunder 7-29) oder aber mit drei

nen an der Meerwundererzählung unterschiedlich beantwortet [6]. Lediglich hinsichtlich der als "priesterschriftlich" zu kennzeichnenden Erzählschicht hat sich in der jüngeren Forschung ein gewisser Konsens herausgebildet [7], auch wenn es nicht an gelegentlichen Bestreitungen eines priesterschriftlichen Anteils an der Meerwundererzählung überhaupt gefehlt hat [8], was aber als Hinweis auf die mit der Annahme einer priesterschriftlichen Erzählschicht in Ex 13,17-14,31 verbundene innere Problematik gewertet werden darf [9]. Demgegenüber ist im Blick auf den als nicht-priesterschriftlich zu qualifizierenden Anteil der Meerwundererzählung in der gegenwärtigen Forschung eigentlich alles offen. Kontrovers ist die Frage einer Beteiligung

---

Erzählversionen (vgl. nur B.S. CHILDS 218-22o, F.-E. WILMS, Wunder 146-148 und zuletzt wieder J.A. SOGGIN, AOAT 215, 379-385), wobei im allgemeinen zumindest eine der drei Versionen als nur fragmentarisch überliefert angesehen wird. Die Zuweisung der drei Versionen der Meerwundererzählung zu größeren literarischen Kompositionen (Pentateuchquellen) differiert jedoch im einzelnen stark, ebenso die Zuordnung bestimmter Aussagen zu einzelnen Erzählsträngen.

6 Es wird innerhalb der Meerwundererzählung zwar durchaus mit mehr oder minder umfangreichen redaktionellen Zusätzen gerechnet (vgl. nur G. FOHRER, BZAW 91, 1oof.125), ohne daß diese aber als Elemente größerer literarischer Kompositionen begriffen würden. Mit einer stärkeren Beteiligung der Redaktionen an der Ausbildung der Meerwundergeschichte, ohne daß diese als bloße Kompilationen verstanden würden, rechnen etwa W. FUSS, BZAW 126, 297-327 und E. ZENGER 139-15o.

7 Im allgemeinen schließen sich die neueren Untersuchungen mit nur wenigen Modifikationen der von M. NOTH, ÜP 18 und K. ELLIGER, ThB 32, 174 vorgenommenen und im wesentlichen übereinstimmenden Abgrenzung der priesterschriftlichen Meerwundererzählung an, ohne daß aber deren Problematik weiter diskutiert würde.

8 Die Bestreitung eines Anteils von Pg an der Meerwundererzählung hat schon eine lange Tradition. Sie geht auf J. WELLHAUSEN, Composition 76f zurück. Aufgenommen wurde sie etwa von R. SMEND, Erzählung 139-143, O. EISSFELDT, HS 36.133*-137*, W. RUDOLPH, BZAW 68, 28 und G. FOHRER, BZAW 91, 98. Einen stark reduzierten Umfang von Pg innerhalb der Meerwundererzählung nimmt etwa auch G. BEER 73-79 an, wobei er nur Ex 13,2o (?); 14,4aßb.17.18 als priesterschriftlich ansieht.

9 Während sich etwa H. GRESSMANN, FRLANT 18, 1o8 Anm. 1 hinsichtlich der Möglichkeit einer Ausgrenzung von Pg in Ex 13,17-14,31 zurückhaltend äußert ("nicht so sicher wie sonst auszuscheiden"), werden von der neueren Forschung die gegen einen priesterschriftlichen Anteil an der Meerwundererzählung geäußerten Bedenken (vgl. Anm. 8) im allgemeinen zu schnell beiseite geschoben bzw. überhaupt nicht diskutiert. Die in diesem Zusammenhang immer wieder beobachtete Differenz der gemeinhin als priesterschriftlich angesehenen Version der Meerwundererzählung zur priesterschriftlichen Plagenerzählung, wobei überdies eine gewisse Nähe zu E zu beobachten ist (vgl. in diesem Zusammenhang auch die Annahme von O. KAISER, BZAW 78, 132, wonach "E und P weithin gleichlaufend" erzählt haben werden), läßt sich nicht einfach stillschweigend übergehen, sondern verdient weitergehende Beachtung.

des Elohisten an der Meerwundererzählung [1o]. In bezug auf die jahwistische Darstellung des Meerwunders ist vor allem deren Einheitlichkeit Gegenstand der Diskussion [11]. Neben einer Aufteilung des jahwistischen Erzählfadens in zwei parallele Quellenschichten [12] wird eine Lösung der literargeschichtlichen Problematik der jahwistischen Meerwundererzählung auf redaktionskritischem Wege gesucht, sei es daß sie selbst als redaktionelle Bearbeitung einer ihr vorgegebenen Tradition verstanden wird [13], sei es daß für sie umgekehrt mit einer späteren redaktionellen Bearbeitung (J^{sek}/Je) gerechnet wird [14].

1o Der Anteil von E an der Meerwundererzählung wird im einzelnen ganz unterschiedlich bestimmt, wobei für eine Bestimmung des elohistischen Textbestandes nicht ohne Bedeutung ist, ob innerhalb von Ex 13,17-14,31 mit einem priesterschriftlichen Anteil zu rechnen ist oder nicht. Im letzteren Fall wird eine Reihe von Aussagen, die gewöhnlich als priesterschriftlich angesehen werden, auf E zurückgeführt, wobei auch unter dieser Voraussetzung eine Zuweisung an E stark differiert. Während J. WELLHAUSEN, Composition 77 Ex 13,17-19; 14,3+4a.7.8a. *kl sws ... whjlw* in 9, Anfang von 1o,15aß.16-18.19a und möglicherweise den Schlußsatz von 2o als elohistisch ansieht, versteht G. FOHRER, BZAW 91, 1o4.124 mit Sicherheit Ex 13,17-19; 14,16.19a.21aαb.22-23.26-27aα.28-29, unsicher dagegen Ex 14,1obß-12.15.2oaα sowie den Anteil an Ex 14,6+7 als elohistisch. Deutet sich in diesen nicht unerheblich voneinander abweichenden Zuweisungen an E die innere Problematik der Annahme einer elohistischen Meerwundererzählung an, so verschärft sich diese noch unter der Voraussetzung eines priesterschriftlichen Erzählfadens in Ex 13,17-14, 31, da sich dann nämlich nur einige wenige Aussagen für E reklamieren lassen. Auch in diesem Fall weichen die Zuweisungen an E im einzelnen nicht unerheblich voneinander ab. Im Gegensatz zu B.W. BACON, Triple Tradition 75-78, der Ex 13,17-19; 14,3.7aαb.1obß.16aα.19a.2oa.25a.31 als elohistisch bestimmt, können nach G.J. BOTTERWECK, BiLe 8 (1967) 1of nur Ex 13,17-19*; 14,5a.19a.2oaß als elohistische Bildungen verstanden werden. Andere nehmen einen ähnlich geringen Umfang an, bestimmen ihn im einzelnen jedoch ganz anders (vgl. etwa J.Ph. HYATT 148, der Ex 13,17-19; 14,7.16aα.19a E zuweist, oder M. NOTH 84, der als Bestandteile der elohistischen Meerwundergeschichte Ex 13,17-19; 14,5a.6 [oder 7].19a [unsicher 14,11.12.25a] ansieht). Aus dem fragmentarischen Charakter des elohistischen Erzählfadens haben etwa K. VON RABENAU, Schilfmeerwunder und E. ZENGER 139-146 den Schluß gezogen, auf die Annahme einer elohistischen Meerwundererzählung überhaupt zu verzichten.

11 Mit der Annahme einer einheitlichen jahwistischen Meerwundererzählung rechnen in der neueren Literatur etwa M. NOTH 84; K. VON RABENAU, Schilfmeerwunder; G.J. BOTTERWECK, BiLe 8 (1967) 1of; J.Ph. HYATT 148; B.S. CHILDS 22o.

12 Vgl. R. SMEND, Hexateuch 139-143 (J^1/J^2), O. EISSFELDT, HS 134*-137* (L/J), G. BEER 73-78 (J^1/J^2), C.A. SIMPSON, Early Traditions 181-186. 433-435.546f (J^1/J^2) und G. FOHRER, BZAW 91, 1o1.1o7.124 (J/N), wobei die vorgenommenen Abgrenzungen im einzelnen mehr oder minder stark differieren.

13 Vgl. P. WEIMAR - E. ZENGER, SBS 75, 23.26f.47-7o und P. WEIMAR, Bb 57 (1976) 39-42.

Ebenso wie die entstehungsgeschichtliche Problematik der Meerwundererzählung sind auch die für sie anzunehmenden traditionsgeschichtlichen [15] und religionsgeschichtlichen Zusammenhänge [16] umstritten. Nicht minder kontrovers erscheint auch die Beurteilung der historischen Dimension des in Ex 13,17-14,31 dargestellten Meerwundergeschehens [17]. Da Lösungen in all diesen Fragen aber nicht unwesentlich von der Bewertung der vielfältigen literarischen Probleme der Meerwundererzählung abhängen, kommt gerade ihnen besondere Aufmerksamkeit zu. Von daher bestimmt sich sodann auch das weitere Vorgehen der vorliegenden Untersuchung.

Bevor die Meerwundererzählung als ein literargeschichtlich gewordenes Gebilde analysiert werden kann, ist zunächst nach ihrer Funktion im Rahmen des größeren Erzählzusammenhangs des Exodusbuches (Kap. I) als auch nach dem in ihr selbst erkennbaren literarischen Gestaltungswillen zu fragen (Kap. II). Erst dann ist die Meerwundererzählung auch unter entstehungsgeschichtlichem Aspekt zu überprüfen (Kap. III). Entsprechend der dabei sichtbar werdenden verwickelten Entstehungsgeschichte von Ex 13,17-14,31 sind die einzelnen - ursprünglichen wie redaktionellen - Texteinheiten innerhalb der Meerwundererzählung auf ihre literarisch-theologische Konzeption hin zu analysieren (Kap. IV-IX). Erst wenn dies geschehen ist, kann das Meerwunder auch als ein geschichtliches Ereignis entsprechend gewürdigt werden (Kap. X).

---

14 Vgl. etwa F. STOLZ, AThANT 6o, 94-97 und E. ZENGER 142-15o.

15 In verschiedenen Beiträgen ist vor allem G.W. COATS (VT 17, 1967, 253-265; CBQ 34, 1972, 135-152; VT 22, 1972, 288-295) für einen Zusammenhang der Meerwundererzählung mit der Wüstenüberlieferung eingetreten. Aufgenommen und modifiziert wurde diese These durch B.S. CHILDS, VT 2o (197o) 4o6-418. Im Gegensatz zu beiden Autoren versteht D. PATRICK, VT 26 (1976) 248-249 die Meerwundererzählung als Höhepunkt der Exodusüberlieferung. In Auseinandersetzung mit CHILDS und PATRICK hat G.W. COATS, JSOT 12 (1979) 2-8 seine These von der Zugehörigkeit der Meerwundererzählung zur Wüstenüberlieferung nochmals erneuert.

16 Vgl. dazu etwa F.E. EAKIN, JBL 86 (1967) 378-384; F.M. CROSS, Canaanite Myth 112-144; St.I.L. NORIN, CB.OT 9.

17 Vgl. hierzu allgemein L.S. HAY, JBL 83 (1964) 397-4o3 sowie Kap. X.

KAPITEL I

Die Meerwundererzählung im Rahmen des Exodusbuches

Bevor die Meerwundererzählung als eine eigene literarische Größe untersucht
werden kann, ist nach ihrer Funktion im größeren Erzählrahmen des Exodusbuches zu fragen. Zwei Problemkreise, die als solche eng zusammenhängen,
sind dabei zu prüfen. Zum einen stellt sich die Frage nach der Ausgrenzung
der Meerwundererzählung aus dem Rahmen des Exodusbuches. Zum anderen ist
nach der Stellung der Meerwundererzählung innerhalb der Komposition des Exodusbuches zu fragen.

1. Die Ausgrenzung der Meerwundererzählung aus dem Rahmen des Exodusbuches

Das Problem der Ausgrenzung der Meerwundererzählung aus dem größeren Textzusammenhang des Exodusbuches scheint auf den ersten Blick keine größeren
Schwierigkeiten zu bereiten. Meist werden die Grenzen der Meerwundererzählung mit Ex 13,17 und 14,31 angegeben [1]. Doch gibt es auch abweichende Stel-
lungnahmen [2]. Die für eine Ausgrenzung der Meerwundererzählung aus dem Zusammenhang des Exodusbuches maßgeblichen Kriterien sind vornehmlich thematisch-

1 Vgl. nur G. FOHRER, BZAW 91, 97-11o; G.J. BOTTERWECK, BiLe 8 (1967) 8-
   33; K. VON RABENAU, Schilfmeerwunder sowie die Mehrzahl der neueren Kommentare (so etwa M. NOTH 8o-95; B.S. CHILDS 215-23o; F. MICHAELI 119-128;
   F.C. FENSHAM 61-74).

2 Neben der Frage, inwieweit Ex 15,1-21 in den Rahmen der Meerwundererzählung miteinzubeziehen ist (vgl. J. WELLHAUSEN, Composition 75-77; H. HOL-
   ZINGER 43-45; B. BAENTSCH 114-137), wird vor allem das Problem des Er-
   zählanfangs diskutiert, wobei als solcher neben Ex 13,17 noch Ex 14,1
   vorgeschlagen wird (so etwa W. FUSS, BZAW 126, 297 und E. ZENGER 142f
   sowie DERS., VTS 32, 1981, 48of und Sinai 4o, aber auch schon A.H.
   McNEILE 82).

inhaltlicher Art [3]. Kompositionskritische Beobachtungen spielen hierbei so gut wie keine Rolle [4]. Im folgenden sollen sie eine stärkere Beachtung erfahren [5].

(1) Eine erste Beobachtungsreihe bezieht sich auf den Schluß der Erzählung. Auszugehen ist dabei von dem engen nicht nur thematischen, sondern darüber hinaus auch unmittelbaren literarischen Zusammenhang zwischen Meerwundererzählung und Meerwunderlied, der mit dem Mittel der Stichwortentsprechung betont herausgestellt ist [6]. Das gleiche Geschehen wird aus unterschiedlicher Perspektive beleuchtet, weil nur so die volle Wirklichkeit des Meerwundergeschehens sichtbar gemacht werden kann. In beiden literarischen Zusammenhängen erscheint Jahwe als der "Kriegsmann" schlechthin (Ex 15,3), der das militärische Machtpotential des Pharao definitiv und endgültig vernichtet (Ex 14,13aßb). Der Kampf zwischen Jahwe und dem Pharao hat dabei die Dimensionen eines eschatologischen Geschehens.

---

3 Meist wird das Problem der Abgrenzung der Meerwundererzählung aus dem Rahmen des Exodusbuches als solches überhaupt nicht reflektiert. Vorwiegend werden traditionelle Positionen mehr oder minder unreflektiert übernommen. Wenn auch Ex 13,17 zweifellos als ein literarischer Neueinsatz zu verstehen ist (vgl. nur die Konstruktion $wăj^eh\hat{i}$ + Zeitbestimmung), so steht damit noch nicht eo ipso fest, daß er auch vom Verfasser des Exodusbuches als ein solcher verstanden worden ist. Solches müßte erst eigens aufgewiesen werden.

4 Dieses Defizit hängt zweifellos mit einer Unterbewertung der Letztgestalt des Pentateuch zusammen. Erst in jüngerer Zeit scheint sich hier ein Wandel bemerkbar zu machen, insofern von verschiedenen Ansatzpunkten her gerade die Endgestalt des Pentateuch zum Gegenstand kritischer Beobachtungen gemacht worden ist (vgl. vor allem D.J.A. CLINES, Pentateuch; H. DONNER, Henoch 2, 1980, 1-30; H.-Chr. SCHMITT, Meerwundererzählung und VT 32, 1982, 170-189; P. WEIMAR, OBO 32, 16-23.332-366; R.E. FRIEDMAN, Sacred History; N. LOHFINK, SBS 100, 11-78; E. ZENGER, VTS 32, 1981, 477-482). Über erste Beobachtungen in dieser Frage ist die Forschung aber bislang noch nicht hinausgekommen.

5 Unter stärkerer Berücksichtigung kompositionskritischer Kriterien wurden erste Beobachtungen zur Komposition des Exodusbuches vorgetragen bei P. WEIMAR - E. ZENGER, SBS 75, 11-15, aufgenommen bei E. ZENGER 14 sowie DERS., VTS 32, 1981, 477-480 und Sinai 26-32. Diese lassen eine Siebenerstruktur des Exodusbuches, die in analoger Weise auch für die übrigen Bücher des Pentateuch gelten wird, erkennen, wobei jeder der einzelnen Teile in sich wiederum literarisch sorgfältig strukturiert ist. In sich sind alle sieben Teile des Exodusbuches nach dem gleichen sechsgliedrigen Strukturmuster gestaltet. Für den ersten Teil des Exodusbuches (Ex 1,1-6,27) findet sich ein entsprechender Nachweis bei P. WEIMAR, OBO 32, 16-23. Aufgenommen ist der dabei entwickelte Ansatz bei E. ZENGER, VTS 32 (1981) 480-482 im Blick auf den dritten Teil sowie gleichfalls bei E. ZENGER, Sinai 32-53 im Blick auf das ganze Exodusbuch, ohne daß aber die dort vorgenommenen Textabgrenzungen im einzelnen immer überzeugend sind (s.u.).

6 Die Stichwortbezüge zwischen Meerwundererzählung und -lied sind im allgemeinen nicht bloß mehr zufällige Entsprechungen, die durch die Verwandt-

6

Erweisen sich damit die erzählerische Darstellung und der hymnische Lobpreis des Meerwundergeschehens als literarisch eng zusammengehörig, so sind sie auf der anderen Seite doch als literarisch eigenständige Größen gegeneinander abzugrenzen. Für die Frage nach der Textgrenze zwischen Meerwundererzählung und -lied verdient m.E. die folgende Beobachtung besondere Aufmerksamkeit. Der von Mose und den Israel-Söhnen gemeinsam gesungene Hymnus auf die eschatologische Rettungstat Jahwes Ex 15,1-18 wird in Ex 15,19 mit einer begründend daran angeschlossenen Prosanotiz abgeschlossen, die als solche erst auf den Verfasser des Exodusbuches zurückgeht [7]. Die abschließende Aussage in Ex 15,19b ("die Söhne Israels waren gegangen auf trockenem Boden inmitten des Meeres") nimmt wörtlich Ex 14,29a wieder auf. Da diese Wiederaufnahme sich nicht als literargeschichtlich relevantes Phänomen verständlich machen läßt [8], könnte darin durchaus ein kompositionskritisch bedeutsames Kriterium gesehen werden, insofern die von dichten Bezügen zur Meerwundererzählung gekennzeichnete Aussage von Ex 15,19 bewußt nochmals an deren Schluß anknüpfen will [9].

Für einen Schluß der Meerwundererzählung in Ex 14,29 auf der Ebene der Schlußredaktion des Exodusbuches lassen sich weitere Beobachtungen namhaft

---

schaft der Thematik bedingt sind, sondern werden in der Mehrzahl als bewußt angebrachte Entsprechungen zu verstehen sein, die auf die Hand jener Redaktion zurückgehen werden, die das Meerwunderlied in den Rahmen des Exodusbuches eingefügt hat. Die Mehrzahl der expliziten Entsprechungen zwischen Meerwundererzählung und -lied ist dabei in Ex 15,1-21 in Anlehnung an vorgegebene Formulierungen in der Meerwundererzählung eingetragen worden, was zugleich die Absicht des Verfassers beleuchtet, die beiden zunächst literarisch eigenständigen Größen von Meerwundererzählung und -lied zu einer größeren literarischen Einheit zusammenzubinden (zu den Entsprechungen vgl. auch E. ZENGER, VTS 32, 1981, 474-477).

7 Zur Herleitung von Ex 15,19 von R^P vgl. zuletzt wieder E. ZENGER 157 und VTS 32 (1981) 461, aber auch schon A. KUENEN, Einleitung I/1, 317 ("möglicherweise"), B.W. BACON, Triple Tradition 8o und B. BAENTSCH 137, wohingegen der Vers für A. DILLMANN 176 ein glossenhafter Zusatz ist.

8 Die Wiederaufnahme von Ex 14,29a in 15,19b kann allein schon aufgrund der Weiterführung der älteren Tradition in Ex 14,3o+31 nicht im Sinne des von C. KUHL, ZAW 64 (1952) 1-11 postulierten literarkritischen Prinzips der Wiederaufnahme verstanden werden.

9 Die nur locker an Ex 15,1-18 angeschlossene Aussage von Ex 15,19 verlangt gerade aus diesem Grund nach einer plausiblen Erklärung ihrer Anfügung. Als eine solche wäre zweifellos die Annahme anzusehen, wonach R^P mit Ex 15,19 nicht nur allgemein an die Meerwundererzählung, sondern vornehmlich an deren Schluß anknüpfen will. Die bei P^g den Schluß ihrer Darstellung des Meerwunders markierende Aussage von Ex 14,29 mag sich für R^P ebenfalls als eine geeignete Schlußaussage angeboten haben, zumal wenn die für R^P im Vordergrund stehende Bedeutung des Wegmotivs beachtet wird.

machen. Die Aussagen von Ex 14,3o+31 sind nicht mehr Darstellung des Meerwunders selbst, sondern blicken darauf als ein schon in der Vergangenheit
liegendes Geschehen zurück. Als Hinweis auf einen erzählerischen Neueinsatz
mit Ex 14,3o kann dabei durchaus auch die auf R[P] zurückgehende Wendung "an
jenem Tage" verstanden werden [10]. Dem knappen erzählerischen Rückblick auf
Jahwes Großtat am Meer in Ex 14,3o+31 entspricht auf der anderen Seite das
von der Prophetin Mirjam gesungene Siegeslied in Ex 15,2o+21, wobei diese
beiden kürzeren Textabschnitte als erzählerischer Rahmen um das von Mose
und den Israel-Söhnen gemeinsam gesungene Lied Ex 15,1-19 dienen [11]. Innerhalb von Ex 15,1-19 stellen die von R[P] selbst eingefügten "Rahmenaussagen"
Ex 15,2 ("und er ist mir zur Rettung geworden") und 19 auffälligerweise gerade eine Verbindung zum Schluß des vorangehenden (Ex 14,29a) bzw. zum Anfang des vorliegenden Textabschnittes her ("und Jahwe rettete an jenem Tag"
Ex 14,3oa), was gleichfalls die angenommene Textabgrenzung zu unterstreichen
vermag [12].

---

10 Die Zeitangabe *bajjôm hāhû'* in Ex 14,3o verdient gerade auch unter kom-
    positionskritischem Aspekt erhöhte Aufmerksamkeit, vor allem wenn be-
    achtet wird, daß darin ein erst durch R[P] eingefügtes redaktionelles
    Element zu sehen ist (s.u.), was dann um so mehr auch nach der Funktion
    dieser auf R[P] zurückgehenden Zeitangabe fragen läßt. Inwieweit *bajjôm
    hāhû'* nur als "Kontextmerkmal" verstanden werden kann, bleibt ange-
    sichts des Zusammenhangs der Zeitangabe in Ex 14,3oa mit 13aßb mehr
    als fraglich (zu schnell wird m.E. die Bedeutung von *bajjôm hāhû'* als
    ein auch unter kompositionskritischem Aspekt relevantes Element von
    A.R. MÜLLER, BN 17, 1982, 6of heruntergespielt). Mit Ex 14,3o als
    Neueinsatz ist Ex 5,6 zu vergleichen (dazu P. WEIMAR, OBO 32, 21).

11 Zu beachten ist in diesem Zusammenhang einerseits das Überwiegen er-
    zählerischer Elemente in Ex 14,3o+31 und 15,2o+21 sowie andererseits
    die Verzahnung von Ex 15,1-19 mit den beiden Rahmenteilen. Von daher
    erklärt sich nicht nur die Korrespondenz der Aussagen von Ex 15,1b und
    21b (anders E. ZENGER, VTS 32, 1981, 481 und Sinai 4o), sondern auch
    der immer wieder konstatierte ungelenke Stil von Ex 15,1a, der in der
    Erwähnung der Trias Mose, Israel-Söhne und Jahwe allem Anschein nach
    auf Ex 14,3o+31 Bezug nimmt. Treffen diese Beobachtungen zu, dann
    stellt sich der aus dem größeren Rahmen des Exodusbuches isolierbare
    Textabschnitt Ex 14,3o-15,21 als eine in sich geschlossene dreiteilige
    Komposition dar, was auch den sonst innerhalb der einzelnen Text-
    schnitte zu beobachtenden strukturellen Gesetzmäßigkeiten entspricht.

12 Meist wird Ex 15,1-21 als ein geschlossener Textabschnitt verstanden,
    wobei neben der verklammernden Funktion von Ex 15,1b und 21b (vgl. Anm.
    11) vor allem auf den redaktionellen Charakter von Ex 15,1a verwiesen
    wird. Auch wenn es sich bei der in Ex 15,1a vorliegenden Konstruktion
    (*'az* + Präfixkonjugation) unzweifelhaft um ein typisch redaktionelles
    Element handelt (vgl. dazu jetzt I. RABINOWITZ, VT 34, 1984, 53-62),
    bedeutet das aber noch keineswegs, daß darin zugleich ein erzähleröff-
    nendes Struktursignal zu sehen ist, was zumindest bei den Belegen inner-
    halb des Pentateuch (neben Ex 15,1a noch Num 21,17 und Dtn 4,41; vgl.
    außerdem noch Jos 1o,12), die als solche wahrscheinlich alle erst auf
    R[P] zurückgehen, auch nicht der Fall ist.

(2) In einer zweiten Beobachtungsreihe ist sodann nach dem Beginn der Meerwundererzählung zu fragen. Zu beachten sind in diesem Zusammenhang vor allem
solche Aussagen, die auf die Hand des Verfassers des Exodusbuches selbst
zurückgehen. Unter dieser Voraussetzung können aber weder Ex 13,17 noch 14,1
als Beginn der Meerwundererzählung verstanden werden. Der in Ex 13,17aα vorliegende erzählerische Neueinsatz ("und es geschah" + Zeitbestimmung) ist
keine auf den Verfasser des Exodusbuches zurückgehende Bildung, sondern vielmehr Element einer älteren Tradition [13]. Doch schließt das aber noch nicht

---

[13] Sofern überhaupt mit der Existenz einer elohistischen Erzählung gerech-
      net wird, wird Ex 13,17-19 generell als elohistisch bestimmt. Andere
      Zuweisungen werden nur vereinzelt vertreten. So sieht K. VON RABENAU,
      Schilfmeerwunder 26 in den Versen einen Bestandteil der jahwistischen
      Erzählung, während E. ZENGER 139f sie als jehowistisch versteht. Nach G.
      W. COATS, VT 22 (1972) 292f stammen die Verse sogar aus P^s. Im allge-
      meinen sieht man Ex 13,17-19 als literarisch einheitlich an. Gelegent-
      lich wird Ex 13,19 als "spätere literarische Glosse" verstanden (H.
      GRESSMANN, FRLANT 18, 1o9; ebenso W. RUDOLPH, BZAW 68, 27 und K. VON
      RABENAU, Schilfmeerwunder 18f). Demgegenüber bestimmen etwa A. JÜLICHER,
      JpTh 8 (1882) 119 und H. HOLZINGER XVII.43 Ex 13,17a als redaktionelle
      Bildung (R^d bzw. R^{je}). Nur gelegentlich rechnet man mit einer verwickel-
      ten Entstehungsgeschichte der Verse (vgl. etwa C.A. SIMPSON, Early Tra-
      ditions 181). In der Tat läßt der Textabschnitt eine Reihe von Unstim-
      migkeiten erkennen, die es unmöglich machen, ihn als literarisch einheit-
      lich zu verstehen, was selbst dann gilt, wenn man den "kommentarhaften"
      Charakter des Textabschnittes in Betracht zieht (dazu vor allem B.D.
      EERDMANS, ASt III, 4o, P. HEINISCH 116 und W. RUDOLPH, BZAW 68, 27).
      Die in diesem Zusammenhang relevanten Beobachtungen sind von der For-
      schung im wesentlichen schon vorgetragen worden. Sie sind z.T. nur an-
      ders zu werten bzw. mit anders gelagerten Beobachtungen zu verbinden. -
      Im wesentlichen sind es drei Fragenkreise, die von der Forschung als pro-
      blematisch empfunden werden: (1) Schwierigkeiten bereitet zunächst die
      Aussage von Ex 13,19, die an der vorliegenden Stelle verspätet kommt
      (vgl. B.D. EERDMANS, ASt III, 4o), was für eine Abtrennung von Ex 13,19
      gegenüber Ex 13,17+18, nicht notwendigerweise aber (mit Hinweis auf Gen
      5o,25) für eine spätere redaktionelle Hinzufügung spricht. - (2) Als
      nicht unproblematisch wird sodann auch der Zusammenhang der Zeitangabe
      in Ex 13,17aα mit der darauf folgenden Aussage in Ex 13,17aßb angesehen,
      was zur Annahme redaktioneller Bildung für Ex 13,17aα geführt hat (vgl.
      nur H. HOLZINGER 43). - (3) Eine dritte Schwierigkeit bereitet schließ-
      lich die Aussage von Ex 13,18b, die sowohl zu Ex 13,17 als auch zu 13,
      18a in Spannung steht, was für eine Abtrennung des Halbverses Ex 13,18b
      von 13,17+18a zu sprechen scheint. - Sind damit die literarischen Schwie-
      rigkeiten von Ex 13,17-19 genannt, so ist in einem zweiten Schritt nach
      einer möglichen Texthypothese zu fragen. Den Ansatz dafür bietet die
      Spannung zwischen Ex 13,18a und 18b. Die Inversion in Ex 13,18b mar-
      kiert innerhalb des Textabschnittes Ex 13,17-19 einen Einschnitt, der
      sich so in zwei Hälften aufgliedert. Daß zwischen Ex 13,18a und 18b ein
      Einschnitt anzunehmen ist, wird durch eine Reihe weiterer Beobachtungen
      erhärtet. So ist Ex 13,18b durch den Gebrauch des Wortstammes ^{c}lh eng
      mit 13,19 verbunden, wohingegen in Ex 13,17 nur von einem Entlassen des
      Volkes durch den Pharao gesprochen wird. Weiterhin ist die Differenz in
      der Benennung Israels zu beachten. Als "Volk" wird es nur in Ex 13,17+
      18a bezeichnet, während in Ex 13,18b+19 dafür der Terminus "Israel-Söhne"
      eintritt. Außerdem lassen Ex 13,17+18a und 18b+19 einen parallelen Auf-

von vornherein ein Verständnis von Ex 13,17aα als erzählerischen Neubeginn auf der Ebene der Komposition des Exodusbuches aus. Wird Ex 13,17aα jedoch nicht isoliert betrachtet, sondern in Verbindung mit dem so eröffneten Abschnitt Ex 13,17-19 gesehen, dann zeigt es sich, daß der erzählerische Neubeginn in Ex 13,17aα durch die auf den vorangehenden Textzusammenhang rückbezogenen Aussagen von Ex 13,17aßb+18 überlagert ist, so daß Ex 13,17-19 eher als Abschluß und nicht als Beginn eines Erzählzusammenhangs zu verstehen ist [14]. Aber auch Ex 14,1 kann nicht als erzählerischer Neubeginn interpretiert werden. Abgesehen davon, daß Ex 14,1 nicht eine auf den Ver-

---

bau erkennen (1. Zeitbestimmung - 2. Bericht - 3. Begründung (Zitat)), wobei die Konstruktion mit Inversion und nachfolgender Suffixkonjugation das in Ex 13,18b+19 geschilderte Geschehen als Nachholung qualifiziert. Demnach kann die durch Ex 13,18b erzeugte Spannung nicht als literarkritisch auszuwertender Hinweis angesehen werden. Vielmehr ist sie als ein literarisch zu wertendes Phänomen zu verstehen, das durch den Charakter von Ex 13,18b als Einleitung zu 13,19 bedingt ist. Anders sind jedoch die beiden anderen Spannungen in Ex 13,17-19 zu werten, die nicht als isolierte Einzelphänomene angesehen werden können, sondern miteinander zusammenhängen. Für die Aussagen in Ex 13,17aßb+18a und 18b ist nicht nur aufgrund ihres kommentarhaften Charakters, sondern auch wegen des hier wie dort vorausgesetzten militärischen Aspekts eine gemeinsame Herkunft anzunehmen. Dabei setzt die als Einleitung zu Ex 13,19 zu verstehende Aussage in Ex 13,18b deutlich den so eingeführten Vers voraus, was darauf hindeutet, daß Ex 13,19 als eine gegenüber Ex 13,18b ältere Tradition anzusehen ist. Da die Zeitbestimmung in Ex 13,18b erst aufgrund der Einführung von Ex 13,17aßb+18a notwendig geworden ist, um einen Anschluß zu Ex 13,19 herzustellen, könnte der Halbvers als redaktionelle "Wiederaufnahme" der Zeitbestimmung in Ex 13,17aα zu verstehen sein. Das deutet auf einen unmittelbaren literarischen Zusammenhang von Ex 13,17aα und 19 hin, so daß nicht Ex 13,17aßb+18, sondern genau umgekehrt Ex 13,17aα und 19 als literarischer Grundbestand des Textabschnittes Ex 13,17-19 zu verstehen wären. Dieses Ergebnis ließe sich durch eine übergreifende Analyse weiter absichern. Vor allem wäre hier auf den Anschluß von Ex 13,17aα an 12,31* hinzuweisen (vgl. schon die entsprechende Beobachtung bei H. HOLZINGER 43).

14 Hat sich die Zeitbestimmung in Ex 13,17aα ursprünglich einmal an die den Höhepunkt der Auseinandersetzung zwischen Mose und Pharao markierende Aussage von der Entlassung zum Dienst Jahwes in Ex 12,31* angeschlossen, dann ist sie unzweifelhaft als ein erzählerischer Neueinsatz zu verstehen (vgl. auch die Bezugnahme auf Ex 13,17aα in 14,5bß durch das Stichwort šlḥ). Die Funktion der einleitenden Zeitbestimmung in Ex 13,17aα hat sich durch die redaktionell eingefügten Aussagen in 13,17aßb +18 grundlegend verändert. Durch sie wurde Ex 13,17aα aus der ursprünglichen Bindung nach vorne (Ex 14,5bß) wie hinten (Ex 12,31*) herausgenommen und in neue Zusammenhänge hereingestellt. Der Stil des Abschnittes ist nicht der einer Erzählung, sondern der eines "Kommentars", wie vor allem auch an der nachholenden Aussage Ex 13,18b erkennbar wird. Ausgelöst ist der Kommentar durch die beiden aufeinander bezogenen Itinerarnotizen in Ex 12,37 und 13,2o. Das erklärt einerseits die Stellung des "Kommentars" unmittelbar vor Ex 13,2o, gibt andererseits den rückwärtigen Bezugspunkt an. Erzählerisch bildet der Textabschnitt Ex 13,17-19 zusammen mit dem Textabschnitt Ex 12,37-41, auf den er bezogen ist, eine

fasser des Exodusbuches zurückgehende Bildung ist [15], wäre wegen des unvermittelten Einsatzes mit Redeeinleitungsformel ein Verständnis von Ex 14,1
als Beginn eines neuen Textabschnittes nur dann möglich, wenn der unmittelbar vorangehende Textabschnitt 13,2o-22 als (redaktionell hergestellter) Abschluß eines Erzählzusammenhangs zu verstehen wäre [16]. Eine solche Annahme
erweist sich jedoch als wenig wahrscheinlich. Erzählerisch ist nämlich Ex
13,2o-22 eng mit der Meerwundererzählung verbunden, was für einen auch literarischen Zusammenhang von Ex 13,2o-22 mit der Meerwundererzählung
spricht [17].

Kommt demnach weder Ex 13,17 noch 14,1 als Beginn der Meerwundererzählung
in Frage, bietet sich als dritte Möglichkeit die Itinerarnotiz Ex 13,2o
("und sie brachen von Sukkot auf und lagerten sich in Etam, am Rand der
Wüste") an. Für diese Möglichkeit spricht neben dem stärker nach rückwärts
gerichteten Charakter von Ex 13,17-19 und dem auf das Meerwunder vorblickenden Charakter von Ex 13,2o-22 vor allem auch das Vorkommen der Itinerarnotiz
in Ex 13,2o selbst. Diese hat innerhalb des dritten Teils des Exodusbuches
(Ex 12,1-16,35) [18] noch mehrere Entsprechungen, und zwar in Ex 12,37 ("und
die Söhne Israels brachen auf von Ramses nach Sukkot"), in Ex 15,22 ("und
Mose ließ Israel vom Schilfmeer aufbrechen, und sie zogen aus zur Wüste
Schur hin") sowie in Ex 16,1 ("und sie brachen auf von Elim und kamen, die

---

Inklusion um die eingeschobenen Gesetzesmaterialien in Ex 12,42-13,16.
Zwischen den beiden Textabschnitten 12,37-41 und 13,17-19 bestehen zudem
deutliche Entsprechungen formaler wie thematischer Art (vgl. etwa nur das
antithetische Gegenüber von Vertreibung aus Ägypten (12,39b) und Rückkehr
nach Ägypten (13,17b)), womit sich eine auch enge literarische Verbindung
von Ex 13,17-19 und 12,37-41 nahelegt.

15 Ex 14,1 wird allgemein als Element der priesterschriftlichen Meerwundererzählung angesehen (vgl. Kap. III).

16 So E. ZENGER, VTS 32 (1981) 48of.483 und Sinai 38-4o, der die Notizen in
Ex 12,37 und 13,2o-22 als inklusorische Verklammerungselemente versteht.

17 Ein Zusammenhang mit der Meerwundererzählung ist nicht nur für die (als
solche nicht auf den Verfasser des Exodusbuches zurückgehenden) Aussagen
in Ex 13,21+22 anzunehmen (vgl. Ex 14,19b.2oaγb.24aγ), sondern auch für
die wohl von R^P selbst stammende Notiz in Ex 13,2o, die mit der Ortsangabe ("in Etam, am Rand der Wüste") den Rahmen für das nachfolgend erzählte Geschehen abgibt (vgl. vor allem die Aussagen in Ex 14,2b+3).

18 Zur Abgrenzung des dritten Teils des Exodusbuches vgl. P. WEIMAR - E.
ZENGER, SBS 75, 13. Die "archäologische Glosse" Ex 16,36 (A. DILLMANN
192) ist wahrscheinlich als ein Zusatz zu verstehen, der jünger als die
Komposition des Exodusbuches selbst ist (vgl. auch E. ZENGER, VTS 32,
1981, 478). - Gegen die nicht näher begründete Annahme von N. LOHFINK,
SBS 1oo, 26 Anm. 38, wonach Ex 12 auf der Ebene des vorliegenden Exodusbuches als Teil des Plagenkomplexes anzusehen ist, spricht das auf Ex
6,28-3o bezogene zusammenfassende Textstück Ex 11,9+1o.

ganze Gemeinde der Söhne Israels, in die Wüste Sin") [19]. Die Itinerarnotizen hängen dabei auf unterschiedliche Weise eng miteinander zusammen, so daß sie als ein durchlaufendes System von Wanderungsnotizen verstanden werden kön- nen [20], die mit Ausnahme der anders strukturierten Notizen in Ex 15,22* und 16,1aß auch auf die gleiche Hand zurückgehen werden [21]. Sie können dabei we- der mit dem System der priesterschriftlichen Wanderungsnotizen in Verbindung gebracht werden [22], noch können sie als Bestandteil der vorpriesterschriftli-

---

19 Die hier in Frage stehenden Itinerarnotizen zeichnen sich durch einige ihnen gemeinsame Eigentümlichkeiten aus: 1. Die Itinerarnotizen bestehen im wesentlichen aus zwei Elementen, deren erstes den Aufbruch von einem bestimmten Ort konstatiert, während das zweite Element das Hingelangen zu einem neuen Ort festhält. - 2. Das erste Element wird im allgemeinen mit *wǎjjisᵉcû*, wozu die Israel-Söhne als Subjekt fungieren, eingeleitet; nur in Ex 15,22 tritt dafür die entsprechende Form des *H*-Stammes (*wǎjjǎssǎᶜ*) mit Mose als Subjekt ein. - 3. Freier formuliert ist das jeweils zweite Element der Itinerarnotizen, worin zugleich erkennbar wird, daß ihre konkrete Gestalt stark durch den jeweiligen Textzusammen- hang bestimmt ist. - Zu den Itinerarnotizen allgemein vgl. vorläufig G.W. COATS, CBQ 34 (1972) 135-152, J.T. WALSH, CBQ 39 (1977) 2o-33 so- wie G.I. DAVIES, TynB 25 (1974) 46-81, Way of the Wilderness und VT 33 (1983) 1-13.

2o Innerhalb der Texteinheit 12,1-16,35 bilden die Itinerarnotizen eine durchlaufende Reihe (vgl. die Ortsangaben Ramses-Sukkot Ex 12,37, Suk- kot-Etam, am Rand der Wüste Ex 13,2o, Schilfmeer [vgl. Ex 13,18a] - Wüste Schur/Elim, Ex 15,22/27, Elim-Wüste Sin Ex 16,1). Die Variabili- tät in der Formulierung der einzelnen Itinerarnotizen ist nicht als Hin- weis auf verschiedene Verfasser zu verstehen, sondern zeigt deren enge Kontextgebundenheit an (vgl. etwa nur die Zusammenziehung der üblichen zweigliedrigen Form der Itinerarnotizen zur eingliedrigen Form in Ex 12,37, was wohl wesentlich damit zusammenhängen wird, daß der ganze Textabschnitt Ex 12,37-13,19 als eine Art "Reflexion" über den Exodus aus Ägypten zu verstehen ist, so daß an dieser Stelle eine Notiz vom "Lagern" geradezu verfrüht wäre). Die innere Geschlossenheit der Itine- rarnotizen in Ex 12,1-16,35 wird auch daran erkennbar, daß sie sowohl vorher (vgl. "Wüstenweg, zum Schilfmeer hin" Ex 13,18a und "am Rand der Wüste" Ex 13,2o) als auch nachher (vgl. "vom Schilfmeer ... zur Wüste Schur" Ex 15,22) innerlich auf das Schilfmeergeschehen als Angelpunkt bezogen sind.

21 Die Itinerarnotiz in Ex 16,1 kann kaum als einheitlich angesehen werden. Auffällig erscheint vor allem die Nennung des Subjekts *kǎl ᶜǎdǎt bᵉnê jiśraʾel*, nicht allein weil sie nach Ex 15,27 eigentlich überflüssig wäre, sondern auch aufgrund der Tatsache, daß sie erst beim zweiten Satzglied steht (die pluralische Konstruktion ist nicht unbedingt ver- dächtig, vgl. Ex 12,3). Beide Auffälligkeiten werden dann am leichtesten verständlich, wenn Ex 16,1aß als vorgegebenes Textelement, das wegen *kǎl ᶜǎdǎt bᵉnê jiśraʾel* und der Zeitbestimmung in Ex 16,1b mit Pᵍ zu verbinden ist, verstanden wird, dem die Aufbruchnotiz in Ex 16,1aα - zu- sammen mit dem Relativsatz in Ex 16,1aγ - vor- bzw. eingefügt worden ist. Inwieweit auch in Ex 15,22 mit der Annahme älterer Textelemente zu rech- nen ist (vgl. nur den auffälligen Subjektwechsel von Mose zu den Israel- Söhnen), kann definitiv nur im Zusammenhang einer Analyse von Ex 15,22-27 geklärt werden (vgl. auch Kap. VI; zu den Problemen der Forschung vgl. die Zusammenstellungen bei H.F. FUHS, BN 9, 1979, 6o und N. LOHFINK, SBS 1oo, 3of mit Anm. 51).

chen Pentateuchüberlieferung angesehen werden [23]. Vielmehr werden sie als nachpriesterschriftliche Bildungen zu verstehen sein und auf die Hand des Verfassers des Exodusbuches zurückgehen [24].

Ist aber das System der Itinerarnotizen als literarisches Konstrukt des Verfassers des Exodusbuches selbst zu verstehen, dann kommt den einzelnen Itinerarnotizen auch eine erhöhte Aufmerksamkeit als strukturbildenden Elementen zu. Für den Fall, daß sie als bewußte Struktursignale zur Eröffnung einer neuen Erzähleinheit anzusehen sind, ergäbe sich von daher ein weiterer Hinweis für eine entsprechende Annahme im Blick auf Ex 13,2o. Eine erzähleröffnende Funktion ist zunächst für Ex 12,37 anzunehmen. Mehrere Beobachtungen konvergieren hier. Neben der durch Ex 12,37-41 und 13,17-19 erzeugten Inklu-

---

22 Als priesterschriftlich werden die Wanderungsnotizen in Ex 12,37a, 13,2o, 15,22aα, 15,27 und 16,1 etwa von Th. NÖLDEKE, Untersuchungen 43f.47, J. WELLHAUSEN, Composition 72.75.77f und N. LOHFINK, VTS 29 (1978) 2o4f angesehen. - Der Anteil der genuin priesterschriftlichen Itinerarnotizen ist jedoch wesentlich reduzierter anzusetzen. Als solche kommen wohl nur die Notizen in Ex 16,1*; 19,1*; Num 2o,1a; 2o,22 in Frage. Hinzuzurechnen sind außerdem noch Num 1o,11+12*, auch wenn hierin im strengen Sinne keine Wanderungsnotiz zu sehen ist, sowie die Auszugsnotiz Ex 12,41 (zum Problem der priesterschriftlichen Itinerarnotizen vgl. jetzt die Beobachtungen bei P. WEIMAR, BN 23, 1984, 98-1o5).

23 Ein Blick in die Kommentare präsentiert in der quellenkritischen Zuweisung der einzelnen Itinerarnotizen ein völlig uneinheitliches Bild; alle nur denkbaren Möglichkeiten werden dabei vertreten (vgl. vor allem zu Ex 15,22 und 27, aber auch - obschon nicht ganz so gravierend - zu Ex 12,37 und 13,2o). Darin zeigt sich eigentlich nur die Schwierigkeit, die Itinerarnotizen in ihrer vorliegenden Form einer bestimmten literarischen Schicht innerhalb des Pentateuch zuzuordnen. - Zum Problem vgl. auch G.W. COATS, CBQ 34 (1972) 135-152 (vor allem 142-147).

24 Ein erster deutlicher Hinweis auf eine nachpriesterschriftliche Herkunft der Itinerarnotizen in Ex 12,1-16,35 ergibt sich von Ex 16,1aα her, die der priesterschriftlichen Notiz in Ex 16,1aßb sekundär vor- bzw. eingeschaltet worden ist (vgl. Anm. 21). Diese Beobachtung läßt sich ausweiten. Da nämlich Ex 16,1aα die entsprechende Notiz in Ex 15,27, die überdies im Gebrauch von *bw'* stilistisch mit Ex 16,1aß verbunden ist, voraussetzt und sie aufnimmt, wird sie auf die gleiche Hand zurückgehen, die Ex 16,1aα im Anschluß an Ex 16,1aß gebildet hat. Auffälligerweise ist dabei in Ex 15,27 mit dem Konstatieren des Hingelangens (*bw'*) und Lagerns (*ḥnh*) nur die zweite Hälfte der Itinerarnotizen überliefert. Die entsprechende erste Hälfte erscheint davon abgetrennt und findet sich in Ex 15, 22aα, wobei in Ex 15,23aα noch eine als Kontrast zu Ex 15,27 gedachte Zwischenstation eingeschoben ist. Ex 15,22aα und 27 sind so wahrscheinlich als eine aufgespaltene Itinerarnotiz zu verstehen, die als Rahmen um die vorliegende Erzählung in Ex 15,22-27 gelegt ist. Die Notiz in Ex 15,22aα knüpft im vorliegenden Textzusammenhang nun ihrerseits wiederum an die im priesterschriftlichen Erzählzusammenhang stehende, dort aber selbst sekundäre Notiz Ex 14,2b+3 an; in der Nennung des Schilfmeeres verweist Ex 15, 22aα auf Ex 13,18a zurück. Darin kann zwar nicht ein schlüssiges Argument für eine nachpriesterschriftliche Herkunft von Ex 15,22aα, wohl aber ein Hinweis auf die Einbindung von Ex 15,22aα in ein nachpriesterschriftli-

sion, durch die Ex 12,37-13,19 als ein in sich geschlossener Erzählteil herausgehoben ist, markiert die Itinerarnotiz in Ex 12,37 durch den mit ihr angezeigten Ortswechsel auch erzählerisch einen Neueinsatz. Das wird umgekehrt durch die erst auf die Hand des Verfassers des Exodusbuches zurückgehenden Aussagen in Ex 12,35-36 unterstrichen [25], die als solche aus dem fortlaufenden Erzählzusammenhang heraustreten und das zuvor schon Erzählte (Ex 11,2+3) rekapitulierend zusammenfassen [26].

Als Hinweis auf den Beginn einer neuen Erzähleinheit kann sodann auch das Vorkommen der Itinerarnotiz in Ex 15,22a verstanden werden, insofern sie

---

ches Verweissystem gesehen werden. Die beiden verbleibenden Itinerarnotizen in Ex 12,37 und 13,2o dürfen aufgrund ihrer Besonderheiten (vgl. das Fehlen von *wăjjăh^anû* in Ex 12,37 sowie die Anfügung von "am Rand der Wüste" an den Ortsnamen Etam in Ex 13,2o), die sich nur unter Voraussetzung des vorliegenden Erzählzusammenhangs erklären lassen (für Ex 12,37 vgl. den Zusammenhang mit Ex 13,17-19 und für Ex 13,2o die darauf bezugnehmende Notiz in Ex 14,3), wiederum als nachpriesterschriftliche Konstruktionen gelten, deren Autor mit dem Verfasser des Exodusbuches selbst zu identifizieren sein wird.

25 Zur Analyse von Ex 12,29-39 und zur Zuweisung von Ex 12,35+36 an R[P] vgl. P. WEIMAR, OBO 32, 58f. - In der Regel werden Ex 12,35+36 gegenüber Ex 12,34 isoliert, wenn auch eine solche Abtrennung nicht unbestritten geblieben ist. Mit J. WELLHAUSEN, Composition 73 werden die beiden Verse meist als elohistisch verstanden (vgl. jedoch das zurückhaltende Urteil von H. GRESSMANN, FRLANT 18, 98: "spricht mancherlei dafür, obwohl von Sicherheit keine Rede sein kann"). Nach R. SMEND, Erzählung 133 sind Ex 12,35+36 J[1] zuzurechnen, während O. EISSFELDT, HS 131* sie L und G. FOHRER, BZAW 91, 84.124 sie N zuschreiben. Andere vermuten in Ex 12,35+36 eine redaktionelle Bildung, so etwa B. BAENTSCH 1o4, der die beiden Verse R[Je] (?) zuweist, oder A. DILLMANN 13o und E. ZENGER 128f.276, die sie auf R[(P)] zurückführen.

26 Die Tatsache, daß das in Ex 12,35+36 Berichtete schon einmal in Ex 11, 2b+3 mitgeteilt worden ist, hat immer wieder Schwierigkeiten bereitet (vgl. schon *Sam*, der in Ex 11,3a anstelle von *wăjjitten JHWH* ein *w^enatătti* liest, und damit den Halbvers mit Ex 11,2 zusammenrückt). Die häufiger vertretene Lösung, wonach Ex 11,2b+3 und 12,35+36 als Parallelüberlieferungen zu verstehen und demnach auf verschiedene Hände zurückzuführen sind, erscheint schon angesichts der weitgehenden Übereinstimmungen (vgl. dazu P. WEIMAR, OBO 32, 55-58) wenig überzeugend. Durch die Inversion mit nachfolgender Suffixkonjugation in Ex 12,35 und 36, die plusquamperfektisch zu verstehen ist (gegen ein solches Verständnis der Verbformen haben sich aus unterschiedlichen Gründen heraus etwa B. EERDMANS, ASt III, 27 und W. FUSS, BZAW 126, 285 ausgesprochen), hat die Aussage den Charakter des Rückverweises auf schon Erzähltes. Das wird zusätzlich durch die Wendung *kidbăr mosæ* in Ex 12,35a unterstrichen, wobei der Verweis auf Mose nicht die Beauftragungssituation, sondern die nicht erzählte Ausrichtung reflektiert. Möglicherweise dürfte durch den in Ex 12,35a angebrachten Rückverweis nicht allein ein Bezug auf Ex 11,2b+3 hergestellt sein, sondern darüber hinaus auch zu der mit Ex 11,1+2 verwandten Beauftragung in Ex 12,1-3, so daß Ex 12,35+36 zugleich die Funktion zukäme, die Texteinheit Ex 12,1-36 literarisch zu verklammern.

einerseits die endgültige Trennung von Ägypten ("Schilfmeer") anzeigt sowie
andererseits mit der (durchaus auffälligen) allgemeinen Richtungsangabe ("zur
Wüste Schur hin") schon auf ein neues Thema einstimmen will [27]. Dagegen kann
die Itinerarnotiz in Ex 16,1 auf der Ebene der Komposition des Exodusbuches
- im Unterschied zu den anderen Itinerarnotizen - nicht als Beginn einer neu-
en Erzähleinheit verstanden werden [28]. Der Zwang, an dieser Stelle überhaupt
eine Itinerarnotiz zu setzen, ist durch die bei Pg in Ex 16,1* schon vorgegebene Notiz hervorgerufen. Diesem Tatbestand hat der Erzähler Rechnung zu tragen, zugleich aber sichtbar zu machen, daß er der Itinerarnotiz in Ex 16,1 keine strukturbestimmende Bedeutung beimißt. Bewerkstelligt ist dies einerseits
durch die Aufspaltung der Itinerarnotiz in Ex 15,22a und 27 bei gleichzeitiger
Vervielfachung der Aussage vom Hingelangen zu einem neuen Ort (vgl. die Abfolge der Aussage in Ex 15,23aα, 27aα und 16,1aβ) [29] sowie andererseits durch
eine bewußte Stichwortverknüpfung zwischen Ex 15,25b und 16,4bβ [30].

---

27 Zur Beschreibung des Phänomens vgl. auch N. LOHFINK, SBS 1oo, 15f.

28 Meist werden Ex 15,22-27 und Ex 16,1-35 als gegeneinander zu isolierende
    Texteinheiten verstanden; anders schon E. ZENGER, VTS 32 (1981) 481 und
    Sinai 42f, der die mit Ex 15,22 eröffnete Texteinheit auf der Ebene der
    Schlußredaktion des Textes bis Ex 16,15 durchlaufen läßt (dazu s.u.).

29 Die Vervielfachung der Aussage vom Hingelangen im Anschluß an die vorge-
    gebene priesterschriftliche Notiz in Ex 16,1aß durch R^P dürfte als ein
    bewußtes Stilmittel zu verstehen sein, um vorgegebene Textgrenzen zu
    verwischen. Darauf weist nicht allein die ungewöhnliche Häufung der
    Notizen vom Hingehen zu einem Ort hin, sondern auch die Tatsache, daß
    dadurch die für R^P charakteristische Abfolge von Aufbrechen und Lagern
    in den Itinerarnotizen aufgelöst erscheint. Die Verbindung von ns^c und
    bw' in Ex 16,1 und Num 2o,22 wie die in Ex 19,2 belegte Trias ns^c-bw'-
    hnh stellen nur scheinbar Ausnahmen dar, weil sie entweder als redaktio-
    nelle Bearbeitungen vorgegebener priesterschriftlicher Wanderungsnotizen
    durch R^P (Ex 16,1 [vgl. Anm. 21] und Num 2o,22) oder aber als sich an
    priesterschriftliche Notizen anschließende und diese aufnehmende Bildun-
    gen (Ex 19,2a) zu verstehen sind.

3o Vgl. auch E. ZENGER, VTS 32 (1981) 481 und Sinai 49. - Daß Ex 15,25b zu-
    sammen mit 15,26 wohl als ein relativ junger, wahrscheinlich mit R^P zu
    identifizierender redaktioneller Zusatz anzusehen ist, hat zuletzt N.
    LOHFINK, SBS 1oo, 32-41 zu zeigen versucht. Aber auch Ex 16,4bß wird ein
    erst auf R^P zurückgehender redaktioneller Zusatz sein. Die Jahwerede Ex
    16,4+5, die aus dem als priesterschriftlich zu qualifizierenden Erzähl-
    zusammenhang (Ex 16,2+3 und 6+7*) völlig herausfällt (vgl. dazu E.
    RUPRECHT, ZAW 86, 1974, 279f), hat keinerlei erzählerische Verknüpfung
    nach hinten und ist so am ehesten als redaktionelle Hinzufügung zur prie-
    sterschriftlichen Erzählung anzusehen, so daß die Jahwerede Ex 16,4+5 ins-
    gesamt als nachpriesterschriftlich verstanden werden muß. Ob die Rede in
    sich literarisch nochmals geschichtet ist, wie meist angenommen wird,
    auch wenn die bewußte literarische Konstruktion von Ex 16,4+5 durchaus
    als Hinweis auf die Einheitlichkeit der Jahwerede verstanden werden könn-
    te, kann hier unentschieden bleiben und sinnvollerweise erst, da hier
    das übergreifende Problem der Entstehung der Mannawundergeschichte mit
    hereinspielt, im Zusammenhang einer Gesamtanalyse von Ex 16 geklärt wer-

Gerade die Sorgfalt, mit der der Verfasser des Exodusbuches die vorgegebene Wanderungsnotiz in Ex 16,1* aus ihrer Position als Erzähleröffnung verdrängt hat, unterstreicht nur die Bedeutung, die er den Itinerarnotizen als strukturbildenden Elementen in bezug auf die kompositorische Gestaltung des ganzen Textabschnittes Ex 12,1-16,35 beimißt. Von daher ergibt sich sodann ein weiteres entschiedenes Argument für Ex 13,2o als Beginn der Meerwundererzählung. Auf der Ebene der Komposition des Exodusbuches ist diese demnach mit Ex 13,2o-14,29 auszugrenzen. Die dafür maßgebenden Beobachtungen waren notwendigerweise z.T. übergreifender Art. Sie eröffneten darin zugleich erste Einsichten in die Struktur der Komposition von Ex 12,1-16,35. Diese sind im folgenden zu vertiefen und im Hinblick auf die Stellung der Meerwundererzählung innerhalb der Komposition des Exodusbuches auszuweiten.

2. *Die Stellung der Meerwundererzählung innerhalb der Komposition des Exodusbuches*

Innerhalb des mit Ex 12,1-16,35 auszugrenzenden dritten Teils des Exodusbuches sind nach den bisherigen Beobachtungen literarische Neueinsätze in Ex 12,37, 13,2o, 14,3o und 15,22 anzunehmen, womit sich für Ex 12,1-16,35 eine fünfteilige Textstruktur nahelegen würde. Vor einem endgültigen Urteil in dieser Frage bleibt jedoch zu prüfen, wie weit der mit Ex 15,22 eröffnete Textabschnitt reicht. Mehrere Beobachtungen deuten darauf hin, ihn trotz des Fehlens einer weiteren strukturbildenden Itinerarnotiz nicht bis Ex 16,35 laufen zu lassen. Auffällig ist innerhalb von Ex 16 nicht nur ein Wechsel des Erzählstils (Erzählung // Anweisung + Ausführung), sondern auch der Thematik (Fleisch und Brot // Manna und Sabbat). Die so sich nahelegende Zäsur innerhalb des Textzusammenhangs von Ex 16 ist dabei aber nicht zwischen Ex 16,15 und 16 [31], sondern zwischen Ex 16,12 und 13 anzusetzen, was nicht nur formal

---

den (dazu vgl. demnächst meine Analyse von Ex 16). Auf jeden Fall ist die hier entscheidende, häufig als redaktionell behauptete Aussage in Ex 16, 4bß, die präzise im Zentrum der Jahwerede Ex 16,4+5 steht und dieser ihr spezifisches Profil gibt, als das jüngste Element des Textes anzusehen. Gegen eine deuteronomistische Herkunft von Ex 16,4bß (vgl. zuletzt E. RUPRECHT, ZAW 86, 1974, 269-3o7 sowie L. PERLITT, Wovon der Mensch lebt 4o8f) spricht nicht allein die redaktionelle Einfügung in einen priesterschriftlichen Erzählzusammenhang, sondern auch der gezielt angebrachte Querverweis zu Ex 15,25b+26 (vgl. wegen der nicht zu verkennenden Verwandtschaft mit Ex 16,4bß aber auch die Aussage von Dtn 8,2, worin allem Anschein nach eine gleichfalls erst auf eine nachdeuteronomistische Redaktion zurückgehende Bildung zu sehen ist).

31 Vgl. die entsprechenden Hinweise bei E. RUPRECHT, ZAW 86 (1974) 288 sowie bei E. ZENGER, VTS 32 (1981) 481 und Sinai 42f. - Die strukturgliedernde Funktion des Nominalsatzes *zäe häddabar 'ªšaer siwwā JHWH* in Ex 16,16aα

durch die vorangestellte Zeitbestimmung ("und es geschah am Abend"), sondern auch thematisch (Manna) herausgestellt ist [32].

Ist somit über die schon genannten erzählerischen Neueinsätze hinaus ein
weiterer Neueinsatz in Ex 16,13 anzunehmen, dann gliedert sich der dritte
Teil des Exodusbuches (Ex 12,1-16,35) - genau parallel zum ersten Teil (Ex
1,1-6,27) - in sechs Textabschnitte auf, die formal wie thematisch in unterschiedlicher Weise aufeinander bezogen sind [33]. Wie schon die Beobachtungen zu Ex 13,2o-14,29 und 14,3o-15,21 zu erkennen gegeben haben, sind jeweils zwei Texteinheiten paarweise einander zugeordnet. So sind Ex 12,1-36
und 12,37-13,19 nicht nur durch die hier wie dort mitgeteilten Bestimmungen
zu Pesach und Massot, sondern auch durch das in beiden Textabschnitten im
Vordergrund stehende Thema des Exodus zusammengehalten. Ebenso erscheinen

---

kann auch nicht durch Hinweis auf die gleichlautende Aussage in Ex 16,
32aα abgesichert werden. Als strukturgliedernd wäre die nominale Wendung an beiden Stellen nur dann anzusehen, wenn die so eingeleiteten
Aussagen als Erzählrahmen verstanden werden könnten und wenn eine Herleitung von Ex 16,16aα und 32aα von R^P als gesichert anzusehen wäre.
Im Blick auf Ex 16,16aα erscheint ein Verständnis der nominalen Wendung
zǣ haddabar 'ᵃšær ṣiwwā JHWH als abschnittseröffnendes Struktursignal
schon deshalb wenig wahrscheinlich, weil dann ein bestehender Redezusammenhang aufgelöst würde. Der überschriftartige Charakter der nominalen Wendung in Ex 16,16aα würde sich dann unschwer erklären, wenn darin - wie in Ex 16,32aα - der Beginn der mit Ex 16,15bα eingeführten
Moserede zu sehen wäre, was dann aber zugleich auch bedeutete, daß die
nominale Wendung von Ex 16,16aα nicht als eine auf den Verfasser des
Exodusbuches zurückgehende Bildung verstanden werden kann, sondern eine
der Schlußredaktion voraufliegende ältere Textstufe repräsentieren
muß.

32 Die Aussage in Ex 16,13 kann nicht als ursprüngliche Fortsetzung des
priesterschriftlichen Erzählzusammenhangs, der allem Anschein nach mit
der Jahwerede in Ex 16,11+12 endet, angesehen werden. Zwar lehnt sich
die Konstruktion des Durchführungsberichtes in Ex 16,13 an die Ankündigung in Ex 16,12 an, doch sind auf der anderen Seite die Differenzen so
erheblich, daß eine genuine Verbindung von Ankündigung und Durchführungsbericht nicht anzunehmen ist. Trotz Ex 16,13a verschiebt sich ab Ex 16,
13b die Thematik ganz einseitig auf Manna und Sabbat. Der im weiteren
Erzählzusammenhang nicht aufgenommenen Notiz von Ex 16,13a kommt dabei
am ehesten wohl eine übergreifende Funktion im Blick auf Num 11 zu,
was die Vermutung nahelegt, in Ex 16,13a eine auf R^P zurückgehende Aussage zu sehen. Da Ex 16,13b nicht von Ex 16,13a abgetrennt werden kann,
ist der ganze Vers als eine auf den Verfasser des Exodusbuches zurückgehende Bildung zu verstehen. Als solche kommt dann aber auch dem betonten Einsatz mit *wǎjᵉhî* + Zeitbestimmung als kompositionskritisch rele-
vantem Struktursignal ein entscheidendes Gewicht zu.

33 Für das Folgende vgl. auch die entsprechenden Beobachtungen bei E.
ZENGER, VTS 32 (1981) 481f und Sinai 38-43.

auch die beiden Textabschnitte Ex 15,22-16,12 und 16,13-35 nicht nur ge-
schehensmäßig, sondern auch thematisch (vgl. nur die Aussagen in Ex 15,26
und 16,28 miteinander!) eng miteinander verbunden. Damit ergibt sich von
der Geschehensstruktur her eine dreifach gesteigerte Abfolge, wobei jeder
der drei Textabschnitte durch einen eigenen Akzent (Exodus - Meerwunder -
Wüste) zusammengehalten ist. Darin deutet sich zugleich der für den dritten
Teil des Exodusbuches charakteristische Spannungsbogen an. Das Meerwunder
ist damit genau am Übergang von Ägypten (Exodus) und Wüste plaziert und markiert so den definitiven Abschluß des Exodusgeschehens.

Doch kommt es dem Erzähler nicht primär auf erzählerischen Fortschritt, sondern auf Erhellung der tiefer liegenden Grundstruktur des Geschehens an. Dies
wird sowohl auf der Ebene der Kompositionstechnik der einzelnen Textabschnitte wie der Komposition des ganzen dritten Teils des Exodusbuches erkennbar.
Auf der Ebene der Kompositionstechnik der einzelnen Textabschnitte ist vor
allem das Stilmittel der Verklammerung zu beachten, wodurch sie nicht nur
als in sich geschlossene Größen hervorgehoben, sondern auch in ihrer thematischen Eigenheit erkennbar gemacht werden. Auf der Ebene der Komposition von
Ex 12,1-16,35 wird dies durch die symmetrische Zuordnung der einzelnen Textabschnitte sichtbar gemacht, wobei die Zuordnung durch thematische Entsprechungen wie durch Stichwortrepetitionen angezeigt ist. Neben Ex 13,2o-14,29
und 14,3o-15,21, deren thematische Zuordnung (Meerwunder) durch intensive
literarische Querverweise unterstrichen wird, sind auf diese Weise einerseits
Ex 12,1-36 und 16,13-35 sowie andererseits Ex 12,37-13,19 und Ex 15,22-16,12
zugeordnet. Die beiden Textabschnitte Ex 12,1-36 und 16,13-35 sind sowohl
durch die in beiden Einheiten stark im Vordergrund stehenden Bestimmungen
über Pesach bzw. Sabbat [34] als auch durch das spannungsvolle Gegenüber der
Ortsangaben "im Lande Ägypten" (Ex 12,1 R^P) und "bis an den Rand des Landes
Kanaan" (Ex 16,35b [wohl gleichfalls R^P]) verbunden [35]. Die Verbindung der
verbleibenden beiden Textabschnitte Ex 12,37-13,19 und Ex 15,22-16,12 wird
schon durch die sie einleitenden Itinerarnotizen angezeigt [36], worin nicht

---

34 Zum intensiven Geflecht der Stichwortentsprechungen zwischen beiden Textabschnitten vgl. die synoptische Zusammenstellung bei E. ZENGER, VTS 32
   (1981) 483.

35 Durch die Ortsangabe "bis an den Rand (ᵓael q^e$\underline{s}$e) des Landes Kanaan" (Ex
   16,35b) ist der Textabschnitt Ex 16,13-35 zugleich mit dem Textabschnitt
   Ex 13,2o-14,29 verbunden, wo sich in Ex 13,2o die entsprechende Ortsangabe "am Rand (biq$\underline{s}$e) der Wüste" findet. Das unterstreicht einerseits die
   schon durch die paarweise Zuordnung von je zwei Textabschnitten erzeugte
   Dreistufigkeit der Erzählfolge (Ägypten - am Rand der Wüste - Wüste (bis
   an den Rand des Landes)) und verbindet andererseits gerade die am Abschluß
   der beiden Erzählhälften des dritten Teils stehenden Textabschnitte.

nur eine äußerlich bleibende Stichwortkorrespondenz zu sehen ist, sondern ein Hinweis auf die Tiefenstruktur des Textes (Wüstensituation) [37]. Durch die symmetrische Zuordnung der einzelnen Textabschnitte fächert sich die größere Texteinheit Ex 12,1-16,35 in zwei Hälften auf, wobei das Aussagegefälle der beiden Texthälften jeweils auf die Schlußabschnitte hinläuft (Errettung am Meer bzw. in der Wüste) [38].

Demnach stellt sich der dritte Teil des Exodusbuches als eine aus sechs Textabschnitten bestehende komplexe literarische Komposition dar, wobei die einzelnen Textabschnitte formal wie thematisch auf verschiedene Weise aufeinander bezogen sind. Für Ex 12,1-16,35 legt sich so etwa folgendes Kompositionsschema nahe:

---

36 Dabei ist zu beachten, daß im engeren oder weiteren Zusammenhang mit den Itinerarnotizen in Ex 12,37 und 15,22 jeweils das Stichwort *jṣ'* erscheint, wodurch sich diese beiden Itinerarnotizen deutlich von der entsprechenden Notiz in Ex 13,2o unterscheidet. In Ex 15,22 steht das Stichwort *jṣ'* in unmittelbarer Verbindung mit der Aufbruchsnotiz, während in Ex 12,37 und 41 Aufbruchsnotiz und Herausgehen aus Ägypten zwar nicht unmittelbar miteinander verbunden sind, aber in einem kompositorischen Zusammenhang stehen. In beiden Fällen ist dabei das Verbum *jṣ'* in der Grundform mit Israel als Subjekt gebraucht, womit durchaus – auch wenn R^P hier jeweils schon auf ältere Traditionen rekurriert – kompositorische Zusammenhänge angedeutet sind. Dies ist um so wahrscheinlicher, als in den beiden Textabschnitten Ex 12,37-13,19 und 15,22-16,12 die Rede vom Auszug aus Ägypten in auffälliger Dichte vorkommt. In Ex 12,37-13,19 findet sich das Verbum *jṣ'* als Terminus für den Auszug aus Ägypten noch in Ex 13,3.4.8 (*G*-Stamm) und Ex 12,42.51; 13,3.9.14.16 (*H*-Stamm), wobei in allen Fällen eine Herleitung auf R^P naheliegend ist. Nicht so dicht ist demgegenüber der Gebrauch von *jṣ'* in Ex 15,22-16,12, wo das Verbum noch in Ex 16,1 (*G*-Stamm) sowie in Ex 16,3 und 6 (*H*-Stamm) begegnet, wobei es sich hier aber um keine Eigenbildungen von R^P handelt, sondern um Rückgriffe auf die priesterschriftliche Tradition. Durch die gehäuften Hinweise auf den Auszug gerade in den beiden Textabschnitten Ex 12,37-13,19 und 15,22-16,12 soll nachdrücklich angezeigt sein, daß es in beiden Zusammenhängen um eine deutende Darstellung des Exodusgeschehens geht.

37 In diesem Zusammenhang sind nicht allein die einleitenden Itinerarnotizen zu beachten, sondern darüber hinaus auch die kompositorischen Zusammenhänge, in denen sie stehen. Die Itinerarnotiz in Ex 12,37 ist eng mit der auf R^P zurückgehenden Textpassage Ex 13,17aßb+18 (vgl. dazu Anm. 13 und 14) verbunden, wo zugleich der innere Sinn der ganzen Aktion Jahwes ("Wüstenweg") sichtbar gemacht wird. Wird in Ex 12,37-13,19 der Bezug zur Wüstensituation mehr indirekt durch die deutenden Rahmenaussagen angezeigt, ist er in Ex 15,22-16,12 schon durch die vorgefundene Tradition gegeben und brauchte von R^P nur noch weiter ausgezogen zu werden, was einerseits durch den bewußten Einsatz der Itinerarnotizen und andererseits durch die redaktionell eingefügten Ortsangaben "zur Wüste Schur hin" (Ex 15,22aß) und "in der Wüste" (Ex 16,2b) geschehen ist.

38 Mit der durch die Kompositionsstruktur bewirkten Aufteilung von Ex 12,1-16,35 in zwei Erzählhälften steht eine auffällige Perspektivenverschiebung in Zusammenhang, insofern in den drei Textabschnitten der ersten Hälfte

```
┌ ┌ A.    Ex 12,1-36          Feier des Pesach (Pesachvorschriften)
│ │                           und Entlassung durch den Pharao
│ └ B.    Ex 12,37-13,19      Aufbruch (Auszug) aus Ägypten in die Wüste
│                             (Bewahrung der Tora)
│   ┌ C.  Ex 13,2o-14,29      Errettung vor den Ägyptern am Meer
│   │                         (Erzählung)
│   │  ─────────────────────────────────────────────────────────────
│   └ C'. Ex 14,3o-15,21      Errettung vor den Ägyptern am Meer
│                             (Hymnus)
│ ┌ B'.   Ex 15,22-16,12      Aufbruch (Auszug) vom Schilfmeer in die Wüste
│ │                           (Bewahrung der Tora)
└ └ A'.   Ex 16,13-35         Feier des Sabbat (Sabbatvorschriften)
                              und Führung durch die Wüste
```

Innerhalb der Komposition des dritten Teils des Exodusbuches steht die
Darstellung der Rettung am Meer - und zwar in der doppelten Form als Erzählung und Hymnus - nachdrücklich im Zentrum dieses Teils des Exodusbuches,
womit zugleich die herausragende Bedeutung dieses Geschehens angezeigt ist.
In ihm erhält das Befreiungshandeln Jahwes seinen eigentlichen Höhepunkt[39].
Durch die zweifache Rahmung des Meerwunders in der Komposition des dritten
Teils des Exodusbuches wird zugleich die bleibende Bedeutung jenes Geschehens
sichtbar gemacht. Da der dritte Teil des Exodusbuches thematisch wie kompositorisch in einem engen Bezug zum ersten Teil des Exodusbuches steht[4o], erscheint das Meerwundergeschehen zugleich als definitive Einlösung der im Zen-
trum des ersten Teils des Exodusbuches stehenden Errettungszusage Jahwes. Im
Sinne der Komposition des Exodusbuches kommt so der Darstellung des Meerwunders eine entscheidende Bedeutung zu. Mit ihr erreicht die erste Hälfte des
Exodusbuches (Teil I-III) ihren Höhepunkt. Zugleich werden hier schon die
Weichen für die zweite Hälfte des Exodusbuches gestellt[41].

Jahwe der handlungsbestimmende Faktor ist, von dem das Geschehen ausgeht
und auf den es zuläuft, während in den drei Textabschnitten der zweiten
Hälfte die Initiative stärker von Mose ausgeht.

39 Auf der Ebene der Komposition des Exodusbuches kann die Meerwundererzäh-
    lung demnach nur als Teil der Darstellung des Exodusgeschehens verstanden
    werden (vgl. auch die in die gleiche Richtung zielende Argumentation von
    N. LOHFINK, SBS 1oo, 15 Anm. 5). Querverbindungen mit anderen Teilen des
    Exodusbuches und darüber hinaus zu anderen Büchern des Pentateuch sind als
    literarische Stilmittel des Verfassers des Exodusbuches bzw. des Pentateuch
    zu verstehen, um so größere thematische Zusammenhänge anzudeuten.

4o Vgl. hierzu P. WEIMAR - E. ZENGER, SBS 75, 15; zur Kompositionsstruktur
    in Ex 1,1-6,27 vgl. P. WEIMAR, OBO 32, 16-23.

41 Die von R[P] hergestellten Querverbindungen der Meerwundererzählung zu an-
    deren Teilen des Exodusbuches werden noch eigens zu untersuchen sein
    (vgl. Kap. IX).

KAPITEL II

Die Komposition der Meerwundererzählung

Angesichts des planvollen Verfahrens bei der Komposition von Ex 12,1-16,35
durch den Verfasser des Exodusbuches ist von vornherein anzunehmen, daß die
in diesem Zusammenhang als eigene Texteinheit auszugliedernde Meerwundererzählung (Ex 13,2o-14,29) nicht ein mehr oder weniger zufälliges Konglomerat
verschiedenartiger Überlieferungen unterschiedlicher Herkunft ist, sondern
daß sie als eine bewußt angelegte literarische Komposition zu verstehen ist.

1. Strukturbildende Merkmale innerhalb der Meerwundererzählung

In der Frage der Komposition der Meerwundererzählung ist die Forschung über
erste Ansätze bislang nicht hinausgekommen [1]. Um so stärker ergibt sich die
Notwendigkeit, nach strukturbildenden Elementen innerhalb der Texteinheit Ex
13,2o-14,29 zu fragen. Ausgangspunkt einer solchen Analyse kann dabei nur
der Text der Meerwundererzählung in seiner vorliegenden Form sein [2]. Ein
erster deutlicher Hinweis auf die Struktur des Textes darf in den beiden Auf-
bruchnotizen in Ex 13,2o (Aufbruch der Israel-Söhne) und Ex 14,19 (Aufbruch
des Boten Elohims) gesehen werden. Strukturbildend wirkt sich hier allein

---

1 Hinweise zur Kompositionsstruktur der Meerwundererzählung in ihrer vorliegenden Form finden sich bei E. GALBIATI, Struttura 156-163, H.-Chr. SCHMITT,
   Meerwundererzählung 149-152 und vor allem bei P. AUFFRET, EstB 41 (1983)
   53-82, wobei die Meerwundererzählung jeweils mit Ex 13,17-14,31 abgegrenzt
   wird. Der hier vorgelegte Versuch ist keinesfalls als eine erschöpfende
   Darstellung der Probleme der Kompositionsstruktur der Meerwundererzählung
   zu verstehen, sondern verfolgt nur die Absicht, einige Aspekte zu dieser
   Frage beizutragen.

2 Zum methodischen Verfahren vgl. P. WEIMAR, Literarische Kritik 217-235. -
   Nach H.-Chr. SCHMITT, Meerwundererzählung 143 "wäre grundsätzlich so vor-
   zugehen, daß man zunächst die theologischen Intentionen aller von der End-

schon die Stichwortkorrespondenz aus ("und sie brachen auf"/"und er brach
auf"). Unterstrichen wird der Zusammenhang wie die strukturbildende Wirkung
der beiden Stellen dadurch, daß im Anschluß an die Aufbruchsnotiz jeweils
die Thematik göttlicher Führung durch die Wolken- und Feuersäule eingeführt
ist. Die so sich zeigende Korrespondenz von Ex 13,2o-22 und 14,19+2o läßt 14,
19 als Beginn eines neuen Erzählteils innerhalb der Meerwundererzählung verstehen. Da der erzählerische Neueinsatz in Ex 14,19 gerade auf den Beginn
der Meerwundererzählung in Ex 13,2o zurückgreift, ist zugleich zu vermuten,
daß es sich bei Ex 14,19 um die Eröffnung des Schlußteils der Meerwundererzählung handelt.

Sind die Aufbruchsnotizen in Ex 13,2o und 14,19 als strukturbildende Elemente erkannt, dann ergeben sich von hier aus weitere Hinweise auf die Struktur
der Meerwundererzählung. Zu beachten ist vor allem die durch die Aufbruchsnotizen angezeigte Ortsveränderung, die für das nachfolgend erzählte Geschehen als bestimmend angesehen werden muß. Ein entsprechender Wechsel der
Situation ist innerhalb der Meerwundererzählung noch in Ex 14,1o ("als der
Pharao herangekommen war") zu beobachten. Weitere Beobachtungen lassen eine
solche Annahme als wahrscheinlich erscheinen. Einen erzählerischen Neueinsatz signalisiert schon die Inversion in Ex 14,1oa. Sodann begegnet in Ex
14,1o gleichfalls das für die Aufbruchsnotizen in Ex 13,2o und 14,19 typische Verbum "aufbrechen" (ns^c) [3]. Zudem kommt der Aussage von Ex 14,9 der
Charakter einer einen Erzählzusammenhang abschließenden Aussage zu (vgl.
die Einführung des Meeres als Ort des weiteren Geschehens sowie die Wiederaufnahme der Ortsangaben aus Ex 14,2b) [4]. Mit einem zwischen Ex 14,9 und 1o

---

redaktion benutzten Vorlagen erhebt, um dann zu fragen, wie diese verschiedenen theologischen Intentionen von der Endredaktion einander zugeordnet
und damit bewertet werden". Die hier gestellte Frage nach den "Darstel-
lungsstrukturen" ist vorgängig dazu und ist auch ohne Rekurs auf die möglicherweise vorgegebenen Traditionen zu stellen.

3 Das Verbum ns^c begegnet in Ex 13,2o-14,29 außer in den beiden einen Erzählteil eröffnenden Aufbruchsnotizen Ex 13,2o und 14,19 nur noch in Ex 14,1o
   und 15b, wobei diese beiden Vorkommen von ns^c im Gegensatz zu den beiden
   Aufbruchsnotizen nicht als redaktionelle Bildungen aus der Hand von R^p
   zu verstehen sind, sondern als Aufnahme von Aussagen, die ihm aus der Tradition vorgegeben sind. Aber auch wenn Ex 14,1ob insofern ein Sondercharakter zukommt, als ns^c im Gegensatz zu Ex 13,2o und 14,19 nicht "aufbrechen", sondern "hinter jmd. herziehen" ($ns^c + {}^,\check{a}h^a r\hat{e}$) bedeutet, ist die dadurch hergestellte Stichwortbeziehung zu Ex 13,2o und 14,19 durchaus als
   ein auch kompositionskritisch relevantes Phänomen zu werten, was nicht zuletzt dadurch unterstrichen wird, daß in Ex 14,1o und 19+2o jeweils in Zusammenhang mit ns^c der Wortstamm qrb begegnet (vgl. dazu P. AUFFRET, EstB
   41, 1983, 83f).

zu setzenden Einschnitt in den Erzählzusammenhang trifft außerdem eine Verschiebung der Erzählperspektive zusammen, insofern bis Ex 14,9 die Verhaltensweise des Pharao im Vordergrund steht, während ab 14,1o die innere Situation der Israel-Söhne in den Brennpunkt des Interesses rückt [5].

Ist somit neben Ex 14,19 auch Ex 14,1o als strukturbildend anzusehen, dann
ergibt sich für die Meerwundererzählung eine dreiteilige Darstellungsstruk-
tur. Zu prüfen bleibt, ob sich innerhalb der so ausgegrenzten Textteile weitere Hinweise auf strukturbildende Merkmale ergeben, die geeignet sind, die
sich bislang zeigende Textstruktur weiter zu differenzieren. Innerhalb des
Erzählteils Ex 13,2o-14,9 ist ein Einschnitt zwischen Ex 14,4a und 4b anzunehmen [6]. Zu beachten ist hier vor allem der Wechsel der Erzählperspektive.
Während in Ex 13,2o-14,4a das Moment der Führung durch Jahwe im Vordergrund
steht, schildert Ex 14,4b-9 die dadurch (vgl. Ex 14,3) ausgelösten Aktionen
des Pharao. Damit ist einerseits ein enger Zusammenhang der beiden Textabschnitte Ex 13,2o-14,4a und 14,4b-9, andererseits aber zugleich ihre literarische Eigenständigkeit angezeigt. Jeder der beiden Textabschnitte in Ex
13,2o-14,9 läßt in sich wiederum eine zweiteilige Textstruktur erkennen
(Ex 13,2o-22/14,1-4a//4b-7/8+9), wobei für die Einzelglieder selbst eine chiastische Anordnung erkennbar wird [7]. Da die so sich ergebende Zweiteilung in-

---

4   Zu beachten ist in diesem Zusammenhang auch die durch das Verbum *hnh* be-
    wirkte Verklammerung von Ex 13,2o-14,9. Die partizipiale Apposition *honîm*
    ᶜal hajjam, wobei die Ortsangabe durch Ex 14,9b näher präzisiert wird,
    resümiert den voraufgegangenen Erzählzusammenhang. Unmittelbar greift Ex
    14,9 (vor allem 9b) auf Ex 14,2b zurück. Da die Aussage von Ex 14,2b
    (*hnh* + *ᶜal hajjam*) aber in unmittelbarem literarischen Zusammenhang mit
    der Erwägung des Pharao in Ex 14,3 (*sgr* + *hammidbar*) steht, wird zugleich
    ein Bezug zur Lagernotiz in Ex 13,2ob (*hnh* + Ortsangabe (vgl. vor allem
    die appositionell angefügte Angabe *biqse hammidbar*)) hergestellt.

5   Einen im Blick auf die Komposition der Meerwundererzählung strukturell be-
    deutsamen Einschnitt zwischen Ex 14,9 und 1o nehmen auch E. GALBIATI,
    Struttura 158, H.-Chr. SCHMITT, Meerwundererzählung 15o und P. AUFFRET,
    EstB 41 (1983) 55-59 an.

6   Vgl. auch E. GALBIATI, Struttura 158 und P. AUFFRET, EstB 41 (1983) 54-56.
    - Die beiden Aussagen Ex 14,4b und 9, die sich jeweils auf Ex 14,2b zurück-
    beziehen, bilden eine Art Rahmen um die Aussagen von Ex 14,5-8, in denen
    das Tun des Pharao im Vordergrund steht.

7   Die so sich nahelegende Textstruktur von Ex 13,2o-14,9 ist durch Einschnit-
    te im Text jeweils deutlich angezeigt (vgl. den Wechsel der Erzählsituation
    in Ex 14,1 gegenüber 13,22 sowie die Aufnahme von Jahwe als Subjekt der Aus-
    sage in Ex 14,8). Die Korrespondenz der beiden Textstücke Ex 13,2o-22 und
    14,8+9 ist einerseits durch die Entsprechung von Aufbrechen + Lagern bzw.
    Ausziehen + Lagern sowie andererseits durch die starke Betonung des Moments
    der Führung durch Jahwe angezeigt, wohingegen die Korrespondenz von Ex 14,
    1-4a und 4b-7 eher thematischer Art ist (vgl. vor allem die Aussage in Ex
    14,2b+3). Daß darüberhinaus zugleich Entsprechungen zwischen Ex 14,1-4a

23

nerhalb des durch Ex 13,2o und 14,1o vorgegebenen Rahmens verbleibt, kann darin nicht ein konkurrierendes, sondern nur ein untergeordnetes Strukturprinzip gesehen werden [8].

Verwandte Strukturgesetzmäßigkeiten wie in Ex 13,2o-14,9 lassen sich auch in den beiden anderen Erzählteilen feststellen. In Ex 14,1o-18 sind die einzelnen Textelemente, in die sich der Erzählteil aufgliedern läßt (Ex 14,1o / 11+ 12 // 13+14 / 15-18), allem Anschein nach ebenfalls chiastisch angeordnet, wobei die Symmetrieachse zwischen Ex 14,12 und 13 verläuft. In Ex 14,1o und 11+12 sind das handelnde Subjekt jeweils die Israel-Söhne. Verschieden ist dagegen das angeredete Objekt (Jahwe bzw. Mose). In genau umgekehrter Reihenfolge werden in Ex 14,13+14 und 15-18 die als Adressaten eingeführten Personen als Subjekt einer Rede wiederaufgenommen (Mose bzw. Jahwe). Die Korrespondenz der einzelnen Erzählelemente wird durch Stichwortentsprechungen zusätzlich unterstrichen ("schreien" Ex 14,1o und 15 sowie die betonte Nennung Ägyptens bzw. der Ägypter in Ex 14,11+12 und 13+14). Damit ergibt sich für Ex 14,1o-18 eine Zweiteilung in die beiden Textabschnitte Ex 14,1o-12 und 13-18. Für jeden der beiden Abschnitte ist eine eigene Erzählperspektive kennzeichnend.

Eine entsprechende Zweiteilung ergibt sich auch für den letzten Erzählteil Ex 14,19-29, der von einer doppelten Erzählrichtung beherrscht ist, insofern einerseits das Eingreifen Jahwes zugunsten Israels und andererseits gegen Ägypten thematisiert ist [9]. Legt sich damit von der allgemeinen Erzählperspektive her ein Einschnitt im Erzählablauf zwischen Ex 14,23 und 24 nahe, so läßt sich eine solche Annahme durch Rückgriff auf Beobachtungen erzähltechnischer Art weiter absichern [1o]. Zu beachten sind in diesem Zusammenhang vor allem die Motiv- bzw. Stichwortentsprechungen zwischen Ex 14,19+2o und 24 ("Wolken- und Feuersäule" sowie "Lager der Ägypter"). Außerdem verdient die

und 8+9 bestehen, spricht nicht gegen die Annahme einer chiastischen Anordnung der einzelnen Erzählelemente in Ex 13,2o-14,9, zumal die zwischen beiden Textstücken bestehende Entsprechung nicht zuletzt auf das Konto der von R^P rezipierten Tradition zurückgeht.

8   Die verschiedenen Strukturmerkmale innerhalb von Ex 13,2o-14,29 sind nicht alle als gleichrangig anzusehen, sondern in ihrer strukturbildenden Bedeutung gestuft, so daß zwischen einem Hauptgliederungssystem und sekundären Gliederungssystemen zu unterscheiden ist.

9   Vgl. hierzu vor allem H.-Chr. SCHMITT, Meerwundererzählung 15o, aber auch P. AUFFRET, EstB 41 (1983) 6o-64.

1o Im Blick auf eine Analyse der Textstruktur ist nicht nur der Wechsel der Erzählperspektive von Bedeutung; ergänzend und zugleich unterstützend muß eine Beachtung erzähltechnischer Mittel hinzutreten. Nur in der Kongruenz beider Beobachtungsreihen kann ein sicheres Kriterium für die Bestimmung von Textstrukturen gesehen werden.

Korrespondenz der Aussagen von Ex 14,22+23 und 28+29 Beachtung, die als solche in chiastischer Anordnung aufeinander bezogen sind. Wie in den vorangehenden Teilen der Meerwundererzählung sind auch in Ex 14,19-29 die beiden gegeneinander abgehobenen Textabschnitte Ex 14,19-23 und 24-29 in sich wiederum zweigeteilt, wobei für die dabei sich ergebende Aufgliederung in vier Textelemente eine chiastische Anordnung anzunehmen ist (Ex 14,19+2o/21-23 // 24-27/28+29) [11].

2. Die Kompositionsstruktur der Meerwundererzählung

Aufgrund dieser Beobachtungen legt sich für die Meerwundererzählung eine dreiteilige Kompositionsstruktur nahe. Jeder der drei Erzählteile besteht in sich wiederum aus zwei Teilen, die in sich nochmals zweigeteilt sind, wobei jeder der drei Teile der Meerwundererzählung in sich eine chiastische Anordnung der einzelnen Erzählelemente erkennen läßt. Schematisch läßt sich die Kompositionsstruktur der Meerwundererzählung etwa folgendermaßen darstellen:

I. Erster Teil (Ex 13,2o-14,9)

   1. *Führung durch Jahwe (Ex 13,2o-14,4a)*

      - Führung der Israel-Söhne durch Jahwe (Ex 13,2o-22)
      - Rede Jahwes (Befehl + Ansage) (Ex 14,1-4a)

   2. *Reaktion des Pharao (Ex 14,4b-9)*

      - Anspannen der Kriegswagen durch den Pharao (Ex 14,4b-7)
      - Verfolgung der Israel-Söhne durch den Pharao (Ex 14,8+9)

II. Zweiter Teil (Ex 14,1o-18)

   1. *Furcht und Klage der Israel-Söhne (Ex 14,1o-12)*

      - Schreien der Israel-Söhne zu Jahwe (Ex 14,1o)
      - Klage der Israel-Söhne gegen Mose (Ex 14,11+12)

   2. *Ansage des Eingreifens Jahwes (Ex 14,13-18)*

      - Antwort des Mose (Ex 14,13-14)
      - Antwort Jahwes (Ex 14,15-18)

III. Dritter Teil (Ex 14,19-29)

   1. *Eingreifen Jahwes für die Israel-Söhne (Ex 14,19-23)*

      - Bewahrung der Israel-Söhne vor den Ägyptern (Ex 14,19+2o)
      - Zurücktreten des Meeres + Eröffnung eines Weges durch das Meer (Ex 14,21-23)

   2. *Eingreifen Jahwes gegen die Ägypter (Ex 14,24-29)*

      - Rückkehr des Meeres + Vernichtung der Ägypter (Ex 14,24-27)
      - völliger Untergang der Ägypter + Bewahrung der Israel-Söhne (Ex 14,28+29)

Die Kompositionsstruktur der Meerwundererzählung folgt thematischen Gesichtspunkten. Nicht allein steht jeder der drei Erzählteile unter einem eigenen thematischen Leitgedanken. Vielmehr sind die einzelnen Erzählteile unter thematischen Rücksichten miteinander verbunden bzw. zueinander in Beziehung gesetzt. Wie allein schon die Erzähleinsätze in Ex 13,2o und 14,19 anzeigen, besteht zwischen dem ersten und dritten Erzählteil ein enger Zusammenhang. Die Verbindung wird durch den zweiten Erzählteil hergestellt, der Beziehungen sowohl nach vorne zum dritten Teil als auch nach hinten zum ersten Teil hat. Gegenüber dem Vorherrschen thematischer Gesichtspunkte bei der Komposition der Meerwundererzählung kommt dem von dem dargestellten Geschehen her sich nahelegenden Erzählfortschritt nur eine untergeordnete Bedeutung zu. Selbst in die Abfolge der einzelnen handlungsbestimmenden Erzählelemente spielen nochmals thematische Gesichtspunkte hinein (Provokation der Verfolgung der Israel-Söhne durch die Ägypter von Seiten Jahwes - Klage der Israel-Söhne und Zusage des Eingreifens Jahwes - Eingreifen Jahwes zugunsten der Israel-Söhne und gegen Ägypten).

Die Darstellung des Geschehens wird dabei auf zwei gegeneinander abgehobenen Ebenen entfaltet. Eine erste Erzählebene, die sich stärker an der objektiv-theologischen Seite des Geschehens interessiert zeigt, wird vor allem in den beiden rahmenden Erzählteilen (Ex 13,2o-14,9 und 14,19-29) greifbar. Das spezifische Interesse des Erzählers wird an der durch die Zweiteiligkeit der Textstruktur angezeigten Kontrastierung von Jahwe und Pharao/Ägypten erkennbar. Dem Handeln Jahwes kommt eine im Blick auf das Ganze umgreifende Funktion zu, dem der Pharao bzw. die Ägypter nichts entgegensetzen können (vgl. in diesem Zusammenhang auch die durch die chiastische Anordnung der einzelnen Erzählelemente bewirkten Akzentsetzungen). Auf Seiten des Pharao bzw.

---

11 Für die strukturelle Zweigliedrigkeit der beiden Textabschnitte Ex 14,19-23 und 24-29 sprechen mehrere Beobachtungen: 1. Zwischen Ex 14,2o und 21 ist ein deutlicher Wechsel des Erzählstils zu beobachten, was nicht nur mit Hinweis auf unterschiedliche literarische Hände erklärt werden kann, sondern, wie die thematische Differenz erkennen läßt, auch strukturell von Bedeutung ist. Die so sich ergebende Aufgliederung von Ex 14,19-23 in die zwei Textelemente Ex 14,19+2o und 21-23 hat eine Entsprechung in der Abfolge der beiden Textelemente Ex 14,13+14 und 15-18 im vorangehenden Erzählteil, wodurch die so erfolgte Textabgrenzung eine zusätzliche Stütze erfährt. - 2. Ein auch strukturell bedeutsamer Erzähleinschnitt besteht sodann auch zwischen Ex 14,27 und 28, was nicht zuletzt auch anhand des formal (vgl. die Zeitangaben "zur Zeit der Morgenwache" und "gegen Morgen" in Ex 14,24 und 27) wie des thematisch (betonte Herausstellung von Jahwe als Handlungssubjekt) in sich geschlossenen Charakters von Ex 14,24-27 erkennbar wird, wodurch sich diese Verse zugleich von Ex 14,28+29 abheben. Von den so innerhalb von Ex 14,19-29 sich ergebenden vier Textelementen sind unverkennbar Ex 14,21-23 und 24-27 antithetisch aufeinander bezogen

der Ägypter trägt die Betonung des militärischen Machtpotentials einen starken Akzent, dem auf Seiten Jahwes nichts Entsprechendes gegenübertritt. Durch die so bewußt angelegte Kontrastierung wird um so schärfer der Sieg Jahwes über das als eine widergöttliche Macht akzentuierte Ägypten demonstriert. Die die Erzählung bestimmenden Konstellationen sind dabei im einzelnen mit Bedacht inszeniert. Im ersten Erzählteil werden die Weichen für das weitere Geschehen gestellt (vgl. vor allem die Aussage in Ex 14,3), im dritten Teil werden die abgesteckten Handlungslinien nur noch bis in ihre letzte Konsequenz hin ausgezogen.

Der in der Erzählung dargestellte Prozeß zwischen Jahwe und dem Pharao bzw. den Ägyptern ist durch das im Spannungsfeld dieser beiden Größen stehende Israel ausgelöst, worin auch der eigentliche Bezugspunkt der ganzen Meerwundererzählung liegt. Von daher ist es sicherlich kein Zufall, daß in dem die zentrale Position der Gesamtkomposition einnehmenden zweiten Erzählteil (Ex 14,1o-18) die Reaktion Israels auf das dargestellte Geschehen im Blickpunkt des Interesses steht. Damit ist gegenüber den beiden rahmenden Erzählteilen (Ex 13,2o-14,9 und 14,19-29) zugleich ein Wechsel der Erzählebene verbunden, insofern sich der mittlere Erzählteil vor allem an der subjektiv-anthropologischen Dimension des Geschehens interessiert zeigt. Hier wird zugleich der kritische Fragehorizont erkennbar, aus dem heraus die Darstellung des Meerwunders entfaltet wird. In der gegen Mose gerichteten Anklage (Ex 14,11+12) wird im Augenblick der definitiven Befreiung aus Ägypten nach der inneren Sinnhaftigkeit dieses Geschehens gefragt, das die Israel-Söhne als Befreiung zum Tod interpretieren und dem sie den Dienst in Ägypten als die attraktivere Möglichkeit gegenüberstellen. In der Antwort des Mose (Ex 14,13+14) wird in der kontrastierenden Gegenüberstellung von Jahwes Rettungshandeln und Ägyptens Machtlosigkeit genau jene Spannung aufgenommen, die die ganze Darstellung des Meerwundergeschehens bestimmt.

Durch das in Ex 14,13 mit den beiden Zeitangaben "heute" (hăjjôm) und "bis in Ewigkeit" (căd-côlam) angezeigte Spannungsverhältnis wird das "heute" geschehende Meerwunder (vgl. auch den durch die Wendung "an jenem Tag" (băjjôm hăhuʾ) in Ex 14,3o angezeigten Rückgriff auf Ex 14,13) als ein eschatologisches Geschehen verstanden [12]. Befreiung ist für den Verfasser der Meer-

---

(Zurücktreten bzw. Rückkehr des Meeres). Aber auch zwischen Ex 14,19+2o und 28+29 ist ein thematischer Zusammenhang anzunehmen, insofern in beiden Textelementen jeweils das Moment der Bewahrung Israels gegenüber den Ägyptern durch Jahwe thematisiert ist.

wundererzählung angesichts gegenwärtiger Mangelerfahrungen eigentlich nur als eschatologische Wirklichkeit begreifbar. Damit hängen sodann zwei Momente zusammen, die gerade auch im Blick auf die Kompositionsstruktur der Meerwundererzählung relevant sind. Strukturell bedeutsam erweist sich vor allem das als Auftakt des ersten und dritten Erzählteils stehende Motiv der göttlichen Führung durch die Wolken- und Feuersäule, womit zum einen die Unmittelbarkeit der Führung durch Jahwe (ohne Bindung an das Moseamt) sowie zum anderen das Moment der Transzendenz Jahwes zum Ausdruck gebracht werden soll [13]. Nicht unabhängig davon ist das gerade im mittleren Erzählteil akzentuierte Interesse an den inneren Ängsten der Israel-Söhne zu sehen [14], womit andererseits auch das Bemühen des Erzählers um Einsichtigmachen bzw. Motivation des dargestellten Geschehens zusammenhängen dürfte (vgl. nur die Aussage von Ex 14,3).

Hinter der Kompositionsstruktur der Meerwundererzählung wird somit nicht nur der Versuch erkennbar, die überlieferten Stoffe in einen irgendwie geordneten Erzählrahmen zu bringen. Vielmehr steht dahinter zugleich das Bemühen, neue Sinnstrukturen sichtbar zu machen. Die Kompositionsstruktur von Ex 13,2o-14, 29 ist nicht als ein mehr oder minder zufälliges Produkt zu verstehen, sondern als ein durchaus konsequent angelegter Versuch, eine eigene thematische Konzeption zur Geltung zu bringen.

---

12 Vgl. auch die entsprechenden Beobachtungen bei H.-Chr. SCHMITT, Meer-
   . wundererzählung 151-155 und VT 32 (1982) 188f.

13 Vgl. dazu vor allem H.-Chr. SCHMITT, Meerwundererzählung 151f.

14 Auf das "Ernstnehmen der menschlichen Existenzerfahrung" hat auch H.-Chr.
   SCHMITT, Meerwundererzählung 151 hingewiesen. - Im Sinne des Verfassers
   der Meerwundererzählung in ihrer vorliegenden Gestalt ist allem Anschein
   nach ein Zusammenhang zwischen der Israels Verhalten bestimmenden inneren Situation und der Erfahrung der verborgenen Führung durch Jahwe
   (Transzendenz) gegeben.

KAPITEL III

Die Entstehungsgeschichte der Meerwundererzählung

Ist auch die Meerwundererzählung in der literarischen Gestalt, wie sie als Bestandteil des Exodus*buches* vorliegt, als eine bewußt gestaltete literarische Komposition mit eigenem Aussageziel zu verstehen, so kann sie wegen der in ihr sichtbar werdenden Differenzen und Unausgewogenheiten sprachlicher wie inhaltlicher Art kaum als eine ursprüngliche Texteinheit bestimmt werden [1]. Als Ansatzpunkt einer Analyse des Textes ist die grundlegende Beobachtung anzusehen, daß die erzählbestimmenden Züge der Meerwundererzählung doppelt vorkommen und sich dabei zugleich in charakteristischer Weise unterscheiden [2].

1. *Ansätze einer entstehungsgeschichtlichen Analyse der Meerwundererzählung*

Am leichtesten läßt sich aus dem Rahmen der Meerwundererzählung jener Erzählfaden herauslösen, der im allgemeinen als "priesterschriftlich" qualifiziert wird [3]. Bei ihm soll so auch die Analyse des Textes einsetzen. Dreimal wiederholt sich innerhalb der Meerwundererzählung das literarische Strukturmu-

---

1 Die Meerwundererzählung gehört so denn auch zu den klassischen Texten für "quellenkritische" Arbeit am Pentateuch. Von D. MICHEL, Israels Glaube 33-49 wird die Meerwundererzählung gar als Modelltext zur Einführung in das Verfahren der Literarkritik gewählt.

2 Die Motivwiederholungen sind übersichtlich aufgelistet bei K. VON RABENAU, Schilfmeerwunder 8f.

3 Die Kennzeichnung jenes Erzählfadens innerhalb der Meerwundererzählung als "priesterschriftlich" ist hier zunächst als ein arbeitstechnischer Begriff gewählt, der eine schnelle Orientierung erlaubt. Zur Problematik einer solchen Kennzeichnung der diesem Erzählfaden zugerechneten Erzählteile

ster einer an Mose als Adressaten gerichteten Jahwerede, die aus den beiden Elementen Befehl Jahwes an Mose (und Israel-Söhne) und Ankündigung eines Handelns Jahwes und/bzw. Ansage der Wirkung besteht, sowie eines damit korrespondierenden Durchführungsberichtes, der präzis die beiden Elemente der Jahwerede wiederaufnimmt (Ex 14,1-4a + 4b.8 // 15-18 + 21aα.21b.22.23 // 26 +27aα.28a) [4]. Verbindet man diese drei Aussagekomplexe miteinander, dann ergibt sich ein nahezu vollständiger Erzählzusammenhang, der sich nicht nur durch eine eigengeprägte Erzählstruktur, sondern auch durch eine nur ihm eigentümliche inhaltliche Struktur auszeichnet, die sich von den anderen Textelementen innerhalb der Meerwundererzählung charakteristisch abhebt [5].

Innerhalb des so ausgegrenzten Erzählfadens ist nur an einer Stelle eine erzählerische Lücke erkennbar. So verlangt die Jahwerede in Ex 14,15-18 eine erzählerisch vermittelnde Notiz, die einen Übergang zwischen Ex 14,8 und 15-18 herstellt. Der Übergang zwischen den beiden Aussagen in Ex 14,8 und 15-18 ist dabei nicht ganz unproblematisch [6]. Da die Jahwerede in Ex 14,15-18 mit der an Mose gerichteten Frage "Was schreist du zu mir?" (Ex 14,15aß) eröff-

---

als "priesterschriftlich", vor allem auch zur Frage, inwieweit die "priesterschriftliche" Erzählschicht in Ex 14 als Teil einer umfassenden priesterschriftlichen Geschichtsdarstellung verstanden werden kann, vgl. die eingehende Auseinandersetzung in Kap. VIII.

4 Vgl. dazu K. VON RABENAU, Schilfmeerwunder 12 und H.-Chr. SCHMITT, Meerwundererzählung 145f.

5 Das Strukturmuster von Jahwerede und korrespondierendem Durchführungsbericht begegnet innerhalb der Meerwundererzählung nur an den genannten drei Stellen, was allein schon die Vermutung eines auch literarischen Zusammenhangs der drei Textkomplexe nahelegt. Das wird zusätzlich dadurch unterstrichen, daß zwischen ihnen ein enger sprachlicher wie thematischer Zusammenhang zu beobachten ist, der nur für diese ausgegrenzten Textstücke innerhalb der Meerwundererzählung als typisch angesehen werden kann.

6 Nicht zufälligerweise bestehen in diesem Bereich auch die größten Unsicherheiten in der Zuweisung einzelner Aussagen zum "priesterschriftlichen" Erzählfaden. Häufig werden nur Ex 14,8+9 (bzw. einzelne Aussagen in 9) P zugerechnet (Vertreter dieser Auffassung sind etwa A. JÜLICHER, JpTh 8, 1882, 12o; H.L. STRACK 2o6.211; B.W. BACON, Triple Tradition 73; S.R. DRIVER 116f). Über Ex 14,8+9* (z.T.) hinaus werden als weitere Textstücke der priesterschriftlichen Erzählung Ex 14,1obß (vgl. etwa B. BAENTSCH 122) oder Ex 14,1oabß angesehen (vgl. etwa H. GRESSMANN, FRLANT 18, 1o8f oder G.J. BOTTERWECK, BiLe 8, 1967, 1o-12). Doch werden auch noch andere Textabgrenzungen vertreten. So sieht J. WELLHAUSEN, Composition 76 die Hand von P nur in Ex 14,8b.9aαb.1obß, während für W. RUDOLPH, BZAW 68, 29f P nur in Ex 14,8 und 1oabß vorliegt. Nach H.-Chr. SCHMITT, Meerwundererzählung 145 Anm. 31 ist der ganze Textabschnitt Ex 14,8-1o - ausgenommen allein *wăjjîre,û me,od* in Ex 14,1obα sowie 14,9aßγ - P zuzurechnen. Das auffällige Schwanken der Autoren in der Zuweisung einzelner Aussagen in Ex 14,8-1o an P dokumentiert deutlich die Schwierigkeiten eines solchen Versuchs, zumal eindeutige sprachliche Kriterien zu fehlen scheinen.

net wird, ist aufgrund der Stichwortbeziehung am ehesten eine Verbindung mit der in Ex 14,1obß stehenden Notiz "und die Söhne Israels schrieen zu Jahwe" zu vermuten [7]. Doch kann diese Aussage nicht unmittelbar auf Ex 14,8 gefolgt sein. Die nähere literarische Problematik in Ex 14,9+1o bleibt so zu prüfen.

Als eine zum Schreien der Israel-Söhne konkurrierende Reaktion auf das Nachsetzen der Ägypter ist die unmittelbar voraufgehende Aussage von der Furcht der Israel-Söhne anzusehen, so daß Ex 14,1obß und 1obα gegeneinander zu isolieren sind [8]. Verschiedener Herkunft sind sodann auch Ex 14,1oa und 1obα, da es sich hierbei um zwei konkurrierende Aussagen handelt [9]. Während nämlich Ex 14,1oa das Faktum des Herangekommenseins schon konstatiert, schildert Ex 14,1obα das für die Israel-Söhne überraschende Moment, daß Ägypten hinter ihnen herzieht [1o]. Aufgrund der Parallelität der Motivfolge Herannahen der

---

7   Ein solcher Zusammenhang wird häufiger vermutet (vgl. nur M. NOTH, ÜP 18, und K. ELLIGER, ThB 32, 174), ist jedoch nicht ohne Probleme, da in Ex 14,1obß von einem Schreien der Israel-Söhne zu Jahwe gesprochen wird, in Ex 14,15aß dagegen ein Schreien des Mose zu Jahwe vorausgesetzt ist. W. RUDOLPH, BZAW 68, 29 sucht diese Spannung durch die pluralische Lesung von *tis^caqû* anstelle der singularischen Lesart *tis^caq* bei MT aufzulösen (ähnlich schon A. JÜLICHER, JpTh 8, 1882, 122). Andere rechnen dagegen für Ex 14,1obß und 15aß mit unterschiedlicher literarischer Herkunft (gegen eine solche Annahme hat sich dezidiert K. VON RABENAU, Schilfmeerwunder 1o mit Anm. 19 ausgesprochen), wobei Ex 14,1obß zwar für P^g belassen, Ex 14,15aß aber als Einschub von R aus E verstanden wird (vgl. etwa J. WELLHAUSEN, Composition 76f, B. BAENTSCH 129 und H. GRESSMANN, FRLANT 18, 1o9) oder aber umgekehrt Ex 14,15aß P^g zugerechnet, Ex 14,1oaß dagegen als Element aus E angesehen wird (vgl. S.R. DRIVER 116f). Auch wenn, wie sich zeigen wird (s.u.), Ex 14,15aß als ein jüngerer redaktioneller Zusatz innerhalb des priesterschriftlichen Erzählzusammenhangs zu verstehen ist, dann dürfte dieser von R^P gerade deshalb angebracht worden sein, um aus kompositionskritischen Gründen (Korrespondenz von Ex 14,1o und 15-18) einen Bezug von Ex 14,15 zu 14,1o herzustellen, was dann zugleich voraussetzt, daß R^P die Notiz vom Schreien der Israel-Söhne in Ex 14,1obß schon vorgefunden hat. Da die Notiz Ex 14,1obß mit der Jahwerede Ex 14,15-18, nicht aber mit Ex 14,11-14 in einem thematischen Zusammenhang steht (Schreien zu Jahwe - Antwort Jahwes), ist zwischen ihnen wohl auch ein literarischer Zusammenhang anzunehmen.

8   Daß es sich bei den beiden Reaktionen *wăjjîre'û me'od* in Ex 14,1obα und der Notiz in Ex 14,1obß um Dubletten handelt, wird nahezu allgemein konstatiert. Auffällig ist in diesem Zusammenhang nicht zuletzt auch, daß in Ex 14,1obß das Subjekt *benê jiśra'el* nochmals explizit eingeführt ist, obgleich hierzu keine Notwendigkeit bestanden hätte (vgl. A. JÜLICHER, JpTh 8, 1882, 122).

9   Vgl. vor allem H. GRESSMANN, FRLANT 18, 1o9 und DERS., SAT I/2, 52f.

1o Häufig wird ein unmittelbarer literarischer Zusammenhang von Ex 14,1oa und 1obα angenommen. Dabei wird aber einerseits der Wechsel von Pharao und Ägypten nicht hinreichend beachtet und andererseits die relativ isolierte Stellung von Ex 14,1oa im Textzusammenhang zu wenig berücksich-

Ägypter + Reaktion der Israel-Söhne zwischen Ex 14,1obα einerseits und 14,
1oa + 1obß andererseits legt sich die Annahme eines Zusammenhangs zwischen
Ex 14,1oa und 1obß nahe [11]. Da Ex 14,9 insgesamt anderer Herkunft als die
beiden Aussagen Ex 14,1oa und 1obß sein wird [12], werden sie unmittelbar
mit Ex 14,8 zu verbinden sein [13]. Neben Ex 14,1oabß ist sodann noch die
mit Ex 14,22 eng sich berührende Aussage Ex 14,29 dem so sich darbietenden
Erzählfaden zuzuordnen [14].

Damit ergibt sich ein durchgehender Erzählfaden, der die Aussagen Ex 14,1-4.
8.1oa.1obß.15-18.21aα.21b.22-23.26.27aα.28a.29 umfaßt. Alle anderen Textelemente innerhalb der Meerwundererzählung können nicht diesem Erzählfaden zugerechnet werden, sondern sind anderer Herkunft. Doch kann der nach Ausgrenzung des "priesterschriftlichen" Erzählfadens verbleibende zweite Erzählfaden

---

tigt. Literarisch greift Ex 14,1oa hinter die Notiz *wăjjăśśĭgû ʼôtam
honîm ᶜăl-hăjjam* in Ex 14,9aα zurück (vgl. dazu H. HOLZINGER 41), was
für beide Aussagen unterschiedliche Herkunft nahelegt. Als rückwärtiger
Anschluß von Ex 14,1oa kommt dabei wegen der hier wie dort sich findenden Nennung des Pharao am ehesten Ex 14,8 in Frage (vgl. die dort sich
findende Erzählfolge Starkmachen des Herzens des Pharao + Verfolgung der
Israel-Söhne). Ist für Ex 14,1oa aber ein rückwärtiger Anschluß an Ex
14,8 anzunehmen, dann gewinnt die Tatsache, daß in Ex 14,1oa - im Gegensatz zu Ex 14,1obα - der Pharao Subjekt der Aussage ist, zusätzlich an
Gewicht. Zudem legt sich für Ex 14,1obα am ehesten eine Verbindung mit
der zu Ex 14,1oa konkurrierenden Aussage in Ex 14,9aα nahe (vgl. das in
beiden Textstücken begegnende *misrăjim*).

11 So z.B. auch W. RUDOLPH, BZAW 68, 29f und G.J. BOTTERWECK, BiLe 8 (1967)
    11.

12 Die häufig angenommene Zuordnung von Ex 14,9 zu Pg beruht im wesentlichen
    auf der hier sich findenden, an P erinnernden Aufzählung der Kriegsmacht
    des Pharao sowie der sich mit Ex 14,2 berührenden Ortsangaben. Doch ist
    andererseits nicht zu verkennen, daß die einleitende Aussage in Ex 14,9aα
    (*wăjjirdᵉpû misrăjim ʼăhᵃrêhaem*) eine Parallele zu Ex 14,8aß ist, was
    für beide Aussagen unterschiedliche Herkunft nahelegt (vgl. etwa W. RU-
    DOLPH, BZAW 68, 29; K. VON RABENAU, Schilfmeerwunder 19; G.J. BOTTERWECK,
    BiLe 8, 1967, 1o.12). Die Annahme unterschiedlicher Herkunft von Ex 14,
    8aß und 9aα kann auch nicht durch den Hinweis auf "guten Anschluß von
    8" (so A. JÜLICHER, JpTh 8, 1882, 121) bzw. durch Hinweis darauf, daß
    "bei P beides nebeneinander möglich" sei (so H. HOLZINGER 44), überspielt
    werden. Da überdies für Ex 14,1oa ein unmittelbarer Anschluß an Ex 14,8
    wahrscheinlich ist, ist nicht nur für die einleitende Aussage *wăjjirdᵉpû
    misrăjim ʼăhᵃrêhaem* in Ex 14,9aα, sondern für den ganzen Vers eine andere
    Herkunft als für Ex 14,8 anzunehmen. Muß demnach für Ex 14,9 eine nicht-
    priesterschriftliche Herkunft angenommen werden, dann verlangen die an P
    erinnernden Textelemente in Ex 14,9 (aßγb) eine andere Erklärung (dazu
    s.u.).

13 Vgl. schon Anm. 1o; zur Problematik von Ex 14,8b Kap. VIII.

14 Vgl. das Urteil von W. RUDOLPH, BZAW 68, 3o: "V.29 ist emphatische Wieder-
    holung von v.22 (gegen GRESSMANN), stilistisch ist er ein an v.28 an-
    schließender Zustandssatz ('während die Israeliten ... gegangen waren')." -

innerhalb der Meerwundererzählung keineswegs als ein literarisch einheitlicher Erzählzusammenhang verstanden werden [15]. Dies macht allein schon die Aussage in Ex 14,5 deutlich. In diesem Vers sind zwei unterschiedliche Konzeptionen, warum die Ägypter den Israel-Söhnen nachsetzen, miteinander verbunden, die sich als solche nur schwer miteinander harmonisieren lassen [16]. Während nach Ex 14,5a das weitere Geschehen mit der zum Pharao kommenden Nachricht von einer Flucht Israels begründet wird, liegt der Grund dafür nach Ex 14,5b in einem Gesinnungswandel des Pharao und seiner Diener in bezug auf das den Israel-Söhnen gemachte Zugeständnis der Entlassung. Die Vermutung, daß die beiden Vershälften in Ex 14,5 auf verschiedene Verfasser zurückgehen, wird zusätzlich noch dadurch unterstrichen, daß in Ex 14,5a die Bezeichnung "König von Ägypten" gebraucht ist, wohingegen es in Ex 14,5b stattdessen "Pharao" heißt [17].

Doch können die beiden Halbverse von Ex 14,5 nicht einfach als Elemente zweier in sich geschlossener, für sich bestehender Parallelüberlieferungen verstanden werden [18]. Da nämlich für die Aussage vom Sinneswandel des Pharao in Ex

---

Anders A. JÜLICHER, JpTh 8 (1882) 123; A.H. McNEILE 87 und H. GRESSMANN, FRLANT 18, 11o, die Ex 14,29 als einen späteren redaktionellen Zusatz (R^P) verstehen.

[15] Selbst K. VON RABENAU, Schilfmeerwunder und D. MICHEL, Israels Glaube 33-49, die von der Annahme zweier Parallelerzählungen ausgehen, kommen ohne die Vermutung jüngerer Textelemente innerhalb des nicht-priesterschriftlichen Erzählfadens nicht aus (vgl. die synoptische Darstellung der beiden Erzählfäden).

[16] Solche Harmonisierungsversuche finden sich etwa bei B.D. EERDMANS, ASt III, 43, W. RUDOLPH, BZAW 68, 28f und K. VON RABENAU, Schilfmeerwunder 1o, die jedoch recht gekünstelt wirken.

[17] Für die Annahme verschiedener Verfasser von Ex 14,5a und 5b kann zwar auf den Wechsel von *maelaek misrajim* und *pår^{c}o* als zusätzliches Argument hingewiesen werden, als solcher berechtigt der Wechsel aber noch nicht zu einer literarkritischen Isolierung der beiden Vershälften gegeneinander, zumal für den Wechsel in der Terminologie durchaus andere Gründe maßgebend gewesen sein können (vgl. in diesem Zusammenhang nur K. VON RABENAU, Schilfmeerwunder 1o). So könnte der Wechsel von *maelaek misrajim* in Ex 14,5a zu *pår^{c}o* in Ex 14,5b nicht zuletzt durch die hier vorkommende Konstruktusverbindung *l^{e}båb pår^{c}o* bedingt sein, die zwar als solche singulär ist, aber in der Form *leb pår^{c}o* vor allem im Bereich der "Plagen" Entsprechungen hat (Ex *7,3.13.14.22; 8,15; 9,7.12.35; 1o,2o. 27; 14,4.8,* wobei aber nur Ex 7,14; 9,7.35; 1o,2o.27 als Belege angesehen werden können, die älter als P^g sind).

[18] Meist werden die beiden Halbverse in Ex 14,5 auf zwei verschiedene Quellenschichten verteilt, wobei in der Zuweisung zu einzelnen literarischen Werken die Positionen stark differenzieren: Ex 14,5a J // 5b E E. MEYER, Israeliten 2o; Ex 14,5a E // 5b J H. GRESSMANN, FRLANT 18, 1o9 und SAT I/2, 52f; M. NOTH, ÜP 32.39 und ATD 5, 83f; G.J. BOTTERWECK, BiLe 8 (1967) 1o.12; B.S. CHILDS 22o; Ex 14,5a P // 5b JE H. HOLZINGER XVIII.43f; Ex

14,5b ohne die Nachricht von der Flucht der Israel-Söhne in Ex 14,5a ein unmittelbarer Auslöser nicht gegeben ist, wird Ex 14,5b nicht Bestandteil einer ursprünglich einmal selbständigen Erzählung, sondern vielmehr eine redaktionelle Bearbeitung der in Ex 14,5a vorliegenden Version der Meerwundererzählung gewesen sein [19]. Der einleitenden Wendung in Ex 14,5a "es wurde gemeldet dem ..." (wǎjjuggǎd lᵉ) kommt dabei die Funktion einer Erzähleröffnung zu. Eine ihr voraufgehende erzählerische Darstellung der Flucht der Israel-Söhne ist nicht vorausgesetzt. Demgegenüber verweist die Aussage von Ex 14,5b auf größere Erzählzusammenhänge (vgl. Ex 13,17aα) [2o]. Die Nicht-Einheitlichkeit des neben der "priesterschriftlichen" Fassung vorliegenden zweiten Erzählfadens innerhalb der Meerwundererzählung ist so am ehesten im Sinne redaktioneller Bearbeitung einer vorgegebenen Erzählung zu interpretieren. Doch bedarf dieses Ergebnis der weiteren Differenzierung.

Als Ansatzpunkt für eine weitergehende Analyse kann das Nebeneinander der beiden thematisch verwandten Aussagen von Ex 14,6 und 7 angesehen werden, für die aufgrund ihres dublettenhaften Charakters unterschiedliche literarische Herkunft anzunehmen ist [21]. Schwierigkeiten bereitet jedoch die Frage der Zuordnung der beiden miteinander konkurrierenden Aussagen von Ex 14,6 und 7 zu den in Ex 14,5 gegeneinander abgegrenzten Erzähltraditionen [22]. Die von der Forschung meist favorisierte Annahme eines Zusammenhangs von Ex 14,6 und 7 mit einer der beiden Vershälften von Ex 14,5 ist aus verschiedenen Gründen nicht ohne Probleme [23], weshalb es durchaus naheliegender er-

---

14,5a J[1] // 5b J[2] R. SMEND, Hexateuch 14o; G. BEER 73.76; Ex 14,5a L // 5b J O. EISSFELDT, HS 134*; Ex 14,5a N // 5b J G. FOHRER, BZAW 91, 99. 1o1.1o7.

19 Darauf hat m.E. zu Recht B.D. EERDMANS, ASt III, 43 hingewiesen: "Wenn V.5a fehlt, ist 5b ohne Einleitung und unverständlich."

2o Auf einen Zusammenhang von Ex 14,5b und 13,17 verweist vor allem die durch šlh D-Stamm (mit Pharao bzw. Pharao und seine Diener als Subjekt) hergestellte Stichwortverbindung.

21 Daß es sich bei Ex 14,6 und 7 um Dubletten handelt, wird allgemein angenommen; vgl. nur A.JÜLICHER, JpTh 8 (1882) 121.

22 Vgl. das Urteil von H. HOLZINGER 44: "In v.6f sind v.6a und 7aα, v.6b und 7aß genaue Parallelen, für eine Verteilung auf J und E fehlen aber die Handhaben", ähnlich auch M. NOTH 83: "Deutlich ist sodann, daß es sich in V.6 und V.7 um Dubletten handelt, auch wenn bestimmte Anhaltspunkte fehlen, um die Verteilung auf J und E vorzunehmen."

23 Wenn nicht überhaupt auf Zuweisungen verzichtet wird, wird entweder die Annahme einer Verbindung von Ex 14,6 mit 5a bzw. Ex 14,7* mit 5b (vgl. etwa R. SMEND, Hexateuch 14of und O. EISSFELDT, HS 134*) oder umgekehrt von Ex 14,6 mit 5b bzw. Ex 14,7 mit 5a vorgeschlagen (vgl. etwa H. GRESSMANN, FRLANT 18, 1o9 und SAT I/2, 52 und M. NOTH, ÜP 32.39). Doch

scheint, daß sich die beiden in Konkurrenz zueinander stehenden Aussagen von Ex 14,6 und 7 erst an die Aussage von Ex 14,5 in ihrer vorliegenden, redaktionell bedingten Gestalt angeschlossen haben [24]. Zu fragen wäre dann, welcher der beiden Verse - Ex 14,6 oder 7 - sich ursprünglich an Ex 14,5 angeschlossen hat. Mehrere Beobachtungen sind in diesem Zusammenhang von Gewicht.

Gegenüber der einen mehr generellen Charakter tragenden, das dargestellte Geschehen ganz auf die Gestalt des Pharao zuspitzenden Aussage von Ex 14,6, die aufgrund der Handhabung des Stilmittels der Inversion in Ex 14,6b zudem einen in sich geschlossenen Eindruck erweckt [25], folgt in Ex 14,7 eine mehr aufzählende Aussage, die vor allem an der Mitteilung des vom Pharao mitgenommenen Kriegsmaterials interessiert ist. Die Abfolge der beiden Aussagen von Ex 14,6 und 7 legt dabei durchaus die Vermutung nahe, in der aufzählenden Aussage von Ex 14,7 eine sekundäre Explikation von Ex 14,6 zu sehen [26]. Als ein deutlicher Hinweis in diese Richtung kann die Wiederaufnahme des Ver-

---

werden dabei im allgemeinen zu wenig die Probleme des literarischen Zusammenhangs beachtet. So stößt z.B. bei der häufiger postulierten unmittelbaren Verbindung von Ex 14,5a und 6 das in beiden Versen mit unterschiedlichem Bezug (Israel/Ägypten) gebrauchte Nomen ^{c}am hart aufeinander, ohne daß dieses Gegenüber durch eine erzählerisch vermittelnde Aussage (Ex 14,5b) abgemildert wäre. Ebenso verdient meist auch nicht der als solcher durchaus auffällige Übergang von dem pluralischen (Ex 14,5b) zum singularischen Subjekt (Ex 14,6+7) (anders jedoch A. JÜLICHER, JpTh 8, 1882, 121) Beachtung.

24 Die in Anm. 23 wegen der nicht hinreichenden Berücksichtigung des jeweiligen literarischen Zusammenhangs angemeldeten Bedenken gelten nicht im gleichen Maße, wenn sich Ex 14,6 und/oder 7 erst an die in ihrer heutigen (redaktionell bedingten) Gestalt vorliegende Aussage von Ex 14,5 angeschlossen haben. So ergibt sich z.B. bei Einbeziehung von Ex 14,5b für Ex 14,5a und 6, die als solche nicht spannungsfrei aufeinanderfolgen, eine durchaus in sich stimmige, literarisch sorgfältig konstruierte Handlungsfolge, die aus drei Elementen besteht: 1. Nachricht der Flucht Israels als *Auslösefaktor* (Ex 14,5a) - 2. Gesinnungsänderung des Pharao und seiner Diener (*Reaktion*) (Ex 14,5b) - 3. Aufgebot Ägyptens als *Wirkung* (Ex 14,6). In Ex 14,5a und 6 ist der Pharao (inneres) Subjekt der Aussage (Empfänger der Nachricht/Handlungssetzender), in Ex 14,5b treten neben den Pharao noch seine Diener. Der Wechsel des Subjekts (Pharao - Pharao + Diener - Pharao) ist so stilistisch durchaus sinnvoll und dient der Hervorhebung des mittleren Teils, was durch die Ausstattung mit einer Rede weiter unterstrichen wird. Von Ex 14,5b als Zentrum der Handlungsfolge gehen dabei die Bezüge nach vorne und hinten.

25 Aufgrund der bewußten sprachlich-stilistischen Gestaltung von Ex 14,6 (vgl. nur das ausbalancierte Verhältnis der beiden Satzhälften sowie das Wortspiel ^{c}ammô / ^{c}immô (dazu U. CASSUTO 162)) ist die Vermutung unterschiedlicher Herkunft für beide Vershälften in Ex 14,6 (so C.A. SIMPSON, Early Traditions 182) nicht wahrscheinlich.

26 Im vorliegenden literarischen Zusammenhang kann Ex 14,7 nur als explizierende Ausführung der vorangehenden allgemeinen Feststellung Ex 14,6 verstanden werden (vgl. etwa C.F. KEIL 452f; P. HEINISCH 118; W. RUDOLPH

bums "nehmen" aus Ex 14,6b in 7aα verstanden werden [27]. Für die Frage der
literarischen Priorität einer der beiden Aussagen letztlich entscheidend
ist jedoch das Maß der Einbindung in den Textzusammenhang, wobei Ex 14,6
gegenüber Ex 14,7 eindeutig den Vorzug verdient.

Als Anzeichen für den engen literarischen Zusammenhang der Aussagen von Ex
14,5 und 6 ist vor allem die zwischen Ex 14,5 ("*das* Volk" [Israel]) und 6b
("*sein* Volk" [Ägypten]) bestehende Stichwortentsprechung zu werten, wobei
der sorgfältig konstruierte Charakter der Handlungsfolge in Ex 14,5+6 den
Zusammenhang beider Verse nur noch unterstreicht [28]. Die Einführung des Be-
griffes "sein Volk" (Ägypten) in Ex 14,6b schafft zugleich einen Übergang
zur Nennung von Ägypten als Handlungssubjekt in der unmittelbar sich anschließenden (literarisch schon vorgegebenen) Aussage von Ex 14,9aα [29].
Fügt sich Ex 14,6 so durchaus ungezwungen in einen bestehenden Erzählrahmen

---

BZAW 68, 29; U.CASSUTO 162). Ob Ex 14,7 auch als nachträgliche Explikation von Ex 14,6 zu verstehen ist, kann angesichts der thematischen Verwandtschaft vermutet werden, bedarf aber der Absicherung durch weitergehende Beobachtungen.

27 Die Annahme von W. FUSS, BZAW 126, 3o3: "Das Stichwort *lqḥ qal*, in 7aα
E wie in 6b J vorgegeben, lieferte dem Komponisten das Bindemittel zu
seiner Kontamination" ist zwar nicht völlig auszuschließen, ist aber
als solche - nicht zuletzt auch wegen der bestehenden literargeschichtlichen Probleme - wenig wahrscheinlich. Die Wiederaufnahme von *lqḥ* in
Ex 14,7aα aus Ex 14,6b läßt sich am ehesten unter der Voraussetzung verständlich machen, daß Ex 14,7 sich bewußt an Ex 14,6 anlehnen will. Der
umgekehrte Vorgang ist angesichts des stark konstruierten Charakters von
Ex 14,6 (vgl. auch Anm. 25) nicht zu favorisieren.

28 In jedem Erzählelement der dreigliedrigen Aussagefolge von Ex 14,5+6
(vgl. Anm. 24) begegnet das Stichwort "Volk", wobei das Mittelglied
(Ex 14,5b) gegenüber den beiden rahmenden Gliedern (Ex 14,5a und 6) insofern hervorgehoben ist, als hier in Parallele zu dem Begriff "Volk"
(Erzählung) explizit auch "Israel" (Rede) eingeführt ist. Der Aussage
von Ex 14,5b kommt so eine von Ex 14,5a nach 6 hin vermittelnde Funktion
zu. In Ex 14,5a ist die Nachricht von der Flucht des "Volkes" (Israel)
auslösendes Moment einer Geschehenskette, wobei der "König von Ägypten"
als Empfänger der Meldung genannt ist. Genau umgekehrt sind die Akzente
in Ex 14,6 gesetzt. Hier liegt die Initiative ganz beim Pharao, das "Volk"
dagegen ist Objekt des Geschehens. Der Kontrast zu Ex 14,5a wird zusätzlich dadurch unterstrichen, daß das in Ex 14,6 genannte Volk nicht Israel, sondern das "Volk des Pharao" ("*sein* Volk") ist. Genau in der Mitte zwischen diesen beiden gegensätzlichen Aussagen bewegt sich Ex 14,5b,
insofern hier einerseits der Gesinnungswandel als Reaktion auf die Flucht
des Volkes gekennzeichnet ist, andererseits aber in dem Motiv des "Ent-
lassens" Israels gerade die aktive Rolle des Pharao bei diesem Prozeß
herausgestellt wird.

29 Zum Problem der literargeschichtlichen Einordnung der Aussage von Ex
14,9aα in den Erzählzusammenhang s.u.

ein, läßt sich für Ex 14,7 Entsprechendes nicht sagen (vgl. nur das Problem des Übergangs von Ex 14,7 zu 9aα (Streitwagen/Ägypter)). Treffen diese Beobachtungen zu, dann ist im Blick auf die als nicht-priesterschriftlich zu qualifizierenden Bestandteile der Meerwundererzählung mit einer (mindestens) dreiphasigen Entstehungsgeschichte des Textes zu rechnen, wobei in Ex 14,7 überdies noch eine eher punktuell wirkende Glossierung erkennbar wird [30]. Weitere präzisierende Hinweise lassen sich aufgrund einer Analyse von Ex 14,9 gewinnen.

Der zusammengesetzte Charakter der Aussage von Ex 14,9 ist weithin anerkannt [31]. Schwieriger ist dagegen die Zuordnung zu den schon analysierten Erzählfäden zu beurteilen. Diese Frage ist dabei getrennt für die einleitende erzählerische Notiz Ex 14,9aα und für die davon zu isolierende aufzählende Aussage Ex 14,9aβγb zu stellen [32]. Für die doppelgliedrige erzählerische Notiz Ex 14,9aα ist zunächst eine unmittelbare literarische Verbindung mit Ex 14,8 auszuschließen [33]. Aber auch zu Ex 14,7 steht Ex 14,9aα in keinem direkten Beziehungsverhältnis (vgl. in diesem Zusammenhang vor allem den nicht ganz unproblematischen Übergang von der Aufzählung der Kriegsmacht in

_____

30 In Ex 14,7 wird m.E. zu Recht Ex 14,7aβ als Zusatz verstanden. Umstritten ist dabei nur, ob darin ein quellenhaftes Element (so meist) oder aber ein glossenhafter Zusatz (so E. MEYER, Israeliten 2o; W. RUDOLPH, BZAW 68, 29; C.A. SIMPSON, Early Traditions 182) zu sehen ist.

31 Im allgemeinen wird Ex 14,9aβγ gegenüber Ex 14,9aα und 9b ausgegrenzt, wobei darin entweder ein Element aus einer anderen Quelle (so J. WELLHAUSEN, Composition 76f) oder ein Zusatz von R^P (so etwa H. HOLZINGER 74 und B. BAENTSCH 123) bzw. eine Glosse (so S.R. DRIVER 116f) gesehen wird. Zuweilen wird auch Ex 14,9b als ein von 9a (bzw. 9aα) abzutrennendes Element verstanden (vgl. R. SMEND, Hexateuch 141; O. EISSFELDT, HS 135*; K. VON RABENAU, Schilfmeerwunder 19). Umgekehrt versteht G.J. BOTTERWECK, BiLe 8 (1967) 1o.12 *wajjirdepû miṣrajim 'aḥᵃrêhaem* in Ex 14,9aα als einen glossenhaften Zusatz. Die dabei vorausgesetzte Abtrennung der beiden Aussagen vom Nachsetzen und Einholen in Ex 14,9aα wird auch sonst vertreten, wobei die so gegeneinander abgegrenzten Aussagen verschiedenen Erzählschichten zugerechnet werden (vgl. etwa M. NOTH 81.83f; K. VON RABENAU, Schilfmeerwunder 19; D. MICHEL, Israels Glaube 37.4o). - Für die Einheitlichkeit von Ex 14,9 tritt dagegen dezidiert B. JACOB, Exodus 572 ein.

32 Daß die detaillierte Aufzählung der Nachsetzenden von ihrem Bezugswort weit absteht, ist immer wieder als ein Hinweis auf den redaktionellen Charakter von Ex 14,9aβγ gewertet worden. Gleiches gilt aber auch für die nachgeschobenen und präzisierenden Ortsangaben in Ex 14,9b, die nicht nur im vorliegenden Textzusammenhang nachhinken, sondern auch mit Ex 14, 9aα nicht unmittelbar verbunden gewesen sein können, da sie allem Anschein nach zu der Ortsangabe ᶜal-haj̄jam in Ex 14,9aα in Spannung stehen. Die durch die Präposition ᶜal (+ Ortsangabe) angezeigte stilistische Angleichung läßt dabei am ehesten an redaktionelle Bearbeitung denken. Die nicht zu verkennenden Entsprechungen zu Ex 14,2 (dazu s.u.) lassen das Bemühen um Harmonisierung verschiedener Traditionen erkennen.

Ex 14,7[*] zur allgemeinen Nennung der "Ägypter" in Ex 14,9aα)[34]. Nicht un-
problematisch ist ebenfalls die Annahme eines unmittelbaren literarischen
Zusammenhangs von Ex 14,9aα mit Ex 14,6 [35], worauf nicht nur die durch die
Verschiedenheit des Subjekts angezeigte Akzentverlagerung der Aussage von
Ex 14,9aα gegenüber Ex 14,6 [36], sondern auch die Beziehungslosigkeit der
Suffixe in Ex 14,9aα bei einem unmittelbaren Anschluß an Ex 14,6 hinweist [37]. Da Ex 14,9aα überdies als eine mit Ex 14,6 konkurrierende Aussage
verstanden werden kann, ist für die Aussage von Ex 14,9aα zu vermuten, daß
sie ursprünglich einmal unmittelbar an Ex 14,5a angeschlossen gewesen ist [38],
wofür zum einen der Gebrauch der Suffixe in Ex 14,9aα sowie zum anderen die
zwischen Ex 14,5a und 9aα zu beobachtende Stichwortverbindung ("König von
Ägypten"/"Ägypter") spricht. Ist so für Ex 14,9aα ein literarischer Zusammenhang mit Ex 14,5a als ursprünglich gegeben anzunehmen, dann bleibt die
Frage der aufzählenden Aussage von Ex 14,9aßγb zu prüfen, die aufgrund eines
fehlenden anderweitigen rückwärtigen Bezuges nur als redaktionelle Erweiterung von Ex 14,9aα verstanden werden kann [39].

---

33 Zur Begründung vgl. Anm. 12.

34 Wegen des aufzählenden Charakters der Aussage von Ex 14,7* ist ein Zu-
    sammenhang am ehesten mit Ex 14,9aßγb anzunehmen. Besteht diese Vermu-
    tung zu Recht, dann kann darin ein Hinweis auf eine literargeschichtli-
    che Einordnung von Ex 14,7* gesehen werden. Die sprachliche Differenz
    zwischen Ex 14,7* und 9aα ist kein entscheidendes Gegenargument.

35 Vgl. C.A. SIMPSON, Early Traditions 182f.

36 In Ex 14,6 hat das dargestellte Geschehen seinen inneren Bezugspunkt in
    der Gestalt des Pharao. Demgegenüber hat es nach Ex 14,9aα den Anschein,
    als liege hier die Initiative bei den Ägyptern selbst. Zwar könnte die
    anders akzentuierte Aussage von Ex 14,9aα durchaus als Folge des in Ex
    14,6 geschilderten Geschehens verstanden werden (was zumindest auf der
    redaktionellen Textebene auch gilt), doch erscheint eine solche Annah-
    me wegen der Beziehungslosigkeit der Suffixe in 'aḥ ᵃrêhaem und 'ôtam
    (vgl. dazu die folgende Anm.) nicht wahrscheinlich.

37 Das Problem der Beziehungslosigkeit der Suffixe in 'aḥ ᵃrêhaem und 'ôtam
    löst sich dann unschwer auf, wenn man Ex 14,9aα (wie meist) mit Ex 14,8
    verbindet. Da ein solcher Zusammenhang aber aus anderen Gründen nicht
    wahrscheinlich ist, ergibt sich die hier konstatierte Schwierigkeit, in-
    sofern die Suffixe in Ex 14,9aα von ihrem Bezugswort in Ex 14,5a (Volk)
    bzw. 5b (Volk/Israel) infolge der mit Ex 14,5b literarisch auf einer Ebe-
    ne stehenden Aussage von Ex 14,6 getrennt erscheinen.

38 Vgl. schon P. WEIMAR - E. ZENGER, SBS 75, 23.51f und im Anschluß daran
    E. ZENGER 143f.

39 Die beliebte Annahme, daß es sich bei Ex 14,9aßγ bzw. 9aßγb um redak-
    tionell an der vorliegenden Stelle eingefügte Fragmente aus einer
    anderen Quellenschicht handele, läßt sich nicht wahrscheinlich ma-
    chen.

Entscheidend für die literargeschichtliche Einordnung von Ex 14,9aßγb ist der Zusammenhang der Ortsangaben in Ex 14,9b mit den entsprechenden Ortsangaben in Ex 14,2 (Pi-Hahirot und Baal-Zefon) [40]. Da Ex 14,2 dem als "priesterschriftlich" zu qualifizierenden Erzählfaden zuzurechnen ist, kann Ex 14,9b nur als ein von der "priesterschriftlichen" Meerwundererzählung abhängiger redaktioneller Zusatz bewertet werden [41]. Der literargeschichtliche Zusammenhang läßt sich jedoch noch weiter präzisieren. Innerhalb der Jahwerede Ex 14,1-4a ist Ex 14,2b (aber auch 3) als ein redaktioneller Zusatz zu bestimmen, was durch die zu Ex 14,2a bestehende Spannung angezeigt ist (vgl. neben der Parallelität der Aussagen in beiden Satzhälften nur den Wechsel von der indirekten zur direkten Rede sowie die parallele Konstruktion der beiden Ortsangaben Pi-Hahirot und Baal-Zefon mit "vor" (*lipnê*)) [42]. Da Ex 14,9 in seiner redaktionell bearbeiteten Form sich vor allem mit dem als nach-priesterschriftlich zu bezeichnenden Zusatz in Ex 14,2b berührt, ist auch Ex 14,9b als eine nach-priesterschriftliche Bildung zu verstehen, die dabei durch die in Ex 14,9aα überlieferte beschreibende Aussage "als sie zum Meer hin lagerten" ausgelöst worden sein dürfte [43].

4o Folgende Entsprechungen sind zwischen Ex 14,2 und 9 zu konstatieren: 1. *honîm ᶜal-hajjam* Ex 14,9aα // *nikho taḥanû ᶜal-hajjam* Ex 14,2bß, vgl. auch *wejaḥanû lipnê pî haḥîrot* Ex 14,2aα; 2. *ᶜal pî haḥîrot* Ex 14,9bα // *lipnê pî haḥîrot* Ex 14,2aα; 3. *lipnê baᶜal sᵉpon* Ex 14,9bß // Ex 14,2bß. Die Berührungen sind dabei so eng, daß sich ein Zusammenhang nicht leugnen läßt. Zu beachten sind vor allem die wörtlichen Entsprechungen, die sich vorwiegend in Ex 14,2b finden. Besondere Beachtung verdient sodann auch die Entsprechung von Ex 14,2bß zu der der nicht-priesterschriftlichen Erzähltradition zuzurechnenden Aussage von Ex 14,9aα.

41 Vgl. auch die Hinweise bei W. FUSS, BZAW 126, 3o4f.

42 Der Wechsel von indirekter zu direkter Rede findet sich zwar auch sonst im priesterschriftlichen Erzählzusammenhang (vgl. nur Ex 12,3* und vor allem 25,2), ist aber immer auch ein Indiz für literargeschichtliche Prozesse. Der Hinweis auf priesterschriftlichen Erzählstil reicht zur Erklärung des Phänomens nicht hin. - Gegen eine Aufteilung von Ex 14,2 auf mehrere Überlieferungsschichten hat sich W. RUDOLPH, BZAW 68, 28 ausgesprochen. Die von R. SMEND, Hexateuch 14of und O. EISSFELDT, HS 134* vertretene Annahme von drei Überlieferungsstufen in Ex 14,2 (2aα//2aß// 2b) erscheint nicht zwingend. Eine Aufteilung auf zwei verschiedene Hände (Ex 14,2a//2b) ist ausreichend, aber auch notwendig (vgl. auch E. ZENGER 143). Da die Aussage Ex 14,2b als solche nicht isoliert überliefert gewesen sein kann, sondern Ex 14,2a literarisch voraussetzt (vgl. *lipnê pî haḥîrot / baᶜal sᵉpon* und *hnh*) kann Ex 14,2b nur als redaktionelle Erweiterung von Ex 14,2a verstanden werden.

43 Sind Ex 14,2a und 9aα als zwei thematisch verwandte, jedoch unterschiedlichen literarischen Traditionen zuzurechnende Aussagen zu verstehen, die dem "Redaktor", der die Aussagen in Ex 14,2b und 9aßγb eingetragen hat, vorgegeben gewesen sind, dann erklärt sich nicht allein der literarische Befund am leichtesten, sondern es wird auch das die Bearbeitung leitende Interesse der Harmonisierung der vorgegebenen literarischen

Gewisse Schwierigkeiten bereitet noch die Aufzählung der Verfolgenden in Ex 14,9aß, wobei die doppelte Konstruktusverbindung "alle Pferde der Streitwagen des Pharao" problematisch erscheint [44]. Am nächsten liegt die Vermutung, in dem Wort "Streitwagen" einen redaktionellen (glossenhaften?) Eintrag in die vorgegebene Wortverbindung "alle Pferde des Pharao" zu sehen, der dann möglicherweise mit dem (wohl gleichfalls als glossenhaft anzusehenden) Eintrag in Ex 14,7aß "und alle Streitwagen Ägyptens" zusammenhängen wird [45]. Dafür würde auch sprechen, daß die nach Ausgrenzung des Wortes "Streitwagen" verbleibende triadische Aussage "alle Pferde des Pharao und seine Reiter und seine Macht" eine weitgehende Entsprechung in der gleichfalls als nach-priesterschriftlich zu beurteilenden triadischen Reihe in Ex 14,23aßγ (vgl. auch Ex 15,19) hat [46]. Hervorgerufen sein könnte die Einfügung des Wortes "Streitwagen" in Ex 14,9aß aufgrund der mehrfach innerhalb der Meerwundererzählung begegnenden Wortverbindung "seine Streitwagen und seine Reiter" (Ex 14,17.18.23.26(28); vgl. auch Ex 15,19) [47]. Da die entsprechenden Auf-

---

Überlieferungen erkennbar (zu diesem Zweck wird die Ortsangabe Pi-Hahirot in Ex 14,9bα aus 2aα und genau umgekehrt die Wendung *hnh* + ^{c}*al-hăjjam* in Ex 14,2bß aus 9aα aufgenommen; ebenso findet sich die Ortsangabe *lipnê băcăl sᵉpon* wörtlich gleichlautend in Ex 14,2bα wie in 9bß).

44 Auf das Problem der doppelten Konstruktusverbindung ist immer hingewiesen worden (vgl. nur W. FUSS, BZAW 126, 3o4 Anm. 44).

45 Vgl. auch W. FUSS, BZAW 126, 3o4 Anm. 49; demgegenüber vermuten A. DILLMANN 162 und H. HOLZINGER 44, daß *kăl sûs* bzw. *sûs* allein glossenhafte Hinzufügung auf der Grundlage von Ex 15,1.19.21 ist. Stimmt die Annahme, in *raekaeb* einen späteren Zusatz zu sehen, dann liegt die Vermutung nahe, daß dieser Eintrag mit dem entsprechenden Eintrag in Ex 14,7aß (*wᵉkol raekaeb misrajim*) zusammenhängt.

46 Für die triadische Reihe Ex 14,23aßγ ist aufgrund ihres nachklappenden Charakters im Rahmen der im ganzen als "priesterschriftlich" zu verstehenden Aussage von Ex 14,23 eine redaktionelle Bildung zu vermuten (vgl. auch O. EISSFELDT, HS 136*.271*). Die weitgehende Entsprechung der redaktionellen Zusätze in Ex 14,9aßγ* (ohne *raekaeb*) und 23aßγ läßt für beide auf die gleiche Hand schließen.

47 Die entsprechenden Belege finden sich allesamt im Kontext des "priesterschriftlichen" Erzählzusammenhangs, sind aber da jeweils als redaktionelle Erweiterungen zu beurteilen. Das gilt zunächst für Ex 14,23, wo die nachhängende triadische Aufzählung "alle Pferde des Pharao, seine Streitwagen und seine Reiter" sekundär das allgemeine Subjekt explizieren will (Anm. 46). Aber auch die *misrajim* in Ex 14,26bα näherbestimmende Aussage von Ex 14,26bß wird als redaktionelle Bildung zu verstehen sein. Auf den redaktionellen Charakter von ^{c}*ăl-rikbô wᵉcăl parašăw* in Ex 14,26bß deuten dabei vor allem die singularischen Suffixe hin, die ein singularisches Verständnis von *misrajim* voraussetzen, was aber nicht dem sonstigen pluralischen Verständnis von *misrajim* im Rahmen des "priesterschriftlichen" Erzählfadens entspricht (Ex 14,4aß.17a.19a.23aα. 28a*). Sind in Ex 14,23 und 26 die *misrajim* explizierenden Aufzählungen als jüngere Erweiterungen des Textes zu verstehen, so kann Entsprechendes

zählungen jeweils in literarischem Zusammenhang von Aussagen im Rahmen der "priesterschriftlichen" Meerwundererzählung begegnen, aber ihrerseits nahezu allgemein nur locker in den jeweiligen Erzählrahmen eingebunden sind, verweist Ex 14,9aßγ auf den gleichen als nach-priesterschriftlich zu beurteilenden Erzählrahmen wie Ex 14,9b. Bestehen diese Beobachtungen zu Recht, dann schließen sich die redaktionellen Hinzufügungen in Ex 14,9 zwar an Aussagen der nicht-priesterschriftlichen Meerwundertradition an, auch wenn sie selbst literaturgeschichtlich von der "priesterschriftlichen" Meerwundererzählung abhängig sind.

Aufgrund der vorliegenden Beobachtungen ergeben sich mehrere Folgerungen für die weitere Analyse der Meerwundererzählung:

1. Innerhalb der Meerwundererzählung sind zwei in sich geschlossene und voneinander unabhängige Erzählfäden anzunehmen, wobei der eine Erzählfaden als *"priesterschriftlich"* zu charakterisieren ist, während der andere Erzählfaden hier zunächst allgemein als *"nicht-priesterschriftlich"* bezeichnet werden soll.

2. Beide Erzählfäden sind redaktionell zu dem größeren Erzählzusammenhang der vorliegenden Meerwundererzählung zusammengebunden worden, wobei die Spuren dieser redaktionellen Tätigkeit in Ex 14,2b und 9aßγb noch deutlich zu erkennen sind. Während sich Ex 14,2b in einen als "priesterschriftlich" zu qualifizierenden Textzusammenhang (Ex 14,1-4) einfügt, schließt sich die mit Ex 14,2b zusammenhängende Notiz in Ex 14,9aßγb gerade an eine dem "nicht-priesterschriftlichen" Erzählfaden zuzurechnende Notiz an. Dieser Befund erklärt sich am einfachsten unter der Voraussetzung, daß Ex 14,2b und 9aßγb nicht einfach als redaktionelle Hinzufügungen zu jener Erzählschicht, in der

auch für die beiden anderen Belege solcher Aufzählungen (Ex 14,17bß und 18b) vermutet werden, wofür neben anderen Gründen nicht zuletzt auch die Tatsache spricht, daß die nach Ausgrenzung von Ex 14,17bß und 18b verbleibende Aussagefolge Ex 14,17bα+18a eine wörtliche Entsprechung in der dazu in Korrespondenz stehenden Aussage von Ex 14,4aß hat. Anders als die bisher besprochenen Belege wird möglicherweise nur die in Ex 14,28a vorliegende aufzählende Reihe zu beurteilen sein, die zwar mit den nach-priesterschriftlichen Reihenbildungen verwandt ist, sich aber zugleich strukturell von ihnen unterscheidet. Damit legt sich für die aufzählende Reihe in Ex 14,28a eine von den übrigen Reihen verschiedene Herkunft nahe, wobei sich die aufgrund der inneren Spannung in Ex 14,28a wahrscheinliche Annahme redaktioneller Bearbeitung am einfachsten unter der Voraussetzung erklärt, daß hier eine ältere Tradition priesterschriftlich redigiert worden ist (für Einzelheiten vgl. Kap. VIII).

sie sich finden, zu sehen sind, sondern als redaktionelle Erweiterungen, die die beiden ursprünglich einmal selbständigen Versionen der Meerwundererzählung zu verklammern suchen. Auf diese redaktionelle Bearbeitungsschicht, die als "*nach-priesterschriftlich*" zu qualifizieren ist, geht die Meerwundererzählung in ihrer vorliegenden literarischen Gestalt zurück.

3. Da die als nach-priesterschriftlich anzusehenden redaktionellen Zusätze ihrerseits ebenfalls Spuren einer Nachbearbeitung erkennen lassen (vgl. die Hinzufügungen "und alle Streitwagen Ägyptens" in Ex 14,7aß und "Streitwagen" in Ex 14,9aß), ist mit einer weiteren glossierenden Ergänzung der an sich schon abgeschlossenen Meerwundererzählung zu rechnen.

4. Auch nach Aussonderung der an den "nicht-priesterschriftlichen" Erzählfaden anknüpfenden, aber als "nach-priesterschriftlich" zu beurteilenden redaktionellen Erweiterungen kann dieser Erzählfaden nicht als literarisch einheitlich angesehen werden. Aufgrund des zwischen Ex 14,5a und 5b einerseits sowie Ex 14,6 und 9aα andererseits zu beobachtenden Spannungen ist innerhalb des "nicht-priesterschriftlichen" Erzählfadens der Meerwundererzählung mit (mindestens) zwei literarischen Schichten zu rechnen. Diese sind dabei nicht als Elemente zweier ursprünglich unabhängiger und selbständiger Erzähltraditionen anzusehen, sondern im Sinne redaktioneller Erweiterung (Ex 14,5b+6) einer vorgegebenen Erzähltradition (Ex 14,5a und 9aα) zu verstehen. Die so gegeneinander isolierbaren Erzählschichten innerhalb des nicht-priesterschriftlichen Erzählfadens erweisen sich dabei nicht nur als "*nicht*-priesterschriftlich", sondern zugleich als "*vor*-priesterschriftlich".

Schon diese Beobachtungen lassen komplexe entstehungsgeschichtliche Vorgänge hinter der Meerwundererzählung vermuten. Damit ist aber zugleich eine sinnvolle Basis für die weitere Analyse des Textes gewonnen. Die Ausgangsbeobachtungen sind dabei entsprechend zu verbreitern.

2. Entstehungsgeschichtliche Analyse der Meerwundererzählung

(1) Eine erste Beobachtungsreihe setzt bei der Konkurrenz der beiden Erzähleingänge Ex 13,17aα und 2o an, die als solche kaum auf die gleiche Hand zurückgehen werden, sondern unterschiedliche Überlieferungsstufen des Textes repräsentieren [48]. Da Ex 13,2o nicht nur als Eröffnung der Meerwundererzählung auf der Ebene der Komposition des Exodusbuches zu verstehen ist, son-

dern auch im Zusammenhang mit den entsprechenden und als nach-priesterschriftlich einzustufenden Ortsangaben in Ex 14,2b und 9b steht, ist auch
für Ex 13,2o eine Herleitung von jener redaktionellen Bearbeitungsschicht
innerhalb der Meerwundererzählung wahrscheinlich, die für ihre Komposition
in der vorliegenden literarischen Gestalt verantwortlich ist [49]. Demgegenüber ist Ex 13,17aα aufgrund des durch die Stichwortentsprechung angezeigten

---

48 Daß es sich bei Ex 13,17aα um einen erzählerischen Neueinsatz handelt,
ist nicht zweifelhaft. Das führt aber auch noch nicht unbedingt zu der
meist daraus gezogenen Annahme, in Ex 13,17 auch den Beginn der Meerwundererzählung überhaupt zu sehen (vgl. dazu Kap. I). Die Konkurrenz
beider Erzähleingänge läßt sich plausibel nur dann erklären, wenn sie
als Elemente unterschiedlicher Textstufen verstanden werden, wobei eine
Entscheidung für die entstehungsgeschichtliche Priorität des einen oder
anderen Texteinsatzes sich erst aus weitergehenden Beobachtungen zum literarischen Zusammenhang ergeben kann.

49 Nicht ohne Bedenken ist die seit Th. NÖLDEKE, Untersuchungen 45 weithin
vorgenommene Zuordnung der Itinerarnotiz Ex 13,2o zu P (vgl. die entsprechenden Hinweise bei B.D. EERDMANS, ASt III, 41, wobei für Ex 13,2o dann
meist an eine Verbindung mit der "jahwistischen" Tradition gedacht wird),
was vor allem auch dann gilt, wenn Ex 13,2o literargeschichtlich mit Ex
13,17aßb+18 zu verbinden ist. Zwei Beobachtungen verdienen in diesem Zusammenhang Beachtung. Gegen eine Herleitung der Itinerarnotiz Ex 13,2o
von P spricht zunächst die Spannung zu der der priesterschriftlichen Erzähltradition zuzurechnenden Aufforderung an die Israel-Söhne "umzukehren" (wᵉjašubû) in Ex 14,2a, womit hier nicht einfach eine Richtungsän-
derung, sondern eine Rückkehr nach Ägypten gemeint ist (vgl. dazu etwa
A. DILLMANN 151f und S.R. DRIVER 114). Demgegenüber fordert die Itinerarnotiz Ex 13,2o eher ein Verständnis des Verbums šwb im Sinne eines Abbie-
gens vom eingeschlagenen Weg, was präzis der Verwendung des Verbums sbb
H-Stamm in der mit Ex 13,2o literarisch zu verbindenden Aussage Ex 13,
18a entspricht. Entscheidender ist jedoch eine zweite Beobachtung. Die
in Ex 13,2o an die Nennung von Etam als Lagerort auffälligerweise angefügte Angabe "am Rand der Wüste" hat unverkennbar eine Entsprechung in
Ex 14,3 ("eingeschlossen hat sie die Wüste"). Nun kann aber Ex 14,3 ebensowenig wie Ex 14,2b als ein genuiner Bestandteil der Jahwerede Ex 14,1-
4a angesehen werden (vgl. - wenn auch mit unterschiedlicher Begründung
im einzelnen - A. JÜLICHER, JpTh 8, 1882, 119(?); B.W. BACON, Triple
Tradition 75f; B. BAENTSCH 12of; H. GRESSMANN, FRLANT 18, 1o9 und SAT I/2,
52; C.A. SIMPSON, Early Traditions 182; H. SCHMID, BZAW 11o, 53 Anm. 17;
B.S. CHILDS 22o, wobei der Vers allgemein E zugeschrieben und in diesem
Fall meist mit Ex 13,17+18 (E) verbunden wird). Die Aussage von Ex 14,3
steht nämlich in Spannung zu der darauffolgenden Ankündigung der "Stärkung" des Herzens des Pharao durch Jahwe in Ex 14,4a, so daß zu vermuten
ist, daß sich dieser Halbvers einmal unmittelbar an Ex 14,1+2a angeschlossen hat (vgl. in diesem Zusammenhang auch die Strukturparallelität der zu
Ex 14,1+2a.4a korrespondierenden Jahwerede Ex 14,15-18*). Da sich eine
Herleitung von Ex 14,3 aus einem anderen Erzählzusammenhang nicht überzeugend begründen läßt (bei einer Verbindung von Ex 14,3 mit 13,17+18
(E) müßte wᵉʾamăr zu wajjoʾmaer geändert werden, was aber nicht frei von
Willkür ist (vgl. auch B.D. EERDMANS, ASt III, 42)), ist in Ex 14,3 ein
mit Ex 14,2b zusammenhängender jüngerer redaktioneller Zusatz zu der
als "priesterschriftlich" zu qualifizierenden Jahwerede zu sehen, der
mit Ex 13,2o, aber auch mit Ex 13,17aßb+18 zusammenhängt und die Aussage von Ex 14,2a aus der Perspektive jener Aussagen interpretieren will.

Zusammenhangs mit Ex 14,5b ("entlassen") als Beginn der Meerwundererzählung auf der Ebene der durch Ex 14,5b+6 repräsentierten Bearbeitung des nicht-priesterschriftlichen Erzählfadens zu verstehen [5o].

Von daher ergeben sich sodann Folgerungen für die Bewertung der literarge-schichtlichen Problematik von Ex 13,2o-22, die ihrerseits nicht unabhängig von Ex 13,17-19 beurteilt werden kann [51]. Gegenüber der Itinerarnotiz in Ex 13,2o sind die unmittelbar folgenden Aussagen von Ex 13,21+22 abzugren-zen [52]. Zu beachten ist dabei sowohl der Wechsel vom Berichtstil in Ex 13, 2o zur beschreibenden Aussage in Ex 13,21+22 (vgl. vor allem die partizipia-le Form der Aussage von Ex 13,21a) als auch der damit übereinkommende Wech-sel der Thematik (Tun der Israel-Söhne/Handeln Jahwes). Doch rechtfertigt ein solcher Wechsel allein noch keine Abgrenzung von Ex 13,21+22 gegenüber 13,2o. Entscheidend ist eine andere Beobachtung. Die Aussage von der Füh-rung der Israel-Söhne durch Jahwe in Ex 13,21+22 läßt keinen inneren Zusam-menhang mit Ex 13,2o erkennen. Sachlich wäre die Aussage von Ex 13,21+22 schon früher zu erwarten, wobei als literarischer Bezugspunkt Ex 13,17aα+19 anzunehmen ist [53]. Doch ist auch zwischen Ex 13,17aα+19 und 21+22 kein ur-sprünglicher literarischer Zusammenhang anzunehmen (vgl. allein schon die Verschiedenheit im Gebrauch des Gottesnamens (Elohim/Jahwe), vor allem aber

---

50 Vgl. auch die dazu korrespondierenden Beobachtungen zur Entstehungsge-schichte von Ex 13,17-19 (s.o. S. 9f Anm. 13). - Da Ex 14,5b+6 nicht als Element einer ursprünglich selbständigen Erzählung, sondern nur als *Bearbeitung* einer älteren Tradition der Meerwundererzählung verstanden werden kann, kann auch in Ex 13,17aα nicht der Beginn einer völlig eigen-ständigen Fassung der Meerwundererzählung, wie sie etwa in der beliebten Zuweisung von Ex 13,17 an E zum Ausdruck kommt, gesehen werden.

51 Zur Analyse von Ex 13,17-19 vgl. schon 9f.

52 Hinsichtlich der Abgrenzung von Ex 13,2o und 21+22 gegeneinander besteht weitgehend Übereinstimmung, wobei Ex 13,21+22 gegenüber 13,2o (Pg) meist als "jahwistisch" bestimmt wird, vgl. nur J. WELLHAUSEN, Composition 76f; A. JÜLICHER, JpTh 8 (1882) 119; A. DILLMANN 15o. Zuweilen wird Ex 13,2o-22 aber auch als ein geschlossener, von J herkommender Erzählzusammen-hang verstanden, vgl. etwa B.D. EERDMANS, ASt III, 41; W. RUDOLPH, BZAW 68, 28; M. NOTH, ÜP 32.

53 Der zwischen Ex 13,21a+22 und 13,17aα+19 bestehende sachliche Zusammen-hang ist auch vom Bearbeiter, der Ex 13,17aßb+18 zwischen Ex 13,17aα und 19 eingeschoben hat, gesehen worden, weshalb er die Wortverbindung *nḥh* + *daeraek* aus Ex 13,21aα nach Ex 13,17aß übertragen hat (vgl. in diesem Zusammenhang den Wechsel vom *H*- zum *G*-Stamm sowie den anderen Bedeutungs-gehalt des Nomens *daeraek*). Dahinter steht allem Anschein nach literari-sche Absicht. Auf diese Weise werden durch den Verfasser des Exodusbu-ches Schluß und Anfang der beiden Erzählabschnitte Ex 12,37-13,19 und 13,2o-14,29 durch eine Reflexion über das Thema der "Führung" (*nḥh*) durch Jahwe miteinander verklammert (Ex 13,17-19 und 2o-22).

die Tatsache, daß der sachlich richtige Ort von Ex 13,21+22 im Anschluß an Ex 13,17aα läge) [54]. Ex 13,21+22 ist so am ehesten als eine redaktionelle Erweiterung von Ex 13,17aα+19 zu verstehen, so daß die beiden Verse jünger als Ex 13,17aα+19, jedoch älter als Ex 13,17aßb+18 und 2o sein werden, was zur Annahme einer weiteren, bislang nicht zu beobachtenden Textschicht innerhalb der Meerwundererzählung nötigt.

Daß Ex 13,21+22 nicht der jüngsten Textstufe in Ex 13,2o+22 zugerechnet werden kann, wird durch eine weitere Beobachtung unterstrichen. In sich ist der redaktionelle Zusatz Ex 13,21+22 nicht ganz einheitlich. Bei der streng symmetrischen Struktur der Aussage in Ex 13,21+22 mit dem charakteristischen Wechsel von Tag und Nacht ist die doppelte Zielbestimmung in Ex 13,21aßb auffällig [55]. Während die beiden Zielbestimmungen in Ex 13,21a ("um sie den Weg zu führen" und "um ihnen zu leuchten") die Funktion der Wolken- bzw. Feuersäule explizieren, ist in der Zielbestimmung in Ex 13,21b ("um zu gehen bei Tag und bei Nacht") das Tun der Israel-Söhne im Blick. Die damit durch Ex 13,21b geschehende Akzentverlagerung läßt vermuten, daß der Halbvers als eine redaktionelle Erweiterung zu verstehen ist. Ob auch die asyndetisch an Ex 13,21 angeschlossene Aussage von Ex 13,22 ebenfalls als redaktionelle Bildung anzusehen ist, läßt sich nicht mit Sicherheit ausmachen. Hinweise darauf könnten zum einen der Wechsel von den auf die Israel-Söhne sich beziehenden Pluralsuffixe in Ex 13,21 zur singularischen Ausdrucksweise "vor dem Volk" in Ex 13,22 sowie zum anderen die Tatsache sein, daß der in Ex 13,21 positiv geschilderte Sachverhalt hier nur negativ gewendet erscheint [56]. Doch läßt gerade der Gebrauch der Wortverbindung "vor dem Volk", die einerseits auf Ex 13,17aα rekurriert und andererseits einen Übergang zu Ex 14,5a schafft, vermuten, daß Ex 13,22 zusammen mit Ex 13,21a ein redaktioneller Zusatz zu Ex 13,17aα+19 gewesen ist, der den "priesterschriftlichen" Erzählzusammenhang von Ex 14,1-2a+4 noch nicht voraussetzt [57].

---

54 Vgl. auch W. FUSS, BZAW 126, 296. - Stünde Ex 13,21a+22 in einem ursprünglichen literarischen Zusammenhang mit Ex 13,17aα+19, dann wäre durchaus zu erwarten gewesen, daß sich Ex 13,21a+22 unmittelbar an Ex 13,17aα angeschlossen hätte. Aber auch die kommentarhafte "Sprachhaltung" von Ex 13,21a+22 selbst spricht dafür, darin eine nachträgliche Erläuterung zu einem vorgegebenen Erzählzusammenhang zu sehen.

55 Vgl. auch W. FUSS, BZAW 126, 296: "die unschön zweimalige Finalbestimmung durch l^e + inf.".

56 Im allgemeinen wird in Ex 13,22 als Subjekt zum Verbum *jamis̆* die Wolken- und Feuersäule angesehen, wobei *jamis̆* als Präfixkonjugation des *G*-Stammes von *mjs̆* verstanden wird (vgl. auch Ex 33,11 R^P). Demgegenüber interpretiert B. JACOB 553 *jamis̆* als Präfixkonjugation des *H*-Stammes mit Jahwe als Subjekt.

Mit Ex 13,21+22 hängen sodann Ex 14,19+2o und 24[*] zusammen, die so in diesem Zusammenhang mitzuberücksichtigen sind. Bevor jedoch das zwischen diesen Aussagen bestehende Beziehungsverhältnis geprüft wird, ist zunächst die interne literarische Problematik von Ex 14,19+2o zu analysieren. Im vorliegenden literarischen Zusammenhang der Meerwundererzählung stehen die beiden Verse Ex 14,19+2o zwischen zwei Aussagen, die dem priesterschriftlichen Erzählfaden zuzurechnen sind (Ex 14,15-18 und 21aα). Weil durch Ex 14,19+2o der Zusammenhang der zusammengehörigen priesterschriftlichen Aussagen zerrissen wird, kann die gegenwärtige Stellung der Verse nur als Werk jenes Verfassers, der für die literarische Gestalt der Meerwundererzählung in der vorliegenden Form verantwortlich ist, angesehen werden. Damit ist aber noch keineswegs über die Verfasserschaft der beiden Verse entschieden. In sich zeigen sie nicht zu verkennende Spuren literarischer Entstehungsprozesse. Zunächst sind Ex 14,19a und 19b als Parallelaussagen zu verstehen, so daß für beide Aussagen eine unterschiedliche Herkunft anzunehmen ist [58]. Wegen der weitgehenden Parallelität beider Vershälften bis in den Wortlaut hinein ("*und es brach auf*" + Subjekt // "und es ging bzw. trat *hinter sie*") ist zu vermuten, daß die beiden Aussagen nicht völlig unabhängig voneinander entstanden sind, sondern daß vielmehr der eine Halbvers redaktionelle Nachgestaltung des anderen Halbverses ist [59].

Als redaktionelle Nachgestaltung läßt sich dabei am ehesten Ex 14,19a verständlich machen [6o]. Im Gegensatz zu dem stark konstruierten Eindruck der doppelgliedrigen Aussage von Ex 14,19b (vgl. nur den Abschluß der beiden

---

57 Vgl. auch B.D. EERDMANS, ASt III, 42, der die Fortsetzung von Ex 13,22 in Ex 14,5 sieht.

58 Daß Ex 14,19a und 19b Parallelaussagen sind, wird nahezu allgemein festgehalten (vgl. nur J. WELLHAUSEN, Composition 77; A. JÜLICHER, JpTh 8, 1882, 123; B. BAENTSCH 124f). Demgegenüber betonen B.D. EERDMANS, ASt III, 42 und W. RUDOLPH, BZAW 68, 3o den literarischen Zusammenhang beider Vershälften, indem sie Ex 14,19b als Folge von Ex 14,19a interpretieren. Das so beschriebene logische Verhältnis zwischen den beiden Vershälften in Ex 14,19 gilt sicher für den vorliegenden Textzusammenhang. Doch sind auf der anderen Seite die zwischen ihnen bestehenden Spannungen so gewichtig, daß sie die Annahme einer literarischen Schichtung notwendig machen.

59 Allgemein werden die beiden Vershälften in Ex 14,19 auf J (19b) und E (19a) aufgeteilt. Doch ist eine solche quellenkritische Option gerade wegen der auffälligen Parallelität der Konstruktion in den beiden Vershälften nicht sehr wahrscheinlich.

6o Vgl. auch die bei W. RUDOLPH, BZAW 68, 3o Anm. 2 als Alternative genannte Möglichkeit: "Will man EERDMANS nicht folgen (vgl. Anm. 58), muß man v.19a als Glosse erklären". Als redaktionelle Nachgestaltung von Ex 14, 19b versteht Ex 14,19a auch E. ZENGER 149f (Ex 14,19a d/19b Je).

46

Aussagehälften mit "vor ihnen weg" und "hinter sie") trägt Ex 14,19a im
ganzen den Charakter einer redaktionellen Prägung, insofern die mit Ex 14,
19bß sich eng berührende Aussage von Ex 14,19aß ("und sie ging hinter sie"/
"und sie trat hinter sie") wohl im Blick auf den zweiten Halbvers gestaltet
ist, während die von Ex 14,19bα stärker abweichende Aussage von Ex 14,19aα
mit der Einführung des "Lagers Israels" allem Anschein nach im Blick auf
die unmittelbar vorangehende Jahwerede Ex 14,15-18 geschehen ist [61]. Da sich
die Aussage von Ex 14,19a überdies als Kontamination der Aussagen von Ex
13,2o ("und es brach auf") und 21a ("gehend vor ...") darstellt, ist darin
wohl eine literarische Konstruktion zu sehen, die schon die vorliegende Gestalt der Meerwundererzählung im Blick hat [62]. Ist damit Ex 14,19a als eine
redaktionelle Bildung aus der Hand des nach-priesterschriftlichen Bearbeiters
zu verstehen, repräsentiert Ex 14,19b eine vorpriesterschriftliche Erzählschicht innerhalb der Meerwundererzählung, wobei wegen des thematischen Zusammenhangs mit Ex 13,21a+22 für beide Aussagen die gleiche Herkunft zu vermuten ist [63].

---

61 Wie gerade die explizite Erwähnung des "Lagers Israels" (*mah^anē jiśra'el*)
    in Ex 14,19aα zu erkennen gibt, ist die Einfügung der Aussage von Ex 14,
    19a erst aufgrund der Jahwerede Ex 14,15-18 notwendig geworden, da die
    Pluralsuffixe in Ex 14,19b (*mipp^enêhaem/me'āh^arêhaem*) sonst ohne Bezug
    blieben. Sie werden unschwer jedoch dann verständlich, wenn sich Ex 14,
    19b ursprünglich einmal unmittelbar an Ex 14,14 angeschlossen hat. Dann
    wäre damit Ex 14,19b zugleich als Element der vorpriesterschriftlichen
    Meerwundertradition zu verstehen.

62 Unter dieser Voraussetzung erklärt sich auch der an sich komplexe lite-
    rarische Befund in Ex 14,19 am einfachsten. Abgesehen von der komposi-
    tionskritischen Funktion von Ex 14,19a im Blick auf die vorliegende Ge-
    stalt der Meerwundererzählung (vgl. dazu Kap. II) gibt die Formulierung
    von Ex 14,19 deutliche Hinweise darauf, daß es sich hierbei um eine re-
    daktionelle Bildung handelt, die sowohl den priesterschriftlichen als
    auch den nicht-priesterschriftlichen Erzählfaden schon voraussetzt. So
    hat die Erwähnung des "Lagers Israels" (*mah^anē jiśra'el*) in Ex 14,19a
    (vgl. auch Ex 14,2oaα) einerseits eine Entsprechung in Ex 14,24 (*mah^anē*
    misrajim) im Rahmen der nicht-priesterschriftlichen Erzähltradition,
    knüpft aber andererseits zugleich an den innerhalb der priesterschriftli-
    chen Erzähltradition begegnenden Rhythmus von "lagern" (*hnh*) und "aufbre-
    chen" (*ns^c*) an Ex 14,2a und 15b). Daß Ex 14,19a einen Übergang von der der
    priesterschriftlichen Erzähltradition zuzurechnenden Jahwerede Ex 14,15-
    18 und der der nicht-priesterschriftlichen Erzähltradition entstammenden
    Aussage von Ex 14,19b herstellen will, wird nicht zuletzt auch daran er-
    kennbar, daß in Ex 14,19aα zwar das "Lager Israels" genannt ist, in Ex
    14,19aß dagegen sich die mit Pluralsuffix gebildete präpositionale Ver-
    bindung mit *me'āh^arêhaem* wie in Ex 14,19b findet.

63 Der Zusammenhang von Ex 14,19b mit 13,21a+22 unterliegt keiner Diskussion.
    Für Ex 13,21a+22a wie für Ex 14,19b sprechen die für jede der beiden
    Textelemente zu machenden Beobachtungen dafür, daß es sich bei ihnen je-
    weils um Bestandteile des nicht-priesterschriftlichen Erzählfadens han-
    delt, da in beiden Fällen ein Zusammenhang mit dem priesterschriftlichen

Größere Schwierigkeiten als Ex 14,19 bereitet die Analyse von Ex 14,2o, wobei vor allem Ex 14,2oaßγ umstritten ist [64]. Zunächst ist in Ex 14,2o die Aussage von Ex 14,2oaα für sich zu stellen [65]. Da Ex 14,2oaα in keinem inneren Zusammenhang zu Ex 14,19b steht (vgl. nur den auffälligen Wechsel von den auf die Israeliten sich beziehenden pluralischen Suffixen in Ex 14,19b zur Erwähnung des Lagers der Ägypter bzw. Israels in Ex 14,2oaα), ein solcher aber mit Ex 14,19a besteht, liegt die Annahme nahe, Ex 14,2oaα auch literarisch mit Ex 14,19a zu verbinden [66]. Von Ex 14,2oaα ist sodann wegen des Fehlens eines inneren Zusammenhangs die doppelgliedrige Aussage in Ex 14,2oaßγ abzutrennen [67]. Nicht unproblematisch ist auf der anderen Seite auch

Erzählfaden nicht nur nicht besteht, sondern geradezu ausgeschlossen ist. Da sich Ex 13,21a+22 und 14,19b aber auch innerhalb des nicht-priesterschriftlichen Erzählfadens nur locker einfügen lassen (vgl. auch Anm. 54), werden darin jüngere redaktionelle Elemente zu sehen sein, die einen vorgegebenen Zusammenhang in neuer Weise deuten wollen.

64 Während für Ex 14,19 hinsichtlich der literarkritischen Sonderung der beiden Vershälften voneinander weitgehende Einmütigkeit herrscht, dokumentiert die Vielfalt der zu Ex 14,2o vertretenen Positionen eindrücklich die Probleme, die dieser Vers einer Analyse bietet, wobei vor allem die textkritischen Probleme von Ex 14,2oaß (vgl. dazu Anm. 72) die Analyse belasten. Das hat zuweilen auch zu dem Verzicht einer weitergehenden Analyse geführt (vgl. etwa H. HOLZINGER 44), womit aber die anstehenden Probleme nur überdeckt werden.

65 Eine solche Isolierung wird etwa vorausgesetzt bei B. BAENTSCH 125; S.R. DRIVER 119; O. EISSFELDT, HS 136*; G BEER 76; G. FOHRER, BZAW 91, 99f. Die häufiger vertretene Verbindung von Ex 14,2oaα mit Ex 14,2ob (vgl. etwa E. MEYER, Israeliten 21; K. VON RABENAU, Schilfmeerwunder 2o; G.J. BOTTERWECK, BiLe 8, 1967, 11.13; W. FUSS, BZAW 126, 314) ist an sich zwar möglich, aber deshalb wenig wahrscheinlich, weil Ex 14,2ob (Nachtsituation) unmittelbar nach Ex 14,2oaα unvermittelt und überraschend käme. Die zuweilen ebenfalls vertretene Verbindung von Ex 14,2oaα und 2oaß (vgl. nur B.W. BACON, Triple Tradition 77) hat wegen des Fehlens eines erzählerischen Zusammenhangs keinerlei Gründe für sich.

66 Vgl. dazu etwa B.W. BACON, Triple Tradition 77; B. BAENTSCH 124f; S.R. DRIVER 118f; H. GRESSMANN, FRLANT 18, 1o9 und SAT I/2, 52; O. EISSFELDT, HS 136*; G. FOHRER, BZAW 91, 99f.1o4. Wegen der bestehenden Spannungen ist dagegen die gleichfalls vertretene Annahme eines literarisch unmittelbaren Zusammenhangs mit Ex 14,19b (vgl. etwa G.J. BOTTERWECK, BiLe 8, 1967, 11.13 und H. SCHMID, BZAW 11o, 52 Anm. 15) nicht wahrscheinlich. Ist Ex 14,2oaα aber mit 19a zu verbinden, dann kann als (zumindest implizites) Subjekt zu der Aussage von Ex 14,2oaα - wie in Ex 14,19a - nur der "Bote Elohims" und nicht die "Wolkensäule" von Ex 14,19b angesehen werden.

67 Die Probleme, die mit Ex 14,2oaßγ verbunden sind, haben die unterschiedlichsten Lösungen provoziert. Suchen die einen den Schwierigkeiten, die Ex 14,2oaßγ bereitet, mit Textkorrekturen zu begegnen (vgl. dazu Anm. 72), so sehen die anderen darin primär ein literargeschichtliches Phänomen (oder auch beides zusammen). Gleichwie eine Entscheidung hinsichtlich der textgeschichtlichen Problematik von Ex 14,2oaßγ ausfällt, so ist

das Verhältnis von Ex 14,2oaßγ zu 2ob [68]. Für eine Aufschlüsselung der literarischen Problematik von Ex 14,2oaßγb bietet gerade der abschließende Halbvers Ansatzpunkte. Zu prüfen bleibt dabei, auf welcher Textebene die den Er-
zählzug von Ex 14,19+2o abschließende Aussage Ex 14,2ob in den Erzählzusammenhang eingefügt wurde. Einen Hinweis gibt die Zeitbestimmung "die ganze
Nacht", die eine genaue Entsprechung in Ex 14,21aß hat. Es hat so den Anschein, als ob durch Ex 14,2ob ein Übergang zu Ex 14,21aß hin geschaffen
werden solle. Da Ex 14,2ob so über die priesterschriftliche Notiz in Ex 14,
21aα hinaus unmittelbar auf die vor-priesterschriftliche Aussage in Ex 14,
21aß vorgreift, ist für Ex 14,2ob auch nicht ein Zusammenhang mit den den
priesterschriftlichen Erzählfaden schon voraussetzenden redaktionellen Elementen in Ex 14,19a und 2oaα anzunehmen, sondern vielmehr eine Verbindung
mit der durch Ex 14,19b repräsentierten Erzähltradition [69].

Ist somit ein Zusammenhang von Ex 14,19b und 2ob vorauszusetzen, bleibt zu
prüfen, ob die beiden Halbverse unmittelbar miteinander zu verbinden sind.
Erneut gibt die Zeitbestimmung "die ganze Nacht" in Ex 14,2ob einen entsprechenden Hinweis. Da der Begriff "Wolkensäule" in Ex 14,19b - aufgrund von
Ex 13,21a+22 - die Vorstellung einer Tagsituation hervorruft, die Aussage
von Ex 14,2ob aber ein Geschehen zur Nachtzeit voraussetzt, können die beiden Halbverse so nicht unmittelbar aufeinander gefolgt sein, sondern bedür-

---

nicht zu verkennen, daß zwischen Ex 14,2oaα und 2oaßγ kein Übergang besteht, was auch durch das ohne erzählerische Funktion bleibende *wajᵉhî*
unterstrichen wird.

68 Zwar wird zuweilen Ex 14,2oaß(γ) für sich gestellt (vgl. etwa O. EISS-
FELDT, HS 136*; G. FOHRER, BZAW 91, 1oo.1o7.124; K. VON RABENAU, Schilfmeerwunder 2o; G.J. BOTTERWECK, BiLe 8, 1967, 11.13; W. FUSS, BZAW 126,
314), häufiger wird Ex 14,2oaßγ jedoch mit Ex 14,2ob verbunden (vgl.
nur B. BAENTSCH 125; S.R. DRIVER 119; G. BEER 74.76).

69 Daß ein ursprünglicher erzählerischer Zusammenhang von Ex 14,2ob und 2oaα
nicht ohne Schwierigkeiten ist, wurde schon festgestellt (Anm. 65). Dürfte somit Ex 14,2ob gegenüber Ex 14,2oaα zu isolieren sein, dann kann Ex
14,2ob nicht auf die durch Ex 14,19a und 2oaα repräsentierte Erzählschicht zurückgehen. Von daher legt sich am ehesten eine Verbindung mit
Ex 14,19b nahe (vgl. etwa A. JÜLICHER, JpTh 8, 1882, 123; S.R. DRIVER
118f; H. GRESSMANN, FRLANT 18, 1o9), was zugleich bedeuten würde, daß
Ex 14,2ob der älteren, vor-priesterschriftlichen Erzähltradition in Ex
14,19+2o zuzurechnen ist. Da die Suffixe in Ex 14,19b ihren inneren Bezugspunkt in der Zusage Ex 14,14 haben, Ex 14,2ob dagegen in der Zeitbestimmung *kál-hállajᵉlā* auf Ex 14,21aß verweist, sollte durch Einfügung von Ex 14,19b und 2ob zwischen Ex 14,14 und 21aß ein neuer, den
vorgegebenen Textzusammenhang berücksichtigender und zugleich interpre-
tierender Übergang geschaffen werden. Da dies nur unter der Voraussetzung funktioniert, daß der priesterschriftliche Erzählfaden noch nicht
Bestandteil der Meerwundererzählung gewesen ist, ergibt sich von daher
nochmals ein deutlicher Hinweis darauf, daß es sich bei Ex 14,19b und
2ob um einen redaktionellen Zusatz zur vor-priesterschriftlichen Meerwundererzählung handelt.

fen einer erzählerischen Vermittlung. Dies geschieht durch die Aussage "und sie erleuchtete die Nacht" in Ex 14,2oaγ, die so der gleichen Erzählschicht zuzurechnen sein wird [7o]. Das hier gebrauchte Verbum "leuchten" (*'wr* H-Stamm) verbindet diese Aussage zudem mit Ex 13,21a. Daß in Ex 14,19b+2oaγb nicht wie in Ex 13,21a+22 zwischen einer "Wolken"- und "Feuersäule" differenziert wird (vgl. auch Ex 14,24aγ "in einer Feuer- und Wolkensäule"), hängt nicht zuletzt damit zusammen, daß der Bearbeiter, der Ex 14,19b+2oaγb in den vorliegenden Textzusammenhang eingefügt hat, zum einen unter erzählerischen Zwängen stand und daß zum anderen die Wolkensäule - wohl der Aussage in Ex 13,22 entsprechend - eine aktive Rolle spielt [71]. Da die textlich nicht zu beanstandende Aussage "und es war die Wolke und die Finsternis" in Ex 14,2oaß [72] weder mit Ex 14,2oaγb noch mit Ex 14,2oaα zu verbinden ist,

---

7o Für einen literarischen Zusammenhang von Ex 14,2oaγ und 2ob - als Fortsetzung der Aussage von Ex 14,19b - plädieren etwa B.W. BACON, Triple Tradition 77; R. SMEND, Hexateuch 192; O. EISSFELDT, HS 136*; G. FOHRER, BZAW 91, 1o9.124. Daß Ex 14,2oaγ nicht die Fortsetzung von Ex 14,2oaß sein kann, sondern sich unmittelbar an Ex 14,19b anschließt, wird nicht zuletzt daran erkennbar, daß das für *wăjja'aer* zu vermutende Subjekt *haeᶜanan* wegen des dazwischen geschalteten Nomens *wᵉhăhošaek* nicht in Ex 14,2oaß, sondern vielmehr in Ex 14,19b zu suchen ist (vgl. schon A.H. McNEILE 85).

71 Wird beachtet, daß Ex 14,19b+2oaγb einerseits einen schon vorgegebenen Textzusammenhang respektieren muß und daß dieser Einschub andererseits mit Ex 13,21a+22a literarisch zusammenhängt und von daher seine thematischen Vorgaben erhält, dann besteht keinerlei Anlaß zu Textkorrekturen. In diesem Zusammenhang erregt vor allem das Verbum *wăjja'aer* Anlaß zu Bedenken und hat dementsprechend zu unterschiedlichen Interpretationen (sei es durch Korrektur des Textes [vgl. etwa H. GRESSMANN, FRLANT 18, 1o9, der dafür im Anschluß an LXX *wăjjăᶜăbᵉrû* liest], sei es durch ein philologisch anderes Verständnis von *'wr* (so vor allem E.A. SPEISER, JAOS 8o, 196o, 198-2oo)) geführt. Der Hinweis darauf, daß im Blick auf die Aussage von Ex 14,2ob vorangehend eigentlich nicht erwartet wäre, "daß die Wolke die Nacht erhellt, sondern das gerade Gegenteil" (H. GRESSMANN, FRLANT 18, 1o9), ist zu stark von der eigenen Sachlogik her gedacht, nicht aber von der Erzähllogik des Textes selbst. Diese ist dabei von Ex 13,21a+22 her bestimmt, wo Funktion und Bedeutung von Wolken- und Feuersäule umschrieben sind. Daß keiner dem anderen die ganze Nacht über nahekommen kann (Ex 14,2ob), hat seinen inneren Grund darin, daß der in der Wolken- und Feuersäule vor dem Volk herziehende Jahwe hinter das Volk tritt. Daß dabei in Ex 14,19b nur von der "Wolkensäule" gesprochen wird, die schutzgewährende Funktion in Ex 14,2oaγ aber durch das Verbum *'wr* H-Stamm umschrieben ist, erklärt sich daher, daß aufgrund des dem Einschub Ex 14,19b+2oaγb vorgegebenen Erzählzusammenhangs vor dem Einschub eine Tagessituation und danach eine Nachtsituation vorausgesetzt ist. Der in diesem Zusammenhang beliebte Hinweis auf Jos 24,7aα berücksichtigt weder hinreichend den konkreten Sachzusammenhang von Ex 14,19b+2oaγb noch den anders gelagerten sachlichen Zusammenhang in Jos 24,7aα (vgl. nur das Fehlen des Motivs der Wolken- und Feuersäule!), wobei weiterhin zu berücksichtigen wäre, daß Jos 24,7aα einer sehr jungen dtr. oder gar nach-dtr. Schicht in Jos 24 zuzurechnen ist (eine Analyse von Jos 24 soll an anderer Stelle vorgelegt werden).

ist sie als isoliertes Textelement in Ex 14,19+2o ganz für sich zu stellen [73]. Wegen ihres glossenhaften Charakters ist sie am ehesten dem glossierenden Bearbeiter der Meerwundererzählung zuzurechnen (vgl. Ex 14,7aß
und 9aß*).

(2) Eine zweite Beobachtungsreihe bezieht sich auf den Textabschnitt Ex 14,
1o-18, dem innerhalb der Komposition der Meerwundererzählung geradezu eine
Brückenfunktion zukommt. Hier läßt allein schon die auffällige Häufung der
Motive von Furcht und Klage in Ex 14,1o-12 wie die Duplizierung der Ansage
des Eingreifens Jahwes in Ex 14,13-18 literarische Wachstumsprozesse vermuten. In diesem Abschnitt treten sich eine Klage der Israel-Söhne gegen Mose
(Ex 14,11+12) und eine Antwort des Mose an die Israel-Söhne mit einer Errettungszusage für sie (Ex 14,13+14) gegenüber, wobei bezeichnenderweise
aber die Antwort des Mose auf die vorangehende Klage gegen ihn keinen Bezug
nimmt [74]. So wird auch zwischen diesen beiden Textelementen kein ursprüngli-

---

72 Die Typen der zu Ex 14,2oaß vorkommenden Textkorrekturen sind übersicht-
    lich bei B.S. CHILDS 218 zusammengestellt. Bedenken gegen mögliche
    Textkorrekturen sind immer wieder angemeldet worden (vgl. schon C.F.
    KEIL 454: "Auch wird jede Textänderung dadurch bedenklich, daß sowol
    LXX als *Onk.* schon die Substantiva gelesen und wiedergegeben haben").
    Versteht man Ex 14,2oaß als ein sowohl gegenüber Ex 14,2oaα als auch
    gegenüber Ex 14,2oaγ zu isolierendes Textelement (vgl. dazu Anm. 73),
    dann entfällt auch die Notwendigkeit, den Text in Ex 14,2oaß verbessern
    zu wollen. Neben der Absicht eines Ausgleichs vorgegebener Traditionen
    (vgl. W. FUSS, BZAW 126, 314) könnte in der Erwähnung der "Finsternis"
    (vgl. die auffällige Setzung des Artikels bei *hahošaek*!) nicht nur ein
    Hinweis auf die letzte "Plage" der Finsternis (vgl. Ex 1o,21.22), son-
    dern darin zugleich ein Rückverweis auf die Schöpfungserzählung (vgl.
    Gen 1,2.4.5.18) zu sehen sein. Die Funktion der an sich schwer verständ-
    lichen Aussage von Ex 14,2oaß wäre dann nicht darin zu sehen, einen neu-
    en Erzählzug in die Meerwundererzählung einzutragen, sondern "kommentar-
    haft" auf größere Zusammenhänge hinzuweisen. In diese Richtung scheint
    auch eine weitere Beobachtung zu führen. Das Nebeneinander von Wolke und
    Fisternis - ergänzt um den dritten Begriff "Dunkel" (*carapael*) - begeg-
    net noch in dem späten redaktionellen Zusatz Dtn 4,11bß sowie - auf zwei
    Aussagen verteilt - in Dtn 5,22+23, also jeweils im Kontext der Horeb-
    theophanie. Ist zwischen den angeführten Aussagen ein Zusammenhang anzu-
    nehmen, dann könnte die Funktion von Ex 14,2oaß gerade im Aufdecken einer
    größeren theologischen Perspektive zu sehen sein, um auf diese Weise ei-
    nen umfassenden Bezugsrahmen zwischen Schöpfung, Befreiung aus Ägypten
    (Meerwunder) und Offenbarung am Sinai herzustellen.

73 Für Ex 14,2oaß besteht weder ein Zusammenhang zu Ex 14,2oaα (fehlender
    Anschluß) noch zu Ex 14,2oaγ (das Subjekt zu *wajja'aer* ist nicht aus Ex
    14,2oaß zu ergänzen). Da die Aussage von Ex 14,2oaß sowohl gegenüber der
    der älteren Textschicht in Ex 14,19+2o zuzurechnenden Aussage Ex 14,2oaγb
    als auch gegenüber der auf die jüngere Textebene zurückgehenden Aussage
    Ex 14,2oaα zu isolieren ist, muß in Ex 14,2oaß noch ein jüngeres Textele-
    ment gesehen werden.

cher literarischer Zusammenhang bestehen [75]. Ihren unmittelbaren Bezugspunkt hat die Antwort des Mose nicht in der Klage der Israel-Söhne, sondern in der knappen Erzählnotiz "und sie fürchteten sich sehr" in Ex 14,1obα, was durch die darauf Bezug nehmende Aufforderung "fürchtet euch nicht" in Ex 14,13aα angezeigt ist. Das deutet auf einen engen literarischen Zusammenhang beider Aussagen hin, die so einmal unmittelbar aufeinander gefolgt sein werden. Die Klage der Israel-Söhne in Ex 14,11+12 ist demnach als ein redaktioneller Einschub in den durch Ex 14,1obα* und 13+14 gebildeten ursprünglichen Erzählzusammenhang zu verstehen [76].

Doch sind weder die Klage der Israel-Söhne in Ex 14,11+12 noch die Antwort des Mose in Ex 14,13+14 in sich einheitlich. Nicht ganz stimmig ist zunächst die Gedankenführung von Ex 14,11+12 [77]. In Ex 14,11a* und 12 wird jeweils die gleiche Thematik angesprochen (Gegenüberstellung von Ägypten und Tod in der Wüste), ohne daß aber diese beiden Aussagen literarisch gegeneinander abgegrenzt werden könnten [78]. Davon abgehoben ist die vorwurfsvolle Frage

---

74 Darauf haben u.a. hingewiesen A. JÜLICHER, JpTh 8 (1882) 122; B. BAENTSCH 124; R. SMEND, Hexateuch 141; C.A. SIMPSON, Early Traditions 183; M. NOTH 83; W. FUSS, BZAW 126, 3o7f.

75 Vorsichtig äußern sich dazu A. JÜLICHER und B. BAENTSCH, während die übrigen in Anm. 74 genannten Autoren eine literarkritische Isolierung von Ex 14,11+12 und 13+14 gegeneinander favorisieren; vgl. außerdem G. FOHRER, BZAW 91, 99.1o1.1o7.124; G. TE STROETE 99; D. MICHEL, Israels Glaube 4of.44; E. ZENGER 144; E. OTTO, ZAW 94 (1982) 194f Anm. 14.

76 Meist werden die gegeneinander isolierten Aussagen von Ex 14,11+12 und 13+14 als Elemente zweier Quellen interpretiert, die dabei unterschiedlich bestimmt werden: Ex 14,11+12 E // 13+14 J (so M. NOTH 83f; G. TE STROETE 99; D. MICHEL, Israels Glaube 4of.44; J. SCHARBERT, Schilfmeerwunder 397.398 Anm. 5), Ex 14,11+12 N // 13+14 J (so G. FOHRER, BZAW 91, 1o1.1o4.1o7), Ex 14,11+12 P // 13+14 J (so K. VON RABENAU, Schilfmeerwunder 19f). Zuweilen wird aber auch Ex 14,11+12 als redaktionelle Bearbeitung eines vorgegebenen Erzählzusammenhangs verstanden, vgl. A. JÜLICHER, JpTh 8 (1882) 122; C.A. SIMPSON, Early Traditions 183; E. ZENGER 144; E. OTTO, ZAW 94 (1982) 194f Anm. 19. Die von E. MEYER, Israeliten 22 Anm. 2 und - im Anschluß daran - von H. GRESSMANN, FRLANT 18, 1o9 mit der Begründung mangelnden Bezuges zur aktuellen Notsituation vorgenommene Ausgrenzung des ganzen Textabschnittes Ex 14,11-14 ist allein schon wegen der Spannung zwischen Ex 14,11+12 und 13+14 nicht wahrscheinlich (zur Kritik vgl. schon W. RUDOLPH, BZAW 68, 29f).

77 Im allgemeinen wird Ex 14,11+12 zwar für literarisch einheitlich gehalten, vereinzelt wird aber auch auf literarische Unstimmigkeiten innerhalb von Ex 14,11+12 abgehoben. In diesem Fall wird meist unterschieden zwischen Ex 14,11a einerseits und Ex 14,11b+12 andererseits (vgl. etwa R. SMEND, Hexateuch 141; O. EISSFELDT, HS 136*; G. BEER 74.76). H. SCHMID, BZAW 11o, 52f mit Anm. 15.17 hebt innerhalb von Ex 14,11+12 drei Textelemente (Ex 14,11a, 11b und 12) gegeneinander ab.

in Ex 14,11b. Steht in Ex 14,11a[*] und 12 das Thema des Todes in der Wüste, womit die beiden Aussagen jeweils abgeschlossen werden, im Vordergrund, so wird in Ex 14,11b der durch Mose bewerkstelligte Exodus aus Ägypten in Frage gestellt. Die zwischen Ex 14,11a[*] und 12 einerseits und Ex 14,11b andererseits zu beobachtende Akzentverlagerung kann durchaus im Sinne unterschiedlicher literarischer Herkunft interpretiert werden. Da Ex 14,11a[*] und 12 nicht unmittelbar aufeinander gefolgt sein können, sind beide Aussagen wahrscheinlich als redaktionelle Erweiterungen des in der Tradition vorgegebenen Vorwurfs gegen Mose in Ex 14,11b (einschließlich der zugehörigen Redeeinleitung in Ex 14,11aα[*]) zu verstehen. Diese Vermutung läßt sich durch eine doppelte Beobachtung absichern. Zum einen entspricht die vorwurfsvolle Frage in Ex 14,11b der entsprechenden Frage in Ex 14,5b, wobei in beiden Fällen überdies die Befreiung aus Ägypten das angefragte Thema ist [79]. Das läßt für Ex 14,11b an eine Herkunft von der gleichen Hand wie Ex 14,5b denken. Zum anderen berühren sich die als redaktionelle Elemente erkannten Aussagen in Ex 14,11a[*] und 12 thematisch eng mit Ex 13,17aβb+18 (Rückkehr nach Ägypten und Betonung der Wüste), was gleichfalls die Vermutung eines auch literarischen Zusammenhangs nahelegt [80]. Dann dürfte Ex 14,11aα[*] (nur "und sie sprachen zu Mose") und 11b mit der durch Ex 14,5b repräsentierten Redaktionsschicht zu verbinden sein, während Ex 14,11a[*] und 12 als Elemente der für die Komposition der Meerwundererzählung in ihrer vorliegenden Form verantwortlichen Redaktionsschicht anzusehen sind.

Obgleich die der Antwort des Mose in Ex 14,13+14 vorgeschaltete Klage der Israel-Söhne in Ex 14,11+12 mit dieser in keinem ursprünglichen Zusammenhang steht, hat sie aber andererseits doch Auswirkungen auf die nachfolgende Moserede gehabt. Den betonten Aussagen über Ägypten in Ex 14,11a[*] und 12 entspricht die im Zentrum der Moserede stehende Aussage in Ex 14,13aβb, die gleichfalls Ägypten in den Blickpunkt des Interesses rückt [81]. Darin tritt

---

78 Die Parallelität der Aussagen in Ex 14,11a* und 12 zwingt nicht notwendigerweise dazu, diese beiden Aussagen gegeneinander zu isolieren und sie auf verschiedene Hände zurückzuführen (vgl. die in Anm. 77 genannten Autoren). Wegen des thematischen Zusammenhangs zwischen Ex 14,11a* und 12 liegt die Annahme eines auch literarischen Zusammenhangs nahe, wobei die beiden Aussagen Ex 14,11a* und 12 als um Ex 14,11b redaktionell gelegte Rahmenaussagen zu verstehen sind. In der vorliegenden Form zeigt die Klage der Israel-Söhne in Ex 14,11+12 einen chiastischen Aufbau (Ex 14,11a / 11b // 12a / 12b), wobei in den Rahmenaussagen jeweils die (idealisierte) Situation in Ägypten und der Tod in der Wüste einander kontrastierend gegenübergestellt werden, während die im Zentrum stehenden Aussagen das Thema der Herausführung aus Ägypten akzentuieren.

79 Auf diesen Zusammenhang hat ausdrücklich auch G. BEER 74 hingewiesen.

80 Vgl. vor allem auch W. FUSS, BZAW 126, 3o6.

Ex 14,13aßb aber in Spannung zu den Rahmenaussagen in Ex 14,13aα und 14, für die das Gegenüber des Verhaltens der Israel-Söhne und des Handelns Jahwes bestimmend ist. Aber auch literarisch ist Ex 14,13aßb nur locker in den Zusammenhang der Moserede eingebunden [82]. Durch Ex 14,13aß wird der unmittelbare thematische Zusammenhang zwischen Ex 14,13aα und 14a ("Hilfe Jahwes" (nominal) und "Jahwe wird für euch kämpfen" (verbal)) auseinandergerissen. Zudem fehlt der Ansage von Ex 14,14 aufgrund von Ex 14,13aßb gerade der Bezugspunkt, was um so mehr gilt, als Ex 14,13aßb thematisch einen ganz anderen Akzent setzt. Zwar sind auch hier die Israel-Söhne angeredet. Thema ist aber nicht die Hilfe Jahwes für die Israel-Söhne, sondern vielmehr das Schicksal der Ägypter aus der Perspektive der Israel-Söhne (vgl. nur die zweimalige betonte Einführung des Verbums "sehen"). Die die Aussage von Ex 14,13b beherrschende Antithetik von "heute" und "auf Ewigkeit" wird literarisch durch den Relativsatz Ex 14,13aß vermittelt, der die Hilfe Jahwes als "heute" geschehend expliziert. Wahrscheinlich ist demnach Ex 14,13aßb innerhalb der Moserede Ex 14,13+14 als ein redaktionelles Textelement zu verstehen. In der starken Akzentuierung der Ägypter berührt es sich thematisch eng mit den in Ex 14,11+12 gleichfalls als redaktionell zu beurteilenden Aussagen Ex 14,11a[*] und 12, was die Annahme eines auch literarischen Zusammenhangs nahelegt.

In Ex 14,11-14 sind somit die Aussagen von Ex 14,11a[*] (ohne "und sie sprachen zu Mose"), 12 und 13aßb als miteinander zusammenhängende redaktionelle Textelemente zu verstehen, die auf den Verfasser der Meerwundererzählung zurückgehen werden. Einer älteren Redaktionsschicht ist die Klage der Israel-Söhne in ihrer ursprünglichen Gestalt (Ex 14,11aα[*] und 11b) zuzurechnen, wobei als Hinweis auf die literarische Herkunft die Verbindung mit Ex 14,5b anzusehen ist. Ältester Textbestand in Ex 14,11-14 ist der Grundbestand der Moserede in Ex 14,13aα+14, der sich literarisch unmittelbar an die Notiz "und sie fürchteten sich sehr" in Ex 14,10bα angeschlossen hat. Diese steht im vorliegenden Textzusammenhang in Verbindung mit der Aussage von dem für die Israel-Söhne überraschenden Gewahrwerden, daß Ägypten hinter ihnen herzieht, so daß die Furcht der Israel-Söhne als Folge der überraschenden Feststellung des Nachsetzens der Ägypter erscheint. Ob dieser Zusammenhang jedoch als ursprünglich anzusehen ist, erscheint durchaus zweifelhaft, wenn Ex 14,10bα nicht isoliert in sich betrachtet, sondern zugleich das Problem

---

81 Das wird auch von W. FUSS, BZAW 126, 3o8 betont.

82 Für einen redaktionellen Einschub von Ex 14,13aßb in Ex 14,13+14 plädieren auch W. FUSS, BZAW 126, 3o8 und E. ZENGER 144.

des rückwärtigen Anschlusses mitbedacht wird, wobei als solcher aufgrund der bisherigen Analyse nur Ex 14,9aα in Frage kommt. Die Aussagen von Ex 14,9aα und 1obα sind nun aber als miteinander konkurrierende und zugleich zueinander in Spannung stehende Aussagen zu verstehen [83]. Während Ex 14,9aα schon konstatiert, daß die Ägypter die Israel-Söhne eingeholt haben, werden die Israel-Söhne nach Ex 14,1obα erst gewahr, daß Ägypten hinter ihnen herzieht [84]. Die so zwischen diesen beiden Aussagen bestehende Spannung wird noch insofern verschärft, als in Ex 14,1obα *misrājim* singularisch (Ägypten) und nicht wie in Ex 14,9aα pluralisch (Ägypter) verstanden ist [85]. Aufgrund dieser Spannung ist zu vermuten, daß sich die für Ex 14,13aα+14 als rückwärtiger Anschluß geforderte Notiz "und sie fürchteten sich sehr" in Ex 14,1obα einmal unmittelbar an Ex 14,9aα angeschlossen hat, während die für die Israel-Söhne überraschende Feststellung des Nachsetzens Ägyptens in Ex 14,1obα am ehesten als ein redaktionelles Textelement zu verstehen ist [86].

Eine gewisse Spannung besteht sodann in Ex 14,1o-18 noch zwischen der Notiz vom Schreien der Israeliten in Ex 14,1obß und der an Mose gerichteten Frage "was schreist du zu mir?" in Ex 14,15aß. Läßt schon die hinsichtlich des Subjekts der Aussage bestehende Diskrepanz zwischen Ex 14,1obß und 15aß vermuten, daß für beide Aussagen kein unmittelbarer literarischer Zusammenhang anzunehmen ist, so wird dies noch durch die Beobachtung verschärft, daß die an Mose gerichtete Frage in Ex 14,15aß den Zusammenhang von Redeeinleitung und Auftrag zur Redeübermittlung an Mose unterbricht (vgl. dazu die Parallel-

---

83 Die zwischen Ex 14,9aα und 1obα bestehende Spannung wird, wenn sie überhaupt als eine solche gewertet wird, meist so aufgelöst, daß Ex 14,9aα als priesterschriftliches Erzählelement verstanden wird.

84 Die Annahme einer Spannung zwischen Ex 14,9aα und 1obα läßt sich nur dann umgehen, wenn der zweite Stichos in Ex 14,9aα *wajjaśśigû 'ōtam honîm ᶜal-hajjam* vom ersten Stichos *wajjirdᵉpû misrājim 'aḥᵃrêhaem* abzutrennen und mit Ex 14,9aßb zu verbinden ist. Doch bliebe auch dann der Wechsel vom pluralischen (Ex 14,9aα) zum singularischen Gebrauch von *misrājim* (Ex 14,1obα) zu erklären.

85 Wenn auf den singularischen Gebrauch von *misrājim* in Ex 14,1obα hingewiesen wird, dann wird dieser meist als Hinweis auf eine Zugehörigkeit von Ex 14,1obα zu J gewertet (vgl. nur H. HOLZINGER 44 und B. BAENTSCH 123). Als Erklärung für die auffällige singularische Konstruktion von *misrājim* nicht hinreichend ist ein Verständnis im Sinne eines auf diese Weise bewirkten erzählerischen Steigerungseffektes anzusehen (vgl. B. JACOB 574f).

86 In Ex 14,1obα ist somit nur *wajjîrᵉ'û mᵉ'od* als unmittelbare Reaktion auf den in Ex 14,9aα konstatierten Sachverhalt anzusehen. Dieser Zusammenhang ist durch die vorgeschaltete Aussage in Ex 14,1obα aufgebrochen worden. Da dieser redaktionelle Einschub weder Ex 14,9aßb noch 1oa voraussetzt, ist darin ein Zusatz zum noch isoliert überlieferten vorpriesterschriftlichen Erzählfaden zu sehen.

aussage in Ex 14,1+2a) [87]. Die lockere, nicht ganz spannungsfreie Einbindung von Ex 14,15aß in den Rahmen der Jahwerede Ex 14,15-18* läßt darin einen redaktionellen Zusatz sehen, der allem Anschein nach durch die Erzählnotiz Ex 14,1obß ausgelöst, thematisch dagegen am ehesten mit Ex 14,11+12 zu verbinden ist [88].

(3) Eine dritte Beobachtungsreihe erstreckt sich auf den Abschnitt Ex 14,21-31, der auch nach Ausgrenzung der priesterschriftlichen Textbestandteile (Ex 14,21aαb.22.23*.26*.27aα.28.29) keineswegs als ein literarisch in sich geschlossener Erzählzusammenhang verstanden werden kann. Als Ansatzpunkt für eine Analyse können dabei die beiden Verse Ex 14,24+25 dienen. Mehrere Aussagen, die ursprünglich nicht zusammengehören, sind hier miteinander verbunden. Gegeneinander abzugrenzen sind zunächst die Aussagen Ex 14,25a und 25b [89]. Neben der inhaltlichen Spannung (Abspringenlassen der Räder der Wagen - Entschluß zur Flucht) ist in Ex 14,25b die singularische Einführung von Ägypten ("und Ägypten sprach: Ich will fliehen ...") zu beachten, wodurch der Halbvers nicht nur zu Ex 14,25a, sondern auch zu Ex 14,24 in Spannung steht [9o]. Zu prüfen bleibt sodann das Verhältnis der Aussagen von Ex 14,25a und 24b zueinander. Auch wenn es sich hierbei in gewisser Hinsicht um konkurrierende Aussagen handelt, können sie nicht einfach gegeneinander isoliert werden [91]. Gerade der Gebrauch der singularischen Suffixe in Ex

---

87 Diese Beobachtung gewinnt - im Zusammenhang mit der Spannung zu Ex 14,
    1obß - um so mehr an Gewicht, wenn die strenge Korrespondenz der beiden Jahwereden Ex 14,1-2a+4a und 15-18* beachtet wird (vgl. dazu Kap. VIII).

88 Auf einen solchen Zusammenhang von "Schreien" (Ex 14,15aß, vgl. auch 1obß) und "Murren" (Ex 14,11+12) hat m.E. zu Recht K. VON RABENAU, Schilfmeerwunder 1of.14 hingewiesen, wenn auch seine These, daß Ex 14, 1obß.11+12.15aß Bestandteile eines geschlossenen priesterschriftlichen Erzählfadens sind, nicht das Richtige trifft.

89 Die Abgrenzung von Ex 14,25a und 25b gegeneinander wird weithin vorgenommen, wobei die beiden Halbverse meist auf verschiedene Quellen aufgeteilt werden: E // J (vgl. nur B.W. BACON, Triple Tradition 78; A. DILLMANN 166; B. BAENTSCH 126); J^1 // J^2 (so R. SMEND, Hexateuch 142; G. BEER 74f.78), L // J (O. EISSFELDT, HS 137*), N // J (G. FOHRER, BZAW 91, 1of.1o7.124; vgl. auch H. SCHMID, BZAW 11o, 52 Anm. 14.15). Nur vereinzelt wird Ex 14,25a als redaktioneller Zusatz verstanden (so G.J. BOTTERWECK, BiLe 8, 1967, 11).

9o Mit der Abgrenzung der beiden Vershälften in Ex 14,25 gegeneinander (vgl. Anm. 89) ist meist auch die These verbunden, daß Ex 14,25b sich ursprünglich an Ex 14,24 angeschlossen hat, wobei gerade der singularische Gebrauch von *misrájim* in Ex 14,25b (vgl. dazu 14,1obα*) kaum Beachtung findet (vgl. in diesem Zusammenhang auch die entsprechende Beobachtung von H. GRESSMANN, FRLANT 18, 1o9 und SAT I/2, 52, die sich dort aber auf den ganzen Vers Ex 14,25 beziehen).

14,25a, die sich nur auf das in Ex 14,24 genannte "Lager der Ägypter" zurückbeziehen können, spricht für einen Zusammenhang von Ex 14,25a und 24b [92]. Aufgrund dieser Beobachtungen ergeben sich Folgerungen für die weitere Analyse.

Die Aussage von Ex 14,25a steht in Spannung nicht nur zu Ex 14,25b, sondern auch zu Ex 14,27aß [93]. Auf der anderen Seite kann Ex 14,27aß trotz des hier wie dort begegnenden Stichwortes "fliehen" aber auch nicht mit Ex 14,25b verbunden werden (vgl. den Wechsel im Gebrauch von *miṣrājim* (singularisch/pluralisch)) [94]. Sodann ist eine Spannung zwischen Ex 14,27aß und 27b zu konstatieren, insofern in beiden Aussagen jeweils eine andere Konzeption der Vernichtung der Ägypter greifbar wird (Vernichtung der fliehenden Ägypter durch das zurückflutende Meer Ex 14,27aß - Vernichtung durch Jahwe inmitten des Meeres Ex 14,27b) [95]. Wegen der starken Hervorhebung der Aktivität Jahwes ist für Ex 14,27b ein Zusammenhang mit Ex 14,24* und 25a wahrscheinlich [96]. Demgegenüber hängt die Aussage von Ex 14,27aß ("und das Meer kehrte gegen Morgen in sein Bett zurück") mit der korrespondierenden Aussage in Ex 14,21aß ("und Jahwe ließ das Meer durch einen starken Ostwind die ganze Nacht weggehen") zusammen. Mit Ex 14,21aß und 27aß steht sodann noch die einleitende Zeitbestimmung in Ex 14,24aα ("und es geschah zur Zeit der Morgenwache") in Verbindung, so daß diese drei Aussagen auch literarisch als zusam-

---

91 Zur literarkritischen Trennung von Ex 14,24 und 25 vgl. die Übersicht bei K. VON RABENAU, Schilfmeerwunder 11 Anm. 31. - Für einen Zusammenhang von Ex 14,24 und 25a plädieren etwa W. RUDOLPH, BZAW 68, 3of und P. WEIMAR - E. ZENGER, SBS 75, 66f, wobei die doppelgliedrige Aussage von Ex 14,25a die generelle Aussage von Ex 14,24* entfalten will.

92 Isoliert man Ex 14,25a gegenüber 14,24, dann stellt sich um so dringender das Problem, worauf sich die Suffixe in Ex 14,25a zurückbeziehen. Ein solcher rückwärtiger Bezug wäre allenfalls in Ex 14,2oaα zu sehen. Obschon eine Verbindung von Ex 14,25a mit 2oaα als solche nicht ganz ohne Schwierigkeiten ist, ist sie zudem allein schon deshalb auszuschließen, weil Ex 14,2oaα erst ein nach-priesterschriftlicher Zusatz ist (s.o.).

93 Wird nämlich in Ex 14,25a als Auswirkung des "Gottesschreckens" (Ex 14, 24) von einer Vernichtung des Kriegspotentials der Ägypter gesprochen, dann paßt zu einer solchen Aussage kaum die Aussage von der Flucht der Ägypter (vgl. auch H. GRESSMANN, FRLANT 18, 1o9f), zumal hinter beiden Aussagen möglicherweise auch eine andere geographische Konzeption steht.

94 Dies gilt vor allem dann, wenn Ex 14,25b und 27aß - Ex 14,26+27aα sind als Elemente des priesterschriftlichen Erzählfadens auszugrenzen - einmal unmittelbar aufeinander gefolgt sind.

95 Vgl. R. SMEND, Hexateuch 142 und G. BEER 74f.78 (J^2 // J^1), O. EISSFELDT, HS 137* (J // L), G. FOHRER, BZAW 91, 1oof.1o7.124 (J // N), außerdem H. SCHMID, BZAW 11o, 52 Anm. 14.15 (J // LN). - Für C.A. SIMPSON, Early Traditions 185f ist Ex 14,27b ein späterer Zusatz.

96 Vgl. schon P. WEIMAR - E. ZENGER, SBS 75, 23.66-68.

mengehörig angesehen werden müssen. Ebenso wie Ex 14,27aß ist auch Ex 14, 21aß nur locker in den Erzählzusammenhang eingebunden [97]. Auf der anderen Seite ist ein thematischer Zusammenhang zwischen Ex 14,24 ("und *Jahwe* blickte auf das *Lager der Ägypter*") und der programmatischen Jahwerede Ex 14,13aα+14 ("*Jahwe* wird für euch *kämpfen*") anzunehmen, was die Vermutung eines unmittelbaren Anschlusses von Ex 14,24 an Ex 14,14 nahelegt (Ausführung des dort angesagten Geschehens).

In den zwischen Ex 14,13aα+14 und 24+25a bestehenden Erzählzusammenhang ist Ex 14,21aß allem Anschein nach erst redaktionell eingebunden worden [98], was dann auch zur Einfügung der aus dem Textzusammenhang leicht herauslösbaren Zeitbestimmung in Ex 14,24aα geführt hat [99]. Der gleichen Bearbeitungsschicht ist auch die thematisch damit verbundene Aussage in Ex 14,27aß zuzurechnen. Für die literarische Zuordnung der sowohl gegenüber Ex 14,24* und 25a als auch gegenüber dem redaktionellen Zusatz in Ex 14,27aß zu isolierenden Aussage Ex 14,25b ergeben sich nur indirekte Hinweise. Im Rahmen von Ex 14,24+25a und 27aßb kommt der Rede Ägyptens in Ex 14,25b geradezu eine vermittelnde Funktion zu (Anknüpfung an die Thematik von Ex 14,24 durch die abschließende Begründung und Vorverweis auf Ex 14,27aß durch die einleitende Absichtserklärung). Auf der anderen Seite hat die nominale Umstandsangabe "als die Ägypter ihm gerade entgegenflohen" in Ex 14,27aß die Absichtserklärung in Ex 14,25b zu ihrer erzählerischen Voraussetzung, was die Annahme nahelegt, daß Ex 14,25b als ein Ex 14,27aß voraufliegender redaktioneller Zusatz anzusehen ist [100]. In Ex 14,24 fällt sodann die gegenüber Ex 14,25a

---

97 Die Verbindung von Ex 14,21aß mit 2oaγb (vgl. die Stichwortentsprechung mit Hilfe der Zeitangabe "die ganze Nacht") ist erst redaktionell hergestellt worden (Ex 14,2ob als redaktionelle Überleitung zur vorgegebenen Aussage von Ex 14,21aß, dazu s.o.). Aber auch zu Ex 14,14 und 24 steht Ex 14,21aß in keinem literarisch ursprünglichen Zusammenhang (vgl. nur das gegenüber diesen beiden Aussagen völlig unkriegerische Kolorit von Ex 14,21aß).

98 Die Annahme, daß es sich bei Ex 14,21aß um ein Element einer anderen Quellenschicht handelt, ist angesichts des fragmentarischen Charakters der Aussage wenig plausibel.

99 Vgl. auch E. ZENGER 145, der jedoch die Zeitbestimmung in Ex 14,24aα nicht der gleichen literarischen Schicht wie Ex 14,21aß (J) zurechnet, sondern darin ein jüngeres redaktionelles Element (Je) sieht.

1oo Da Ex 14,25b einerseits sowohl gegenüber Ex 14,24*+25a, womit Ex 14,14 weitergeführt ist, als auch gegenüber Ex 14,27aß zu isolieren ist, und da Ex 14,25b andererseits von Ex 14,27aß vorausgesetzt ist, kann der Halbvers weder dem Grundbestand der vor-priesterschriftlichen Meerwundererzählung zugerechnet werden, noch Bestandteil der durch Ex 14,27aß repräsentierten Redaktionsschicht sein, sondern muß vielmehr dazwischen angesiedelt werden.

und 27b merkwürdig vermittelte Art des Eingreifens Jahwes aufgrund der beigefügten Näherbestimmung "in einer Feuer- und Wolkensäule" auf, die am ehesten mit den entsprechenden Angaben in Ex 13,21a+22 und 14,19b+2oaγb zu verbinden ist, so daß darin an der vorliegenden Stelle ein redaktioneller Zusatz zu sehen ist [1o1]. Die zwischen zwei priesterschriftlichen Aussagen (Ex 14,28a und 29) isoliert dastehende Notiz in Ex 14,28b ist am ehesten mit Ex 14,27b zu verbinden, zumal auch dieser Halbvers eine Nachricht, die den Erfolg des Eingreifens Jahwes konstatiert, erwarten läßt [1o2].

Auch an Ex 14,3o+31 sind mehrere Hände beteiligt [1o3]. Als Parallelaussagen gegeneinander abzugrenzen sind Ex 14,3ob und 31aα, die jeweils mit "und es sah Israel" eröffnet werden [1o4]. Wegen der wörtlichen Übereinstimmung der beiden Satzeingänge ist nicht so sehr an zwei voneinander unabhängige Parallel-

---

1o1 Die Näherbestimmung *b^{ec}ammûd 'eš w^{ec}anan* in Ex 14,24aγ, die unzweifelhaft mit Ex 13,21a+22 und 14,19b+2oaγb zusammenhängt und schon von daher einer jüngeren Redaktionsschicht im Rahmen des vor-priesterschriftlichen Erzählfadens zugerechnet werden muß, läßt sich aus Ex 14,24 unschwer als literarisch sekundäres Element ausgrenzen. Die Ausgrenzung von Ex 14,24aγ kann durch eine stilistische Beobachtung unterstrichen werden, insofern unter dieser Voraussetzung die beiden als literarischer Grundbestand anzusehenden, parallel zueinander gefügten Aussagen von Ex 14,24aß und 24b jeweils mit der Wortverbindung *mah^{a}nē misrajim* enden.

1o2 Die beliebte Zuweisung von Ex 14,28b an J (vgl. die Übersicht bei K. VON RABENAU, Schilfmeerwunder 15 Anm. 51) ist nicht unbestritten. Öfters wird Ex 14,28b mit dem unmittelbar vorangehenden Halbvers Ex 14,28a verbunden und aufgrunddessen P^g zugerechnet (vgl. A.H. McNEILE 87; S.R. DRIVER 121; G. TE STROETE 99.1o9; B.S. CHILDS 22o; K. VON RABENAU, Schilfmeerwunder 15 Anm. 51; H.-Chr. SCHMITT, Meerwundererzählung 145 Anm. 33). Gegen eine Zuweisung von Ex 14,28b an P^g spricht vor allem auch die Beobachtung, daß Ex 14,28a und 29 kompositionskritisch wie stilistisch deutlich auf Ex 14,22 und 23* zurückgreifen, sowie die Tatsache, daß für die Aussage von Ex 14,28b ein Zusammenhang mit der Jahwekriegsvorstellung anzunehmen ist (vgl. dazu Kap. IV).

1o3 Häufig werden Ex 14,3o und 31 von verschiedenen Händen hergeleitet. Während B.W. BACON, Triple Tradition 78 die beiden Verse auf J und E verteilt, wird sonst im allgemeinen mit redaktioneller Nachbearbeitung der jahwistischen Aussage Ex 14,3o durch einen Späteren gerechnet, wobei die Redaktion im einzelnen unterschiedlich bezeichnet wird (J^s F. STOLZ, AThANT 6o, 94.96; R^d A.H. McNEILE 88; B. BAENTSCH 127f (R^d?); C.A. SIMPSON, Early Traditions 186; R H. GRESSMANN, FRLANT 18, 111 und SAT I/2, 52; vgl. auch W. RUDOLPH, BZAW 68, 31: "v.31 könnte Zusatz sein").

1o4 Auf die verwandte Eröffnung von Ex 14,3o und 31a macht vor allem auch B. W. BACON, Triple Tradition 78 aufmerksam. - Gegeneinander isoliert werden beide Aussagen auch von R. SMEND, Hexateuch 143 und G. BEER 75.78 J^2 // J^1; O. EISSFELDT, HS 137* J // L; K. VON RABENAU, Schilfmeerwunder 21 P // J; H. SCHMID, BZAW 11o, 52 Anm. 14.15 J // LN; E. ZENGER 146 Je // R.

überlieferungen zu denken, sondern vielmehr an redaktionelle Bearbeitungsvorgänge [105]. Da Ex 14,31aα an Ex 14,13aßb erinnert ("*sehen* " (Israel) + "Rettung Jahwes" / "große Hand" + Relativsatz ("*die Jahwe tun wird / getan hat*")), wird Ex 14,31aα auf die gleiche Hand wie Ex 14,13aßb zurückgehen [106]. Dagegen ist für Ex 14,3ob, der vom Vorstellungshintergrund her durchaus in Verbindung mit Ex 14,27aß stehen könnte, wegen des singularischen Verständnisses von Ägypten am ehesten ein Zusammenhang mit der Fluchtaufforderung in Ex 14,25b zu vermuten [107]. Von den beiden Aussagen Ex 14,3ob und 31aα ist sodann Ex 14, 3oa abzugrenzen. Während in Ex 14,3ob und 31aα jeweils das Geschehen an den Ägyptern aus der Perspektive Israels gedeutet wird, ist in Ex 14,3oa - durchaus konkurrierend dazu - das Errettungshandeln Jahwes an Israel im Blick [108]. Von ihrer Funktion als Zusammenfassung des vorangehend erzählten Geschehens sind die drei Aussagen in Ex 14,3oa, 3ob und 31aα gleich zu beurteilen, so daß in ihnen geradezu ein dreifacher Erzählabschluß gesehen werden kann.

Die Isolierung von Ex 14,3oa gegenüber den beiden Aussagen in Ex 14,3ob und 31aα läßt sich noch durch eine andere Beobachtung wahrscheinlich machen. Weder Ex 14,3ob noch 31aα können als zur Feststellung des Rettungshandelns Jahwes an Israel korrespondierende Reaktionen Israels verstanden werden. Diese folgt erst in Ex 14,31aßb, so daß zwischen diesen beiden Aussagen ein Zusammenhang zu vermuten ist. Für die Abtrennung von Ex 14,31aß gegenüber Ex 14, 3ob und 31aα spricht nicht zuletzt auch der Subjektwechsel (Israel / Volk) [109]. Ein entsprechender Wechsel zwischen "Israel" (Objekt) und "Volk" (Subjekt) ist zwar auch zwischen Ex 14,3oa und 31aß zu konstatieren, zwingt hier aber nicht notwendigerweise zu einer Abtrennung beider Aussagen voneinander, da dieser Wechsel durchaus durch den konkreten Erzählzusammenhang hervorgerufen sein dürfte. So verlangt das Gegenüber der Aussagen in Ex 14,27b+28b und 3oa geradezu nach einer expliziten Nennung Israels, wohingegen der in Ex 14,31aß dafür eintretende Begriff "Volk" durch die entsprechenden Angaben in Ex 14,5a und 13aα hervorgerufen sein könnte.

1o5 Vgl. R. SMEND, Entstehung 66: "Die Auszugsgeschichte schließt in Ex 14,31 mit einem redaktionellen Resümee, das in den Anfangsworten 'Israel sah' den J-Schlußsatz v.3ob aufnimmt."

1o6 Vgl. auch E. ZENGER 146.

1o7 Auf das Befremdliche des singularischen Verständnisses von *miṣrajim* in Ex 14,3ob hat vor allem W. FUSS, BZAW 126, 325 hingewiesen.

1o8 Vgl. auch E. ZENGER 146, der Ex 14,3oa J und 3ob Je zurechnet.

1o9 Vgl. auch H. HOLZINGER 44, K. VON RABENAU, Schilfmeerwunder 21 und H. SCHMID, BZAW 11o, 52 Anm. 14.15.

Als eine Parallelaussage zu Ex 14,31aß ist Ex 14,31b zu verstehen und so für sich zu stellen [110]. Als Objekt des Vertrauens wird dabei neben Jahwe auffälligerweise noch "Mose, sein Knecht" genannt. Ob die Nennung von Mose neben Jahwe demgegenüber möglicherweise redaktionell ist, läßt sich auf dieser Ebene nicht mit Sicherheit entscheiden [111]. In Ex 14,3oa ist als redaktioneller Zusatz sodann noch die Zeitbestimmung "an jenem Tage" (*bajjôm hāhû'*) anzusehen, die allem Anschein nach mit der Zeitangabe "heute" (*hajjôm*) in Ex 14,13aßb zusammenhängt und diese aufnimmt [112]. Insgesamt erweisen sich die beiden Schlußverse Ex 14,3o+31 eng mit der Moserede in Ex 14,13+14 verbunden. So werden in Ex 14,3oa[*] und 31aß die entscheidenden Stichworte aus Ex 14,13aα+ 14 aufgenommen ("Rettung Jahwes" - "und Jahwe rettete" sowie "fürchtet euch nicht!" - "und das Volk fürchtete Jahwe"). Ebenso knüpfen die redaktionellen Zusätze in Ex 14,3oa[*] (nur "an jenem Tag") und 31aα an Ex 14,13+14 an, bezeichnenderweise jedoch an den redaktionellen Zusatz in Ex 14,13aßb. Die Nennung von Mose als Knecht Jahwes neben Jahwe selbst in Ex 14,31 knüpft zwar nicht an Ex 14,13+14, jedoch an die voraufgehende Klage der Israel-Söhne in Ex 14,11[*] an.

3. Entstehungsgeschichtliche Hypothese der Meerwundererzählung

Die vielen Einzelbeobachtungen zur Entstehungsgeschichte der Meerwundererzählung sind zu einer entstehungsgeschichtlichen Hypothese zu verbinden. Erste Hinweise dazu haben sich schon bei der Analyse der Meerwundererzählung selbst ergeben. Ausgangspunkt für eine Rekonstruktion der Entstehungsgeschichte der Meerwundererzählung kann dabei nur das Nebeneinander zweier durchlaufender, voneinander unabhängiger Erzählfäden sein, von denen der eine als "priesterschriftlich", der andere aber generell als "nicht-priesterschrift-

---

110 Vgl. etwa R. SMEND, Hexateuch 143 und G. BEER 78 J[1] // J[2]; O. EISSFELDT, HS 137* L // J; G. FOHRER, BZAW 91, 1oof.1o7.124 J // N; K. VON RABENAU, Schilfmeerwunder 21 P // J; E. ZENGER 146 J // Je.

111 Da eindeutige literarkritische Kriterien fehlen, ist eine Entscheidung nur aufgrund anderer Kriterien möglich (dazu vgl. näherhin Kap. VI Anm. 7).

112 Für eine Ausgrenzung von *bajjôm hāhû'* in Ex 14,3oa lassen sich von der Analyse des Halbverses Ex 14,3oa allein her keine entscheidenden Argumente gewinnen. Wird aber beachtet, daß die Zeitbestimmung *bajjôm hāhû'* wahrscheinlich in Verbindung mit Ex 14,13aßb zu sehen ist, dann dürfte, da der ganze Halbvers Ex 14,3oa selbst nicht als jüngerer redaktioneller Einschub verstanden werden kann, wegen des so bestehenden Zusammenhangs mit Ex 14,13aßb in *bajjôm hāhû'* ein redaktioneller Einschub zu sehen sein. Diese Annahme liegt um so näher, als in Ex 14,31aα eine weitere Aussage vorliegt, die in Verbindung mit Ex 14,13aßb steht.

lich" zu kennzeichnen ist. Der nicht-priesterschriftliche Erzählfaden nötigt dabei zu weiteren Differenzierungen. Diese stellen jedoch keineswegs die grundlegende Annahme von zwei gegeneinander abgehobenen Erzählfäden innerhalb der Meerwundererzählung in Frage. Vielmehr führen sie zu der Erkenntnis, daß der nicht-priesterschriftliche Erzählfaden selbst nicht aus mehreren, ursprünglich einmal selbständigen Erzählungen zusammengesetzt ist, sondern daß er im Sinne mehrfacher redaktioneller Bearbeitung eines vorgegebenen Erzählzusammenhangs sukzessiv zum vorliegenden Textzusammenhang angewachsen ist [113]. Gerade am nicht-priesterschriftlichen Erzählfaden muß die Entwicklung einer entstehungsgeschichtlichen Hypothese ansetzen. Als konkrete Ansatzpunkte für eine entstehungsgeschichtliche Hypothese der Meerwundererzählung sind die im Text greifbar werdenden Textanfänge anzusehen. Unabhängig vom priesterschriftlichen Erzählfaden werden im Text der Meerwundererzählung drei verschiedene Textanfänge greifbar (Ex 13,17, 2o und 14,5a), die allem Anschein nach unterschiedliche Phasen der Entstehung der Meerwundererzählung repräsentieren.

Als *Beginn der ältesten Fassung der Meerwundererzählung* ist Ex 14,5a anzusprechen. Eine für die Darstellung des weiteren Geschehens wichtige erzählerische Voraussetzung wird in der Einleitung selbst nachgetragen; weitergehende Voraussetzungen sind nicht notwendig. Die in der Erzähleinleitung begegnende Bezeichnung "Volk" im Blick auf Israel findet sich innerhalb der Meerwundererzählung sonst noch in Ex 13,17aα, 14,5b, 13aα und 31aß. Während Ex 13,17aα aufgrund des Zusammenhangs mit Ex 14,5b als eine gegenüber Ex 14,5a redaktionelle Bildung zu verstehen ist, liegt für Ex 14,13aα - einschließlich der damit zusammenhängenden Aussage von Ex 14,14 - und der erzählenden Notiz in Ex 14,31aß durchaus ein Zusammenhang mit Ex 14,5a nahe, da sie im jeweiligen Zusammenhang zu den ältesten Textelementen gehören. Untereinander sind die beiden zuletzt genannten Belege überdies durch das Stichwort "fürchten" miteinander verbunden. Damit ist aber zugleich der Rahmen für eine Rekonstruktion der ältesten Fassung der Meerwundererzählung abgesteckt. Die Moserede in Ex 14,13aα+ 14 schließt unmittelbar an die knappe erzählerische Notiz "und sie fürchteten sich sehr" in Ex 14,1obα[*] an. Diese kann ihrerseits nicht unmittelbar an Ex 14,5a angeschlossen gewesen sein. Vielmehr verlangt sie eine entsprechende No-

---

113 Von daher sind zunächst grundsätzlich alle Hypothesen als berechtigt anzusehen, die von einer Aufteilung der Meerwundererzählung in zwei Quellenschichten (Erzählfäden) ausgehen. Die innerhalb der beiden Erzählfäden zu beobachtenden Unstimmigkeiten sind nicht als Elemente weiterer selbständiger Erzählfäden anzusehen, was allein schon der stark fragmentarische Charakter ausschließt, sondern können nur als Hinweis auf redaktionelle Bearbeitungsvorgänge interpretiert werden.

tiz, die einerseits den Grund der Furcht der Israel-Söhne erklärt und anderererseits eine zur Nachricht Ex 14,5a korrespondierende Reaktion der Ägypter
enthält. Als solche ist Ex 14,9aα anzusehen. Hier wird zugleich auch der erzählerische Hintergrund des weiteren Geschehens (Meer) eingeführt. Mit der
Moserede in Ex 14,13aα+14 ("Rettung Jahwes") ist sodann durch Stichwortverknüpfung die in Ex 14,3oa* stehende zusammenfassende Aussage ("und Jahwe
rettete") verbunden. Zwischen der das Handeln Jahwes ansagenden Rede des Mose
in Ex 14,13aα+14 und der die Einlösung des dort angesagten Geschehens konstatierenden Notiz Ex 14,3oa*+31aß muß die "Rettung Israels" erzählerisch entfaltet sein. Die erzählerischen Vorgaben (Ausschließlichkeit des Handelns Jahwes
ohne Beteiligung des Volkes sowie die Charakterisierung des Eingreifens Jahwes als "Kampf") sind in der das Geschehen deutenden und darauf vorblickenden
Moserede Ex 14,13aα+14 selbst genannt. Diese Bedingungen erfüllen präzis die
aus ihrem jeweiligen Textzusammenhang zu isolierenden Aussagen in Ex 14,24aßb,
25a, 27b und 28b, die zudem untereinander einen geschlossenen Erzählzusammenhang bilden [114]. Somit sind der ältesten Fassung der Meerwundererzählung Ex
14,5a.9aα.1oba* (nur "und sie fürchteten sich sehr").13aα.14.24aßb.25a.27b.
28b.3oa* (ohne "an jenem Tag").31aß zuzurechnen.

Eine mit Ex 14,5a konkurrierende Erzähleröffnung liegt in Ex 13,17aα vor.
Aufgrund des Stichwortzusammenhangs von Ex 13,17aα mit Ex 14,5b ("entlassen")
ist darin der *Beginn einer jüngeren Fassung der Meerwundererzählung* zu sehen,
die dabei näherhin als Produkt einer redaktionellen Bearbeitung der ältesten
Fassung der Geschichte zu charakterisieren ist. Da nun Ex 13,17aα und 14,5b
sowie die damit zu verbindende Aussage von Ex 14,6 nicht unmittelbar aufeinander
gefolgt sein können, bedürfen sie einer erzählerischen Vermittlung, die durch
Ex 13,19 hergestellt wird. Die damit dieser Erzählschicht zuzurechnenden Aussagen Ex 13,17aα, 19 und 14,5b+6 lassen schon erste Rückschlüsse auf das Profil
der vorliegenden Fassung der Meerwundererzählung zu. Durch die Neufassung gewinnt die Charakterisierung der Gestalten und ihrer Handlungsweise an Gewicht,
wobei vor allem die nachdrückliche Funktion der Reden zu beachten ist. Zugleich
kommt dem Moment der erzählerischen Vermittlung des dargestellten Geschehens
eine erhöhte Bedeutung zu, wodurch dieses auch innerlich einsichtig gemacht
werden soll. Von daher ergeben sich sodann auch Hinweise auf die Zuordnung weiterer Aussagen zu dieser Erzählschicht. Mit Ex 14,5b eng verbunden ist die an
Mose gerichtete vorwurfsvolle Frage der Israel-Söhne in Ex 14,11aα* ("und sie
sprachen zu Mose") und 11b. Sowohl von der Form ("was hast du uns da getan!")

---

114 Gegen F. STOLZ, AThANT 6o, 94-97 können die genannten Textelemente nicht
     als Bestandteile einer jüngeren Erweiterung der jahwistischen Meerwundererzählung (J[s]) angesehen werden, sondern gehören gerade zu deren Grundbestand.

als auch von der Thematik her (Befreiung aus Ägypten) sind die beiden Aussagen aufeinander bezogen. Da die vorwurfsvolle Frage der Israel-Söhne an Mose, die vordergründig dessen Tun zum Gegenstand hat, literarisch auf einer Ebene steht mit dem Schwur in Ex 13,19b, wobei überdies zwischen beiden Aussagen ein thematischer Zusammenhang besteht, ist der Vorwurf an Mose in Ex 14,11b zugleich als ein Vorwurf an Jahwe zu verstehen. Dann steht aber in einem thematischen Zusammenhang mit Ex 14,11* die kurze Notiz vom Vertrauen des Volkes auf Jahwe und Mose in Ex 14,31b. Damit ist zugleich der größere erzählerisch-thematische Rahmen für diese Fassung der Meerwundererzählung angegeben. Im Sinne der am Erzähleingang zu beobachtenden Tendenz einer erzählerischen Vermittlung des dargestellten Geschehens gehören in den Rahmen dieser Fassung der Meerwundererzählung sodann wohl auch die drei Aussagen Ex 14,21aß, 24aα und 27aß, obschon sich für ihre Zuordnung zu dieser Erzählschicht keine unmittelbaren literarischen Hinweise gewinnen lassen [115]. Die Zusammengehörigkeit dieser drei Aussagen wird einerseits durch die Folge der sie auszeichnenden Zeitangaben ("die ganze Nacht" - "zur Zeit der Morgenwache" - "gegen Morgen") als auch durch den sie bestimmenden gleichen Vorstellungshintergrund (Zurücktretenlassen des Meeres durch Jahwe - Rückkehr des Meeres in sein Bett) angezeigt. Weitere dieser Fassung der Meerwundererzählung zuzurechnende Elemente lassen sich nicht ausmachen. Ihr sind somit nur die Aussagen in Ex 13,17aα.19 sowie Ex 14,5b.6.11aα* (nur "und sie sprachen zu Mose").11b.21aß.24aα.27aß.31b zuzurechnen.

Als *Beginn einer noch jüngeren Fassung der Meerwundererzählung* ist sodann die Itinerarnotiz Ex 13,2o anzusehen, wofür nicht zuletzt auch die redaktionelle Abtrennung von Ex 13,17-19 gegenüber der Meerwundererzählung spricht. Da Ex 13,2o mit den entsprechenden Itinerarnotizen in Ex 12,37 und 15,22 in Verbindung zu bringen ist, legt sich für die mit Ex 13,2o eröffnete Erzählschicht eine Herleitung aus der Hand des Verfassers des Exodusbuches nahe, so daß diese nicht eigentlich als *nicht*-priesterschriftlich, sondern präziser als *nach*-priesterschriftlich zu kennzeichnen ist. Für den nach-priesterschriftlichen Charakter dieser Erzählschicht gibt es eine Reihe von Hinweisen. Die in Ex 13,2o greifbare Tendenz der genauen Lokalisierung des Geschehens wird in gleicher Weise auch in Ex 14,2b und 9b erkennbar, wobei Ex 14,2b als redaktionelles Textelement innerhalb eines priesterschriftlichen Erzählzusammenhangs zu verstehen ist. Als redaktionelle Erweiterungen der priesterschriftlichen Meerwundererzählung ist sodann auch die gleichfalls thematisch mit Ex 13,2o (sowie Ex 13,17aßb+18) zusammenhängende Aussage in Ex 14,3 anzusehen. Aber auch sonst hat die priesterschriftliche Darstellung mehr-

fach nachträgliche redaktionelle Erweiterungen erfahren (so Ex 14,8aα*
(König von Ägypten). 15aβ.17bβ.18b.23aβγ.26bβ), die sich dabei in der Tendenz größtmöglicher Präzisierung mit den redaktionellen Zusätzen in Ex 14,2b
und 9b berühren und somit auf ein und dieselbe Hand zurückgehen werden. Mit
Ex 13,2o (Aufbruchsnotiz) hängt sodann die Ex 14,15-18 berücksichtigende Notiz Ex 14,19a und die damit verbundene Aussage Ex 14,2oaα zusammen. Durch
den mit Ex 13,2o geschaffenen neuen Erzähleingang ist ein betonter Abschluß
des vorangehenden Erzählteils notwendig geworden, was durch die Einfügung
von Ex 13,17aβb+18 zwischen die beiden vorgegebenen Aussagen Ex 13,17aα und
19 geschehen ist. Das dort angesprochene Thema eines möglichen Wunsches der
Israel-Söhne nach Rückkehr nach Ägypten wird innerhalb der Meerwundererzählung selbst in anderer Form erneut aufgenommen, und zwar in den redaktionellen Erweiterungen der Klage der Israel-Söhne gegen Mose in Ex 14,11a* und 12.
Unmittelbar darauf nimmt die Antwort des Mose Ex 14,13+14 in der genau im
Zentrum stehenden Aussage Ex 14,13aβb Bezug. Mit diesem redaktionellen Einschub hängt nun ihrerseits die Zeitbestimmung "an jenem Tage" in Ex 14,3oa
sowie Ex 14,31aα zusammen. Somit ergibt sich innerhalb der Meerwundererzählung eine geschlossene Kette von Aussagen, die sowohl den nicht-priesterschriftlichen als den priesterschriftlichen Erzählzusammenhang voraussetzen
und so als Elemente der Schlußredaktion der Erzählung anzusehen sind. Dieser
Redaktionsschicht sind dabei Ex 13,17aβb.18.2o.21b und Ex 14,2b.3.7aαb.8aα*
(nur "König von Ägypten").9aβγ* (ohne "der Kriegswagen").9b.11a* (ohne "und
sie sprachen zu Mose").12.13aβb.15aβ.17bβ.18b.19a.2oaα.23aβγ.26bβ.3oa* (nur
"an jenem Tage").31aα zuzurechnen.

Doch sind damit aber keineswegs alle Aussagen innerhalb der Meerwundererzählung erfaßt. Die bislang noch unberücksichtigt gebliebenen Textbestandteile,
die sich durch ein eigenes Profil auszeichnen, nötigen zu einer weiteren Differenzierung der entstehungsgeschichtlichen Hypothese der Meerwundererzählung.
Den größten Umfang innerhalb der bislang noch nicht erfaßten Elemente der
Meerwundererzählung nehmen dabei jene Aussagen ein, die sich zur "priesterschriftlichen" Meerwundererzählung zusammenfügen. Ihr sind Ex 14,1.2a.4.8*
(ohne "König von Ägypten").1oa.1obβ.15aα.16.17abα.18a.21aα.21b.22.23aα.23b.
26abα.27aα.28a.29 zuzurechnen. Was dieser Fassung der Meerwundererzählung
fehlt und warum sie auch bislang für die Entwicklung einer Hypothese der Entstehungsgeschichte der Meerwundererzählung unberücksichtigt geblieben ist, ist
eine eigene Erzähleinleitung, da kaum anzunehmen ist, daß die priesterschrift-

---

115 Sicherheit läßt sich hier nur durch eine Gesamtanalyse der in Frage
    stehenden Erzählschicht gewinnen (vgl. Kap. VI).

liche Meerwundererzählung abrupt mit Ex 14,1 begonnen hat. Die vermißte Erzähleinleitung der priesterschriftlichen Meerwundererzählung findet sich bezeichnenderweise nicht im Rahmen des analysierten Textkomplexes Ex 13,17-14,31, sondern schon in Ex 12,41 [116].

Doch auch nach Aussonderung der priesterschriftlichen Textbestandteile ist noch nicht der ganze Textbestand der Meerwundererzählung erfaßt. Als zusammenhängend läßt sich zunächst eine Folge von drei Aussagen herauslösen, zwischen denen nicht nur ein thematischer, sondern auch formaler Zusammenhang besteht. Sie zeichnen sich innerhalb der Meerwundererzählung dadurch aus, daß über "Ägypten" singularisch - und nicht wie sonst immer pluralisch - gesprochen wird. Die entsprechenden Aussagen liegen in Ex 14,1obα[*] (ohne "und sie fürchteten sich sehr"), 25b und 3ob vor. Weitere Aussagen innerhalb der Meerwundererzählung lassen sich dieser Textschicht nicht zuordnen. In allen drei Fällen schließen sich die in Frage stehenden Textelemente an Aussagen an, die der ältesten Fassung der Meerwundererzählung zugerechnet werden müssen, weshalb sie wohl als redaktionelle Erweiterungen zu dieser anzusehen sind [117]. Diese Bearbeitung hat dabei in die vorgegebene Erzählung nur punktuell eingegriffen. Der Beginn der Erzählung ist dadurch nicht verändert worden.

Eine weitere Gruppe von Aussagen, die thematisch durch das Motiv der Wolken- und Feuersäule zusammengehalten ist, umfaßt Ex 13,21a+22 und 14,19b+2oαγb sowie den Zusatz "in einer Feuer- und Wolkensäule" in Ex 14,24aγ. Da diese Aussagen einerseits eine auf die Schlußredaktion zurückgehende Bearbeitung erfahren haben (Ex 13,21b und 14,19a+2oa), andererseits aber den priesterschriftlichen Erzählzusammenhang selbst nicht voraussetzen, sind sie als vorpriesterschriftliche redaktionelle Zusätze zu verstehen. Aufgrund der Tatsache, daß sich die Aussagefolge Ex 13,21a+22 an Ex 13,17aα+19 anhängt, muß die vorliegende Bearbeitung jünger sein als die mit Ex 13,17aα eröffnete Fassung der Meerwundererzählung. Die drei thematisch zusammenhängenden Aussagen Ex 13,21a+22 sowie 14,19b+2oαγb und 24aγ werden so am ehesten als punktuelle redaktionelle Erweiterungen dieser Erzählschicht der Meerwundererzählung anzusehen sein.

An wenigen Stellen finden sich innerhalb von Aussagen, die auf die Schlußredaktion der Meerwundererzählung zurückgehen, glossenhafte Texterweiterungen,

---

116 Für weitere Differenzierungen innerhalb des priesterschriftlichen Erzählfadens vgl. Kap. VIII/2.

die nur als Nachbearbeitungen der schon abgeschlossenen Meerwundererzählung verstanden werden können. Als solche späten glossenhaften Erweiterungen sind Ex 14,7aß.9aß[*] (nur "Streitwagen") und 2oaß anzusprechen. Durch sie verändert sich die Gesamtgestalt der Meerwundererzählung nicht mehr.

Damit ist für die Meerwundererzählung eine verwickelte literarische Entstehungsgeschichte erkennbar geworden, was aufgrund der zentralen Bedeutung des erzählten Gegenstandes für den israelitischen Gottesglauben nicht weiter überraschend ist. Die Analyse der Meerwundererzählung ist dabei von der einfachen Beobachtung ausgegangen, daß alle erzählbestimmenden Erzählzüge doppelt vorkommen, was zu einer Aufteilung der Meerwundererzählung in zwei parallele, voneinander unabhängige Erzählfäden geführt hat. Diese Ausgangsbeobachtung hat sich bei der weiteren Analyse bestätigt. Doch ist sie insofern zu modifizieren, als vor allem die nicht-priesterschriftliche Fassung der Meerwundererzählung eine mehrfache redaktionelle Bearbeitung erfahren hat. Eine abschließende redaktionelle Bearbeitung hat sodann die *beiden* Erzählfäden zu *einer* Erzählung zusammengebunden. Im folgenden ist das Profil der vielgestaltigen Ausformungen der Meerwundererzählung im einzelnen sichtbar zu machen.

---

117 Wie die Beobachtungen zur Einordnung von Ex 14,25b gezeigt haben (vgl. S. 58 mit Anm.1oo), ist die durch Ex 14,25b repräsentierte Textschicht für älter als die mit Ex 13,17aα eröffnete Erzählschicht anzusehen, was die hier vermutete redaktionsgeschichtliche Einordnung unterstreicht.

KAPITEL IV

Meerwunder als Jahwekrieg
Die älteste Meerwundererzählung

Am Beginn der vielfältigen und vielgestaltigen Darstellung des Meerwunders steht eine knappe, stark stilisierte Erzählung, die weniger einen Vorgang veranschaulicht, sondern eher ein Geschehen deutet [1]. Die Erzählung hat, soweit noch erkennbar, die folgende Gestalt gehabt [2]:

(5) Und es wurde dem König von Ägypten gemeldet,
daß das Volk geflohen **sei**.
(9) Und die Ägypter setzten ihnen nach
und holten sie ein, als sie am Meer lagerten.

(1o) Und sie fürchteten sich sehr,
(13) und Mose sprach zum Volk:

> Fürchtet euch nicht!
> Stellt euch hin und seht die Rettung Jahwes!
> (14) Jahwe wird für euch kämpfen,
> ihr aber verhaltet euch still!

----

(24) Und Jahwe blickte auf das Lager der Ägypter
und versetzte das Lager der Ägypter in Schrecken.
(25) Und er ließ abspringen das Rad seiner Streitwagen
und ließ es nur schwer vorwärtskommen.

(27) Und Jahwe schüttelte die Ägypter inmitten des Meeres,
(28) nicht ein einziger blieb übrig.
(3o) So rettete Jahwe Israel aus der Hand der Ägypter,
(31) und das Volk fürchtete Jahwe.

---

1 Zum folgenden ist P. WEIMAR - E. ZENGER, SBS 75, 47-7o zu vergleichen, wo sich auch die genaueren Begründungen der hier vertretenen Positionen finden.

2 Im einzelnen wird die Gestalt der ältesten noch greifbaren Meerwundererzählung ganz unterschiedlich rekonstruiert, wobei es hier nur von sekundärem Interesse ist, ob die aus dem Zusammenhang von Ex 13,17-14,31 her-

1. *Literarische Charakteristik der Erzählung*

Die Erzählung setzt mit der Nachricht der Flucht der Israel-Söhne ein, die ihrerseits selbst nicht erzählt ist [3]. Mit der Flucht ist das die Darstellung
des Meerwunders auslösende Moment genannt, wobei die Flucht eine Konfliktsituation anzeigt, der sich der schwächere Teil zu entziehen versucht. Zugleich werden in der einleitenden Aussage der "König von Ägypten" und das
"Volk" als die Kontrahenten der Erzählung einander gegenübergestellt. Im weiteren Verlauf der Erzählung tritt jedoch der "König von Ägypten" zu Gunsten
der "Ägypter" ganz in den Hintergrund, was durch den Erzählgegenstand bedingt
sein wird [4]. Kennzeichnend für die Eigenart der Erzählung ist die Art und
Weise, wie die Ägypter eingeführt sind. In der unpersönlich formulierten
Einleitung erscheint der "König von Ägypten" als Objekt einer Mitteilung.
Eine aktive Rolle spielen die Ägypter innerhalb der Erzählung nur in der

---

auslösbare älteste Gestalt der Erzählung als "jahwistisch" oder als Element einer "vorjahwistischen" Tradition (mündlicher oder schriftlicher
Art) angesehen wird. Als Grundbestand der ältesten, meist als "jahwistisch" gekennzeichneten Meerwundererzählung wird im allgemeinen - wenn
auch mit starken Abweichungen im einzelnen - Ex 13,(17-2o)21+22; 14,(5a)
5b.6.9aα.1o(a)bα.(11+12)13+14.19b.(2o)21aß.24.(25a)25b.27aßb.(28b)3o+31
angenommen (vgl. etwa K. VON RABENAU, Schilfmeerwunder 18-21 und B.S.
CHILDS 22o). Aber auch engere Abgrenzungen des jahwistischen Erzählfadens
werden vorgeschlagen (vgl. etwa J. SCHARBERT, Schilfmeerwunder 396f, der
Ex 14,9aα*.1obα.13.14.19b.2oααb.21aß.24.25b.27aßb.3o als Grundbestand der
Erzählung ansieht). Mit älteren, der jahwistischen Meerwundererzählung
voraufliegenden vorliterarischen Überlieferungsstufen rechnet etwa E.
OTTO, ZAW 94 (1982) 194f, wobei der Umfang der ältesten noch rekonstruierbaren Überlieferungsstufe der Meerwundererzählung mit Ex 14,5a.6.9aα.
19a.2o*.21aß.25a.27aß.3o angegeben wird.

3 Zu der in Ex 14,5a vorliegenden Form der Erzähleröffnung mit *wǎjjuggǎd* +
1^e mit angeschlossener Mitteilung dessen, was gemeldet wird, vgl. nur
Jes 7,1aα+2a (7,1aßb ist als ein redaktioneller Zusatz zu verstehen,
vgl. O. KAISER, ATD 17, 135.139f), nur daß hier der Inhalt des Mitgeteilten in direkter Rede wiedergegeben wird.

4 Die Gründe, warum im Erzähleingang Ex 14,5a vom "König von Ägypten", im
weiteren Verlauf der Erzählung nur allgemein von den "Ägyptern" gesprochen wird, sind wohl zum einen darin zu sehen, daß durch die Nennung des
"Königs von Ägypten" eine Verbindung mit dem größeren Erzählzusammenhang, in den die älteste Meerwundererzählung gehört (s.u.), hergestellt
werden soll, sowie zum anderen darin, daß die Stilisierung des Meerwunders als kriegerisches Geschehen geradezu die Einführung der Ägypter als
Handlungssubjekt fordert, ganz abgesehen davon, daß der Erzähler (bis
in die jüngsten Schichten der Meerwundererzählung hinein) offensichtlich
die größten Schwierigkeiten hat, von einer Vernichtung des Pharao im
Meer zu sprechen.

unmittelbar darauf folgenden Notiz vom Nachsetzen und Einholen der am Meer lagernden Israel-Söhne in Ex 14,9aα. Im ganzen weiteren Verlauf der Erzählung erscheinen die Ägypter immer nur als Objekt des Handelns Jahwes (Ex 14,24*. 27b.3oa*). Darin deutet sich die eigentliche Dimension des erzählten Geschehens an.

Für die Entwicklung der Erzählung nicht minder bedeutsam ist die Größe "Volk" (Israel) [5]. Der Begriff begegnet neben der Erzähleinleitung (Ex 14,5a) noch im Erzählschluß (Ex 14,31aβ) sowie in der Einleitung der Rede des Mose (Ex 14,13aα), somit in allen Fällen an zentralen Stellen der Erzählung. Am Schluß der Erzählung tritt neben die Bezeichnung "Volk" die konkrete Benennung "Israel" (Ex 14,3oa*). Zur Wertung dieses Befundes ist das jeweilige Bezugsfeld zu beachten. In Ex 14,5a wird eine Aussage über das "Volk" aus der Perspektive des Königs von Ägypten heraus gemacht, wobei die Flucht das Ausbrechen aus der Sphäre des Pharao anzeigt. In Ex 14,31aβ wird dagegen die neue Beziehung ("Furcht Jahwes"), in die das Volk zu Jahwe aufgrund seiner Rettung aus der Hand der Ägypter durch Jahwe tritt, reflektiert. Die Nennung des "Volkes" in 14,13aα markiert im Rahmen der Erzählung den Übergang zwischen diesen beiden Aussagen, insofern sich hier die am Anfang und Schluß der Erzählung bestehenden Bezugsfelder gewissermaßen überschneiden, was nicht zuletzt auch durch Stichwortentsprechungen unterstrichen wird. Kennzeichnend für die Erzählung ist die Tatsache, daß der Terminus "Volk" nur an den Schlüsselstellen begegnet, während sonst die Israel-Söhne immer nur pluralisch unbestimmt ("sie") eingeführt sind [6]. Das läßt zugleich den theologisch gefüllten Ausdruck des Wortes "Volk" erkennen, wobei durch die konkrete Verwendung in der Meerwundererzählung gerade auch das Spannungsfeld angedeutet werden soll, in das die Größe Israel eingespannt ist.

---

5 Das Nebeneinander von "Israel" und "Volk" in Ex 14,3oa* und 31aβ berechtigt nicht zu weiteren literarkritischen Operationen. Die Nennung Israels dürfte einerseits durch den Erzählzusammenhang bedingt sein, aber andererseits möglicherweise auch anzeigen, daß "Israel" sich als solches durch die "Rettung" Jahwes am Meer konstituiert (vgl. demgegenüber den Gebrauch des Ausdrucks "Söhne Israels" in Ex 5,14aα; 9,4b.6b), wenn auch der theologische Grund für das Rettungshandeln Jahwes selbst wohl darin zu sehen ist, daß die Israel-Söhne schon Volk Jahwes ("mein Volk") sind (vgl. Ex 7,16a).

6 In Ex 14,31aβ sind das unbestimmte pluralische "sie" und das Nomen "Volk" in der Weise miteinander verbunden, daß auf die pluralische Verbform *wăjjîreʾû* (vgl. Ex 14,1obaʾ*) das singularische Subjekt *haᶜam* folgt, was zugleich deutlich macht, daß der Wechsel von unbestimmtem Plural ("sie") und singularischem Nomen ("Volk") als bewußt eingesetztes Stilmittel zu verstehen ist.

Das wird nicht zuletzt auch durch den überlegten Gebrauch des Verbums "fürchten" angezeigt. Allein dreimal findet sich dieses Wort in der kurzen Erzählung (Ex 14,1obα*.13aα.31aß). Jeweils ist es zur Kennzeichnung der Verhaltensweise des Volkes gebraucht, womit dieses auch innerlich charakterisiert ist. An zwei Stellen (Ex 14,1obα* und 31aß) steht es im Erzählerbericht. Beide Stellen stehen sich antithetisch gegenüber. In Ex 14,1obα* bezieht sich die Furcht der Israel-Söhne, zusätzlich durch das beigefügte adverbiale "sehr" noch verstärkt, auf die lebensbedrohend erfahrene Macht der sie einholenden Ägypter. Dem tritt die Furcht des Volkes in Ex 14,31aß gegenüber, wo sie als Reaktion auf die Rettung vor den Ägyptern durch Jahwe erscheint. Die Erzählung vom Meerwunder bewegt sich so in dem Spannungsbogen zwischen Furcht vor den Ägyptern und Furcht Jahwes, womit zugleich die innere Spannung, in der Israel selbst steht, angezeigt ist. An der dritten Stelle (Ex 14,13aα) begegnet das Wort "fürchten" in der Rede des Mose an das Volk in Form der Aufforderung "fürchtet euch nicht!", die nach der positiven Seite hin durch die Aufforderung, die "Rettung Jahwes" zu sehen, ergänzt ist. Darin wird die vermittelnde Funktion der Moserede Ex 14,13aα+14 erkennbar. Auf der einen Seite bezieht sie sich in dem Zuspruch "fürchtet euch nicht!" auf die Furcht vor den Ägyptern (Ex 14,1obα*) zurück, auf der anderen Seite bereitet sie schon die abschließende Aussage von der Furcht Jahwes (Ex 14,31aß) vor, was durch die korrespondierende Zusage "die Rettung Jahwes" zu sehen, unterstrichen wird (vgl. auch die Stichwortverbindung von Ex 14,13aα ("Rettung Jahwes") und 3oa* ("und Jahwe rettete")) [7].

Die Verwendung des Verbums "fürchten" innerhalb der Meerwundererzählung unterliegt so der gleichen inneren Gesetzmäßigkeit wie der Gebrauch des Nomens "Volk". An beiden Begriffen ist das Gefälle der Erzählung ablesbar. Die Verfolgung des aus der Herrschaft des Königs von Ägypten ausbrechenden Volkes durch die Ägypter löst bei den Israel-Söhnen eine starke Furcht aus (Ex 14,1obα*). Diese provoziert die Zusage der "Rettung Jahwes" durch Mose (Ex 14,13aα+14). Damit ist zugleich ein erster Höhepunkt der Erzählung erreicht. Das in der Rede des Mose entwickelte Programm wird in der zweiten Hälfte der Erzählung eingelöst. Abgesehen von der abschließend mitgeteilten Reaktion des Volkes ("Furcht Jahwes" Ex 14,31aß) erscheint Jahwe hier als das ausschließliche Handlungssubjekt. Der Zusammenhang der beiden Teile der

---

7 Auch wenn es richtig ist, "daß die Jahwefurcht von V.31 in einen ganz anderen Sachbereich verweist als die Aufforderung, sich (vor den Feinden) nicht zu fürchten (V.13, vgl. 1obγ)" (H.H. SCHMID, Jahwist 58), so ist innerhalb der so rekonstruierten Gestalt der Meerwundererzählung dennoch

Erzählung wird noch dadurch unterstrichen, daß die nominale Wendung "Rettung Jahwes" aus der Moserede (Ex 14,13aα) in der verbalen Form "und Jahwe rettete" am Schluß der Erzählung (Ex 14,3oa*) aufgenommen ist. Die abschließende Feststellung der "Furcht Jahwes" (Ex 14,31aß) faßt die Handlung der Erzählung nochmals knapp zusammen und markiert zugleich den Schlußpunkt des Geschehens.

Der Exklusivität des Handelns Jahwes, wie sie in der zweiten Hälfte der Erzählung betont hervortritt, korrespondiert auf der anderen Seite die völlige Machtlosigkeit der Ägypter, die nur als Objekt des Handelns Jahwes vorgestellt sind. Die gegenüber der in der ersten Hälfte der Erzählung entworfenen Situation eingetretene Veränderung wird durch verschiedenartige Entsprechungen zwischen den beiden Teilen der Erzählung angezeigt. So nimmt die in Ex 14,24* begegnende Wendung "Lager der Ägypter" die entsprechende, mit Bezug auf die Israel-Söhne gebrauchte Situationsangabe "als sie am Meer lagerten" (Ex 14,9aα) auf, womit wohl nicht nur eine stilistische Verknüpfung der beiden Erzählhälften, sondern darüber hinaus auch eine Beziehung der beiden Situationen aufeinander hergestellt sein soll [8]. Der durch die Ägypter bewirkten Situation äußerster Bedrohung für das Volk entspricht auf der anderen Seite eine eben solche Bedrohungssituation für die Ägypter durch das Eingreifen Jahwes. Dieser Zusammenhang wird auch durch die beiden einander entsprechenden Ortsangaben "am Meer" (Ex 14,9aα*) und "inmitten des Meeres" (Ex 14,27b) unterstrichen [9]. Die Ortsangaben sind so nicht als bloße

---

ein enger literarischer Zusammenhang zwischen den drei Vorkommen des Motivs des Fürchtens anzunehmen.

8 Daß durch die Verwendung des Motivs des Lagerns in Ex 14,9aα (Israel-Söhne) und 24* (Ägypter) eine bewußte Gegenüberstellung erzielt werden soll, läßt sich durch folgende Beobachtung noch weiter absichern. Mit Hilfe der in Ex 14,9aα begegnenden partizipialen Situationsangabe *honîm* ᶜ*al-hăǰǰam*, die für die ganze Meerwundererzählung bestimmend ist, soll die völlige Passivität der Israel-Söhne betont herausgestellt werden (vgl. Ex 14,13aα+14). Demgegenüber begegnen im unmittelbaren Zusammenhang des Audrucks *măhănē misrăjim* in Ex 14,24*, womit aufgrund der auf *măhănē* sich beziehenden Suffixe (*mărkᵉbotăw / wăjᵉnăhᵃgehû*, vgl. dazu nur A. DILLMANN 166f) Ex 14,25a zu verbinden ist, Verben, die einen Bewegungsvorgang ausdrücken wollen. Auf diese Weise sollen wohl Israel-Söhne und Ägypter gegeneinander profiliert werden.

9 Der Ausdruck *bᵉtôk hăǰǰam* in Ex 14,27b wird meist "mitten *ins* Meer" übersetzt (vgl. nur B. BAENTSCH 127), was jedoch eigentlich mit *'ael* ausgedrückt sein müßte (vgl. A. DILLMANN 167). Inspiriert ist diese Übersetzung von *bᵉtôk hăǰǰam* möglicherweise durch das Vorkommen dieser Wortverbindung im Rahmen der "priesterschriftlichen" Meerwundererzählung, wo sie in Ex 14,16 und 22 in Verbindung mit dem Verbum *bw'* sowie in Ex 14,29 in Verbindung mit dem Verbum *hlk* (vgl. auch Ex 15,19 R^P) begegnet, ob-

Hinweise auf den Ort des Geschehens, sondern zugleich als theologisch zu wertende Aussagen zu verstehen [1o]. Die Korrespondenz der in den beiden Erzählhälften entworfenen Situationen wird durch eine weitere Beobachtung hervorgehoben. Während in Ex 14,9aα das Tun der Ägypter durch die beiden Verben "nachsetzen" und "einholen" umschrieben ist, wird in Ex 14,25a als Auswirkung des "Verwirrens" des Lagers der Ägypter durch Jahwe (Ex 14,24[*]) das Abspringen der Räder der Streitwagen und die damit bewirkte Unmöglichkeit, die Israel-Söhne zu verfolgen, herausgestellt [11]. Durch diese Korrespondenzen zwischen den beiden Erzählteilen soll wohl angedeutet sein, daß das dem Volk von den Ägyptern zugedachte Schicksal von Jahwe nicht nur vereitelt worden ist (Ex 14,24[*]+25a), sondern sie sogar selbst getroffen hat.

Gegenüber den Ägyptern, aber vor allem gegenüber Jahwe kommt den Israel-Söhnen - ganz entsprechend dem in der Rede des Mose Ex 14,13aα+14 entwickelten Programm - keinerlei aktiv in das Geschehen eingreifende Funktion zu. Was von ihnen erzählt wird, ist einzig die "innere" Reaktion ("Furcht") auf das sie betreffende Geschehen. Die völlige Passivität des Volkes unter-

---

schon auch für diese Vorkommen der Wendung ein Verständnis im Sinne einer Zielangabe ("mitten *ins* Meer") nicht als zwingend angesehen werden kann. Dagegen ist für die Wortverbindung b^etôk hajjam in Ex 14,27b unzweifelhaft ein Verständnis im Sinne von "inmitten des Meeres" anzunehmen (vgl.etwa A. DILLMANN 167; B. JACOB 587; U. CASSUTO 171), was auch durch die entsprechende, dem gleichen literarischen Zusammenhang angehörende Wendung b^etôk miṣrajim in Ex 11,4b unterstrichen wird. Durch b^etôk hajjam bekommt das Meerwunder einen stark mythisch geprägten Charakter (vgl. das sonstige Vorkommen der Wortverbindung bzw. äquivalenter Wortverbindungen; Zusammenstellung entsprechender Belege bei P. WEIMAR - E. ZENGER, SBS 75, 68 Anm. 1o3).

1o Daß Ortsangaben über ihre topographische Bedeutung hinaus zugleich eine symbolische Bedeutung im Sinne einer "theologischen Geographie" haben können, findet sich innerhalb der alttestamentlichen Überlieferung auch sonst (zum Phänomen vgl. den kurzen Hinweis bei P. WEIMAR, BZAW 146, 57 Anm. 165 und vor allem M. GÖRG, BN 12, 1980, 7-12 und BN 15, 1981, 76-86).

11 Die von den meisten neueren Kommentaren im Anschluß an *Sam* (*LXX* und *Pesch*) bevorzugte Lesung wajjae'^{ae}sor anstelle von wajjasar in *MT* (vgl. nur *BHS*) ist nicht zwingend erforderlich (vgl. etwa B. JACOB 586f; U. CASSUTO 17o; G.J. BOTTERWECK, BiLe 8, 1967, 11; P. WEIMAR - E. ZENGER, SBS 75, 66f). Doch läßt sich nicht völlig ausschließen, daß *Sam* die ursprüngliche Lesart bewahrt hat. In diesem Falle wäre die bei *MT* überlieferte Lesart wajjasar als eine sehr junge (möglicherweise nach der Abfassung des Pentateuch liegende) Korrektur zu verstehen, wobei es die Absicht dieser Korrektur gewesen wäre, die völlige Destruktion ägyptischen Militärpotentials zu betonen. Doch ist eine solche Annahme nicht ohne Schwierigkeiten.

streicht dabei nur das Moment der Exklusivität des Handelns Jahwes. Damit
sind die inneren Konstellationen der Erzählung faßbar. Das eigentliche Geschehen ereignet sich in der Kontrastierung der beiden Opponenten Jahwe und
Ägypter. In der Vernichtung der Ägypter durch Jahwe wird die völlige Destruktion ihrer bedrohlichen Macht aufgezeigt. Sowohl das Tun der Ägypter
als auch das Tun Jahwes ist auf die Israel-Söhne bezogen, die damit in einem Spannungsfeld stehen, das einerseits von dem Willen zur Vernichtung (Ägypter) und andererseits von dem Willen zur Rettung (Jahwe) bestimmt ist. Kennzeichnend für die Israel-Söhne scheint ihre Orientierungslosigkeit angesichts der von den Ägyptern herkommenden Bedrohung zu sein ("fürchten").
Die Erzählung zielt dabei auf die Exklusivität der Bindung des Volkes an
seinen Gott Jahwe. Das wird nicht zuletzt dadurch angezeigt, daß gerade am
Schluß der Erzählung erstmals der Name "Israel" gebraucht ist. Die Ausschließlichkeit der Beziehung Israels zu Jahwe erfährt durch die Erzählung
des Meerwunders eine doppelte Begründung. Der tragende Grund ist zweifellos die Exklusivität des Rettungshandelns Jahwes, an dem Israel selbst keinerlei Anteil hat. Daneben wird vor allem durch die Einführung der "prophetischen" Gestalt des Mose, der dem Volk im voraus die "Rettung Jahwes" an-
sagt, das Moment der Zuverlässigkeit dieses Gottes seinem Volk gegenüber
herausgestellt.

2. *Die Meerwundererzählung als Teil einer Exodusgeschichte*

Obgleich die so charakterisierte Meerwundererzählung durchaus einen in sich
geschlossenen Eindruck macht, der es erlaubt, sie als eine literarische
Einheit zu verstehen, so werden auf der anderen Seite in der Erzählung eine Reihe von Voraussetzungen gemacht, die sich nicht aus ihr selbst ergeben.
So bleibt vor allem die Ursache der Flucht des Volkes ungenannt, womit aber
das die Erzählung auslösende Moment erzählerisch nicht vermittelt ist. Allein aus der Meerwundererzählung wird ebenfalls nicht die völlige Vernichtung der Ägypter durch Jahwe verständlich. Solche Beobachtungen lassen dann
aber die Frage nach dem größeren Erzählzusammenhang stellen, als deren Teil
die Meerwundererzählung anzusehen ist. Wegen ihres relativ eigenständigen
Charakters kann die Meerwundererzählung innerhalb eines solchen größeren
Erzählzusammenhangs nur als ein geschlossener Erzähl*teil* verstanden werden.
Da überdies die einander zugeordneten Aussagen Ex 14,30a[*] und 31aß durchaus
als sinnvoller Abschluß der Meerwundererzählung verstanden werden können
und als solche auch keine weiteren ihnen nachfolgenden Aussagen mehr for-

dern [12], hat sich eine solche Rückfrage vor allem auf die der Meerwundererzählung vorangehenden und mit ihr zu verbindenden Teile einer solchen Erzählung zu richten.

Die Vernichtung der Ägypter im Meer durch Jahwe wie die aufgrund dieses Geschehens bei Israel hervorgerufene Reaktion der Furcht sind innerhalb der Meerwundererzählung als konfliktauflösende Momente zu verstehen. Die Konfliktpunkte selbst sind innerhalb der Meerwundererzählung nicht genannt, lassen sich aber aus ihr selbst erschließen. So können als auslösendes Moment des ganzen Geschehens, von woher sowohl die Flucht des Volkes als auch die Vernichtung der Ägypter durch Jahwe verständlich werden, Unterdrückungsmaßnahmen durch den Pharao angesehen werden, die als solche entfaltet sein müssen, damit die Erzählung als literarische Größe funktionieren kann. Weiterhin bedarf innerhalb der Meerwundererzählung die Rolle wie der Anspruch des Mose, der geradezu unvermittelt in die Erzählung eingeführt ist, der erzählerischen Vermittlung. Diese für die Meerwundererzählung anzunehmenden Voraussetzungen sind erzählerisch in einer Reihe von Textstücken enthalten, die sich einerseits innerhalb der Erzählung des Exodusgeschehens als deren ältester Bestandteil ausgrenzen lassen und die sich andererseits als literarisch zusammengehörig erweisen [13]. Es handelt sich dabei um eine dreiteilige Exodusgeschichte, zu der die in Frage stehende Fassung der Meerwundererzählung den Abschluß bildet [14]:

---

12 Die bei P. WEIMAR - E. ZENGER, SBS 75, 71-87 (vor allem 71f) noch -
    wenn auch zurückhaltend - ausgesprochene Vermutung, daß das Mirjamlied
    in Ex 15,2o*+21 mit der Meerwundererzählung als deren Abschluß zu ver-
    binden sei, ist aufzugeben; zur Begründung vgl. E. ZENGER, VTS 23
    (1981) 471f Anm. 39.

13 Der Einzelnachweis für die im folgenden vorausgesetzte Analyse würde
    den Rahmen der vorliegenden Untersuchung überschreiten; für den Be-
    reich der "Plagen" vgl. meine in Vorbereitung sich befindende Unter-
    suchung "Zeichen und Wunder. Literar- und redaktionskritische Ana-
    lyse von Ex 6,28-11,1o".

14 Zum Gesamtzusammenhang der "vorjahwistischen" Exodusgeschichte vgl.
    P. WEIMAR - E. ZENGER, SBS 75, 22-44. - Die dort (25) anstelle der
    überlieferten Formulierung der Mosebeauftragung in Ex 11,2a vertrete-
    ne freie Rekonstruktion des Textes in Anlehnung an die beiden voran-
    gehenden Mosebeauftragungen in Ex 7,15aα*+16a und 9,1abα erweist
    sich als nicht zwingend und ist so aufzugeben (zur Analyse von Ex 11,
    1-8 vgl. vorläufig noch P. WEIMAR, OBO 32, 56f).

ERSTER TEIL: *Dienst für den Pharao*

(5,6) Und der Pharao gebot seinen Schreibern, sprechend:

> (7) Ihr sollt dem Volk nicht weiter Häcksel geben!
> Sie selber sollen gehen und sich Häcksel zusammenlesen.

(1o) Und seine Schreiber gingen hinaus
und sprachen zum Volk, sprechend:

> So spricht der Pharao:
> Nicht gebe ich euch Häcksel.
> (11) Geht selber, holt euch Häcksel!

----

(14) Und die Schreiber der Söhne Israels wurden geschlagen,
(15) und sie gingen hinein und schrien zum Pharao, sprechend:

> Warum tust du so an deinen Dienern?
> (16) Und siehe, deine Diener werden geschlagen!

(17) Und er sprach:

> Faul seid ihr, faul.
> (18) Und nun geht, dient!
> Und Häcksel wird euch nicht gegeben,
> aber das Maß an Ziegeln sollt ihr geben.

_____

ZWEITER TEIL: *Dienst für Jahwe*

(7,14) Und Jahwe sprach zu Mose:

> (15) Geh zum Pharao,
> (16) und du sollst zu ihm sprechen:
>> Jahwe, der Gott der Hebräer hat mich
>> gesandt, sprechend:
>> Entlasse mein Volk, daß sie mir dienen!
>> (17) Siehe, ich schlage [den Nil] [15],
>> (18) und der Fisch, der im Nil ist, wird sterben!

(21) Und der Fisch, der im Nil war, starb.

----

15 Daß Ex 7,17b nicht in seiner ursprünglichen Form überliefert ist, ist an
der Spannung zwischen der Ankündigung *hinnē 'anoki makkae*, wozu aufgrund von Ex 7,16a* (vgl. auch die Botenformel in Ex 7,17aα) Jahwe als
Subjekt anzunehmen ist, und *bammattae 'ašaer bejadi*, wozu Mose als Subjekt zu fordern ist, erkennbar (vgl. Komm.). Da die auf Mose bezogene
Aussage *bammattae 'ašaer bejadi* die vorgegebene Funktion der Jahwerede
unterbricht, ist darin ein sekundärer Einschub zu sehen. Dann stellt
sich das Problem des mit der Ankündigung *hinnē 'anoki makkae* zu verbindenden Objekts. Zwei Möglichkeiten sind dabei denkbar. Die eine lehnt
sich stärker an den überlieferten Text an, indem als entsprechendes
Objekt *'aet-hammajim 'ašaer baje'or* angenommen wird (vgl. die allerdings einer jüngeren Redaktionsstufe zuzurechnende Aussage Ex 7,2o*).
Stilistisch besteht dabei war ein Zusammenhang mit der auf der gleichen
literarischen Textebene begegnenden Verbindung *haddaga 'ašaer baje'or*
(Ex 7,18aα* und 21aα*), sachlich jedoch eine Spannung. Dann ist aber
die zweite Möglichkeit als wahrscheinlicher anzusehen. Da die Verbindung
cal-hammajim 'ašaer baje'or stilistisch genau *bammattae 'ašaer bejadi*
entspricht, ist zwischen beiden auch ein literarischer Zusammenhang zu

(9,1) Und Jahwe sprach zu Mose:

Geh hinein zum Pharao,
und du sollst zu ihm reden:
So spricht Jahwe, der Gott der Hebräer:
(3) Siehe, die Hand Jahwes wird sein gegen dein
Vieh, das auf dem Felde ist,
(4) aber von allem, was den Söhnen Israels gehört,
wird nicht eines sterben.

(6) Und es starb alles Vieh der Ägypter,
aber von dem Vieh der Söhne Israels starb nicht eines.

(11,1) Und Jahwe sprach zu Mose:

(2) Rede doch in die Ohren des Volkes:
(4) So spricht Jahwe:
Um Mitternacht, da gehe ich hinaus, inmitten Ägyptens.
(5) Und es wird sterben alle Erstgeburt im Lande
Ägypten,
von der Erstgeburt des Pharao, der auf seinem Throne
sitzt,
bis zur Erstgeburt der Sklavin, die hinter der Hand-
mühle sitzt.

(12,29) Und es war Mitternacht,
da schlug Jahwe alle Erstgeburt im Lande Ägypten,
von der Erstgeburt des Pharao, der auf seinem Throne saß,
bis zur Erstgeburt des Kriegsgefangenen, der im Gefängnis saß.
(3o) Und der Pharao stand in dieser Nacht auf
(31) und ließ Mose rufen und sprach:

Geht, dient Jahwe!

DRITTER TEIL: Furcht Jahwes

(14,5) Und es wurde dem König von Ägypten gemeldet,
daß das Volk geflohen sei.
(9) Und die Ägypter setzten ihnen nach
und holten sie ein, als sie am Meer lagerten.

(1o) Und sie fürchteten sich sehr,
(13) und Mose sprach zum Volk:

Fürchtet euch nicht!
Stellt euch hin und seht die Rettung Jahwes!
(14) Jahwe wird für euch kämpfen,
ihr aber verhaltet euch still!

_____

vermuten (was durch Ex 7,2o gestützt würde), so daß in Ex 7,17b nur
hinnē 'anokî mˇakkāē als literarisch ursprünglich anzusehen ist. Dann
ist im Blick auf Ex 7,18aα* und 21aα* als Objekt ein bei der redaktionellen Bearbeitung gestrichenes *'aet-hˇajeʼor* anzunehmen (vgl. auch
die literarisch junge Notiz in Ex 7,25b; außerdem W. FUSS, BZAW 126,
139).

(24) Und Jahwe blickte auf das Lager der Ägypter
und versetzte das Lager der Ägypter in Schrecken.
(25) Und er ließ abspringen das Rad seiner Streitwagen
und ließ es nur schwer vorwärtskommen.

(27) Und Jahwe schüttelte die Ägypter inmitten des Meeres,
(28) nicht ein einziger blieb übrig.
(3o) So rettete Jahwe Israel aus der Hand der Ägypter,
(31) und das Volk fürchtete Jahwe.

Diese Exodusgeschichte, deren einzelne Teile sich durch eine relative Eigenständigkeit mit je eigener Thematik auszeichnen, ist eine dreiteilige,
thematisch angelegte Komposition. Die Dimensionen des Geschehens, das einerseits zur Flucht der Israel-Söhne und andererseits zur völligen Vernichtung
der Ägypter im Meer führt, sind vor allem im ersten Teil der Exodusgeschichte (Ex 5,6*.7*.1o*.11aα.14aα.15*.16bα.17a.18) entfaltet, insofern hier die
Einbindung der Israel-Söhne in das pharaonische System dargestellt ist. Die
Verschärfung des "Plansolls" erscheint dabei als das konfliktauslösende Moment. Als Gegenspieler treten sich der Pharao bzw. die ägyptischen Schreiber
sowie das Volk bzw. die Schreiber der Israel-Söhne gegenüber. Die Darstellung
des Geschehens ist hier ganz auf die Gestalt des Pharao bezogen. Jahwe
spielt in diesem Zusammenhang keine Rolle. Die in der Personenkonstellation
sichtbar werdende Akzentsetzung ist auch im Blick auf die Gesamtkomposition
der Exodusgeschichte nicht ohne Bedeutung. Der Protest des Volkes gegen die
Maßnahmen des Pharao erweist sich als ein vollkommener Fehlschlag. Damit ist
im Zusammenhang der Exodusgeschichte zugleich eine bestimmte Wertung angezeigt, insofern sich Freiheit für Israel nicht aus eigener Initiative, sondern nur von Jahwe her gewinnen läßt. Von daher ist die Meerwundererzählung,
in der gerade die Exklusivität des Handelns Jahwes hervorgehoben ist, als
bewußte Antithese zum ersten Teil dieser Exodusgeschichte zu verstehen.

Die Verbindung zwischen dem ersten und dritten Teil der Exodusgeschichte
wird durch die dreiteilige "Plagengeschichte" (Ex 7,14aα.15aα*.16a.17bα*.
18aα.21aα*; 9,1abα.3a.4a.6aßb; 11,1aα*.2b.4aßb.5a; 12,29a.3oaα.31aα*.31bα),
die den zweiten Teil der Exodusgeschichte bildet, hergestellt. Die Gestalt
des Pharao tritt hier deutlich in den Hintergrund, insofern er zum einen nur
als Adressat des von Mose zu übermittelnden Jahwewortes erscheint, zum anderen aber ausschließlich das Zugeständnis der Entlassung zum Dienst Jahwes
zu geben hat. Genau umgekehrt verhält es sich mit Jahwe. Durch die handlungs-
setzenden Jahwereden, von denen her die einzelnen Szenen aufgebaut sind, bestimmt sich das Geschehen. In der abschließenden Szene (Ex 12,29a) tritt

Jahwe - wie in der Meerwundererzählung - unmittelbar handelnd hervor. Darin
wird zugleich das innere Spannungsfeld, unter dem das Volk steht, angedeutet.
Dem im ersten Teil betont dargestellten Anspruch des Pharao auf Israel
tritt hier der anderes strukturierte Anspruch Jahwes ("mein Volk") gegenüber.
Unverkennbar wird damit die Darstellung des Meerwunders im abschließenden
dritten Teil vorbereitet. Dies geschieht aber auch durch die Einführung der
Gestalt des Mose. In allen drei Szenen des zweiten Teils erscheint Mose als
Empfänger eines Sendungsauftrags (an den Pharao in Ex 7,14aα.15aα*.16a und
9,1abα bzw. an die Israel-Söhne in Ex 11,1aα*.2a.4aßb), wobei bei seiner ersten Einführung ausdrücklich auf das Faktum der "Sendung" durch Jahwe rekurriert wird (7,16a). Mit Hilfe der zweiteilig strukturierten Ankündigung der
Machttaten Jahwes (Ansage des Handelns Jahwes + Angabe der Folge [Tod]) werden diese als Gerichtshandeln Jahwes am Pharao bzw. an den Ägyptern interpretiert, wobei die Begründung für das Gericht Jahwes in der Darstellung des
ersten Teils gegeben ist [16]. Dadurch daß in allen drei Szenen des zweiten
Teils die Ausrichtung des Jahwewortes an die Adressaten ausgeblendet ist,
vielmehr im Anschluß an die Jahwerede unmittelbar nur die dort angesagten
Folgen des Handelns Jahwes mitgeteilt sind, soll gerade die Wirksamkeit
des göttlichen Wortes herausgestellt werden [17].

Alle durch die beiden ersten Teile der Exodusgeschichte gesetzten Akzente
sind für die Darstellung des Meerwundergeschehens im abschließenden dritten
Teil von Bedeutung. Sie bereiten die Meerwundererzählung jeweils auf ihre
Weise vor und können so auch nicht von ihr abgetrennt werden. Erst aus dem
Zusammenspiel *aller* drei Teile der Exodusgeschichte gewinnt auch die Darstellung des Meerwundergeschehens ihr konkretes Profil. Dem aus seinen
Zwangsmaßnahmen resultierenden Anspruch des Pharao auf das Volk tritt der
im Rettungshandeln an Israel begründete Anspruch Jahwes gegenüber. Der konkrete Erfahrungshorizont, aus dem heraus erzählt wird, wird vor allem im ersten Teil der Exodusgeschichte greifbar. Der Protest gegen die Zwangsmaßnahmen veranschaulicht die Auflehnung des Volkes, die Flucht ist die äußerste

---

16 Damit tritt sodann nochmals der innere Zusammenhang der beiden ersten
    Teile der rekonstruierten Exodusgeschichte hervor, insofern der erste
    Teil geradezu die Funktion einer Begründung der (prophetischen) Ge-
    richtsankündigung des zweiten Teils hat.

17 Dieser Zusammenhang ist vor allem im Blick auf den dritten Teil der Exo-
    dusgeschichte (Meerwunder) von Bedeutung, so daß dem mittleren Teil der
    Exodusgeschichte nicht nur formal, sondern auch thematisch eine die
    beiden Rahmenteile verknüpfende Funktion zukommt.

Reaktion darauf. Beides führt nicht zu einer Lösung. Der vom Volk selbst ausgehende Protest führt nur zu einer Verschärfung der Zwangsmaßnahmen, die aufgrund des Gerichtshandelns Jahwes motivierte Flucht des Volkes läßt es gleichfalls nicht dem Anspruch des Pharao entkommen. Die "Furcht" vor den Ägyptern holt das Volk neu ein. Die definitive Lösung bringt erst das Meerwunder, das den Doppelcharakter der "Rettung Jahwes" für Israel wie des Gerichtes über die Ägypter hat. Nachdrücklich ist dabei - gerade vor dem Hintergrund der beiden vorangehenden Teile - das Moment der Exklusivität des Handelns Jahwes hervorgehoben. Die zum Abschluß der ganzen dreiteiligen Exodusgeschichte knapp konstatierte "Furcht Jahwes" (Ex 14,31aß) hat so denn eine gänzlich andere Struktur als die Furcht des Volkes vor den Ägyptern.

3. *Eine "Jahwekriegserzählung"*

Ein die Erzählung des Meerwundergeschehens bestimmendes Element, das mit der thematischen Ausrichtung der ganzen Exodusgeschichte zusammenhängt, ist bislang unberücksichtigt geblieben. Das ist die schon auf der Wortebene sichtbar werdende kriegerische Perspektive des Meerwundergeschehens. In diesen Zusammenhang gehören etwa der Ausdruck "Lager der Ägypter" (Ex 14,24*) sowie die Betonung des kriegerischen Eingreifens Jahwes (Ex 14,14). Doch beschränkt sich die Meerwundererzählung nicht auf eine mehr oder minder lockere Verwendung von sprachlich geprägtem Material, das in der Tradition des Krieges verhaftet ist, sondern folgt vielmehr in seinen wesentlichen Elementen einem ganz bestimmten Typ von Erzählung, der als "Jahwekriegserzählung" zu kennzeichnen ist [18]. Eng berührt sich die Meerwundererzählung mit drei anderen, gleichfalls von der Vorstellung des "Jahwekriegs" geprägten Erzählungen (Jos 9/1o*, Ri 4* und 1 Sam 7*), die sich nicht zuletzt dadurch als zusammengehörig erweisen, daß ihnen das gleiche Strukturmuster (1. Erfahren einer Aktion Israels + Ergreifen von Gegenmaßnahmen durch den Feind - 2. Reaktion Israels (Furcht) - 3. "Ermutigungsorakel" - 4. Sieg Israels durch Jahwes Eingreifen (Verwirren) - 5. vollständige Niederlage des Feindes) zugrundeliegt [19]. Gegenüber den drei anderen Jahwekriegserzählungen weist die Meerwundererzählung eine Reihe von Besonderheiten auf, die ihr spezifisches Interesse erkennen lassen.

---

18 Seit und mit Berufung auf G. VON RAD, AThANT 2o, 45-47 ist eine Prägung einzelner Teile innerhalb der älteren ("jahwistischen") Fassung der Meerwundererzählung aus dem Umkreis der "Jahwekriegsideologie" immer wieder hervorgehoben worden; zur Kritik dieser Auffassung vgl. jüngst J.-L. SKA, VT 33 (1983) 454-467 (vor allem 455-458). - Die Literatur zum Problemkreis "Jahwekrieg" findet sich jetzt - übersichtlich zusammengestellt - bei N. LOHFINK, QD 96, 236-238.

Das im Vergleich mit den anderen drei Jahwekriegserzählungen Auffällige und Bemerkenswerte an der Meerwundererzählung liegt darin, daß sie trotz ihrer nicht zu verkennenden Prägung durch die Jahwekriegsideologie im eigentlichen Sinne überhaupt kein kriegerisches Geschehen erzählt. Das erzählerische Programm, das die ganze Darstellung des Meerwunders prägt, ist in konzentrierter Form in der Rede des Mose in Ex 14,13aα+14 entfaltet. Die Rede des Mose besteht aus vier Elementen, die sich chiastisch (ab//ba) entsprechen. Bestimmend für die Struktur der ganzen Rede ist dabei das kontrastierende Gegenüber von Jahwe und Israel ("fürchtet euch nicht!" / "Rettung Jahwes" // "Jahwe wird für euch kämpfen" / "verhaltet euch still!"). Betont werden in der Rede des Mose die Exklusivität des Rettungshandelns Jahwes für sein Volk und die völlige Passivität des Volkes einander gegenübergestellt. Das in der Moserede Ex 14,13aα+14 entwickelte Programm bestimmt die weitere Darstellung der Meerwundererzählung, insofern Israel am Geschehen der Rettung in keiner Weise aktiv beteiligt ist, sondern ausschließlich Jahwe als Handelnder eingeführt ist.

Die Rede des Mose in Ex 14,13aα+14, die aufgrund ihrer Funktion im Rahmen einer Jahwekriegserzählung eigentlich als Ermunterung zum Krieg verstanden werden müßte, trägt keinerlei kriegerisches Gepräge, so daß sie geradezu als "Anti-Kriegsrede" bezeichnet werden könnte. Bewußt eliminiert ist innerhalb der Moserede, aber auch in der weiteren Erzählung - bis in den Gebrauch der Formeln und Wendungen hinein - alles, was auf eine irgendwie geartete Beteiligung des Volkes am Krieg hinweisen könnte. Die Erzählung ist einseitig darauf ausgerichtet, die Ausschließlichkeit des Handelns Jahwes hervorzuheben, während Israel nur die Rolle eines passiven Zuschauers zukommt. Einen noch schärferen antikriegerischen Akzent bringt der Erzähler in Ex 14,25a an, indem hier erzählt wird, daß Jahwe die Räder der ägyptischen Wagen abspringen läßt und damit das Kriegspotential der Ägypter vernichtet. Alleiniges Handeln Jahwes und kriegerisches Handeln Israels sind für den Erzähler der Meerwundergeschichte sich ausschließende Gegensätze. Vor dem Hintergrund der ganzen Exodusgeschichte, zu der die als "Jahwekriegserzählung" stilisierte Meerwundererzählung den Abschluß bildet, wird der Krieg als menschliches Unternehmen, das eine Befreiung des Volkes bewirken kann, grundsätzlich diskreditiert. Damit wird die Erzählung vom Meerwunder zugleich zu einem prophetischen Protest gegen eine Gefährdung der Exklusivität der Bin-

---

19   Zum Komplex dieser vier "Jahwekriegserzählungen" vgl. W. RICHTER, BBB 18, 18o-185 und P. WEIMAR, Bb 57 (1976) 38-73.

dung an Jahwe, die ihren Grund in politisch motivierten Ansprüchen aufgrund militärischer Erfolge hat.

4. *Die Meerwundererzählung als Zeugnis prophetischen Protestes*

Was in den drei Teilen der ältesten Exodusgeschichte erzählt wird, sind eigentlich drei Grundsituationen der Existenz Israels. Damit ist zugleich eine Aussage darüber gemacht, aus welchem Interesse heraus und zu welchem Zweck hier erzählt wird. Augenscheinlich steht hinter der Darstellung nicht ein im eigentlichen Sinne historisches Interesse. Dafür sind die dargestellten Prozesse zu wenig plastisch erzählt. Die verwickelten geschichtlichen Zusammenhänge sind ohne Bedeutung. Das Geschehen selbst macht einen stark stilisierten Eindruck. Alles, was erzählt wird, ist einer dahinter stehenden theologischen Leitthematik untergeordnet. Das wird vor allem an der Stilisierung der Meerwundererzählung erkennbar. Konkrete Geschehensvorgänge sind hier nicht im Blick. Durch das hohe Maß an Stilisierung im Sinne der Jahwekriegsvorstellung soll vielmehr das Exemplarische dieses Geschehens für die eigene Gegenwart hervorgehoben werden. Darin zeigt sich zu allererst das Engagement des Erzählers.

Engagiert erzählen kann nur jemand, der sich von den Erfahrungen seiner Gegenwart affizieren und diese mit in das Erzählen von Ereignissen der Vergangenheit einfließen läßt. Das Erzählen der Vergangenheit bedeutet dann zugleich eine Stellungnahme zur eigenen geschichtlichen Situation. Die Perspektive, aus der heraus die Gegenwart erfahren und erlebt wird, wird nicht unwesentlich von der geistigen Herkunft des Erzählers bestimmt. Für beides lassen sich an der Art und Weise, wie das Exodusgeschehen und vor allem das Meerwunder dargestellt ist, Hinweise gewinnen. Zwei Problemkreise vor allem sind es, die den Erzähler in seiner Gestaltung der Exodusereignisse bewegt haben. Auf der einen Seite ist es die Beschränkung der Freiheit des Volkes durch die Heranziehung zu verschärften Dienstleistungen durch den Pharao, wobei in den "Schreibern" schon bürokratisch verfestigte Strukturen sichtbar werden. Auf der anderen Seite ist es das übersteigerte Vertrauen auf die eigenen Fähigkeiten und Möglichkeiten, wobei die demgegenüber herausgestellte Ausschließlichkeit des Rettungshandelns Jahwes vor allem an eine Übersteigerung des politischen Machtanspruchs denken läßt. Gerade die Stilisierung des Meerwunders als Jahwekrieg gibt dabei Hinweise auf den geschichtlichen Kontext der Erzählung wie die geistesgeschichtliche Herkunft des Erzählers.

Für eine Erklärung der auffälligen Gemeinsamkeiten der mit der Meerwundererzählung zusammengehörigen drei Jahwekriegserzählungen Jos 9/1o*, Ri 4* und 1 Sam 7* reicht die Annahme, daß es sich hierbei um individuelle Ausprägungen eines allen Erzählungen gemeinsamen Strukturmusters handele, nicht hin. Darüber hinaus ist außerdem eine Herkunft aus der gleichen historischen Situation sowie aus ein und demselben Tradentenkreis anzunehmen. Da alle vier der von der Jahwekriegsideologie geprägten Erzählungen im jeweiligen literarischen Zusammenhang als Ausgangspunkt der weiteren Textgeschichte anzusehen sind, werden sie auch entstehungsgeschichtlich nicht aus einer zu späten Zeit (Umkreis dtr. Traditionsbildung) hergeleitet werden dürfen [20], vielmehr ist für sie eine frühere Entstehungszeit als wahrscheinlich anzusehen [21].

Fragt man näherhin danach, was konkret zur Ausbildung solcher Jahwekriegserzählungen geführt haben könnte, dann lassen vor allem Ri 4* und 1 Sam 7* an die Philisterkriege Davids denken, während die allein schon wegen ihrer komplexeren Struktur etwas jüngere Jahwekriegserzählung Jos 9/1o* sich am ehesten vor dem Hintergrund der Politik Davids gegenüber den kanaanäischen Stadtstaaten verstehen läßt [22]. Zumindest die drei Jahwekriegserzählungen Ri 4*,

---

20 So etwa F. STOLZ, AThANT 6o, 94-97, der die von der Jahwekriegsideologie geprägten Aussagen in Ex 14 einer deuteronomistisch inspirierten Bearbeitungsschicht J^{sek} zuweist, sowie H.H. SCHMID, Jahwist 56-58, M. ROSE, AThANT 67, 197f und E. BLUM, WMANT 57, 369f, die den ganzen "jahwistischen" Bericht in die Nähe deuteronomisch-deuteronomistischer Theologie rücken.

21 Gerade dann, wenn die von der Jahwekriegsideologie geprägten Elemente innerhalb der genannten Erzählungen dem literarischen Grundbestand der jeweiligen Texte zuzurechnen sind, erscheint die Annahme einer relativen Spätdatierung dieser Texte wenig wahrscheinlich, zumal wenn sie Ausgangspunkt einer komplexen literarischen Geschichte sind. Diese Feststellung gewinnt gegenüber den in Anm. 2o genannten Arbeiten, die sich nicht zuletzt durch eine weitgehende Reserve gegen literarkritische Fragestellungen auszeichnen, zudem noch dadurch an Gewicht, daß sich entsprechende, in die gleiche Richtung weisende Beobachtungen an mehreren Textbereichen gewinnen lassen. Außerdem wären in diesem Zusammenhang stärker auch die mehrfach zu beobachtenden Unterschiede gegenüber dem im Kontext der deuteronomisch-deuteronomistischen Literatur begegnenden Sprachgebrauch zu beachten, so daß an eine (systematisierende) Aufnahme vorgeprägter Wendungen und Vorstellungen durch die deuteronomistische Theologie zu denken wäre (vgl. jüngst auch J.-L. SKA, VT 33, 1983, 458-467), ein Vorgang, der sich auch sonst beobachten läßt (vgl. hierzu P. WEIMAR, OBO 32, 94f und E. ZENGER, BZ NF 24, 198o, 1o6f).

22 Trotz des kritischen Einspruchs von H.H. SCHMID, Jahwist 57f und M. ROSE, AThANT 67, 193f.197f gegen eine vordeuteronomistische Herkunft der "Jahwekriegserzählungen" in Ex 14 und Jos 1o scheint mir nach wie vor eine solche Annahme grundsätzlich weiterhin zu recht zu bestehen (in die Überlegungen wären auch die beiden "Jahwekriegserzählungen" in Ri 4* und 1 Sam 7* miteinzubeziehen!), zumal die These von einer deuteronomistischen Ent-

1 Sam 7* und Jos 9/1o* sind vermutlich aus der Zeit Davids herzuleiten und durch eine kritische Perspektive gegenüber der davidischen Politik bestimmt. Gegenüber diesen drei Erzählungen ist für die als Jahwekriegserzählung stilisierte Meerwundererzählung ein fortgeschritteneres Stadium anzunehmen. Innerhalb des in Ex 5* entworfenen Szenariums werden Erfahrungen mit einem schon fest strukturierten, eigenen Gesetzmäßigkeiten gehorchenden Verwaltungsapparat vorausgesetzt, was dann für die damit zusammenhängende Meerwundererzählung am ehesten eine Situierung in salomonischer Zeit nahelegen würde [23]. Die direkten Auswirkungen der Politik Davids sind zwar noch in Erinnerung, ihre Auswirkungen spürbar, aber nicht mehr das eigentliche Problem. Dieses liegt in den inneren Strukturen des neuen Staates.

Fragt man nicht nur nach der historischen Situation der Erzählung, sondern zugleich nach der geistigen Herkunft des Erzählers, dem solche "kritischen" Texte wie die "Jahwekriegserzählung" in Ex 14* zu verdanken sind, dann wird das starke Hervortreten prophetischer Gestalten (Mose, Debora, Samuel) zu beachten sein. Dies wird weiter durch das innerhalb der ältesten Exodusgeschichte - vor allem im Mittelteil - starke Hervortreten "prophetischer" Redeformen unterstrichen. Das läßt für die Ausgestaltung einer solchen Erzählung wie die als Jahwekriegserzählung stilisierte Darstellung des Meerwunders am ehesten an prophetisch inspirierte Kreise denken. Diese lassen sich wohl noch etwas präziser bestimmen. Da Gestalten wie Debora und Samuel, vermutlich aber auch Mose, in das Gebiet des Nordreiches Israel verweisen, werden auch die Erzähler solcher Jahwekriegserzählungen am ehesten aus nordisraelitischen Prophetenkreisen stammen [24]. Sie zeichnen sich durch eine kritische Haltung gegenüber dem Königtum aus. Ihr Widerstand scheint sich vor allem gegen die unter David und Salomo aufgrund der neu gewonnenen staatlichen Selbständigkeit entwickelten "pharaonischen" Strukturen gerichtet zu

---

stehung der in Frage stehenden "Jahwekriegserzählungen", beachtet man diese nicht isoliert, mehr Probleme mit sich bringt, als sie zu lösen vermag. - Für eine Herleitung der Jahwekriegserzählungen Ri 4*, 1 Sam 7* und Jos 9/1o* aus davidischer Zeit vgl. die in Bb 57 (1976) gegebenen Hinweise.

23 Gerade die im ersten Teil (Ex 5*) der "vorjahwistischen" Exodusgeschichte vorausgesetzten Erfahrungen mit einer straff organisierten, in das Leben tief eingreifenden und es umgestaltenden Staatsmacht lassen sich eher unter Salomo als unter David plausibel machen. Auch wenn eine Neuorganisation von Staat und Verwaltung schon von David in die Wege geleitet wurde, so sind die dadurch bewirkten gravierenden Veränderungen wohl erst unter Salomo in aller Schärfe sichtbar geworden.

24 Dazu vgl. auch P. WEIMAR, Bb 57 (1976) 72f.

haben. Den Anspruch des Königtums verstanden sie als Konkurrenz zu Jahwe. "Königsideologie" und "Jahweglaube" waren für sie widerstreitende und sich ausschließende Gegensätze. Vor diesem Hintergrund bekommt die Meerwundererzählung in ihrer ältesten Form eine eminent politische Dimension. Die "Rettung" Jahwes am Meer, durch die sich Israel eigentlich konstituiert, wird zur grundsätzlichen Infragestellung der vom Königtum ausgebildeten "zwanghaften" Strukturen. Vom Kontrastbild des eigenen Anfangs her sollen die bestehenden Verhältnisse in der Gegenwart des Erzählers verändert werden.

KAPITEL V

Meerwunder als Theophanie Jahwes

Die jahwistische Bearbeitung der Meerwundererzählung

Die älteste Form der Meerwundererzählung hat auf der nächsten Überlieferungsstufe des Textes eine nur punktuell in den überlieferten Textbestand eingreifende Bearbeitung erfahren. An drei Stellen hat diese Bearbeitung den bestehenden Text durch Einfügung neuer Aussagen erweitert:

Ex 14,1o* Und die Söhne Israels erhoben ihre Augen,
           und siehe: Ägypten zieht hinter ihnen her.

     25b   Und Ägypten sprach:
           Ich will fliehen vor Israel,
           denn Jahwe kämpft für sie gegen Ägypten.

     3ob   Und Israel sah Ägypten tot am Ufer des Meeres.

1. *Literarische Charakteristik der Bearbeitung*

Die drei Zusätze zur ältesten Meerwundererzählung sind formal wie thematisch
geschlossen. Alle drei Aussagen beziehen sich auf Ägypten. Auffälligerweise
ist Ägypten dabei jeweils - im Unterschied zur ganzen übrigen Meerwundererzählung - singularisch eingeführt, wodurch es geradezu als personifizierte
Größe erscheint [1]. An zwei Stellen (Ex 14,1oboα und 3ob) ist Ägypten dabei als

---

1 Die singularische Konstruktion von *misrājim* an den genannten drei Stellen
   (Ex 14,1o*.25b.3ob) wird zwar häufiger konstatiert, ohne daß daraus aber
   die notwendigen literaturgeschichtlichen Folgerungen gezogen werden (vgl.
   nur das Urteil bei J. SCHARBERT, Schilfmeerwunder 397). Doch ist die "Sonderstellung" dieser drei Aussagen innerhalb des Rahmens der nicht-priesterschriftlichen Meerwundererzählung so auffällig, daß sich die Annahme, darin
   eine vom Textzusammenhang sich abhebende eigene literarische Schicht zu sehen, geradezu aufdrängt.

Objekt eines Sehens der Israel-Söhne bzw. Israels eingeführt. Allein schon dadurch sind die beiden Stellen zueinander in Beziehung gesetzt. Doch gilt dies auch thematisch.

In Ex 14,1obα wird nicht einfach konstatierend festgestellt, daß die Israel-Söhne Ägypten sahen, sondern ein Vorgang beschrieben (Erheben der Augen), während das Objekt des Sehens durch die Partikel "und siehe" eingeführt ist. Dadurch wird die Handlung verzögert, die Spannung gesteigert, das Überraschende des Vorgangs unterstrichen. Das, was die Israel-Söhne sehen, ist in einem partizipialen Nominalsatz festgehalten. Auf diese Weise ist die Situation äußerster Bedrohung für Israel nachdrücklich hervorgehoben. Vom Bearbeiter ist die Aussage von Ex 14,1obα dabei zwischen die schon vorgegebenen Aussagen vom Einholen der am Meer lagernden Israel-Söhne (14,9aα) und der Feststellung der Furcht (Ex 14,1obα*) eingefügt worden, wodurch gerade die Furcht der Israel-Söhne einen starken Akzent bekommt. Das literarische Verfahren entspricht dabei dem für Ex 14,3ob zu Beobachtenden.

Hier ist die Aussage vom Sehen der Israel-Söhne redaktionell zwischen die vorgegebenen konstatierenden Aussagen von der Rettung Israels aus der Hand der Ägypter durch Jahwe (Ex 14,3oa) und der Furcht Jahwes durch das Volk (Ex 14,31aß) eingefügt worden. Sie nimmt so thematisch wie formal eine Mittelstellung ein, insofern sie einerseits das Faktum der Errettung nachdrücklich unterstreicht, andererseits aber die abschließende Aussage von der Furcht Jahwes vorbereitet. Wie durch Ex 14,1obα wird auch durch Ex 14,3ob die nachfolgende Aussage von der Furcht Israels hervorgehoben. Damit ist zugleich die erzählerische Absicht, die der Bearbeiter mit der Einfügung von Ex 14,1obα und 3ob verfolgt, erkennbar. Bewußt sollen die Aussagen von der Furcht Israels parallelisiert werden. Sie hängen in beiden Fällen mit Ägypten (Nachziehen/Tod) zusammen. Erst als Israel Ägypten tot am Ufer des Meeres liegen sieht, ist der Raum frei für die Furcht Jahwes.

Während in Ex 14,1obα und 3ob Ägypten jeweils Objekt der Aussage ist, ist es in dem dritten redaktionellen Zusatz Ex 14,25b als Subjekt eingeführt. Das Gewicht dieser Aussage wird noch dadurch unterstrichen, daß Ägypten hier zudem mit einer Rede ausgestattet ist, was im Zusammenhang der Meerwundererzählung eine Entsprechung nur noch in der Rede des Mose Ex 14,13aα+14 hat. Eine Gegenüberstellung beider Reden dürfte vom Bearbeiter angezielt sein; dies wird auch durch die Entsprechung der beiden Aussagen "Jahwe wird für euch kämpfen" (Ex 14,14a) und "denn Jahwe kämpft für sie gegen Ägypten" (Ex 14,25bß) unterstrichen. Für die Israel-Söhne ist die Ansage des Kämpfens Jahwes eine Ermutigungszusage, für Ägypten dagegen dient das Kämpfen Jahwes als Begründung der Flucht. Auch hier ist der Zusammenhang der Einfügung der Rede Ägyptens in die Meerwundererzählung zu beachten. Die Rede Ägyptens in Ex 14,25b ist im Anschluß an die Aussage vom "Gottesschrecken" in Ex 14,24*+25a und unmittelbar vor der Feststellung des totalen Untergangs der Ägypter in Ex 14,27b+ 28b eingefügt. Im Blick auf den Schluß der Erzählung wird damit ein retardierendes, neue Spannung erzeugendes Element ("ich will fliehen vor Israel") eingefügt (Möglichkeit eines Entkommens), im Blick auf das Vorangehende wird definitiv die Übermacht Jahwes anerkannt. Von der Geschehensfolge der Gesamterzählung her wird mit der Rede Ägyptens in Ex 14,25b ein Element eingeführt, das der Furcht der Israel-Söhne in Ex 14,1obα entspricht, womit innerhalb der Meerwundererzählung eine Parallelität der Erzählfolge erreicht wird.

Durch die drei redaktionellen Einfügungen in Ex 14,1obα, 25b und 3ob wird der Grundcharakter der vorgegebenen Erzählung nicht grundsätzlich verändert. Auch die Gesamtanlage der Erzählung ist übernommen worden. Dennoch sind im einzelnen wie im ganzen manche Akzente anders gesetzt worden. Durch die redaktionellen Einfügungen ist an die Stelle der chiastischen Anlage der älteren Meerwundererzählung (a b // b a) eine parallele Abfolge der beiden Erzählhälften (1. Aktion der Ägypter / Jahwes - 2. Reaktion Israels (Furcht) / Ägyptens (Flucht) - 3. Ankündigung der Rettung Jahwes / Rettung Jahwes und Vernichtung Ägyptens) getreten. Dadurch werden einerseits die Verhaltensweisen Israels und Ägyptens miteinander parallelisiert, andererseits aber auch Jahwe und Ägypten stärker gegeneinander profiliert. Innerhalb der Erzählung gewinnt Ägypten schärfere Konturen. Es erscheint nicht bloß als Objekt des Handelns Jahwes, sondern spielt zugleich auch eine aktive Rolle. Das wird vor allem in der Rede Ägyptens Ex 14,25b greifbar, obschon die hier geäußerte Fluchtabsicht mit dem Tun Jahwes begründet wird. In bewußtem Kontrast sind die beiden Aussagen in Ex 14,1obα und 3ob, die Ägypten in partizipialen Aussagen charakterisieren, zueinander in Beziehung gesetzt ("Ägypten herziehend hinter ihnen" / "Ägypten tot am Ufer des Meeres"), um so den völligen Verlust jeglicher Macht Ägyptens herauszustellen.

Doch nicht nur Ägypten, sondern auch Israel erfährt eine stärkere Profilierung. Im Gegensatz zur vorgegebenen Fassung der Meerwundererzählung, wo Israel ausschließlich als passiver Handlungsträger im Spannungsfeld zwischen Pharao und Jahwe dargestellt ist, gewinnt es in und durch die Bearbeitung auch Züge eines mehr aktiven Handlungsträgers. Die "aktive" Rolle Israels hat dabei einen besonderen Charakter. Das wird an dem stichwortartig die ganze Erzählung durchziehenden Motiv des "Sehens" erkennbar, wozu ausschließlich Israel als Aussagesubjekt erscheint. In Ex 14,10bα und 3ob ist das Objekt des "Sehens" jeweils Ägypten, das dabei zum einen als bedrohliche Macht (Ex 14,10bα) und zum anderen als machtloser Koloss (14,3ob) erfahren wird. Sind diese beiden Aussagen als Erzählerbericht eingeführt, findet sich dagegen das Motiv des "Sehens" Israels in Ex 14,13aα innerhalb der aus der Tradition übernommenen Moserede als Aufforderung an Israel, wobei Objekt des Sehens die "Rettung Jahwes" ist. In dem Sehen des Sieges Jahwes über Ägypten wird auch das eigentliche Ziel der bearbeiteten Fassung der Meerwundererzählung liegen. Doch ist damit der Interpretationsrahmen der Erzählung keineswegs erschöpft. Durch die redaktionell eingefügten Aussagen wird die Meerwundererzählung in ein neues Bezugssystem eingeordnet, womit sich zugleich auch deren Charakter verändert.

2. *Der literarische Zusammenhang der bearbeiteten Erzählung*

Hinweise auf den größeren literarischen Zusammenhang lassen sich von verschiedenen Ansatzpunkten her gewinnen. Ein erster Hinweis ergibt sich aufgrund der Rede Ägyptens in Ex 14,25b. Es handelt sich hierbei um eine begründete Absichtserklärung. Während der Hauptsatz eine Selbstaufforderung zur Flucht vor Israel enthält ("ich will fliehen vor Israel"), rekurriert die angeschlossene Begründung auf ein Tun Jahwes für Israel ("denn Jahwe kämpft für sie - gegen Ägypten"). Die Formulierung dieser Begründung lehnt sich dabei ganz offensichtlich an die aus der Tradition übernommene Ankündigung in Ex 14,14a an ("*Jahwe* wird *für* euch *kämpfen*" / "*Jahwe kämpft für* sie"). Einzig das in Ex 14,25bß angefügte "gegen Ägypten", wodurch die Aussage einen anderen Akzent bekommt, geht darüber hinaus. Doch hat gerade das in Ex 14,25bß gegenüber 14,14a überschießende Element an anderer Stelle innerhalb des größeren Zusammenhangs der Exoduserzählungen eine Entsprechung. In Ex 1,9+1ob* findet sich eine Rede des Königs von Ägypten an sein Volk:

> Siehe, das Volk der Söhne Israels ist zu viel und zu stark für uns.
> Und es wird geschehen:
>> Wenn ein Krieg sich fügt,
>> dann schließt es sich unseren Feinden an
>> und *kämpft gegen uns*
>> und zieht herauf aus dem Land.

Die in Ex 1,1ob* gebrauchte Wendung "kämpfen gegen" (nilham + be) entspricht genau der Aussage von Ex 14,25bß, so daß an einem Zusammenhang nicht zu zweifeln ist [2], auch wenn sich die Aussage in Ex 1,1ob* auf ein Kämpfen Israels, in Ex 14,25bß dagegen aber auf ein Kämpfen Jahwes bezieht, was jedoch aus der erzählerischen Systematik des Textes heraus verständlich wird. In beiden Fällen findet sich die Aussage vom "Kampf gegen Ägypten" in einer Rede des Königs von Ägypten bzw. des personifizierten Ägypten. In Ex 1,1ob* handelt es sich um eine Zukunftsansage, wobei durch das einleitende "und es wird geschehen" (wehajā) der Aspekt der Zukunftsgewißheit zum Ausdruck gebracht ist. Demgegenüber kann in Ex 14,25bß rückwärts gewandt nur noch das Eintreffen des doch durch den Pharao selbst Angekündigten festgestellt werden. Ein besonderer Akzent wird dadurch eingetragen, daß nach Ex 14,25b Israel selbst überhaupt nicht gegen Ägypten kämpft, sondern Jahwe es ist, der anstelle Israels kämpfend auftritt (vgl. Ex 14,13aα+14). Zudem geht der Kampf auch nicht von Israel aus, sondern ist durch die Ägypter initiiert (vgl. Ex 14,5b.9aα.1obα), womit zugleich angedeutet ist, daß sie sich den Untergang selbst bereiten. Der durch Stichwortentsprechungen angezeigte Zusammenhang der Ankündigung eines Geschehens in der Zukunft in Ex 1,1ob* und der Feststellung des Eintretens des dort angekündigten Geschehens in dem Begründungssatz Ex 14,25bß läßt die beiden Reden Ex 1,9+1ob* und 14,25b geradezu als literarische Klammer um den größeren literarischen Zusammenhang der Exoduserzählungen verstehen. Da Ex 1,9+1ob* wohl als ein Element der "jahwistischen" Geschichtsdarstellung anzusehen ist [3], wird auch Ex 14,25b - ebenso wie die damit zusammenhängenden Aussagen Ex 14,1obα und 3ob - auf die Hand des "Jahwisten" zurückgehen. Dann ist aber auch als größerer literarischer Zusammenhang, in den die bearbeitete Fassung der Meerwundererzählung gehört, die "jahwistische" Exodusgeschichte zu vermuten [4].

---

2 Für den Zusammenhang von Ex 14,25b mit 1,1ob vgl. nur P. WEIMAR, OBO 32, 127f.

3 Für die Analyse von Ex 1 vgl. die Beobachtungen bei P. WEIMAR, BZAW 146, 26-29 und OBO 32, 122f. - Zur Zuweisung der in Frage stehenden Aussagen an J vgl. auch W.H. SCHMIDT 21.

4 Der eingebürgerte Terminus "Jahwist" wird hier beibehalten, obgleich weder der als "jahwistisch" vorausgesetzte Textbestand (vgl. nur die durch N. LOHFINK, QD 96, 54 vorgenommene Qualifizierung als "Minijahwist") noch seine literarische Eigenart viel mit dem traditionellen "Jahwisten" gemein haben. Die gerade in jüngster Zeit wieder neu aufbrechende Diskussion um den "Jahwisten" (vgl. dazu nur die Übersichten bei K. BERGE, NTT 81, 198o, 147-163 und H.H. SCHMID, VTS 32, 1981, 375-394 (377f)), bei der bislang ein Konsens selbst in Grundfragen nicht in Sicht ist, hat zumindest deutlich gemacht, daß das traditionelle Bild des "Jahwisten" vielfach brüchig ist. Die sich in der gegenwärtigen Forschung steigernder Beliebt-

Bestimmt sich so der redaktionelle Einschub in Ex 14,25b wesentlich vom größeren literarischen Zusammenhang der "jahwistischen" Exodusgeschichte her, dann liegt es nahe, für die beiden redaktionellen Einfügungen Ex 14, 1obα und 3ob eine ähnliche Funktion zu vermuten. Die Zusammenhänge werden dann greifbar, wenn die in diesen Zusätzen gemachten erzählerischen Voraussetzungen beachtet werden. Wichtig erscheint hier vor allem die starke Betonung des "Sehens" der Israel-Söhne (vgl. außerdem Ex 14,13aα). Dieses hat innerhalb des Zusammenhangs der "jahwistischen" Exodusgeschichte eine Entsprechung in Ex 6,1a, womit deren erster Teil abgeschlossen wird [5]. Die Ankündigung im Munde Jahwes in Ex 6,1a ("Jetzt wirst du sehen, was ich dem Pharao tun werde") tritt dabei in ein bewußtes Gegenüber zu dem Vorwurf des Mose an Jahwe in Ex 5,22abß+23b ("Warum hast du mich da gesandt? Doch herausgerissen, ja herausgerissen hast du dein Volk nicht!"). Dem Vorwurf des Mose an Jahwe, daß die Errettung seines Volkes als gescheitert anzusehen sei (vgl. den Rückgriff auf Ex 3,8aα), stellt Jahwe eine neue Ankündigung gegenüber, die den Blick auf sein jetzt sich ereignendes Handeln am Pharao öffnet. Dabei wird ausdrücklich betont, daß dies sich vor dem Forum ("*sehen*") des Mose ereignen soll. Durch die erneute Aufnahme des Motivs des Sehens innerhalb der Meerwundererzählung wird angezeigt, daß der mit Ex 6,1a eröffnete Spannungsbogen abgeschlossen wird. Dann ist aber für die redaktionellen Aussagen in Ex 14,1obα und 3ob ein Zusammenhang mit der Darstellung der "Plagen" anzunehmen. Darauf verweisen auch die in Ex 14,1obα und 3ob gemachten Aussagen selbst.

Sowohl die betonte Herausstellung des Faktums, daß Ägypten hinter den Israel-Söhnen herzieht, als auch die ausdrückliche Feststellung des Todes wird nur vor dem Hintergrund der Plagen verständlich. Im Gegensatz zur zweiteiligen Struktur der "Plagen" innerhalb der ältesten Exodusgeschichte (1. Rede Jah-

---

heit erfreuende Tendenz zur Spätdatierung des "Jahwisten" ist m.E. insofern im Recht, als sich gezeigt hat, daß viele der J zugerechneten Texte literaturgeschichtlich keineswegs als alt angesehen werden können. Damit ist aber die These eines älteren Jahwisten noch keineswegs als erledigt anzusehen (auch in neuerer Zeit hat die These eines salomonischen "Jahwisten" entschiedene Verteidiger gefunden, vgl. nur H. SEEBASS, BN 4, 1977, 39-47 und W.H. SCHMIDT, BZ NF 25, 1981, 82-1o2). Wird nämlich beachtet, daß die literarische Einheitlichkeit von J durchaus als problematisch anzusehen ist, dann könnte sich das in der gegenwärtigen Forschung auftuende Dilemma dahingehend auflösen lassen, daß die Annahme eines älteren "Jahwisten" nur für den literarischen Grundbestand dieses Werkes zutrifft, die literaturgeschichtlich in spätere Zeit verweisenden "jahwistischen" Texte aber als redaktionelle Bearbeitungen des "jahwistischen" Werkes zu verstehen wären (ob man den literarischen Grundbestand des jahwistischen Werkes dann noch als "Jahwist" bezeichnen soll, ist durchaus eine andere Frage). Die Analyse der Meerwundererzählung läßt eine solche Annahme durchaus als wahrscheinlich erscheinen, wenn nicht literarkritische Fragestellungen als dem Text von vornherein unangemessen angesehen werden.

wes an Mose (Ankündigung des Handelns Jahwes + Angabe der Wirkung) - 2. Feststellung des Eintretens der Wirkung), sind die Plagen der "jahwistischen" Tradition dreiteilig strukturiert (1. Rede Jahwes an Mose (Entlaßforderung zum Dienst Jahwes + bedingte Ankündigung einer Plage) - 2. Reaktion des Pharao (Bitte um Fürbitte + Zugeständnis der Entlassung) - 3. Fürbitte des Mose + Nicht-Entlassen/Verhärtung des Herzens des Pharao)[6]. Die entscheidende Frage, die den "Jahwisten" bei seiner Darstellung der "Plagen" bewegt, ist das Problem der Entlassung der Israeliten, wobei sich prononciert der Anspruch Jahwes und der im Widerstreit dazu stehende Anspruch des Pharao gegenübertreten. Die "Plagen" selbst stellen eigentlich den schwierigen Prozeß dieser Auseinandersetzung zwischen Jahwe und dem Pharao dar, der seinen Höhepunkt im Meerwunder erreicht, womit zugleich auch der durch Ex 6,1a eröffnete Spannungsbogen abgeschlossen wird.

Erzählerisch ist so ein Zusammenhang der Meerwundererzählung mit den Plagen angezeigt. Doch kann sie nicht einfachhin als Höhepunkt und Abschluß der ganzen Plagenreihe verstanden werden. Da nämlich kompositorisch die ersten vier Plagen einen eigenen Erzählteil bilden, wovon die übrigen drei Plagen abzusetzen sind[7], steht die Meerwundererzählung vor allem mit diesen

---

5 Vgl. dazu genauer P. WEIMAR, OBO 32, 122-131.

6 Das entscheidende Element, wodurch die "Plagen" bei J eine gegenüber der älteren Tradition veränderte Ausrichtung erhalten haben, ist die Reaktion des Pharao auf die (bedingte) Ankündigung der Plagen hin, die ihrerseits wiederum die Fürbitte des Mose hervorruft. Während in der älteren Tradition die (drei) "Plagen" als Machtdemonstrationen Jahwes erscheinen, die vor allem die Wirksamkeit des göttlichen Wortes hervorheben wollen, verlagert sich bei J selbst der Akzent insofern auf den Pharao, als neben seinem Widerstand gegen Jahwe vor allem seine Unterlegenheit Jahwe gegenüber herausgestellt wird.

7 Werden die "jahwistischen" Plagen isoliert betrachtet, dann könnte sich bei Berücksichtigung der spezifischen Eigenart der einzelnen Plagen eine "kompositionelle und geschehensmäßige Anordnung" der Plagen nach dem Schema 1-4-7, 2+3 und 5+6 nahelegen (so E. ZENGER, Sinai 168). Doch kann der Sondercharakter der Plagen 1, 4 und 7 nicht unmittelbar als ein auch kompositionskritisch relevantes Kriterium verstanden werden, da dieser zunächst darauf zurückzuführen ist, daß die erste, vierte und siebte Plage schon der J vorgegebenen älteren Exodusgeschichte entstammen (vgl. Kap. IV). Darauf deutet nicht zuletzt auch die redaktionelle Erweiterung der vierten Plage im Sinne von Formelementen, die für die genuin "jahwistischen" Plagen charakteristisch sind, hin (Ex 9,1bß.2a.7b). Kann der "Sondercharakter" der Plagen 1, 4 und 7 gegenüber den Plagen 2 und 3 sowie 5 und 6 demnach nicht unbedingt als Hinweis auf die Komposition der "jahwistischen" Plagen verstanden werden, dann ist nach den Kriterien zu fragen, die unter kompositionskritischem Gesichtspunkt als relevant angesehen werden müssen, wobei vor allem solche Aussagen zu berücksichtigen sind, die auf die Hand der "jahwistischen" Redaktion selbst zurückgehen (zur näheren Begründung der hier vorausgesetzten literarkritischen Entscheidungen vgl. meine in Vorbereitung befindliche Untersuchung zu Ex 6, 28-11,1o). Einen ersten Hinweis im Blick auf die Beurteilung der Kompo-

in einem unmittelbaren literarischen Zusammenhang. Erweist sich die redaktionell bearbeitete Fassung der Meerwundererzählung damit auf verschiedene Weise in den größeren literarischen Zusammenhang der "jahwistischen" Exodusgeschichte eingebunden, dann kann sie sinnvollerweise auch nur als Element dieser "jahwistischen" Exodusgeschichte verstanden werden. Bei Berücksichtigung dieses Zusammenhangs gewinnt sie eine Reihe neuer Perspektiven, die der Meerwundererzählung aus sich selbst heraus nicht zukämen.

3. *Die Meerwundererzählung als Element der jahwistischen Exodusgeschichte*

Ist die redaktionell bearbeitete Fassung der Meerwundererzählung als Bestandteil der "jahwistischen" Exodusgeschichte zu verstehen, dann ist darin auch der (engere) Interpretationsrahmen zu sehen, aus dem heraus die Meerwundererzählung interpretiert werden muß. Im *ersten Teil* der "jahwistischen" Exodusgeschichte, der mit Ex 1,6a+8 einsetzt und mit 6,1a endet, wird das die ganze Exodusgeschichte des "Jahwisten" bestimmende erzählerische und theologische Programm entworfen. Prägnant wird dies in den antithetisch aufeinander bezogenen Aussagen innerhalb der beiden Reden des Pharao (Ex 1,9+1ob*) und Jahwes (Ex 3,7*+8aα) zum Ausdruck gebracht [8]. Aus der grundlegend deutenden Perspektive, wie sie in den auf den Jahwisten selbst zurückgehenden Reden des Pharao und Jahwes entwickelt worden ist, hat auch die aus der

---

sitionsstruktur im Bereich der "Plagen" geben die Schlußaussagen der einzelnen Plagenerzählungen des "Jahwisten". Dabei wird ein Unterschied zwischen den Plagen 1-4 und 5-7 erkennbar. Während nämlich in den Plagen 1-4 (ausgenommen nur die unverändert aus der vorjahwistischen Tradition rezipierte erste Plage) abschließend jeweils das Motiv der Verhärtung des Herzens des Pharao aufgenommen ist (Ex 8,11a*.28*; 9,7b), fehlt eine entsprechende Notiz in den Plagen 5-7. Die fünfte und sechste Plage enden vielmehr mit einer Notiz der Fürbitte des Mose (Ex 9,33a*; 1o,18), die letzte (unverändert aus der vorjahwistischen Tradition übernommene) Plage mit dem Zugeständnis der Entlassung (Ex 12,31*). Aufgrund dieser Beobachtung legt sich die Vermutung nahe, die Plagen 1-4 unter kompositionskritischen Gesichtspunkten als einen geschlossenen Textzusammenhang anzusehen, wovon die Plagen 5-7 abzusetzen sind. Diese Annahme wird durch weitere Beobachtungen unterstrichen. Während es sich bei den Plagen 1-4 um Tierplagen (Tod der Fische im Nil - Frösche // Stechmücken - Tod des Viehs) handelt, wobei die aus der Tradition aufgenommenen Plagen 1 und 4 aufgrund ihres Sondercharakters eine verklammernde Funktion haben, haben die davon abzusetzenden Plagen 5-7 (Hagel - Heuschrecken - Tod der Erstgeburt) eher den Charakter von Theophanieschilderungen. Sind diese Beobachtungen zutreffend, dann bilden die "jahwistischen" Plagen keine in sich geschlossene Reihe, sondern sind unter kompositionskritischem Aspekt auf zwei Erzählteile der "jahwistischen" Exodusgeschichte aufzuteilen (1-4 // 5-7), wobei dann die "jahwistische" Meerwundererzählung mit den kompositionskritisch abzutrennenden Plagen 5-7 zu verbinden ist.

8 Für Einzelheiten vgl. P. WEIMAR, OBO 32, 122-131.

vorjahwistischen Tradition übernommene Schilderung der Verschärfung der Arbeitsbedingungen eine neue Deutung durch die Einordnung in einen neuen Bezugsrahmen (vgl. die Rahmung der überlieferten Erzählung in Ex 5* durch die Aussagen in Ex 4,29*.31bα + 5,1*.3*.4aαb und 5,22aßb.23b + 6,1a sowie die Einfügung der Aussagen in Ex 5,8b und 17b) erfahren [9]. Im Gegensatz zur vorjahwistischen Tradition, in der die Verschärfung der Arbeitsbedingungen nicht näher motiviert ist, erscheint sie innerhalb der "jahwistischen" Exodusgeschichte gerade als Reaktion auf die Forderung zur Freigabe zum Dienst Jahwes (vgl. vor allem die Kontrastierung der Aussagen "Wir wollen doch einen Weg von drei Tagen *gehen*, und wir wollen Jahwe, unserem Gott, opfern" in Ex 5,3b* und "*Geht* an eure Fronarbeiten!" in Ex 5,4b). Damit ist die Verschärfung der Arbeitsbedingungen von vornherein als ein Element der Auseinandersetzung zwischen Jahwe und dem Pharao verstanden (vgl. auch die Neuinterpretation des älteren Erzählzusammenhangs durch die Einfügung des Zitats "Wir wollen gehen, wir wollen unserem Gott/Jahwe opfern" in Ex 5,8b und 17b). Von daher erklärt sich auch der Schluß des ersten Teils der jahwistischen Exodusgeschichte (Ex 5,22abß.23b + 6,1a), wo das Scheitern der von Jahwe angesagten Rettung konstatiert werden muß. Diese Aussage bekommt aber noch dadurch einen besonderen Akzent, daß sie als Vorwurf an Jahwe gerichtet ist (Ex 5,22abß+23b). Bis jetzt hat das Eintreten Jahwes für sein Volk nicht nur keine Rettung, sondern vielmehr sogar eine Verschärfung der Situation gebracht. Der Pharao mit seinen Unterdrückungsmaßnahmen (vgl. Ex 1,11a), die bezeichnenderweise ihren Grund in der Erfüllung der Abrahamverheißung haben, hat sich scheinbar durchgesetzt. Doch wird in der Antwort Jahwes (Ex 6,1a) eine Gegenbewegung angedeutet.

Der *zweite Teil*, der die ersten vier Plagen (Fische + Frösche // Stechmücken + Viehpest) umfaßt [10], erzählt das Ringen zwischen Jahwe und dem Pharao um die Entlassung des Volkes zum (Opfer-)Dienst Jahwes, wobei die Überlegenheit Jahwes sichtbar wird, ohne daß dieses Ringen aber zu dem angesagten Ziel der

---

9 Zur Kompositionstechnik des ersten Teils der "jahwistischen" Exodusgeschichte, dessen vier szenische Einheiten sich zu einer zweigestuften Erzählfolge zusammenordnen, wobei der die erste Erzählhälfte bestimmende Gegensatz zwischen dem Pharao und Jahwe sich in der zweiten Erzählhälfte auf anderer Ebene wiederholt, vgl. P. WEIMAR, OBO 32, 131.

1o Der zweite Teil der "jahwistischen" Exodusgeschichte zeigt mit der Abfolge der vier "Plagen" ein zum ersten Teil durchaus verwandtes Strukturmuster. Auch hier ist eine durch die Zuordnung von jeweils zwei szenischen Einheiten entstandene Zweistufigkeit der Erzählfolge (1+2//3+4) zu beobachten, wobei die Zweistufigkeit hier sowohl durch die Zuordnung der Plagen (Tod der Fische im Nil + Frösche (vgl. die Entsprechung der

Befreiung des Volkes führte. Der Zusammenhang mit dem ersten Teil wird dadurch hergestellt, daß im Unterschied zur vorjahwistischen Tradition zu Beginn der einzelnen Plagen jeweils die Entlaßforderung "Entlasse mein Volk, daß sie mir dienen!" zitiert wird (Ex 7,16aß*.26bß; 8,16bß; 9,1bß). Die Bedeutung, die gerade dem Motiv der Entlassung zum Jahwe-Dienst zukommt, wird dadurch unterstrichen, daß die Plagen immer nur bedingt angesagt werden für den Fall, daß der Pharao das Volk nicht entläßt ("Wenn du dich weigerst, es zu entlassen ..." Ex 7,27a und 9,2a bzw. "Wenn du mein Volk nicht entläßt" Ex 8,17aα). Auch wenn es selbst nicht eigens erzählt wird, ist das Eintreffen der Plagen und damit die Weigerung des Pharao jeweils vorausgesetzt (vgl. Ex 8,4*.8abα*.9bα und 8,21*.24*.26.27*). Dadurch daß die Bitte an Mose um Fürbitte bei Jahwe wegen der Plagen und das Zugeständnis der Entlassung zum Dienst Jahwes zueinander in Beziehung gesetzt sind, wird dieses zugleich als Eingeständnis der eigenen Unterlegenheit interpretiert. Der schließliche Mißerfolg wird durch die jeweiligen Schlußaussagen (Verhärtung des Herzens des Pharao und/bzw. Nicht-Entlassung des Volkes) angezeigt (Ex 8,11aαß, 28aαb und 9,7b). Im Zusammenhang der "jahwistischen" Exodusgeschichte ist der zweite Teil mit den ersten vier Plagen erzählerisch gewissermaßen als ein retardierendes Element zu verstehen, insofern er nicht zu dem nach Ex 6,1a erwarteten Ziel führt.

Die Lösung bringt erst der abschließende *dritte Teil*. Die restlichen drei Plagen und das Meerwunder erscheinen dabei zu einem durchlaufenden Geschehensprozeß zusammengebunden [11]. Von den vier Plagen des zweiten Teils unterscheiden

---

Ankündigungen in Ex 7,17bα*+18a* und 27*) bzw. Stechmücken + Tod des Viehs (vgl. die Verwandtschaft der negierten Aussagen in Ex 8,27b und 9, 6b)) als auch durch die entsprechenden Schlußwendungen der einzelnen Plagen (vgl. vor allem die Entsprechung von Ex 8,28* und 9,7b) angezeigt ist. Anders dagegen verhält es sich mit der Zuordnung der einzelnen Szenen zueinander, die sich nicht alternierend entsprechen, sondern symmetrisch angeordnet sind, so daß die erste und vierte (Tod der Fische im Nil bzw. des Viehs) sowie die zweite und dritte Szene (Frösche und Stechmücken) korrespondieren. Die symmetrische Komposition, die keinen wirklichen Handlungsfortschritt bringt, entspricht der erzählerischen Funktion des zweiten Teils im Gesamtkomplex der "jahwistischen" Exodusgeschichte, in dem er als ein retardierendes Moment zu verstehen ist.

11 Im dritten Teil der "jahwistischen" Exodusgeschichte wiederholt sich das dem ersten Teil zugrundeliegende Strukturmuster. Erneut begegnet hier die charakteristische Zweistufigkeit der Erzählfolge mit der paarweisen Zuordnung von jeweils zwei szenischen Einheiten (1+2//3+4), was erzählerisch dadurch angezeigt ist, daß in Plage 5 (Hagel) und 6 (Heuschrecke) Mose mit der Entlassungsforderung zum Pharao gesandt wird, während in Plage 7 (Tod der Erstgeburt) und beim Meerwunder (Tod Ägyptens) Mose dem eigenen Volk das Handeln Jahwes anzusagen hat. Daneben findet sich aber

sich die drei Plagen des dritten Teils vor allem dadurch, daß die dort den erzählerischen Progreß anzeigende Schlußaussage vom Verhärten des Herzens des Pharao und/bzw. Nicht-Entlassen des Volkes fehlt. Darin deutet sich die Unterlegenheit des Pharao gegenüber Jahwe an [12]. Erst dieser dritte Teil der "jahwistischen" Exodusgeschichte gibt die eigentliche Antwort auf die Klage des Mose zum Schluß des ersten Teils ("Doch herausgerissen, ja herausgerissen hast du dein Volk nicht" Ex 5,23b). Im Gegensatz zum zweiten Teil wird der erzählerische Fortschritt in der jeweiligen Reaktion des Pharao bzw. Ägyptens auf die Aktionen Jahwes hin angezeigt (vgl. die Aussagefolge Ex 9, 27+28* ("Fleht zu Jahwe! Ich will euch entlassen"), 1o,16a+17* ("Fleht zu Jahwe, eurem Gott, daß er es von mir abwende!"), 12,31* ("Geht, dient Jahwe!") und 14,25b ("Ich will fliehen vor Israel, denn Jahwe kämpft für sie gegen Ägypten")).

Die Reaktionen des Pharao bzw. Ägyptens dokumentieren deren fortschreitende Entmächtigung, wobei durch die erzählerische Einleitung bzw. den erzählerischen Zusammenhang der drängende Charakter sichtbar gemacht wird (Ex 9,27* ("... sandte hin und rief den Mose und sprach"), 1o,16* ("... und beeilte sich, den Mose zu rufen, und sprach"), 12,3o+31* ("stand in derselben Nacht auf und rief den Mose und sprach") und Ex 14,25a (Gottesschrecken)). Die Absicht der Flucht mit der angeschlossenen Begründung in Ex 14,25b markiert nicht zuletzt

auch das im ersten Teil zu beobachtende Entsprechungsverhältnis von erster und dritter bzw. zweiter und vierter szenischer Einheit. Während die erste und dritte szenische Einheit vor allem dadurch miteinander verbunden sind, daß sie in eine Rede des Pharao mit Zugeständnis der Entlassung einmünden (vgl. die Parallelität der Aussagen von Ex 9,27+28* ("*der Pharao sandte hin und rief den Mose und sprach:* ... Ich will euch entlassen!") und Ex 12,3o+31* ("*der Pharao* stand in derselben Nacht auf *und rief den Mose und sprach:* Geht, dient Jahwe"!)), liegt in der zweiten und vierten szenischen Einheit der Akzent auf dem Eingeständnis der eigenen Unterlegenheit angesichts der Macht Jahwes (vgl. Ex 1o,17* ("fleht zu Jahwe, eurem Gott, daß er es von mir abwende!") und 14,25b ("ich will fliehen vor Israel, denn Jahwe kämpft für sie gegen Ägypten")). Erneut zeigt sich hierbei eine strenge Parallelität der Erzählabfolge in den beiden Hälften des Schlußteils der "jahwistischen" Exodusgeschichte, wobei das Schwergewicht der Aussage auf der von J selbst formulierten ersten Hälfte liegen wird, zumal hier einander der Anspruch Jahwes und der Anspruch des Pharao kontrastiert sind.

12 Im Gegensatz zum Schluß der einzelnen szenischen Einheiten des zweiten Teils tritt im dritten Teil an die Stelle der Feststellung der Herzensverhärtung des Pharao bzw. des Nicht-Entlassens des Volkes (Ex 8,11a*.28*;9,7b) entweder die Aussage von der Fürbitte des Mose bei Jahwe (Ex 9,33* und 1o,18) oder das Eingeständnis der eigenen Unterlegenheit (Ex 12,31* und 14,25b) ein, womit zugleich der Kontrast zur Ausgangssituation des ersten Teils angezeigt ist.

wegen des Rückgriffs auf Ex 1,10* den Höhepunkt der Entwicklung. Der Tod Ägyptens (Meerwunder) bringt gegenüber dem Tod der ägyptischen Erstgeburt (siebte Plage) eine letzte Steigerung. Der unmittelbare erzählerische Zusammenhang der letzten drei Plagen und des Meerwunders, worin eine Abänderung gegenüber der vorjahwistischen Tradition liegt (vgl. Kap. IV), verleiht dem Meerwunder zudem einen neuen Charakter. Sind nämlich die beiden als genuin "jahwistische" Bildungen zu verstehenden Plagen vom Hagel (5) und von der Heuschrecke (6) als Schilderungen, die stark von der Vorstellung vom Tag Jahwes her geprägt erscheinen, zu verstehen [13], dann wird gleiches aber auch für das literarisch damit in engem Zusammenhang stehende Meerwunder gelten, das so als ein Geschehen am "Tage Jahwes" zu interpretieren sein wird [14].

Damit scheint sodann ein weiterer Aspekt verbunden zu sein, der für die "jahwistische" Meerwundererzählung charakteristisch ist. Durch die Stichwortverbindung von Ex 14,30a* ("So rettete Jahwe Israel *aus der Hand der Ägypter*") mit Ex 3,8aα ("um es [mein Volk] *aus der Hand der Ägypter* herauszureißen") (vgl. in diesem Zusammenhang auch Ex 5,23b) wird das Meerwunder mit dem Tod Ägyptens als die definitive Einlösung der Errettungszusage für Israel interpretiert, was nicht zuletzt auch durch den Rückbezug von Ex 14,25b auf die zu Ex 3,8aα parallele Vorhersage des Pharao in Ex 1,10b* unterstrichen wird. Die Errettungsansage von Ex 3,8aα wird dabei durch die Feststellung "ich bin herabgestiegen" (*wa'ered*) eingeleitet. Der Topos vom Herabsteigen Jahwes wird vor allem im Kontext von Theophanieschilderungen gebraucht [15]. Obschon die Rede vom Herabsteigen Jahwes in Ex 3,8aα im Gegensatz zum gängigen Sprachgebrauch nicht in einem mythisch geprägten Kontext begegnet, kann Ex 3,8aα dennoch vor dem Hintergrund alttestamentlicher Theophanieschilderungen verstanden werden [16]. Das für die Theophanieschilderungen neben dem Kommen Jahwes

---

13 Zur neueren Literatur über die Vorstellung vom "Tag Jahwes" vgl. die Übersicht bei M. SAEBØ 561. - Es dürfte wohl kein Zufall sein, daß gerade jene beiden "Plagen" bei J, für die als Hintergrund die Vorstellung vom "Tag Jahwes" anzunehmen ist, von E aufgenommen und um die Plage der Finsternis ergänzt worden sind, da nämlich die elohistische Darstellung der Machttaten vor dem Pharao gleichfalls von der Tag-Jahwes-Vorstellung geprägt erscheint (vgl. dazu P. WEIMAR, OBO 32, 183f).

14 Die Integration der "vorjahwistischen" Deutung des Meerwunders als Jahwekrieg in die Konzeption vom "Tag Jahwes", wie sie für den Schlußteil der "jahwistischen" Exodusgeschichte als bestimmend anzusehen ist, liegt um so näher, als es sich beim "Tag Jahwes" in der prophetischen Tradition "eindeutig um ein Kriegsgeschehen" handelt (G. VON RAD, Theologie I, 132; ähnlich auch K.D. SCHUNCK, VT 14, 1964, 319-330; H.-P. MÜLLER, BZAW 109, 72-85; E. HAAG, BiLe 13, 1972, 240-244).

15 Vgl. dazu schon P. WEIMAR, OBO 32, 95 mit Anm. 14 und jüngst W. MAYER, ThWAT III, 90of.

zweite charakteristische Element vom Aufruhr der Natur [17] findet sich innerhalb der "jahwistischen" Exodusgeschichte bezeichnenderweise erst bei der definitiven Einlösung der dem Mose in Ex 3,8aα gegebenen Errettungszusage im (als Jahwekrieg gestalteten) Meerwunder [18]. An die Stelle des Aufruhrs der Natur ist dabei das (aus der vorjahwistischen Tradition rezipierte und in einen neuen Zusammenhang gerückte) In-Schrecken-Versetzen Ägyptens durch Jahwe getreten, was durch das von J eingefügte Zitat in Ex 14,25b als Niederlage Jahwe gegenüber interpretiert wird [19]. Bestehen diese Zusammenhänge zu Recht, dann ist das Meerwunder beim "Jahwisten" als eine Theophanie Jahwes zu verstehen, worin sich das Gericht über den Pharao bzw. Ägypten als Feinde *Jahwes* ereignet [20]. Dadurch daß das Meerwunder von der literarischen Komposition des "Jahwisten" her in einem unmittelbaren Zusammenhang mit den aus der Tradition des "Tages Jahwes" heraus zu verstehenden Plagen von Hagel und Heuschrecke steht, hat das Meerwunder - und darüber hinaus das ganze Exodusgeschehen - in der Konzeption des "Jahwisten" die Qualität einer großen Theophanie am "Tage Jahwes" [21].

---

16 Vom Folgenden her sind auch die bei P. WEIMAR, OBO 32, 96 vorgetragenen Beobachtungen zu revidieren. Vor allem erscheint zweifelhaft, ob das Herabsteigen Jahwes in Ex 3,8aα unmittelbar mit Ex 19,2o in Verbindung gebracht werden darf (so zuletzt auch W. MAYER, ThWAT III, 9oof und E. ZENGER, Sinai 16o), da beide Stellen möglicherweise nicht in einem literarisch ursprünglichen Beziehungsverhältnis zueinander stehen.

17 Vgl. dazu vor allem J. JEREMIAS, WMANT 1o.

18 Eine solche Einbeziehung des als Jahwekrieg gedeuteten Meerwunders in die für die "jahwistische" Exodusgeschichte übergreifende Konzeption einer Theophanie Jahwes ist um so leichter möglich gewesen, als durchaus eine "ursprunghafte Verbindung der Theophanieschilderung mit dem Jahwekrieg" anzunehmen ist (J. JEREMIAS, WMANT 1o, 179; vgl. auch E. HAAG, BiLe 13, 1972, 242-244).

19 Auf ein ähnliches Phänomen macht J. JEREMIAS, WMANT 1o, 1o9 (vgl. auch W. MAYER, ThWAT III, 9oof) im Blick auf die "Ausformungen der Sinaitheophanie" aufmerksam; im Blick auf den Schlußteil der elohistischen Exodusgeschichte vgl. auch P. WEIMAR, OBO 32, 187f.

2o Als Theophanie Jahwes wird das Meerwunder bei J jüngst auch von J.-L. SKA, VT 33 (1983) 454-467 verstanden.

21 Auf den engen Zusammenhang der Theophanieschilderung zur Tradition vom "Tag Jahwes" hat vor allem J. JEREMIAS, WMANT 1o, 97-1oo.175 hingewiesen. - Der hier für die "jahwistische" Exodusgeschichte konstatierte konzeptionelle Hintergrund für die Deutung des Exodusgeschehens ist in ähnlicher Weise auch für die elohistische Exodusgeschichte vorauszusetzen (vgl. dazu P. WEIMAR, OBO 32, 187-19o), was - unter der Voraussetzung einer Kenntnis von J durch E - die hier vorgelegte Interpretation zu stützen vermag. Beachtenswert erscheint dabei, daß sowohl J als auch E das Exodusgeschehen - und hier vor allem die entscheidende Befreiungstat - als Theophanie verstehen.

4. *Die Meerwundererzählung als Element der jahwistischen Geschichts-darstellung*

Durch die Rückbindung der die "jahwistische" Exodusgeschichte abschließen-den Meerwundererzählung an die Ankündigung der Herausführung aus Ägypten in-nerhalb der programmatischen Reden des Pharao (Ex 1,9+10b[*]) und Jahwes (Ex 3,7[*]+8aα) wird nicht nur nochmals der Zusammenhang mit dem Beginn der Exodus-geschichte hergestellt, sondern darüber hinaus auch mit den an Abraham ge-richteten Verheißungen zu Beginn der "jahwistischen" Abrahamgeschichte in Gen 12,1-7[*], insofern nämlich die beiden Reden des Pharao bzw. Jahwes am Ein-gang der Exodusgeschichte hierauf zurückverweisen (*Kursivdruck* zeigt Ent-sprechungen zur Exodusgeschichte an) [22]:

> (12,1) Und Jahwe sprach zu Abram:
>
>> Geh weg *aus deinem Land in ein Land,*
>> das ich dich *sehen lassen werde.*
>> (2) Und *ich will dich machen* zu einem großen Volk
>> und will dich segnen.
>> (3) Und in dir sollen Segen gewinnen alle Sippen des
>> Erdbodens.
>
> (4) Und Abram ging, wie Jahwe zu ihm geredet hatte,
> und Lot ging mit ihm.
> (6) Und Abram durchzog das Land bis zur Stätte von Sichem.
> (7) Und Jahwe *erschien* dem Abram
> und sprach:
>
>> Deinem Samen werde ich *dieses Land* geben.
>
> Und er erbaute dort einen Altar für Jahwe,
> *der ihm erschienen war.*

Wie die literarischen Querverbindungen erkennen lassen, geben die in Gen 12, 1-7[*] mitgeteilten Verheißungen an Abraham den inneren Bezugspunkt sowohl für die Rede des Pharao in Ex 1,9+10b[*] (Begründung der Unterdrückungsmaßnahmen) als auch für die Rede Jahwes in Ex 3,7[*]+8aα (Errettungsansage) ab. Während der Pharao dabei die Erfüllung der Mehrungsverheißung ("großes Volk") aus Gen 12,2aα konstatiert, spielt Jahwe in seiner Rede auf den an Abraham ergangenen Befehl in Gen 12,1[*] sowie auf die Landverheißung in Gen 12,7a an. Indem auf diese Weise die für die Exodusgeschichte grundlegenden Reden des Pharao in Ex 1,9+10b[*] und Jahwes in Ex 3,7[*]+8aα auf die Abrahamverheißungen in Gen 12,1-7[*]

---

22 Für die Begründung der hier vorgenommenen Rekonstruktion des "jahwisti-schen" Textbestands in Gen 12,1-7 vgl. P. WEIMAR, BZAW 146, 44-47. Die dort vertretene Texthypothese ist aufgenommen bei E. ZENGER, QD 79, 46-48, jetzt aber allem Anschein nach wieder aufgegeben worden (vgl. Sinai 156). - Zu den Querverweisen zwischen Gen 12,1-7* und der "jahwistischen" Exodusgeschichte vgl. P. WEIMAR, OBO 32, 132f.

zurückbezogen erscheinen, will der "Jahwist" zugleich sichtbar machen, daß hierin auch der eigentliche theologische Grund für das liegt, was im Exodusgeschehen dargestellt ist.

Für ein Gesamtverständnis der "jahwistischen" Exodusgeschichte ist der vor allem durch Ex 1,9 angezeigte Bezug zur programmatischen Verheißungsrede in Gen 12,1-3* nicht ohne Belang. Das innere Gefälle dieser Rede geht auf die abschließende Aussage in Gen 12,3b ("in dir sollen Segen gewinnen alle Sippen des Erdbodens") hin, worin die Angabe der Folge der vorangehenden Segensverheißung in Gen 12,2aαβ zu sehen ist (vgl. die Stichwortverbindung durch das Verbum "segnen"). Gerade im Blick auf die Verheißung des Segens für "alle Sippen des Erdbodens" wird dann auch die Vorschaltung einer in universaler Perspektive ("Erdboden") erzählenden "Urgeschichte" (Gen 2,4b-8,21*) verständlich (vgl. die Stichwortverbindung "Erdboden" von Gen 12,3b mit 2,7; 3, 17.23 und 8,21) [23]. Der Bedeutungsgehalt der Aussage vom Segen-Gewinnen aller Sippen des Erdbodens *in* Abraham wird im weiteren Verlauf der Abrahamgeschichte erzählerisch entfaltet (vgl. vor allem die Grundschicht der Erzählfolge in Gen 18/19*) [24].

Vor dem Hintergrund der in der Abrahamgeschichte entwickelten Programmatik gewinnt auch die darauf Bezug nehmende Exodusgeschichte neue Perspektiven. Ausgangspunkt der ganzen "jahwistischen" Exodusgeschichte ist die als Begründung der Unterdrückungsmaßnahmen dienende Konstatierung der Erfüllung der dem Abraham gegebenen Verheißungszusage in Gen 12,2aα ("großes Volk") im Munde des Pharao in Ex 1,9, worin aber im Sinne des "Jahwisten" zugleich eine implizite Stellungnahme gegenüber der Verheißung an Abraham gegeben ist. Den Endpunkt des durch die negative Stellungnahme des Pharao in Ex 1,9+10b* ausgelösten Prozesses bildet die Theophanie Jahwes am Meer. Das sich dabei ereignende Gericht am Pharao bzw. an Ägypten läßt wohl durchaus absichtsvoll die Erinnerung an das "urzeitliche" Gericht der Flut (Gen 6,5a; 7,1a.4aα*.5.10a. 12a.17b.22*; 8,2b.3a*.20a.21*) sowie an das Gericht über Sodom (Gen 19*) wiederaufleben [25].

---

23 Im Gegensatz zu den traditionellen Hypothesen einer Textabgrenzung der "jahwistischen" Urgeschichte wird hier ein wesentlich eingegrenzterer Textbestand als "jahwistisch" vorausgesetzt; zur Begründung vgl. P. WEIMAR, BZAW 146, 113-158.

24 Die hier vorausgesetzte Analyse und Interpretation des "jahwistischen" Erzählzusammenhangs in Gen 18/19 soll demnächst in einer eigenen Studie vorgelegt werden; zur Analyse der beiden Kapitel vgl. zuletzt E. HAAG, AOAT 212, 173-199, außerdem E. BLUM, WMANT 57, 273-282.

5. *Zeit- und geistesgeschichtliche Dimension der jahwistischen Meerwunder-*
   erzählung

Die erzählerischen Strukturen der "jahwistischen" Meerwundererzählung sind
wesentlich von einem theologischen Interesse geleitet. Gegenüber der ältesten Darstellung des Meerwunders kommt nichts an konkreten neuen Informatio-
nen hinzu. Neu ist vielmehr einzig der Bezugsrahmen, in den die Erzählung
des Meerwunders eingebunden erscheint. Darin wird aber zugleich eine Verschiebung der Erzählperspektive greifbar, die eine anders gelagerte Problematik
reflektiert. Konfliktauslösendes Moment der Exodusgeschichte, worauf die Meerwundererzählung durch Ex 14,25b explizit zurückverweist, ist die Stellungnahme des Pharao zur Verheißung eines "großen Volkes" an Abraham (Ex 1,9+1ob[*]).
Ihr tritt antithetisch die gleichfalls zur Verheißung an Abraham in Beziehung
stehende Ansage der Errettung aus Ägypten durch Jahwe gegenüber (Ex 3,7[*]+8aα).
Aus der damit aufgebauten Konfliktsituation zwischen dem Pharao und Jahwe entwickelt sich die ganze Darstellung des Exodusgeschehens. Das Meerwunder erscheint dabei als konfliktlösendes Element.

Auffälligerweise endet sowohl die Zukunftsvision des Pharao (Ex 1,1ob) als
auch die Errettungsansage Jahwes (Ex 3,8aα) mit der Ankündigung der Heraufführung des Volkes (*"es zieht herauf aus dem Land"* Ex 1,1ob[*] / *"um es aus
diesem Land heraufzuführen – in ein schönes und weites Land"* Ex 3,8aα). In
beiden Fällen folgt die Ansage der Heraufführung aus dem Land (Ägypten) einer
Ansage, die eine Resonanz im Zusammenhang der Meerwundererzählung hat ("und
es kämpft gegen uns" bzw. "um es aus der Hand der Ägypter herauszureißen").
Wie die Technik des Rückverweises innerhalb der Meerwundererzählung erkennen
läßt (vgl. Ex 14,25b und 3oa[*]), soll damit die Erfüllung der entsprechenden
Zukunftsansagen im Meerwunder angezeigt werden. Dagegen fehlt innerhalb der

---

25 Zur Parallelisierung von Zügen der Flut- und Sodomerzählung in Gen 6-8*
und 18+19* sind die Hinweise bei W.M. CLARK, ZAW 83 (1971) 184-211 zu
vergleichen, wobei aber die dort gemachten Beobachtungen entsprechend den
anderen literaturgeschichtlichen Voraussetzungen, wie sie der vorliegenden Untersuchung zugrundeliegen, zu modifizieren sind. Zu beachten ist in
diesem Zusammenhang auch, daß die entsprechenden "Gerichtsschilderungen"
jeweils am Ende einer größeren Erzählsequenz stehen. Konstitutiv für alle
drei Erzählzusammenhänge ist der dabei artikulierte Gegensatz zwischen
der Vernichtung der "Vielen" und der Errettung einer Gruppe. Flut- und
Meerwundererzählung sind darüber hinaus noch durch das Motiv der Vernichtung im Wasser verbunden. All dies deutet literarische wie thematische
Zusammenhänge an, die im Blick auf die Konzeption der "jahwistischen"
Meerwundererzählung mitzubedenken sind.

Meerwundererzählung ein solcher Rückverweis auf die Ankündigung der Heraufführung aus Ägypten, was nach den Gründen für das Fehlen eines entsprechenden Rückverweises fragen läßt.

Die naheliegende Annahme, daß die Ankündigung der Heraufführung auf
einen über das Meerwunder hinausgehenden und ihm folgenden Vorgang verweist [26], erscheint allein schon angesichts des Fehlens eines solchen Rückverweises auch in dem auf die Meerwundererzählung folgenden Erzählzusammenhang problematisch [27], ist aber selbst nicht einmal aufgrund der beiden Zu-
kunftsaussagen in Ex 1,1ob* und 3,8aα zwingend gefordert. Darauf deutet zunächst die Aussage von Ex 1,1ob*. Die dort an die vorangestellte Bedingung
("wenn ein Krieg sich fügt") sich anschließende dreigliedrige Angabe der Folge meint dabei allem Anschein nach nicht drei aufeinander folgende Vorgänge,
sondern nur verschiedene Aspekte ein und desselben Vorgangs (Meerwunder) [28].
Aufgrund der Korrespondenz der Aussagen von Ex 1,1ob* und 3,8aα wird Entsprechendes aber auch für die Ankündigung der Heraufführung durch Jahwe gelten.
Die dabei über Ex 1,1ob* hinausgehende Angabe "in ein schönes und weites Land"
gibt die innere Zielrichtung des Exodusgeschehens an, ohne daß die Einlösung
dieser Zukunftsperspektive selbst erzählt sein müßte [29].

---

26 Vgl. E. ZENGER, Sinai 173: "Mit Ex 14 ist nur der erste Teil dieser Zusa-
    ge eingelöst. Die Geschichte Jahwes mit seinem Volk Israel wird weiterge-
    hen müssen. *Daß* und *wie* dies geschieht, erzählt J in seiner Sinaigeschich-
    te".

27 In diesem Zusammenhang verdiente vor allem die Aussage von Num 14,8a Be-
    achtung, wo erneut die Landgabethematik aufgenommen ist. Angesichts der
    literargeschichtlichen Problematik von Num 13/14 erweist sich jedoch eine
    Zuweisung von Num 14,8a an J als wenig plausibel (so noch P. WEIMAR, OBO
    32, 121.133f; zu Num 13/14 soll demnächst eine eigene Analyse vorgelegt
    werden). Die Aussage von Num 14,8a findet sich nämlich in einer durch
    priesterschriftliche Aussagen in 14,5-7 und 1o gerahmten Textpassage, die
    als solche keinen über Num 14,5-7 hinausgreifenden Anschluß nach hinten
    hat (vgl. nur die zwischen Num 14,4 und 8+9 zu konstatierende Spannung).
    Am ehesten läßt sich Num 14,8+9 aber als redaktionelle Erweiterung zu Num
    14,7 verständlich machen, es sei denn, man rechnet mit Ausfällen, die bei
    der Zusammenarbeit der verschiedenen Erzählstränge eingetreten sind. Kann
    eine solche Annahme aber als nicht wahrscheinlich angesehen werden, dann
    ist Num 14,8+9 wohl als ein nachpriesterschriftlicher redaktioneller Ein-
    trag (allem Anschein nach aus der Hand von R[P]) anzusehen.

28 Der im Vordersatz des Bedingungsgefüges von Ex 1,1ob* angesagte Krieg rea-
    lisiert sich im Meerwundergeschehen. Wie der explizite Rückverweis von Ex
    14,25b auf Ex 1,1ob* erkennen läßt, beziehen sich hierauf zumindest auch
    die beiden ersten Glieder des dreigliedrigen Folgesatzes in Ex 1,1ob*.
    Ein entsprechender Zusammenhang ist dann aber auch für das abschließende
    dritte Glied mit der Ansage des Heraufziehens aus dem Lande als wahrschein-
    lich anzusehen, wobei eine solche Annahme um so naheliegender ist, als
    die Verbindung [c]lh (mit Volk/Söhne Israels als Subjekt) + *min* im folgen-
    den nicht mehr aufgegriffen wird (vgl. nur den anderen Sprachgebrauch im
    Rahmen der Sinaigeschichte).

Ist so die in Ex 1,1ob[*] und 3,8aα angesagte Heraufführung aus Ägypten als im Meerwunder erfüllt anzusehen, dann ist das Meerwunder möglicherweise nicht nur Abschluß und Höhepunkt der Exodusgeschichte, sondern darüber hinaus auch des ganzen "jahwistischen" Werkes, womit dem Meerwunder im Blick auf das Gesamtwerk des "Jahwisten" ein ganz grundsätzliches Gewicht zukäme [30]. Das "jahwistische" Werk hätte dann einen offenen Schluß. Das Fehlen einer eigenen Landnahmegeschichte ist angesichts der bei J stark akzen-

---

29 Scheidet für die Zielangabe "in ein schönes und weites Land" in Ex 3,8aα auch Num 14,8a als eine gleichfalls auf die Hand des "Jahwisten" zurückgehende literarische Entsprechung aus (vgl. dazu Anm. 27), dann bleibt die Aussage in Ex 3,8aα im weiteren Verlauf des "jahwistischen" Werkes ganz offensichtlich ohne unmittelbare Resonanz.

3o Im vorliegenden Zusammenhang kann das stark umstrittene Problem des Endes des "jahwistischen" Werkes keine eingehende Darstellung erfahren; das soll in anderem Zusammenhang geschehen. Hier sollen nur einige Beobachtungen mitgeteilt werden, die zumindest eine Fortführung des "jahwistischen" Werkes nach der Meerwundererzählung als zweifelhaft erscheinen lassen (für die gängigen Hypothesen zum Ende von J vgl. etwa nur W.H. SCHMIDT, Einführung 72f). Auch wenn die durch die Verheißungsaussagen in Gen 12,7a und Ex 3,8aα stark akzentuierte Landgabethematik die Annahme einer Fortführung des "jahwistischen" Werkes bis zur Landnahme zu favorisieren scheint, so scheitert eine solche Annahme m.E. letztlich daran, daß sich in diesem Rahmen keine geschlossenen "jahwistischen" Erzählzusammenhänge mehr rekonstruieren lassen, wenn man nicht mit der Annahme rechnen will, daß die Landnahmeerzählung des "Jahwisten" bei der Einbindung in den Pentateuch weggefallen ist (M. NOTH, ÜP 35 Anm. 127). Die gleichen Bedenken richten sich aber auch gegen die Annahme, das Ende des "Jahwisten" in Num 14 anzusetzen (vgl. jüngst erneut E. ZENGER, Sinai 19 und ThRev 78, 1982, 361 ("mindestens bis Num 14*!")). Abgesehen einmal von der Schwierigkeit, Num 14,8a von J herzuleiten (vgl. Anm. 27), ist die Annahme eines "jahwistischen" Textbestandes in Num 13+14* nicht ohne Probleme (der Nachweis soll an anderer Stelle geführt werden). Aber selbst unter der Voraussetzung, daß J an Num 13+14 beteiligt ist, bleibt das Problem des rückwärtigen Anschlusses, da sich nämlich in Num 11+12 ein "jahwistischer" Textbestand überzeugend nicht nachweisen läßt (anders zuletzt wieder H. SEEBASS, VT 28, 1978, 214-223), ein unmittelbarer Anschluß von Num 13+14* an die Sinaigeschichte (Ex 34*) aber nicht wahrscheinlich ist. Doch selbst für die "jahwistische" Sinaigeschichte, setzt man einmal die in sich nicht ganz unproblematische Rekonstruktion von E. ZENGER, Sinai 156-165 (zur Analyse vgl. 13o-155) voraus, stellt sich gleichfalls das Problem des rückwärtigen Anschlusses, da sich zwischen Ex 14 und 19 keine sicher als "jahwistisch" zu qualifizierenden Texte ausmachen lassen (die Zuweisung von Ex 18,1.5.1o.11* an J bei E. ZENGER, Sinai 1964 bleibt im ganzen unsicher).Treffen diese Beobachtungen zu, dann scheinen sich nach Ex 14* im Gegensatz zur bis dahin praktizierten Verfahrensweise keine geschlossenen "jahwistischen" Erzählzusammenhänge mehr rekonstruieren zu lassen, was aber letztlich die These einer Fortführung des "jahwistischen" Werkes nach der Meerwundererzählung als zweifelhaft erscheinen läßt. Eine Annahme von Textausfällen würde gerade den Unterschied des literarischen Verfahrens im Blick auf die Handhabung des "jahwistischen" Textmaterials vor und nach der Meerwundererzählung in Ex 14* nicht verständlich machen. An-

tuierten und in zentralen literarischen Zusammenhängen begegnenden Zusagen
vom Besitz des Landes (Gen 12,7a und Ex 3,8aα) als ein auffälliges, aus der
entstehungsgeschichtlichen Situation des "jahwistischen" Werkes aber durchaus verständliches Phänomen zu interpretieren, insofern nämlich für den möglicherweise unter dem Eindruck des Zerbrechens des davidisch-salomonischen
Reiches schreibenden "Jahwisten" Israel das "schöne und weite Land" als solches noch nicht besitzt [31]. Die für die Exodusgeschichte als charakteristisch anzusehende Rückbindung an die dem Abraham gegebenen Verheißungen
läßt über die theologische Bedeutsamkeit dieses Phänomens wohl auch Rückschlüsse auf den geistesgeschichtlichen Ort des Verfassers des "jahwistischen" Werkes zu, der nicht im Umkreis des Jerusalemer Hofes, sondern am ehesten im Umkreis des "königstreuen Landjudäertums" (Hebron) zu suchen sein
wird [32].

---

gesichts der Schwierigkeiten bei der Rekonstruktion eines "jahwistischen"
Erzählzusammenhangs nach Ex 14* erscheint die Hypothese, daß das ursprüngliche (nicht redaktionell bearbeitete) "jahwistische" Werk einmal mit der
Meerwundererzählung geendet habe, nicht ganz unwahrscheinlich. Diese Annahme könnte durch einen Vergleich mit der "elohistischen" Geschichtsdarstellung, die vermutlich ebenfalls mit der Exodusgeschichte geendet hat (vgl.
dazu P. WEIMAR, OBO 32, 179-19o.193), eine zusätzliche Stütze erfahren,
zumal wenn die konzeptionelle Nähe der Exodusgeschichten von J und E zueinander (Exodus als Theophanie Jahwes) mitbedacht wird.

31 Weitergehende Erwägungen zur Entstehungszeit des "jahwistischen" Werkes
    finden sich bei P. WEIMAR, OBO 32, 136-139.

32 Vgl. dazu vor allem O.H. STECK, ThB 7o, 146f mit Anm. 73 sowie die wei-
    terführenden Hinweise bei P. WEIMAR, OBO 32, 135f.

KAPITEL VI

Meerwunder als Selbstauslegung Jahwes
Die jehowistische Version der Meerwundererzählung

Auf der nächsten Textstufe hat die überlieferte Form der Meerwundererzählung eine grundlegende Neubearbeitung erfahren. Durch sie hat sich nicht nur ihr Einsatz, sondern auch ihre Struktur im einzelnen verändert. Diese Fassung der Meerwundererzählung wird dabei folgende Gestalt gehabt haben [1]:

> (13,17) *Und es geschah,*
> *als der Pharao das Volk entließ,*
> (19) *da nahm Mose die Gebeine des Josef mit sich,*
> *denn er hatte die Söhne Israels schwören, ja schwören lassen,*
> *sprechend:*
>
>> *Zuwenden, ja zuwenden wird sich euch Elohim,*
>> *und ihr sollt meine Gebeine von hier mit euch heraufführen.*
>
> (14,5) Als dem König von Ägypten gemeldet wurde,
> daß das Volk geflohen sei,
> *da wandelte sich das Herz des Pharao und seiner Diener gegen das*
> *Volk,*
> *und sie sprachen:*
>
>> *Was haben wir getan,*
>> *daß wir Israel aus unserem Dienst entlassen haben!*
>
> (6) *Und er ließ anspannen seinen Streitwagen,*
> *und sein Volk nahm er mit sich.*
> (9) Und die Ägypter setzten ihnen nach,
> und holten sie ein, als sie am Meer lagerten.
> (1o) Und die Söhne Israels erhoben ihre Augen,
> und siehe: Ägypten zieht hinter ihnen her,
> und sie fürchteten sich sehr.

---

1   Mit *Kursivdruck* sind jene Formulierungen gekennzeichnet, die auf der Ebe-
    ne der jehowistischen Redaktion dem Text eingefügt worden sind, während
    die älteren Texttraditionen zugehörenden Elemente im Normaldruck wiederge-
    geben sind, ohne daß hierbei näher zwischen vorjahwistischer und jahwisti-
    scher Tradition unterschieden würde.

(11) *Und sie sprachen zu Mose:*

> *Was hast du uns da getan,*
> *uns aus Ägypten herauszuführen!*

(13) Und Mose sprach zum Volk:

> Fürchtet euch nicht!
> Stellt euch hin und seht die Rettung Jahwes!
> (14) Jahwe wird für euch kämpfen,
> ihr aber verhaltet euch still!

----

(21) *Und Jahwe ließ das Meer durch einen starken Ostwind die ganze*
Nacht weggehen
und machte das Meer zum Trockenen.
(24) *Und es geschah zur Zeit der Morgenwache,*
da blickte Jahwe auf das Lager der Ägypter
und versetzte das Lager der Ägypter in Schrecken.
(25) Und er ließ abspringen das Rad seiner Streitwagen
und ließ es nur schwer vorwärtskommen.
Und Ägypten sprach:

> Ich will fliehen vor Israel,
> denn Jahwe kämpft für sie gegen Ägypten.

(27) *Und das Meer kehrte gegen Morgen in sein Bett zurück,*
als die Ägypter ihm gerade entgegenflohen.

Und Jahwe schüttelte die Ägypter inmitten des Meeres,
(28) nicht ein einziger blieb übrig.
(3o) Und Jahwe rettete Israel aus der Hand der Ägypter,
und Israel sah Ägypten tot am Ufer des Meeres.
(31) Und das Volk fürchtete Jahwe,
und sie glaubten an Jahwe und an Mose, seinen Knecht.

(15,2o) *Und die Prophetin Mirjam nahm die Handpauke in ihre Hand,*
und alle Frauen zogen hinter ihr her hinaus mit Handpauken und Rei-
gentänzen.
(21) *Und Mirjam sang ihnen zu:*

> *Singet Jahwe!*
> *Ja, hoch erhob er sich,*
> *Roß und seinen Reiter*
> *warf er ins Meer.*

1. *Literarische Charakteristik der Erzählung*

Im Vergleich mit den voraufliegenden Fassungen der Meerwundererzählung
zeichnet sich die vorliegende Fassung durch eine Tendenz zur Rhetorisierung
des Geschehens aus. Gegenüber den der Tradition zuzurechnenden Reden des
Mose (Ex 14,13aα+14 J[Vorl]) und Ägyptens (Ex 14,25b J) sind auf dieser Textstufe vier weitere Redeelemente hinzugekommen, und zwar das Zitat des Josefschwures (Ex 13,19b), die Rede des Pharao und seiner Diener (Ex 14,5b), die
Rede der Israel-Söhne (Ex 14,11[*]) und das Lied Mirjams (Ex 15,21). Erzählerisch wird auf diese Weise eine Belebung des Erzählstils bewirkt. Innerhalb

der Erzählung selbst werden auf diese Weise Akzente gesetzt sowie die auftretenden Gestalten weiter profiliert. Doch ist die auf dieser Erzählstufe geschehende Rhetorisierung nicht bloß als ein mehr oder minder stilistisches Phänomen zu werten, sondern zugleich und in stärkerem Maße noch als ein theologisch bedeutsames Phänomen, insofern auf diese Weise das erzählte Geschehen gedeutet und größere Zusammenhänge aufgedeckt werden sollen.

Im Zuge der vorliegenden Bearbeitung sind außerdem die Grenzen der Meerwundererzählung nach vorne und hinten ausgeweitet worden, wodurch zugleich neue Gestalten, die bislang in der Geschichte nicht verhaftet gewesen sind, ins Spiel gebracht werden (indirekt Josef in dem Zitat des Schwures Ex 13,19 und direkt Mirjam mitsamt den Frauen in dem Siegeslied Ex 15,2o*+21 [2]). Die von der Tradition vorgegebene Grundstruktur der Erzählung (Einschnitt nach Ex 14,14) ist zwar erhalten geblieben, hat aber entsprechend der redaktionell bedingten erzählerischen Ausgestaltung im einzelnen eine stärkere Differenzierung erfahren. Jede der beiden Erzählhälften der Meerwundererzählung gliedert sich in jeweils zwei thematisch aufeinander bezogene Abschnitte auf [3]. Die Strukturierung der Erzählung ist dabei durch entsprechende literarische Gestaltungsmittel angezeigt.

---

2   Gegen die noch bei P. WEIMAR - E. ZENGER, SBS 75, 71-87 vertretene Verbindung des Mirjamliedes in Ex 15,2o*+21 mit der ältesten (vorjahwistischen) Fassung der Meerwundererzählung hat E. ZENGER, VTS 32 (1981) 471f Anm. 39 mehrere, m.E. zutreffende Bedenken angemeldet und "das 8. Jh. v. Chr. als Entstehungszeit" vorgeschlagen. In der Forschung selbst ist die Zuordnung von Ex 15,2o+21 zu einem der literarischen Quellenwerke des Pentateuch alles andere als einheitlich (vgl. nur die Übersicht über das Spektrum der möglichen Positionen bei P. WEIMAR - E. ZENGER, SBS 75, 71 Anm. 11o). Abgesehen einmal von der traditionsgeschichtlichen Verbindung von Ex 15,21b mit (fortgeschrittener) Jerusalemer Theologie (zur Kritik dieser Auffassung vgl. W.H. SCHMIDT, EdF 191, 64 Anm. 88) läßt gerade das für die jehowistische Fassung der Meerwundererzählung zu beobachtende Faktum der Rhetorisierung der Erzählung wie der Einführung neuer, in ihr bislang nicht verhafteter Gestalten bei gleichzeitiger Ausdehnung der Textgrenzen darauf schließen, daß das Mirjamlied auf dieser Ebene mit der Meerwundererzählung verbunden worden ist. Ob das als "Hymnus" zu verstehende "Mirjamlied" Ex 15,21b selbst vor seiner Einbindung in den vorliegenden literarischen Zusammenhang einmal eigenständig tradiert worden ist, läßt sich zwar nicht mit letzter Sicherheit ausschließen, ist aber wenig wahrscheinlich, weil gerade die Meerwundererzählung für Ex 15,21b den notwendigen Erfahrungshintergrund abgibt (vgl. auch W.H. SCHMIDT, EdF 191, 64). Die in der Forschung zu beobachtende Vorsicht gegenüber einer relativen Spätdatierung ist m.E. nicht zuletzt von der Furcht bestimmt, daß damit der Graben zwischen Überlieferung und historischem Geschehen selbst noch größer wird.

3   Zu entsprechenden kompositorischen Gestaltungsmustern innerhalb der jehowistischen Fassung der Moseberufung vgl. P. WEIMAR, OBO 32, 232-242.

Die erste Erzählhälfte (Ex 13,17-14,14*), die den Sinneswandel des Pharao und seiner Diener gegenüber den Israel-Söhnen und die daraus entstehenden Folgen schildert, entfaltet ihr Thema in zwei Erzählgängen, die unmittelbar aufeinander aufbauen (Ex 13,17-14,5* und 14,6-14*). Ein erster, thematisch in sich geschlossener Spannungsbogen wird durch die Aussagen in Ex 13,17aα* ("und es geschah, als der Pharao das Volk *entließ*") und Ex 14,5b ("... daß wir Israel aus unserem Dienst *entlassen* haben!") hergestellt, die so eine Art Rahmen um die aus der Tradition aufgenommene Aussage in Ex 14,5a bilden, womit zugleich das die Erzählung beschäftigende Problem angegeben ist. Auch der zweite Erzählgang setzt in Ex 14,6 erneut mit einer redaktionellen Aussage ein, die die Aktivität des Pharao betont. Eine zum ersten Erzählgang parallele Verklammerungstechnik läßt sich hier zwar nicht beobachten, doch wird am Höhepunkt eine zur Rede des Pharao und seiner Diener Ex 14,5b parallele Rede der Israel-Söhne Ex 14,11* eingeführt ("*Was haben wir getan!*" / "*Was hast du uns getan!*"), wodurch die beiden Erzählgänge - über die erzählerische Verbindung hinaus - nochmals thematisch zueinander in Beziehung gesetzt erscheinen.

Entsprechend der ersten Erzählhälfte ist auch die zweite Erzählhälfte (Ex 14,21-15,21*), in der das Handeln Jahwes und die daraus entstehenden Folgen im Vordergrund stehen, strukturiert, wobei sich erneut zwei Erzählgänge gegeneinander abgrenzen lassen. Der erste Erzählgang (Ex 14,21-27a*) ist durch die Aussagen Ex 14,21a*+24aα und 27aß markiert, die mit der Folge der Zeitangaben ("die ganze Nacht" Ex 14,21aß - "und es geschah zur Zeit der Morgenwache" Ex 14,24aα - "gegen Morgen" Ex 14,27aß), aber auch durch die thematisch gegensätzlichen Aussagen von Ex 14,21a* und 27aß ("*und Jahwe ließ das Meer durch einen starken Ostwind die ganze Nacht weggehen*" / "*und das Meer kehrte gegen Morgen in sein Bett zurück*") einen geschlossenen Spannungsbogen abgeben. Wie in der ersten Erzählhälfte funktionieren dabei die auf die Redaktion zurückgehenden Aussagen in Ex 14,21a*+24aα und 27aß als Rahmen um die aus der Tradition rezipierten Aussagen in Ex 14,24aßb*+25 [4]. Der zweite Erzählgang, der in Ex 14,27b mit einer - allerdings aus der Tradition übernommenen - die Aktivität Jahwes betonenden Aussage einsetzt, folgt im wesentlichen der überlieferten Erzählfolge, ist aber in Ex 14,31b und 15,2o*+21 um einen neuen Schluß erweitert worden. Das in Ex 15,21 als Abschluß des zweiten Erzählgangs eingefügte Mirjamlied entspricht dabei der Rede Ägyptens in Ex 14, 25b am Höhepunkt des ersten Erzählgangs.

---

4 Daß die erzählerische Notiz in Ex 14,27aß als Abschluß des vorangehenden und nicht als Beginn des nachfolgenden Erzählgangs zu verstehen ist, wird

Werden die kompositorischen Gesetzmäßigkeiten beachtet, dann zeigt es sich, daß die beiden Erzählhälften der Meerwundererzählung nach dem gleichen literarischen Prinzip gestaltet sind, womit zugleich die thematischen Schwerpunkte erkennbar werden. Die Symmetrie der Komposition ist dabei nicht nur als stilistisches Mittel zu verstehen, sondern deutet zugleich thematische Entsprechungsverhältnisse an. Der jeweils erste Erzählgang beider Erzählhälften (Ex 13,17-14,5* und 14,21-27a*) ist nach dem Prinzip einer "Ringkomposition" gestaltet, wobei durch die Rahmenaussagen auch die eigentlichen Akzente gesetzt werden. Der sich jeweils anschließende zweite Erzählgang (Ex 14, 6-14* und 14,27b-15,21*) ist mit dem ersten vor allem durch die an ihrem Höhepunkt stehende (redaktionell eingefügte) Rede der Israel-Söhne (Ex 14, 11*) bzw. Mirjams (Ex 15,21) verbunden, die sowohl thematisch als auch formal parallel zu der den Höhepunkt des ersten Erzählgangs markierenden Rede des Pharao und seiner Diener (Ex 14,5b) bzw. Ägyptens (Ex 14,25b) steht.

An der Struktur der Erzählung werden zugleich auch die von ihrem Verfasser beabsichtigten Akzentsetzungen erkennbar. Von grundlegender Bedeutung ist jeweils der erste Erzählgang, wo auch die thematischen Leitlinien entwickelt werden. In Ex 13,17-14,5* wird in den auf die Redaktion zurückgehenden Rahmenaussagen Ex 13,17aα* und 14,5b betont die Handlungsweise des Pharao in bezug auf Israel hervorgehoben, die dabei jeweils mit dem Verbum "entlassen" umschrieben wird. Kompositorisch stehen die Rahmenaussagen Ex 13,17aα* und 14,5b in bewußtem Kontrast zu dem im Zentrum stehenden Zitat des Josefschwures Ex 13,19b, dessen Thema die Zuwendung Jahwes zu seinem Volk ist.

Das damit bestehende Spannungsverhältnis wiederholt sich genau in dem zu Ex 13,17-14,5* in Parallele stehenden Textabschnitt Ex 14,21-27a*, nur daß hier die Gewichte umgekehrt verteilt sind. Im Gegensatz zu den Rahmenaussagen Ex 13,17aα* und 14,5b wird in den antithetisch aufeinander bezogenen Rahmenaussagen Ex 14,21a* und (25b+)27a* die Aktivität Jahwes in bezug auf das Meer herausgestellt. Sie stehen dabei in bewußtem Kontrast zu den aus der Tradition aufgenommenen Aussagen des Erzählkorpus in Ex 14,24*+25a, wo vor allem die jahwefeindliche, militärische Macht der Ägypter thematisiert ist. Die so den beiden Textabschnitten Ex 13,17-14,5* und 14,21-27a* schon immanente Gegenüberstellung der Handlungsweise des Pharao bzw. der Ägypter und Jahwes wird durch deren kompositorische Parallelisierung auf andere Weise nochmals heraus-

---

außerdem durch die Stichwortverbindung zwischen Ex 14,25b ("ich will
fliehen vor Israel") und 27aß ("als die Ägypter ihm gerade *entgegenflohen*")
angezeigt.

gestellt, wobei durch das kontrastierende Gegenüber der beiden Textabschnitte zugleich die unverkennbare Entmächtigung des Pharao bzw. der Ägypter zum Ausdruck gebracht wird (vgl. allein schon den Gegensatz zwischen den beiden Reden Ex 14,5b und 25b).

Von der Spannung, die den ersten Erzählgang der beiden Erzählhälften beherrscht, ist jeweils auch der sich anschließende zweite Erzählgang bestimmt. In Ex 14,6-14* ist als handlungsauslösendes Moment das Anspannen des Streitwagens des Pharao und das Mitnehmen des ganzen Volkes durch den Pharao genannt (Ex 14,6), womit zugleich ein bewußter Kontrast zum Eingang des ersten Erzählgangs in Ex 13,17aα erzielt ist ("als der Pharao *das Volk* entließ" Ex 13,17aα - "und *sein Volk* nahm er mit sich" Ex 14,6b)[5]. Die Reaktion der Israel-Söhne auf die Aktion des Pharao wird über die aus der Tradition übernommene knappe Feststellung "und sie fürchteten sich sehr" (Ex 14,10bα*) hinaus durch das auf dieser Textebene erst redaktionell eingefügte Zitat in Ex 14,11* verdeutlicht, durch die auch die Antwort des Mose in Ex 14,13aα+14 einen neuen Sinn bekommt. Durch die es einleitende vorwurfsvolle Frage "Was hast du uns da getan!" wird zugleich ein Bezug zur Rede des Pharao und seiner Diener in Ex 14,5b am Schluß des ersten Erzählgangs hergestellt. Problematisiert wird dabei das Faktum der Herausführung der Israel-Söhne durch Mose. Vermittelt über die der Tradition entstammende Antwort des Mose Ex 14,13aα+14 hat die zweite Hälfte der Meerwundererzählung im Blick auf die In-Frage-Stellung des Exodusgeschehens durch die Israel-Söhne geradezu eine legitimierende Funktion.

Als bewußtes Kontrastbild zu Ex 14,6-14* ist sodann 14,27b-15,21* angelegt. Handlungsauslösendes Moment ist die Feststellung in Ex 14,27b (Jahwe als Subjekt gegenüber dem Pharao in Ex 14,6). Auch hier spitzt sich die Aussage auf die Reaktion Israels auf das dargestellte Geschehen hin zu, wobei die "Resonanz" beim Adressaten ähnlich breit wie in Ex 14,6-14* dargestellt ist. Beachtung verdienen dabei vor allem jene Aussagen, die auf die Hand des Verfassers der vorliegenden Gestalt der Erzählung zurückgehen (Ex 14,31b und 15,2o*+21). Der dabei hinsichtlich des Aussagesubjekts zu beobachtende Wechsel (Volk/Mirjam bzw. alle Frauen) entspricht durchaus dem in Ex 14,11* und

---

5 Aufgrund des durch die einleitenden Aussagen der beiden Erzählgänge in Ex 13,17aα und 14,6 bewirkten Kontrastes bekommt die Aktion des Pharao gegenüber der übernommenen Tradition ein viel grundsätzlicheres Gewicht. Möglicherweise ist das in Ex 14,6 mit Bezug auf den Pharao gebrauchte suffigierte Nomen "sein Volk" (ᶜammô) zugleich als eine bewußte Anspielung auf die mit Bezug auf Jahwe gebrauchte suffigierte Form des Nomens "mein Volk" (ᶜammî) zu verstehen (vgl. vor allem die auf Je zurückgehende Aussage in Ex 5,1b).

14,13aα+14 begegnenden Wechsel (Israel-Söhne / Mose), so daß darin ein bewußtes Stilmittel gesehen werden könnte [6]. Der Funktion nach entspricht dabei die Aussage von Ex 14,31b (Glauben an Jahwe und Mose) dem an Mose gerichteten Vorwurf in Ex 14,11* [7] und das Mirjamlied Ex 15,2o*+21 mit dem Lobpreis Jahwes der Rede des Mose in Ex 14,13aα+14. Während die Mose und Mirjam in den Mund gelegten Aussagen sich thematisch (voraus- bzw. rückblickend) entsprechen, treten sich die in bezug auf Israel gemachten Aussagen kontrastierend gegenüber, womit wohl das die Meerwundererzählung beschäftigende Problem angedeutet ist. Durch das abschließende "Siegeslied" Mirjams Ex 15,21 wird zu-

---

6 Diese Beobachtung gewinnt dann noch an Gewicht, wenn die den redaktionellen Zusätzen in Ex 14,11* und 31b unmittelbar voraufgehenden Aussagen "und sie *fürchteten* sich sehr" (Ex 14,1obα*) bzw. "und das Volk *fürchtete* Jahwe" (Ex 14,31aß) berücksichtigt werden, auch wenn diese der vorgegebenen Tradition entstammen.

7 Die auffällige Nennung von Mose als Knecht Jahwes als Objekt des Vertrauens Israels neben Jahwe in Ex 14,31b ist zwar schon im Zusammenhang der literarkritischen Analyse von Ex 13,17-14,31 festgestellt worden, ohne daß sich aber auf dieser Beobachtungsebene sichere Kriterien gewinnen ließen, die eine Entscheidung hinsichtlich des redaktionellen Charakters des Ausdrucks "Mose, sein Knecht" erlauben würden. Eine solche Entscheidung erscheint jedoch im vorliegenden Zusammenhang möglich, da sichtbar geworden ist, daß die Notiz von Ex 14,31b nicht nur thematisch zu Ex 14, 11* in Beziehung steht, sondern auch funktional von der Kompositionsstruktur der jehowistischen Meerwundererzählung her sinnvoll erscheint. Dennoch läßt sich die Problematik der Erwähnung des Mose als Knecht Jahwes als Objekt des Vertrauens neben Jahwe in Ex 14,31b nicht ganz unabhängig von der sonstigen Verwendung des Titels "Mose, Knecht Jahwes / Elohims" entscheiden (zum Gesamtzusammenhang vgl. Chr. BARTH, Mose, Knecht Gottes 68-81, dort auch Anm. 1 eine Zusammenstellung der Belege, wobei die nur summarisch genannte Anzahl der Belege für Jos im einzelnen mit Jos 1,1.2.7.13.15; 8,31.33; 9,24; 11,12.15; 12,6a.6b; 13,8; 14,7; 18,7; 22,2. 4.5 anzugeben ist). Daß der Titel überwiegend in jüngeren literarischen Zusammenhängen (vor allem Dtr) begegnet, ist unbestritten. Als ältere Belege werden im allgemeinen nur Ex 14,31b und Num 12,7.8 angeführt. Doch kann Num 12,7+8 kaum als Element einer älteren Tradition innerhalb der Pentateuchüberlieferungen angesehen werden, sondern frühestens als ein jüngeres dtr. Interpretament (der Nachweis soll in anderem Zusammenhang gegeben werden), so daß als älterer Beleg nur Ex 14,31b bliebe. Wenn alle anderen Belege des Ausdrucks "Mose, Knecht Jahwes" als frühestens dtr. anzusehen sind, wäre eine solche Annahme gewiß nicht unproblematisch, zumal sich ûbᵉmošae cᵃbdô in Ex 14,31b unschwer als redaktionelles Textelement isolieren ließe. Doch scheinen - entgegen dem allgemeinen Eindruck - einige der Belege des Ausdrucks "Mose, Knecht Jahwes" in Jos schon vordeuteronomistisch zu sein (so wohl Jos 1,1 und 2, wahrscheinlich auch 9,24). Zumindest wäre dann Ex 14,31b nicht der einzige vordeuteronomistische Beleg. Ein literarischer Zusammenhang (Jehowist) zwischen Ex 14,31b und Jos 1,1+2 (und 9,24) erscheint nicht nur möglich, sondern durchaus wahrscheinlich (zum Umfang des jehowistischen Werkes s.u.). Stehen damit einer vordeuteronomistischen Herkunft des Ausdrucks ûbᵉmošae cᵃbdô in Ex 14,31b keine grundsätzlichen literaturgeschichtlichen Bedenken entgegen, so entscheidet sich die anstehende Frage letztlich an dem Maß der Einbindung

gleich auch ein Bezug zur Rede Ägyptens in Ex 14,25b hergestellt. In beiden Fällen wird, wenn auch aus unterschiedlicher Perspektive heraus, das Eingreifen Jahwes für Israel (gegen seine Feinde) akzentuiert.

Eine Analyse der literarischen Gestaltungsmuster läßt erkennen, daß die beiden Hälften der Meerwundererzählung bewußt gegensätzlich angelegt sind, was durch die Parallelität der Struktur der beiden Erzählhälften nur noch unterstrichen wird. Zwei gegensätzliche Erzählbewegungen sind für die beiden Hälften der Meerwundererzählung kennzeichnend, wobei die Thematik der zweiten Erzählhälfte als Kontrastmotiv schon in der ersten Erzählhälfte präsent ist, während umgekehrt die Thematik der ersten Erzählhälfte als Hintergrundfolie in der zweiten Hälfte der Erzählung nachwirkt. Durch die Parallelisierung und Kontrastierung der beiden Erzählhälften werden betont der Pharao bzw. die Ägypter und Jahwe einander gegenübergestellt. Beide sind dabei nicht so sehr als konkrete Gestalten von Interesse, sondern sie sind vorzüglich Chiffren für das durch ihre Namen vertretene Programm (Tod/Leben). Israel erscheint nicht als aktiv in das Geschehen eingreifender Handlungsträger, sondern nur als eine Größe, die von dem durch den Pharao bzw. Jahwe inszenierten Geschehen betroffen ist. Wichtig sind dabei die Israel zugeschriebenen konträren Reaktionen (Ex 14,11[*] und 31b). Auffällig ist die in diesem Zusammenhang geschehende starke Akzentuierung von Amt und Stellung des Mose. Ihm tritt auf der anderen Seite die Gestalt Mirjams gegenüber. Auch bei ihr ist auf ihre amtliche Funktion ("Prophetin"), nicht jedoch auf ihre Beziehung zu Mose abgehoben [8].

---

in den literarischen Zusammenhang der vorliegenden Fassung der Meerwundererzählung. Die strukturelle wie thematische Korrespondenz von Ex 14,31b zu 11*, wo gerade das "Amt" des Mose angefragt ist, macht eine Nennung von Mose als Knecht Jahwes neben Jahwe durchaus sinnvoll, so daß keine Notwendigkeit besteht, in ûbᵉmošae ᶜabdô einen jüngeren redaktionellen Zusatz zu sehen. Da in Ex 14,31b die Einführung des Titels "Knecht Jahwes" für Mose durch den Zusammenhang der Erzählung selbst legitimiert ist, ist damit auch die Basis für eine weitere Verwendung des Titels innerhalb des gleichen literarischen Zusammenhangs gegeben.

8 Daß die in Ex 15,2o*+21 genannte Mirjam wohl als die in Ex 2,4 und 7 erwähnte Schwester des Mose zu verstehen ist, ist anzunehmen, zumal Ex 2,4 und 7 dem gleichen literarischen Zusammenhang wie Ex 15,2o*+21 zuzurechnen sind (zur Analyse von Ex 2,1-1o vgl. P. WEIMAR, BZAW 146, 31-34, wobei die OBO 32, 214 Anm. 33 vorgenommenen Korrekturen mitzuberücksichtigen sind). Daß gerade dieses Faktum nicht eigens betont wird (die Qualifizierung Mirjams als "Schwester Aarons" in Ex 15,2oa ist ein redaktioneller, wohl erst auf die Hand von R[P] zurückgehender Zusatz, vgl. damit die wahrscheinlich ebenfalls von R[P] herrührende Notiz Num 26,59 (auch 1 Chr 5,29)), gibt zumindest zu erkennen, daß für den Erzähler darauf kein Gewicht liegt. Aufgrund des

2. Der literarische Zusammenhang der Erzählung

Wird anhand der Analyse der literarischen Struktur das "persönliche" Profil der vorliegenden Fassung der Meerwundererzählung greifbar, so ist aber für ein Verständnis der Erzählung auch der vom größeren literarischen Zusammenhang her sich auftuende Interpretationsrahmen von Bedeutung. Hinweise darauf ergeben sich vor allem anhand der vom Verfasser der vorliegenden Gestalt der Meerwundererzählung herrührenden redaktionellen Aussagen, weil an ihnen am ehesten das literarische Interesse der Erzählung greifbar wird [9]. Durch die redaktionellen Zusätze werden dabei verschiedene thematische Akzente gesetzt.

(1) Auslösendes Moment der Meerwundererzählung in der vorliegenden Form ist die Entlassung des Volkes durch den Pharao, worauf sowohl die einleitende Zeitbestimmung in Ex 13,17aα* als auch der Selbstvorwurf des Pharao und seiner Diener in Ex 14,5b hinweist. Mit Hilfe beider Aussagen werden gegenüber der Tradition andere Akzente gesetzt, wodurch sich zugleich auch der Stellenwert der Meerwundererzählung verschiebt (vgl. in diesem Zusammenhang insbesondere die durch Ex 13,17aα* und 14,5b geschehende Interpretation von Ex 14,5a). Vor allem aufgrund des Selbstvorwurfs des Pharao und seiner Diener in Ex 14, 5b, aber entsprechend auch aufgrund der einleitenden Zeitangabe in Ex 13,17aα*, erscheint das Meerwunder als ein Geschehen, das als solches erst *nach* der eigentlichen Entlassung aus Ägypten liegt, ohne daß es aber *literarisch* vom Darstellungszusammenhang des Exodusgeschehens abgetrennt werden könnte [1o]. Als Zusage der Entlassung ist dabei die schon aus der Tradition rezipierte Auffor-

---

Erzählzusammenhangs der Meerwundererzählung wird vielmehr ausschließlich die Funktion Mirjams akzentuiert, was auch durch den dem Namen beigefügten Titel "Prophetin" zum Ausdruck gebracht wird, so daß darin durchaus ein ursprüngliches Textelement gesehen werden kann (vgl. auch die Qualifizierung Deboras als "Prophetin" in Ri 4,4a). Inwieweit die Grundschicht von Num 12 (wohl Num 12,1a*.9a.1oaß.13.14aα.14b.15; zur Analyse von Num 12 vgl. vorläufig noch H. VALENTIN, OBO 18, 3o5-364), in der nur Mirjam als Opponent gegen Mose erscheint, in einem literarischen Zusammenhang mit Ex 15,2o*+21 steht, kann in diesem Zusammenhang offen bleiben, wenn auch einiges dafür spricht, in ihr erst eine exilische bzw. frühnachexilische Bildung zu sehen.

9 Das schließt nicht aus, daß die der älteren Tradition entstammenden Aussagen in diesem Zusammenhang gleichfalls mitzuberücksichtigen sind, da auch sie aufgrund der redaktionell eingefügten Aussagen einen neuen Stellenwert erhalten haben. Doch sind sie erst in zweiter Linie von Bedeutung, wohingegen der Schlüssel für die Interpretation der bearbeiteten Erzählung sich primär an den auf den Bearbeiter selbst zurückgehenden Aussagen gewinnen läßt.

1o Vgl. dazu die im folgenden Abschnitt zu machenden Beobachtungen zur Komposition der jehowistischen Exodusgeschichte.

derung "Geht, dient Jahwe!" in Ex 12,31* anzusehen, die damit eine entschiedene Aufwertung und zugleich Neuakzentuierung gegenüber der Tradition erfahren hat [11].

Rückwärtig im voraufliegenden Erzählzusammenhang ist die aufgewertete Entlassungsforderung Ex 12,31* verankert im Rahmen der jehowistischen Darstellung der Moseberufung, wo an zwei Stellen das Motiv der Entlassung in den aus der Tradition übernommenen Textzusammenhang eingefügt ist (Ex 4,22+23 und 5,1b+2) [12]. Der gegenüber der Tradition veränderte Stellenwert der Entlassungszusage in Ex 12,31* wird vor allem an Ex 4,22+23 deutlich, wo Entlassungsforderung und Tötung der Erstgeburt in ein unmittelbares Beziehungsverhältnis zueinander gesetzt erscheinen [13]. Vorgreifend auf die im Erzählablauf erst in Ex 12* dargestellte Situation wird in Ex 4,22+23 die Ankündigung der Tötung der Erstgeburt durch einen Rekurs auf ein in der Vergangenheit liegendes Geschehen motiviert, der dabei aus den beiden Elementen Forderung der Entlassung durch Mose und Verweigerung der Entlassung durch den Pharao besteht. Erzählerisch wie thematisch bekommt dadurch die Aufforderung des Pharao "Geht, dient Jahwe!" in Ex 12,31* ein wesentlich größeres Gewicht, womit sich dann aber auch die Funktionsbestimmung der Meerwundererzählung selbst verändert, was nicht zuletzt durch die zweimalige Aufnahme des Entlassungsmotivs zu Beginn der Meerwundererzählung angezeigt ist [14].

---

11 Während die Aufforderung "Geht, dient Jahwe!" in Ex 12,31* innerhalb der (vor-)jahwistischen Tradition nur als Zugeständnis einer zeitweiligen Entlassung zum Dienst Jahwes zu verstehen ist (vgl. die Fortführung durch Ex 14,5a), hat sie aufgrund von Ex 13,17aα und 14,5b die Bedeutung einer grundsätzlichen Entlassungszusage bekommen. Für diese Interpretation der Aufforderung des Pharao in Ex 12,31* konnte der Bearbeiter schon an die bei J^{Vorl}/J sich findenden literarischen Zusammenhänge anknüpfen, insofern nämlich der zweite Teil der Entlassungsforderung ("daß sie *mir dienen*"), kompositorisch auf das Zugeständnis des Pharao in Ex 12,31* ("Geht, dient *Jahwe!*") bezogen ist. Eine entscheidende Veränderung geschah jedoch dadurch, daß die Forderung der Entlassung selbst, die bei J^{Vorl}/J über das in Ex 12,31* stehende Zugeständnis des Pharao hinaus auf die Darstellung des Meerwunders verweist, gleichfalls in der Aufforderung des Pharao "Geht, dient Jahwe!" in Ex 12,31* als erfüllt angesehen wird (zur Diskussion der entsprechenden Belege bei J^{Vorl}/J vgl. P. WEIMAR, OBO 32, 271-277).

12 Zum folgenden vgl. P. WEIMAR, OBO 32, 28o-283.

13 Nach W.H. SCHMIDT 212 läßt sich Ex 4,22+23 nicht von Ex 4,21 trennen, so daß die beiden Verse wie Ex 4,21 als ein später redaktioneller Zusatz ("R^P oder später") zu verstehen sind. Ist die für Ex 4,22+23 zweifellos geforderte Einleitung nicht in Ex 4,21, sondern in Ex 4,19 zu sehen (zur Begründung dieser Position vgl. P. WEIMAR, OBO 32, 75-77.271-283), dann liegt kein zwingender Grund vor, Ex 4,22+23 erst als einen auf R^P zurückgehenden Zusatz zu interpretieren. Vielmehr erscheint eine Herleitung von Je nach wie vor naheliegender.

Anhand der Verwendung des "Entlassungsmotivs" innerhalb des Zusammenhangs der Moseberufung wird aber noch ein weiterer Aspekt greifbar, der gleichfalls von Bedeutung für ein Verständnis der Meerwundererzählung ist. In diesem Zusammenhang ist vor allem die Einführung des Entlassungsmotivs in Ex 5,1b+2 zu beachten. Der gegenüber der Tradition deutlich andere Akzente setzenden Entlassungsforderung Ex 5,1b [15] tritt die Ablehnung der Entlassungsforderung durch den Pharao in Ex 5,2 gegenüber. Von seiner Funktion her entspricht Ex 5,2 der Rede des Pharao und seiner Diener in Ex 14,5b. Beide Reden beinhalten eine Stellungnahme zum Problem der Entlassung. Richtet sich diese in Ex 5,2 auf die durch Mose übermittelte Entlassungsforderung Ex 5,1b, so bezieht sich Ex 14,5b auf das in Ex 12,31* (in Verbindung mit Ex 13,17aα*) mitgeteilte Faktum der Entlassung. Im Gegensatz zur völligen Ablehnung der Entlassung durch den Pharao in Ex 5,2, ist der Selbstvorwurf in Ex 14,5b als Versuch zu verstehen, die Entlassung des Volkes rückgängig zu machen, womit zugleich eine leitende Perspektive für das Verständnis der ganzen Meerwundererzählung vorgegeben ist.

Ist aufgrund dieser Beobachtungen ein Zusammenhang zwischen den beiden Reden in Ex 5,2 und 14,5b anzunehmen, dann sind aber im Blick auf die Meerwundererzählung die in Ex 5,2 zum Ausdruck gebrachten inhaltlichen Implikationen von Bedeutung [16]. In Ex 5,2 ist die Ablehnung der Entlassung Israels durch den Pharao doppelt eingeführt, und zwar zum einen in Verbindung mit der rhetorischen Frage "Wer ist Jahwe?" sowie zum anderen mit der negativen Feststellung "Nicht kenne ich Jahwe", womit für sie insgesamt eine polemische Spitze anzunehmen ist. Mit seiner Ablehnung der Entlassung bestreitet der Pharao den implizit in der Entlassungsforderung zum Ausdruck kommenden Anspruch der Unvergleichlichkeit Jahwes. Indem mit der Rede in Ex 14,5b dieser Zusammenhang indirekt nochmals in Erinnerung gebracht wird, kommt dem Meerwunder geradezu der Charakter einer Demonstration der Unvergleichlichkeit Jahwes zu. Da sowohl die Ablehnung der Entlassung durch den Pharao in Ex 5,2 als auch der Widerruf der schon erfolgten Entlassung durch den Pharao und seine Diener in Ex 14,5b keine neutral zu wertenden Vorgänge sind, sondern sich darin die Auflehnung des Pharao gegen Jahwe dokumentiert, hat im Blick auf den Pharao bzw. Ägypten der

---

14 Der Meerwundererzählung kommt auf diese Weise geradezu Überleitungsfunktion im Blick auf die Wüstenwanderungstradition zu (s.u.), womit ein Prozeß einsetzt, der auf der Ebene der deuteronomistischen Redaktion der Meerwundererzählung (vgl. Kap. VII) schließlich dazu führen wird, daß das Meerwunder zum Auftakt der Wüstenwanderung wird.

15 Vgl. dazu P. WEIMAR, OBO 32, 282f.

16 Vgl. dazu P. WEIMAR, OBO 32, 292f.

Erweis der Unvergleichlichkeit Jahwes im Meerwunder zugleich den Charakter eines Gerichtes Jahwes über Ägypten [17]. Die Einführung des Motivs der Entlassung in Ex 13,17aα und 14,5b verändert damit grundlegend die Aussagestruktur der Meerwundererzählung. Dadurch wird sie in neue literarische Zusammenhänge gestellt, wobei vor allem der Bezug zur Moseberufung zu beachten ist.

(2) Führen die literarischen Querverbindungen der Einführung des Entlassungsmotivs in Ex 13,17aα* und 14,5b in den Zusammenhang der jehowistischen Darstellung der Moseberufung, ist der Horizont der sich an Ex 13,17aα* unmittelbar anschließenden Aussage von Ex 13,19 wesentlich weiter gespannt. Im Blick auf Ex 13,19 ist vor allem Gen 5o,25+26* zu beachten, worauf in Ex 13,19 explizit zurückverwiesen wird [18]:

---

17 Daß der Widerstand des Pharao gegen die "Entlassung" Israels als Auflehnung gegen Jahwe zu verstehen ist, ist dabei vom Erzähler auf verschiedene Weise angezeigt. Schon die erste Einführung des Entlassungsmotivs in Ex 4,22+23 gibt den für Je bestimmenden Grundcharakter seiner Verwendung an, insofern die als Rekurs auf die Vergangenheit mitgeteilte Entlassungsforderung in Verbindung mit der unmittelbar folgenden Entlassungsverweigerung in Funktion einer Begründung für die Ansage der Tötung der Erstgeburt steht. Erscheint damit die Tötung der Erstgeburt (mit anschließender Entlassung) als Gericht über Ägypten wegen der Verweigerung der Entlassung Israels durch den Pharao, dann bekommt auch die auf Rückgängigmachen der Entlassung zielende Aussage von Ex 14,5b ein ganz anderes Gewicht, insofern sie als eine erneute Auflehnung gegen Jahwe zu verstehen ist. Unter dem gleichen negativen Vorzeichen erscheint aber auch die Entlassungsverweigerung durch den Pharao in Ex 5,2, was durch den "Jehowisten" zu Beginn der eigentlichen "Plagen" durch den Textabschnitt Ex 7,14-18 ausdrücklich angezeigt ist (zur Analyse von Ex 7,14-18 wie zum Zusammenhang mit der Moseberufung vgl. P. WEIMAR, OBO 32, 31of mit Anm. 145). In Ex 7,14aßb begegnet dabei die Entlassungsverweigerung im Zusammenhang mit dem "Verstockungsmotiv". Zusammen mit der gleichfalls auf die Hand von Je zurückgehenden Aussage vom Nicht-Hören in Ex 7,16b dient Ex 7,14aßb als Verklammerung des Redeteils Ex 7,14-16, der in Funktion einer Begründung der nachfolgenden Ankündigung des Handelns Jahwes in Ex 7,17+18 steht. Die Ansage des Gerichtes Jahwes wird in Ex 7,17a bezeichnenderweise mit der von Je eingefügten Erkenntnisaussage eingeleitet, womit die nachfolgende Ankündigung unter das Vorzeichen eben dieser Erkenntnisaussage tritt. In Ex 7,14-18 ist der für die Darstellung des Meerwunders anzunehmende systematische Zusammenhang geschlossen vorgeführt.

18 Der Textabschnitt Gen 5o,22-26 weist auf eine literarisch komplexe Entstehungsgeschichte hin, wobei die in der Forschung vorgetragenen Lösungsversuche im einzelnen stark differieren (vgl. nur die unterschiedlichen Positionen von H.-Chr. SCHMITT, BZAW 154, 78-81 und H. SEEBASS, Josephs-Erzählung 86f Anm. 46). Ohne daß im vorliegenden Zusammenhang die entstehungsgeschichtlichen Probleme von Gen 5o,22-26 umfassend diskutiert werden könnten, legt sich m.E. eine Isolierung der Aussagen von Gen 5o,22+23, 24 und 25+26 gegeneinander nahe, so daß für sie jeweils unterschiedliche Herkunft zu vermuten sein wird. Gegeneinander abzugrenzen sind zunächst

Gen 5o,25   Und Josef *ließ die Söhne Israels schwören, sprechend:*

> *Zuwenden, ja zuwenden wird sich euch Elohim,*
> *und ihr sollt meine Gebeine von hier heraufführen.*

26*   Und Josef starb,
       und sie balsamierten ihn ein,
       und er wurde in einen Sarg in Ägypten gelegt.

Der Josefschwur aus Gen 5o,25b wird in Ex 13,19bßγ wörtlich zitiert, nur daß er im Blick auf die dargestellte Situation am Schluß um "mit euch" erweitert ist. Durch das in Ex 13,19bα gegenüber Gen 5o,25a mit Hilfe des eingefügten *Inf. absol.* verstärkte Verbum "schwören" wird der folgende Josefschwur nachdrücklich hervorgehoben. Indem in Ex 13,19 begründend auf den Josefschwur in Gen 5o,25 zurückverwiesen wird, soll das Tun des Mose (Mitnehmen der Gebeine des Josef) als Erfüllung des in Gen 5o,25 gegebenen Schwures gedeutet werden. Zugleich wird mit Hilfe des Zitats aus Gen 5o,25 die aktuell vorgestellte Situation des Meerwunders als Zuwendung Jahwes interpretiert. Damit setzt sich die Aussage von der Zuwendung Jahwes in Ex 13,19 (*paqod jipqod 'aelohîm 'aetkaem*) von der entsprechenden Aussage in der jahwistischen Tradition ab, insofern hier nämlich - ebenfalls unter Rückgriff auf den Schluß der Josefgeschichte (Gen 5o,24abα) [19] - die Zuwendung Jahwes als schon im Herabsteigen Jahwes zur Befreiung aus Ägypten geschehen vorgestellt ist (Ex 3,16abα*

---

die Aussagen von Gen 5o,24 und 25 (Dopplung der Ansage der Zuwendung Jahwes); dabei wird eine der beiden Aussagen unter Kenntnis der anderen verfaßt sein. Mit Gen 5o,25 in Zusammenhang zu sehen ist Gen 5o,26, wobei in diesem Vers die Altersangabe Gen 5o,26aß als ein Pg voraussetzender redaktioneller Zusatz zu verstehen ist (vgl. H.-Chr. SCHMITT, BZAW 154, 8o). Da durch die Altersangabe Gen 5o,26aß eine Verbindung zu Gen 5o,22 hergestellt wird, liegt es nahe, die miteinander verbundenen Aussagen von Gen 5o,22+23 auf die gleiche Hand wie Gen 5o,26aß zurückzuführen. Sind damit wohl Gen 5o,22+23 und 26aß der jüngsten literarischen Schicht in Gen 5o,22-26 zuzurechnen, so bleibt das Verhältnis der Aussagen von Gen 5o,24 und 25+26aαb zueinander zu prüfen. Diese Frage läßt sich aber nicht ganz unabhängig von der Frage entscheiden, ob der Rückverweis auf den Väterschwur in Gen 5o,24bß ein ursprünglicher Bestandteil der Aussage von 5o, 24 ist oder nicht, wobei im einzelnen einiges dafür spricht, in Gen 5o, 24bß einen redaktionellen Zusatz zu Gen 5o,24abα zu sehen (vgl. dazu P. WEIMAR, OBO 32, 111 Anm. 71; als literarisch einheitlich wird Gen 5o,24 jüngst wieder von E. BLUM, WMANT 57, 256 angesehen). Die redaktionsgeschichtliche Frage nach dem Verfasser des Rückverweises auf den Väterschwur kann im vorliegenden Zusammenhang dabei offen bleiben (zur ausführlichen Diskussion der Probleme vgl. D.E. SKWERES, AnBb 79, 9o-99). Die Frage der Priorität der Aussagen von Gen 5o,24abα bzw. 25+26* entscheidet sich vor allem an dem Maß der Einbindung in den Textzusammenhang, wobei unter diesem Aspekt einiges auf eine Priorität von Gen 5o,24abα gegenüber Gen 5o,25+26* hindeutet (vgl. nur die Nennung der "Brüder" bzw. der "Söhne Israels" als Adressaten der Moserede).

19 Vgl. dazu P. WEIMAR, OBO 32, 11o-112. - Angesichts dieses Befundes ist - trotz des Gebrauchs von "Elohim" - eine Zuweisung von Gen 5o,24abα an J m.E. noch immer am naheliegendsten.

und 4,31bα). Die sowohl zu Gen 5o,24abα (Schluß der jahwistischen Vätergeschichte) als auch zu Ex 1,6a+8 (Beginn der jahwistischen Exodusgeschichte)
in Spannung stehende Aussagefolge von Gen 5o,25+26* ist allem Anschein nach
von einer nachjahwistischen Redaktion im Blick auf Ex 13,19 als neuer Schluß
der Josefgeschichte eingefügt worden [2o].

Mit Gen 5o,25+26* soll einerseits betont die Josefgeschichte abgeschlossen,
andererseits aber zugleich ein neuer Spannungsbogen eröffnet werden, was
dabei gleichermaßen für den Josefschwur in Gen 5o,25 wie für die Notiz von
Tod und Einbalsamierung des Josef in Gen 5o,26* gilt [21]. Neben der durch Gen
5o,25b geweckten erzählerischen Spannung, die erst in Ex 13,19 aufgelöst
wird, ist vor allem auch der durch die beiden letzten Worte in Gen 5o,26*
"in einen Sarg in Ägypten" (ba᾽arôn bᵉmiṣrajîm) gesetzte Akzent zu beachten [22]. Daß in Gen 5o,26* nicht von einem Begräbnis Josefs, sondern nur von
einem Hineinlegen Josefs in einen "Kasten" gesprochen wird, will im Sinne
des Erzählers wohl anzeigen, daß der Sarg (᾽arôn) des Josef zur Führung aus
Ägypten in das verheißene Land bereitsteht. Auf die Aussage von Gen 5o,26*
wird in Ex 13,19a indirekt bezug genommen, wobei aber im Unterschied zur
Bezugnahme von Ex 13,19b auf Gen 5o,25 die dort erzeugte Spannung nicht aufgelöst, sondern weiterhin in Schwebe gehalten wird [23]. Damit hat Ex 13,19

2o Zwischen den Aussagen von Gen 5o,24abα und Ex 1,6a+8 ist ein unmittelbarer literarischer Zusammenhang anzunehmen (vgl. nur die durch "Josef
und seine Brüder" herausgestellte Verbindung zwischen beiden Aussagen).
Die nach Gen 5o,24abα eigentlich erwartete Todesnotiz folgt - in einer
generellen Form - erst in Ex 1,6a, dient dabei aber in Verbindung mit
Ex 1,8 als Eröffnung einer neuen Phase im dargestellten Geschehensab-
lauf. Durch das Fehlen der Todesnachricht nach der Ansage in Gen 5o,
24abα hat der Schluß der Josefs-/Vätererzählung einen geradezu programmatisch offenen Charakter (vgl. auch die Aufnahme der Aussagen von Gen
5o,24abα im Rahmen der "Moseberufung" in Ex 3,8aα und 16bα). Die zwischen Gen 5o,24abα und Ex 1,6a+8 als Schluß bzw. Beginn eines Erzählzusammenhangs bestehende Verbindung ist redaktionell durch Gen 5o,25+26*
aufgesprengt worden, womit zugleich eine Akzentverschiebung verbunden
ist (vgl. in diesem Zusammenhang nur die Bedeutung der Gebeine des Josef
im Blick auf die Strukturierung der weiteren Erzählfolge).

21 Der Überleitungscharakter von Gen 5o,25+26* ist auf verschiedene Weise
sichtbar gemacht (vgl. allein schon die den Blick auf das weitere Geschehen lenkende Nennung der "Söhne Israels" als Adressaten des Josef-
schwurs). Die Nachricht vom Tode Josefs markiert zweifellos einen Abschluß, das ausstehende Begräbnis erzeugt erzählerische Spannung, die
erst mit dem Begräbnis der Gebeine des Josef (Jos 24,32a*) aufgelöst
ist. Bei den Bezugnahmen auf Gen 5o,25+26* in Ex 13,19 und Jos 24,32a*
werden kunstvoll die Aussagen von Gen 5o,25+26* miteinander verschränkt.

22 Vgl. dazu vor allem B. JACOB, Genesis 945.

im Blick auf die "Rhythmisierung" des größeren Erzählganzen eine zu Gen 5o, 25+26[*] durchaus analoge Funktion, indem so einerseits ein Abschluß angezeigt ist (Endgültigkeit der Entlassung aus Ägypten), andererseits aber ein neuer Spannungsbogen eröffnet wird (Wanderung ins Land).

Der mit Gen 5o,25+26[*] einsetzende, in Ex 13,19 aufgenommene und weitergeführte Spannungsbogen findet seinen Abschluß erst in der Notiz vom Begräbnis der Gebeine des Josef in Jos 24,32[*], die ursprünglich wohl einmal in unmittelbarer Verbindung mit Jos 24,28-3o[*] gestanden hat [24]:

---

23 Der Aussage vom Nehmen der Gebeine (*lqḥ* + *'aet* ^{ca}*samôt*) folgt in der Regel unmittelbar die Mitteilung des Begräbnisses (vgl. 1 Sam 31,13; 2 Sam 21,12-14).

24 Der Textabschnitt Jos 24,28-33 bietet eine Reihe interner literarischer Probleme, die auf entstehungsgeschichtliche Prozesse des Textes hindeuten. Während Jos 24,28 als Abschluß der vorangehenden Texteinheit Jos 24,1-28* zu verstehen ist, setzt mit Jos 24,29 ein neuer Textabschnitt mit Todes- und Begräbnisnachrichten ein (vgl. nur die allgemeine Zeitangabe *wajᵉhî 'aḥᵃrê haddᵉbarîm ha'ellāe*), ohne daß dieser aber als solcher literarisch von Jos 24,28 abgetrennt werden könnte. Innerhalb von Jos 24,29-33 wird zu Recht allgemein Jos 24,31 als ein redaktioneller Zusatz ausgeschieden (vgl. nur C. STEUERNAGEL, HK I/3, 246f und H. HOLZINGER, KHC VI, 99f). Weitergehende Probleme bieten die verbleibenden Todes- und Begräbnisnotizen in Jos 24,29+3o und 32+33. Innerhalb von Jos 24,29+3o ist zunächst die sonst für P^g charakteristische Form der Altersangabe in Jos 24,29b als nachpriesterschriftlicher redaktioneller Zusatz anzusehen (vgl. auch die gleichlautende Altersangabe in Gen 5o,26aß; dazu s.o. Anm. 18), wohingegen die häufig als deuteronomistischer Zusatz qualifizierte Apposition "Knecht Jahwes" nicht eindeutig als solche ausgegrenzt werden kann (vgl. nur Ex 14,31b und Jos 1,1+2; dazu s.o. Anm. 7). Näherliegender ist dagegen eine Abgrenzung der nur locker eingefügten Ortsangabe *bᵉtimnᵃt-saerᵃh* in Jos 24,3oa, worauf möglicherweise auch die damit verbundene Relativpartikel *'ᵃšaer* hinweist, sowie die damit zusammenhängende Ortsangabe von Jos 24,3ob. Die beiden Notizen in Jos 24,32+33 verlangen aufgrund der Inversion einen Anschluß nach rückwärts. Während Jos 24,33 die schon redaktionell erweiterte Notiz in Jos 24,29+3o nachgestaltet und so wohl nur als eine redaktionelle Bildung verstanden werden kann, ist für Jos 24,32 ein unmittelbarer Zusammenhang mit Jos 24,3o* anzunehmen, was auch eine literarische Verbindung beider Verse nahelegt. In Jos 24,32 ist die auf Gen 48,22 (R^P) beruhende zweite Vershälfte als redaktionell zu beurteilen (vgl. auch den syntaktisch problematischen Anschluß), ebenso das appositionell eingefügte *'ᵃbî šᵉkaem* in Jos 24,32a (vgl. H. HOLZINGER, KHC VI, 1oo). Ob möglicherweise der ganze zweite Relativsatz in Jos 24,32a erst redaktionell ist, läßt sich nur nach einer Klärung der literargeschichtlichen Problematik von Gen 33,19 entscheiden (zur Frage des Zusammenhangs von Gen 33,19 und Jos 24,32 vgl. jüngst E. BLUM, WMANT 57, 44f.6o.256.397). Aufgrund dieser Beobachtungen grenzt sich damit die Grundschicht von Jos 24,28-33 auf Jos 24,28+29a.3oa*+32a ein, während alles andere als in mehreren Schüben zugewachsene redaktionelle Bildung zu verstehen ist.

Jos 24,28   Und Josua entließ das Volk, jeden zu seinem Besitz.

29*   Und es geschah nach diesen Reden,
      da starb Josua, der Sohn Nuns, der Knecht Jahwes,

3o*   und sie begruben ihn im Gebiet seines Besitzes auf dem
      Gebirge Ephraim.

32   Und die Gebeine des Josef,
      die die Söhne Israels aus Ägypten heraufgeführt hatten,
      begruben sie in Sichem,
      (auf dem Ackerstück, das Jakob von den Söhnen Chamors
      um einhundert Kesita gekauft hatte).

Aufgrund deuteronomistischer wie nachdeuteronomistischer Bearbeitungsspu-
ren [25] ist für den so rekonstruierten literarischen Grundbestand des Textabschnitts Jos 24,28-33 eine vordeuteronomistische Herkunft anzunehmen [26].
Die Formulierung von Jos 24,32a* verweist dabei unverkennbar auf Gen 5o,25+
26* und Ex 13,19 zurück, so daß hier mit der noch ausstehenden Begräbnis-

---

25 In diesem Zusammenhang verdient auch der Jos 24,28-31 aufnehmende Text-
    abschnitt Ri 2,6-9 nähere Beachtung (zum Vergleich beider Texte vgl.
    vor allem die ausführliche Diskussion der anstehenden Probleme bei W.
    RICHTER, BBB 21, 44-49). Nicht nur die Beobachtungen zur Entstehungsge-
    schichte von Jos 24,28-33 (vgl. Anm. 24), sondern auch die interne lite-
    rarische Problematik von Ri 2,6-9 läßt die Annahme zweifelhaft erschei-
    nen, daß es sich bei Ri 2,6-9 einfach um eine redaktionelle Wiederaufnah-
    me von Jos 24,28-31 nach Einschub von Jos 24,32 bis Ri 2,5 handle
    (so R. SMEND, Gesetz 5o6). Vielmehr fordert die Quellenlage eine lite-
    rargeschichtlich differenziertere Lösung (vgl. auch die entsprechenden
    Beobachtungen von W. RICHTER, BBB 21, 44-49, auf die im folgenden mehr-
    fach zurückgegriffen wird), wobei der anzunehmende literargeschichtli-
    che Entstehungsprozeß etwa folgendermaßen verlaufen sein könnte (zum
    hier nicht weiter zu diskutierenden Problem des Übergangs vom Josua-
    zum Richterbuch allgemein vgl. zuletzt wieder E. BLUM, WMANT 57, 55f).
    Die Grundschicht von Jos 24,28-33* (Anm. 24) ist von DtrG zunächst wahr-
    scheinlich um Ri 2,7+1o als Einleitung der deuteronomistischen Darstel-
    lung der Richter- und Königszeit erweitert worden; dieser literarischen
    Schicht sind möglicherweise auch die redaktionellen Erweiterungen in Jos
    24,3o zuzurechnen. Im Zusammenhang mit der Einfügung von Ri 1,1-2,5*
    dürfte von einer jüngeren deuteronomistischen Hand (DtrN) die Jos 23*
    voraussetzende Notiz Jos 24,31 sowie Ri 2,6 und 8+9 eingefügt worden
    sein. Als Elemente einer noch jüngeren Redaktionsschicht, die als nach-
    deuteronomistisch zu qualifizieren ist, sind die redaktionellen Zusätze
    in Jos 24,29b.32a* (nur 'a̱bî šekaem).32b+33 anzusehen.

26 Dem trägt durchaus die ältere Forschung mit ihrer Zuweisung der in Frage
    stehenden Aussagen an E Rechnung. Dagegen versteht R. KESSLER, Querver-
    weise 216 Jos 24,32 zusammen mit Gen 5o,25 und Ex 13,19 als Elemente,
    die "einem sehr späten Stadium der Überlieferung angehören (identisch
    mit D-Bearbeitung?), in dem der Pentateuch und zumindest die Bücher
    Jos und Ri bereits gemeinsam überliefert wurden", ohne aber hinreichend
    die schwierigen literargeschichtlichen Probleme von Jos 24,28-33 und
    Ri 2,6-1o zu berücksichtigen. Als Elemente einer "'spät-dtr.' Schicht"
    versteht die in Frage kommenden Aussagen zuletzt wieder E. BLUM, WMANT
    57, 6of.256.

notiz der mit jenen Aussagen eröffnete bzw. weitergeführte Spannungsbogen abgeschlossen wird. Jos 24,32a[*] markiert mit der Notiz vom Begräbnis der Gebeine des Josef in Sichem den definitiven Abschluß der Befreiung aus Ägypten. Nachdrücklich hervorgehoben wird die Funktion von Jos 24,32a[*] als Abschluß eines größeren literarischen Zusammenhangs auch durch die unmittelbar vorangehende Bundesschlußszene in Jos 24,1-28[*] [27]. Gehört so die kompositorisch innerhalb der Meerwundererzählung hervorgehobene Aussage von Ex 13,19 in das durch Gen 5o,25+26[*] und Jos 24,32a[*] gebildete Bezugssystem [28], dann wird darin auch der größere literarische Zusammenhang erkennbar, in den der Erzähler die Meerwundererzählung eingeordnet wissen will.

(3) Auf einen größeren literarischen Zusammenhang verweist sodann auch der gegen Mose gerichtete Vorwurf der Israel-Söhne in Ex 14,11[*]. Entsprechende Vorwürfe finden sich auch sonst im Pentateuch, wobei im vorliegenden Zusammenhang aber nur jene Beachtung verdienen, die wahrscheinlich der vorpriesterschriftlichen Tradition zuzurechnen sind [29]. Neben Ex 14,11[*] begegnet das Motiv des Murrens hier ausschließlich im Rahmen der Wüstenüberlieferung.

---

27 Gegenüber neueren Versuchen, Jos 24,1-28 als einen im ganzen literarisch einheitlichen Text aus dem Umkreis deuteronomisch-deuteronomistischen Theologisierens anzusehen (vgl. - wenn auch mit starken Unterschieden hinsichtlich der zeitgeschichtlichen Situierung - die Versuche von G. SCHMITT, AzTh I/15, 8-32, L. PERLITT, WMANT 36, 239-284 und H.-D. HOFFMANN, AThANT 66, 3oo-3o6), hat jüngst H.N. RÖSEL, BN 22 (1983) 41-46 m. E. zu Recht auf die Notwendigkeit hingewiesen, ältere Überlieferungsstufen hinter der "deuteronomischen Fassung" des Textes sichtbar zu machen. Entgegen den redaktionskritischen Hypothesen bei J.P. FLOSS, BBB 45, 334-37o und H. MÖLLE, fzb 42 wird im vorliegenden Zusammenhang damit gerechnet, daß die älteste Textschicht in Jos 24,1-28, auf die wohl die Aussagen von Jos 24,2aα*.2b.14*.24*.25a*.26b*.27aα*.28 zurückgehen (der Nachweis für diese Hypothese soll in anderem Zusammenhang vorgelegt werden), als jehowistisch zu verstehen ist, wohingegen alle weiteren Phasen der Textentstehungsgeschichte erst deuteronomistischen bzw. nachdeuteronomistischen Ursprungs sind.

28 Eine literarische Zusammengehörigkeit von Gen 5o,25, Ex 13,19 und Jos 24, 32 wird keineswegs allgemein angenommen. So ist für M. NOTH, HAT I/7, 141 Jos 24,32 ein Zusatz aufgrund von Gen 5o,25 und Ex 13,19, wohingegen W. RUDOLPH, BZAW 68, 252 Ex 13,19 für einen sekundären Zusatz hält. Doch spricht die hinter Gen 5o,25, Ex 13,19 und Jos 24,32* erkennbar werdende Systematik bei allen Unterschieden im einzelnen für die Annahme eines auch literarischen Zusammenhangs, so daß für alle drei Belege ein und derselbe Verfasser anzunehmen ist (vgl. auch E. BLUM, WMANT 57, 44f).

29 Die Notwendigkeit der Differenzierung der entsprechenden Belege legt allein schon Ex 14,11+12 nahe, insofern der ältere, nur Ex 14,11aα*+11b umfassende Vorwurf redaktionell durch RP um Ex 14,11a*+12 erweitert worden ist. Als priesterschriftliche bzw. nachpriesterschriftliche (PS/RP) Belege des Murrmotivs sind wohl Ex 16,2+3; Num 11,5.2o; 14,2+3; 16,3; 17, 6; 2o,3-5 zu werten, die im vorliegenden Zusammenhang so auch unberücksichtigt bleiben können. Zum Gesamtzusammenhang vgl. vor allem G.W. COATS, Rebellion.

Es ist dabei auf nur wenige Vorkommen beschränkt. Diese sind im Blick auf den literarischen Gesamtzusammenhang der Wüstenüberlieferung aber von entscheidender Bedeutung. Formal wie thematisch eng verwandt erweisen sich zunächst die Aussagen von Ex 17,3 und Num 21,5*:

> Ex 17,3   Und es dürstete dort *das Volk* nach Wasser,
> und *das Volk* murrte gegen Mose
> und sprach:
>
> *Warum dies, daß du uns heraufgeführt hast aus Ägypten,*
> *um sterben zu lassen mich und meinen Sohn und mein Vieh*
> durch Durst?
>
> Num 21,5* Und das Volk redete gegen Elohim und gegen Mose:
>
> *Warum hast du uns heraufgeführt aus Ägypten,*
> *um zu sterben in der Wüste?*
> Denn es gibt kein Brot und kein Wasser.

In beiden Fällen wird das Faktum der Heraufführung aus Ägypten wegen der daraus resultierenden tödlichen Konsequenzen Mose bzw. Elohim und Mose zum Vorwurf gemacht. Die unverkennbare Korrespondenz beider Aussagen (vgl. nur die wörtlichen Entsprechungen von Ex 17,3 und Num 21,5*, wodurch sie sich zugleich von den anderen Vorkommen des Murrmotivs abheben) ist wohl als bewußt eingesetztes literarisches Stilmittel zu verstehen. Thematisch wird so die innere Spannweite des Murrens Israels angezeigt, das vom berechtigten Aufbegehren gegen Mose (Ex 17,3) bis hin zum sündhaften Widerstand gegen Elohim und Mose reicht (Num 21,5*) [30]. Im Blick auf die Komposition der vorpriesterschriftlichen Wüstenüberlieferung haben beide Aussagen allem Anschein nach eine rahmende Funktion, insofern das Murren des Volkes in Ex 17,3 präzis am Beginn der jehowistischen Darstellung der Wüstenwanderung steht [31], wohin-

---

30 Zur Unterscheidung der beiden Typen von "Murrgeschichten" vgl. vor allem B.S. CHILDS 258-26o sowie N. LOHFINK, SBS loo, 18 Anm. 15. - Nach P. BUIS, VT 28 (1978) 257-27o sind für die "Murrgeschichten" drei verschiedene Erzählschemata anzunehmen.

31 Zur Bestimmung des älteren Grundbestands von Ex 17,1-7 vgl. P. WEIMAR, OBO 32, 359 Anm. 81; weitere Differenzierungen bei E. ZENGER, Sinai 56-67. - Ex 17,3-6* kann nicht als eine in sich geschlossene literarische Einheit verstanden werden (anders wohl E. ZENGER, Sinai 68-72), da die Partikel šam in Ex 17,3 einen Rückbezug auf eine voraufgehende Ortsangabe verlangt. Der literarische Anknüpfungspunkt von Ex 17,3 liegt aber nicht in Ex 16, wo keine vorpriesterschriftliche Textschicht eruiert werden kann (so zu Recht auch P. MAIBERGER, ÄAT 6/1+2), sondern in Ex 15,22-27, wo gleichfalls eine Wasserwundererzählung vorliegt, die mit Ex 17, 3-6* konkurriert und so nicht dem gleichen literarischen Zusammenhang angehört haben kann. Innerhalb von Ex 15,22-27 liegt der unmittelbare Anknüpfungspunkt für Ex 17,3-6* in Ex 15,22, so daß zu fragen ist, ob sich Ex 17,3-6* nicht einmal ursprünglich an Ex 15,22 angeschlossen hat. Entgegen der häufig reklamierten Geschlossenheit von Ex 15,22-27 (vgl. nur den Überblick bei H.F. FUHS, BN 9, 1979, 6o) kann Ex 15,23-27 wohl

gegen die Aussage von Num 21,5[*] den Abschluß dieses literarischen Komplexes anzeigt [32].

Innerhalb des durch Ex 17,3 und Num 21,5[*] angezeigten Rahmens um den Komplex der Wüstenwanderungsgeschichte finden sich sachlich verwandte Aussagen noch in Num 11,18 (vgl. 4b.1o.13) und 14,1[*]+4, die in charakteristischer Weise gegenüber Ex 17,3 und Num 21,5[*] unterschieden sind, untereinander jedoch unverkennbar Berührungselemente erkennen lassen. Der Zusammenhang der Aussagen von Num 11,18 und 14,1[*]+4, die literarisch jeweils dem Grundbestand der beiden Erzählkomplexe zuzurechnen sind [33], wird dabei auf mehrfache Wei-

---

nicht als unmittelbare Fortsetzung von Ex 15,22 gesehen werden (vgl. nur die Spannung zwischen Ex 15,22b ("und sie fanden kein Wasser") und 23a ("und nicht konnten sie trinken das Wasser von Mara")), so daß nichts dagegen spricht, Ex 15,22 für sich zu stellen und als Exposition zu Ex 17,3-6* anzusehen. In sich dürfte Ex 15,22 literarisch nicht ganz einheitlich sein, insofern die Aussagen von Ex 15,22aß (Wüste Schur) und 22b (die Wüste) in Spannung zueinander stehen, wobei am ehesten Ex 15, 22aß als redaktionelles Element im Blick auf Ex 15,23-27 zu verstehen ist. Für die wahrscheinlich als literarischer Grundbestand von Ex 15,22 anzusehende Aussage von Ex 15,22aαb ist dabei ein Zusammenhang mit den auf Je zurückgehenden Absichtserklärungen in Ex 3,18, 5,3 und 8,23 anzunehmen, so daß auch für Ex 15,22aαb jehowistische Herkunft zu vermuten ist.

32 Zur Analyse von Num 21,4-9 sowie zum Zusammenhang der Grundschicht des Textes mit Je vgl. die Hinweise bei P. WEIMAR, OBO 32, 284f. Gegenüber der dort vertretenen Position sind wohl zwei Korrekturen anzubringen: 1. Entgegen dem weitgehenden Konsens der Forschung ist die literarkritische Abtrennung von Num 21,4a durchaus nicht ganz ohne Probleme, insofern die in Num 21,4b vorgestellte Situation "auf dem Wege" (bǎddaraek) eine entsprechende Notiz, wie sie in Num 21,4a vorliegt, vorauszusetzen scheint. Als redaktioneller Einschub ist in Num 21,4a wahrscheinlich nur mehor hahar anzusehen. Die nach Ausgrenzung von mehor hahar verbleibende Aussage stellt dabei eine Verbindung des in Num 21,4-9* erzählten Geschehens mit Num 14,25b und Num 2o,14-21* her. - 2. Als jüngerer redaktioneller Zusatz im Rahmen von Num 21,4-9* ist wohl die mit Num 21,5bα konkurrierende Aussage Num 21,5bß zu verstehen, was um so näher liegt, als zwischen Num 21,5bß und der erst auf R[P] zurückgehenden Aussage von Ex 16,4a (zur Begründung vgl. demnächst meine Untersuchung "Exodus und Manna. Eine redaktionsgeschichtliche Untersuchung von Ex 16") ein Zusammenhang zu bestehen scheint. - Zu Num 21,4-9* als Abschluß des Wüstenwanderungskomplexes vgl. M. NOTH, ÜP 133 und ATD 7, 136, V. FRITZ, MThSt 7, 96.129f und H. MANESCHG, EH XXIII/157, 94f.

33 Die entstehungsgeschichtliche Analyse der beiden Textkomplexe Num 11 und 13/14 ist im einzelnen wie im grundsätzlichen stark umstritten (vgl. nur die entsprechenden Hinweise bei V. FRITZ, MThSt 7, 16-18.19-24; an neueren Versuchen sind im Blick auf Num 11 H. SEEBASS, VT 28, 1978, 214-223 und F. AHUIS, CThM A/12, 54-58 sowie im Blick auf Num 13/14 S. MITTMANN, BZAW 139, 42-55 einschlägig). Da im vorliegenden Zusammenhang eine durchgängige Analyse beider Textkomplexe nicht geleistet werden kann, aber auch nicht erforderlich ist, sollen hier nur die für eine Wertung der in

se angezeigt. In beiden Fällen ist das Murren des Volkes durch das Verbum "weinen" (*bkh*) zum Ausdruck gebracht (Num 11,4b.1o.13.18 und 14,1*), das dabei positiv (Num 11*) wie negativ (Num 14*) akzentuiert sein kann [34]. Thematisch sind die Aussagen von Num 11,18 und 14,4 dadurch verbunden, daß im Gegensatz zu Ex 17,3 und Num 21,5* nicht die Heraufführung aus Ägypten als solche zum Gegenstand des Vorwurfs gemacht ist, sondern gerade das Moment der Regression nach Ägypten angesichts der bedrängenden Gegenwartserfahrung

---

Frage stehenden Aussagen notwendigen Beobachtungen mitgeteilt werden. – 1. Für die Aussage von Num 11,18 ist ein literarischer Zusammenhang mit den entsprechenden Aussagen (Weinen des Volkes) in Num 11,4b*, 1oa* und 13 anzunehmen, wohingegen die mit Num 11,18 konkurrierende Aussage von Num 11,2ob als Element einer jüngeren Redaktion verstanden werden muß, was nicht zuletzt auch daran erkennbar wird, daß dadurch das Murren des Volkes eine neue (negative) Wertung erfährt. Da die mit Num 11,18 zusammenhängenden Aussagen von Num 11,4b*, 1oa* und 13 das Grundgerüst des dargestellten Geschehensvorgangs abgeben, sind sie auch als Elemente der Grundschicht des Textes anzusehen, die hinsichtlich ihrer literarischen Herkunft wohl keine jahwistische, sondern eine jehowistische Bildung sein dürfte (der entsprechende Nachweis soll in anderem Zusammenhang gegeben werden). – 2. Die mit Num 11,18 sachlich verwandte Aussage von Num 14,4, die literarisch mit der sowohl gegenüber Num 14,1a als auch gegenüber 14,2 zu isolierenden Notiz Num 14,1b (vgl.nur den dreimaligen Subjektwechsel, dazu S. MITTMANN, BZAW 139, 47) zu verbinden ist, steht sowohl zu Num 14,2 als auch zu Num 14,3 in Spannung, was für jede der drei Aussagen die Annahme unterschiedlicher Herkunft nahelegt. Darauf weisen die folgenden Beobachtungen hin. Auffällig ist zunächst die unmittelbare Aufeinanderfolge der beiden Reden der Israel-Söhne in Num 14,2+3 und 4, die sich nicht einfach aus der unterschiedlichen Redeperspektive erklären läßt (vgl. die entsprechende Überlegung bei S. MITTMANN, BZAW 139, 47), sondern wegen der semantisch-thematischen Differenzen verschiedene Verfasser fordern. Innerhalb von Num 14,2+3 ist die gegenüber Num 14,2 in eine andere Richtung führende Aussage Num 14,3 als eigenständiges Aussageelement abzutrennen, das aber wegen des für Num 14,3 geforderten rückwärtigen Anschlusses wohl nur als redaktionelle Erweiterung zu Num 14,2 interpretiert werden kann. Die auf der anderen Seite bestehende Stichwortverbindung von Num 14,3 und 4 (*šûb/wᵉnašûba miṣrajᵉmā*) läßt es als wahrscheinlich erscheinen, daß der redaktionelle Zusatz von Num 14,3 zugleich im Blick auf die Aussage von Num 14,4 eingefügt worden ist. Num 14,3 wird so am ehesten als ein redaktioneller Zusatz zu verstehen sein, der im Zusammenhang mit der redaktionell hergestellten Verbindung der beiden literarisch voneinander unabhängigen Aussagen Num 14,2 und 4 geschehen ist. Da Num 14,2 auf Pᵍ zurückzuführen ist (vgl. den weitgehenden Konsens der Forschung), wird Num 14,4 der vorpriesterschriftlichen Fassung der "Kundschaftergeschichte" zuzurechnen sein, wobei die Aussage von Num 14,4 als ein für das Funktionieren der vorpriesterschriftlichen Erzählung in ihrer Grundgestalt notwendiges Textelement anzusehen ist.

34 Die in Num 11,18 vorliegende Abfolge der Aussageelemente erscheint nur dann sinnvoll, wenn das "Weinen" Israels im Sinne jenes Typs von "Murrgeschichten" zu interpretieren ist, der ein berechtigtes Aufbegehren mit nachfolgender Beseitigung der Ursachen des "Murrens" zum Gegenstand hat. Demgegenüber sind alle Aussagen in Num 11, die das "Murren" (Weinen) als sündhaften Widerstand beurteilen (Num 11,1ob.19+2o.33) als Elemente einer jüngeren Redaktion des Textes zu verstehen.

hervorgehoben wird ("Wer gibt uns Fleisch zu essen, denn gut hatten wir es *in Ägypten?*" Num 11,18 und "Geben wir uns ein Haupt und kehren wir *nach Ägypten* zurück!" Num 14,4) [35].

In diesem Zusammenhang verdient sodann auch noch Ex 32,1b Beachtung, wo das an Aaron gerichtete Verlangen des Volkes nach einem vor ihm hergehenden Gott (Gottesbild) mit dem Nicht-Wissen um den Verbleib des Mose begründet wird:

> Ex 32,1b Und das Volk versammelte sich gegen Aaron
> und sie sprachen zu ihm:
>
>> Auf, mache uns einen Gott,
>> der vor uns hergeht,
>> denn dieser da, der Mann Mose,
>> der uns heraufgeführt hat aus dem Lande Ägypten –
>> wir wissen nicht,
>> was aus ihm geworden ist.

Das "Murren" des Volkes gegen Aaron in Ex 32,1b [36] steht in unmittelbarem Anschluß an die Aussagefolge Ex 24,12bα*.18b (+31,18aα*b) [37], wonach Mose zu Jahwe auf den Berg kommen soll, um von ihm die "Tafeln aus Stein" zu erhalten, und dort vierzig Tage und vierzig Nächte bleibt. Mose selbst wird in Ex 32,1b durch den an seinen Namen angeschlossenen Relativsatz "der uns heraufgeführt hat aus dem Lande Ägypten" näher qualifiziert. Durch den Relativsatz wird nun nicht nur eine Verbindung mit dem "Murren" des Volkes in Ex 17,3 und Num 21,5* hergestellt, sondern darin überdies ein Zusammenhang des hier geschilderten Geschehens mit der Exodusgeschichte angezeigt [38]. Vor dem Hintergrund der Exodusgeschichte und näherhin vor dem Hintergrund der Meerwundererzählung gewinnt auch die Darstellung des in Ex 32,1b-6*.15aα.18-2oa*

---

35 Gerade die formale wie thematische Eigenständigkeit der Aussagen von Num 11,18 und 14,1b*+4, durch die sie deutlich von den anderen Vorkommen des "Murrmotivs" abgehoben sind, rechtfertigt die Annahme der Bezogenheit beider Aussagen aufeinander.

36 Zur Interpretation von *qhl* + *ᶜal* im adversativen Sinne vgl. J. HAHN, EH XXIII/154, 21f.

37 Zur Ausgrenzung der vorliegenden Aussage wie zur Zuordnung zu Je vgl. E. ZENGER, fzb 3, 77-79.178-18o und Sinai 135.141. - Da sich Ex 31,18* wegen des Fehlens einer expliziten Nennung von Jahwe als Subjekt jedoch nicht ganz spannungsfrei an Ex 24,18b anschließt, ist Ex 31,18* möglicherweise auch erst als eine jüngere redaktionelle Bildung zu verstehen.

38 Beachtung verdient in diesem Zusammenhang der Tatbestand, daß im Unterschied zu Ex 14,11* innerhalb der Wüstenüberlieferung im Blick auf die Herausführung aus Ägypten nicht das Verbum *jṣ'* H-Stamm, sondern vielmehr das Verbum *ᶜlh* H-Stamm gebraucht ist (Ex 17,3; 32,1b; Num 21,5; vgl. auch Ex 33,12), was bewußte literarische Absicht vermuten läßt.

geschilderten pervertierten Jahwefestes ihre eigentliche Perspektive [39], was nicht zuletzt auch anhand der anspielenden Bezugnahmen von Ex 32,18b ("Stimme von Wechselgesängen") und 19 ("und Reigentänze") [40] auf Ex 15,2o* ("und mit Reigentänzen") und 21a ("und Mirjam sang ihnen zu") erkennbar wird.

---

39 Ohne daß im vorliegenden Zusammenhang ausführlich zu den literarischen Problemen von Ex 32 Stellung genommen werden könnte (vgl. die umfassende und materialreiche Darstellung bei J. HAHN, EH XXIII/154, hier [142f] auch eine tabellarische Übersicht über bisherige literarkritische Lösungsversuche), ist jedoch die Ausgrenzung des literarischen Grundbestandes von Ex 32 kurz zu begründen, wobei eine Auseinandersetzung mit anderen Lösungsversuchen (vgl. z.B. H. VALENTIN, OBO 18, 2o5-3o3 [268. 276-284]) nicht geleistet werden kann. Der Grundbestand von Ex 32 ist auf die Verse 1-2o einzugrenzen, insofern mit Ex 32,2o die mit Ex 32,1 angeschlagene Thematik an ein Ende kommt. In sich ist Ex 32,1-2o literarisch jedoch keineswegs einheitlich. Darauf deuten die folgenden Beobachtungen hin: 1. Wegen der doppelten Einführung von ha^{c}am als Subjekt in Ex 32,1 dürften die beiden Hälften des Verses gegeneinander zu isolieren sein, so daß der ursprüngliche Einsatz der Erzählung in Ex 32,1b liegen dürfte. - 2. Die nur locker in den Textzusammenhang eingebundene Aussage von Ex 32,4b+5aα ist ebenso wie der damit zusammenhängende Textabschnitt Ex 32,7-14 als redaktioneller Einschub zu verstehen (vgl. ausserdem die in Kap. VII mitgeteilten Beobachtungen). - 3. In Ex 32,6 dürfte die nachhinkende und nicht ganz spannungsfrei an das Vorangehende angeschlossene Aussage von Ex 32,6bß eine redaktionelle Ergänzung sein, die dem in Ex 32,6abα geschilderten Jahwefest eine polemische Spitze aufsetzen will. - 4. Der nach Ex 32,6abα verlassene ursprüngliche Erzählzusammenhang wird erst in Ex 32,15aα weitergeführt (ob w̌ajjipaen als redaktionelles Textelement zu verstehen ist, kann in diesem Zusammenhang offen bleiben), um aber sogleich wieder von redaktionellen Zusätzen unterbrochen zu werden. Als solche sind wahrscheinlich nicht nur Ex 32,15aßb+ 16, sondern auch Ex 32,17 sowie die damit zusammenhängende Aussage von Ex 32,18a* (ausgenommen die Redeeinleitung w̌ajjo'maer) anzusehen. Dagegen wird der an die beiden ersten Stichen der Moserede in Ex 32,18a asyndetisch angeschlossene und dazu in Spannung stehende dritte Stichos Ex 32,18b (vgl. nur das zweimalige qôl ^{c}anôt + Genitiv Ex 32,18a gegenüber qôl ^{c}ǎnnôt Ex 32,18b) zusammen mit der Redeeinführung w̌ajjo'maer in Ex 32,18a ein Textelement des ursprünglichen Erzählzusammenhangs sein und sich einmal unmittelbar an Ex 32,15aα angeschlossen haben. - 5. Der Abschluß der Erzählung ist in der Notiz von der Vernichtung des Stierbildes in Ex 32,2oa zu sehen, während Ex 32,2ob wahrscheinlich als ein späterer redaktioneller Zusatz zu verstehen ist (vgl. nur die Verwendung von b^{e}nê jiśra'el anstelle von ha^{c}am). - Treffen diese Beobachtungen zu, dann grenzt sich die Grundschicht von Ex 32 auf Ex 32,1b-4a.5aßb.6abα. 15aα.18aα* (nur w̌ajjo'maer).18b-2oa ein; alles andere in Ex 32 ist als redaktionell zu bestimmen, wobei die redaktionellen Textteile auf mehrere Hände zurückgehen werden. Die literarisch älteste Schicht in Ex 32 wird dabei aufgrund des Zusammenhangs mit anderen Texten (vgl. nur die Verbindung von ^{c}olot und š^{e}lamîm, die neben Ex 32,6a noch in Ex 18,12 Je (vgl. auch Ex 24,5) begegnet) frühestens als jehowistisch bezeichnet werden können.

4o Das Fehlen eines Artikels bei ûm^{e}holot im Gegensatz zum vorangehenden determinierten 'aet-ha^{c}egael ist immer wieder festgestellt worden. Ob aber mit Sam und LXX (vgl. nur BHS) w^e'aet-hämm^{e}holot anstelle von

126

Liegen die entsprechenden Parallelen zu dem an Mose gerichteten Vorwurf in Ex 14,11* auch alle im Bereich der Wüstenüberlieferung, so kann die Meerwundererzählung dennoch keineswegs als Element der Wüstenüberlieferung verstanden werden [41]. Bei den Entsprechungen zwischen Ex 14,11* und den Vorkommen des "Murrmotivs" im Zusammenhang der Wüstenüberlieferung handelt es sich nur um motivliche Querverbindungen, nicht aber um wörtliche Bezugnahmen. Gegenüber Ex 14,11* zeigt die Verwendung des Murrmotivs innerhalb der Wüstenüberlieferung einen in sich geschlossenen Charakter (vgl. nur die rahmende Funktion der Aussagen von Ex 17,3 und Num 21,5*), was zusätzlich dadurch unterstrichen wird, daß im Rahmen der Wüstenüberlieferung in bezug auf das Exodusgeschehen immer nur von einer *Herauf*führung (*ᶜlh* H-Stamm), nicht aber wie in Ex 14,11* von einer *Heraus*führung (*jsᵓ* H-Stamm) gesprochen wird [42]. Die Aussage von Ex 14,11* weist so zwar auf die Wüstenwanderung vor, gehört aber selbst noch in den Rahmen der Exodusgeschichte. Das wird nicht zuletzt auch dadurch unterstrichen, daß die in der rhetorischen Frage Ex 14,11* geschehende Infragestellung der Autorität des Mose deutliche Entsprechungen innerhalb der jehowistischen Darstellung der Moseberufung hat, wo gerade dem Problem der Legitimation des Mose ein herausgehobener Stellenwert zukommt [43]. Das Meerwunder hat von daher im Blick auf das Amt des Mose geradezu eine legitimierende Funktion. Erzählerisch wird durch Ex 14,11* ein enger Zusammenhang von Exodus- und Wüstenwanderungsgeschichte hergestellt [44].

(4) Der Neuinterpretation des Meerwundergeschehens dienen auch die auf dieser Textebene redaktionell eingefügten Aussagen Ex 14,21aα*β, 24aα und 27aβ. Diese stellen eine in sich geschlossene Aussagefolge dar. Durch die Zeitangaben ("die ganze Nacht" - "zur Zeit der Morgenwache" - "gegen Morgen") haben die redaktionell eingefügten Aussagen auch formal ein festes Gerüst. Das innere Gefälle der Zeitangaben zielt auf die abschließende Zeitangabe

---

ûmᵉholot zu lesen ist, kann m.E. keineswegs als sicher angesehen werden; ebensowenig sind aber auch weitergehende literarkritische Optionen wahrscheinlich.

41 Nicht zuletzt aufgrund der Aussagen von Ex 14,11+12 votieren in diese Richtung vor allem G.W. COATS, Rebellion 13o-137 (vgl. außerdem die S. 4 Anm. 15 genannte Literatur) und R. KESSLER, Querverweise 217-222.

42 Daß innerhalb der Wüstenüberlieferung im Gegensatz zu Ex 14,11* im Blick auf die Herausführung aus Ägypten immer das Verbum ᶜlh H-Stamm gebraucht ist (vgl. Anm. 38), läßt auch eine gegenüber der Exodusgeschichte veränderte Erzählperspektive innerhalb der Wüstenwanderungsgeschichte erkennen, insofern nämlich mit der "Heraufführungsformel" schon der Aspekt der Inbesitznahme des Landes mit im Blick ist (vgl. nur G. WEHMEIER, THAT II, 289).

43 Vgl. dazu P. WEIMAR, OBO 32, 243f.293f.

44 Weitere Beobachtungen dazu unter 4.1.

"gegen Morgen", womit die Vernichtung der Ägypter verbunden wird. Durch das Gefüge der drei Zeitangaben wird zugleich der größere Horizont der damit beabsichtigten Aussage erkennbar. Während die mittlere Zeitangabe ("zur Zeit der Morgenwache") wahrscheinlich vor dem Hintergrund der dargestellten Kriegssituation zu verstehen ist [45], verweisen die beiden anderen Zeitangaben demgegenüber auf den unmittelbaren Erzählzusammenhang, wobei die Querverbindungen nach zwei Richtungen hin gehen.

Die am Höhepunkt der Aussagereihe stehende Zeitangabe "gegen Morgen" (*lipnôt boqaer*) [46] hat einerseits eine Entsprechung in der möglicherweise auf die gleiche Hand zurückgehenden Aussage "als es Morgen wurde" (*bihejot hábboqaer*) in Ex 19,16 [47], wo eine Verbindung mit der Darstellung der Theophanie Jahwes am Sinai gegeben ist, sowie andererseits in den schon von der Tradition (J) übernommenen Zeitangaben Ex 7,15, 8,16 und 9,13, die das Zusammentreffen von Mose und Pharao jeweils auf den Morgen terminieren. Die Zeitangabe "die ganze Nacht" verbindet das Eingreifen Jahwes gegen die Ägypter im Rahmen des Meerwunders mit der Tötung aller Erstgeburt in Ägypten, auch wenn die einschlägigen Aussagen (Ex 11,4b; 12,29a.3oaα*) schon von der Tradition her vorgegeben sind.

Auf einen Zusammenhang mit den Plagen zielen auch die teilweise wörtlichen Berührungen von Ex 14,21aα*β mit Ex 1o,13 und 19 [48]. Der Anspielungscharakter beider Aussagen auf das Meerwunder ist unverkennbar [49]. Literargeschichtlich sind die als nachjahwistisch, aber auch als nachelohistisch einzustufenden redaktionellen Zusätze Ex 1o,13* und 19 als jehowistische Bildungen zu qualifizieren [50]. Die so auf der Ebene der jehowistischen Redaktion angezeig-

---

45 Vgl. dazu die genau entsprechende Zeitangabe in 1 Sam 11,11 (außerdem Ri 7,19).

46 Zu *lipnôt boqaer* vgl. Ps 46,6, außerdem Ri 19,26 (*lipnôt hábboqaer*); zum Vorstellungszusammenhang insgesamt J. ZIEGLER, BBB 1, 281-288.

47 Zur Analyse vgl. die Hinweise bei P. WEIMAR, OBO 32, 18of Anm. 1o9.

48 Auf den Zusammenhang von Ex 14,21aß mit Ex 1o,13 und 19 wird häufiger hingewiesen (vgl. nur A. DILLMANN 165 und B. JACOB 583), ohne ihn aber hinreichend für eine Interpretation der Meerwundererzählung auszuwerten.

49 Vgl. schon J.P. FLOSS, BBB 45, 22o Anm. 121. - Neben den unmittelbaren Wortentsprechungen ist vor allem die Nennung von *jăm sûp* in Ex 1o,19 sowie die auf Ex 14,28b (J^Vorl/J) anspielende Aussage von Ex 1o,19b zu beachten.

5o Erste Hinweise zur hier vorausgesetzten Analyse von Ex 1o,12-29 sowie zur literargeschichtlichen Einordnung der beiden Aussagen von Ex 1o,13* und 19 finden sich bei P. WEIMAR, OBO 32, 279 Anm. 1oo.

te Korrespondenz von Heuschreckenplage (Ex 1o,13[*] und 19) und Meerwunder (Ex 14,21aα[*]ß.24aα.27aß.28b) läßt nachdrücklich die vom Jehowisten angezielte Deutung des Meerwunders als eines Gerichtes Jahwes an Ägypten hervortreten [51]. Über diesen Rahmen hinausgehende größere literarische Zusammenhänge werden allenfalls andeutungsweise greifbar [52].

(5) Einen betonten Abschluß erfährt die vorliegende Gestalt der Meerwundererzählung durch die Aussagen von Ex 14,31b und 15,2o[*]+21, wobei noch einmal die die Erzählung tragenden Leitgedanken aufgenommen und zugleich zu Ende geführt werden. Das "Mirjamlied" Ex 15,2o[*]+21 hat dabei die Funktion, das Moment der Unvergleichlichkeit Jahwes herauszustellen [53]. In der knappen erzählerischen Notiz Ex 14,31b wird neben dem Vertrauen auf Jahwe außerdem vor allem das Vertrauen auf Mose, insofern er "Knecht Jahwes" ist, akzentuiert, womit abschließend nochmals die Problematik der Legitimation des Mose aufgenommen ist [54]. Thematisch steht die Aussage von Ex 14,31b in einem engen Zusammenhang mit Ex 4,1 und 5a ($hae\sp{}^{ae}m\hat{\imath}n$ + l^e), thematisch wie formal darüber hinaus aber auch zu Gen 15,6a ($hae\sp{}^{ae}m\hat{\imath}n$ + b^e) [55]. Mit den als neuem

---

51 Neben der unverkennbar den Charakter eines Gerichtes am Tage Jahwes tragenden "Heuschreckenplage" ist in diesem Zusammenhang vor allem auch die Wortverbindung *rûaḥ (ḥaq)qadîm* zu beachten, die vorwiegend im Rahmen von Gerichtsansagen begegnet (vgl. Jer 18,17; Ez 17,1o; 19,12; 27,26; Jon 4,8; Ps 48,8).

52 Ob ein Zusammenhang der Zeitangabenreihe innerhalb der Meerwundererzählung mit Gen 19,15 und 23 anzunehmen ist (so B. JACOB 584f), ist nicht auszuschließen, wobei jedoch zu beachten bleibt, daß die Folge der Zeitangaben in Gen 19 durch 19,15* (Je) und 27* (J) gebildet wird, wohingegen Gen 19,23 erst auf einer jüngeren Redaktionsstufe (R[P]) eingeführt worden sein dürfte. Ein Zusammenhang ist möglicherweise auch zwischen Ex 14,21aß (*wajjaśaem 'aet hajjam laeharabā*) und Gen 7,22 (*mikkol 'aśaer baeharabā*; redaktioneller Zusatz aus der Hand von Je, dazu P. WEIMAR, BZAW 146, 142. 145) anzunehmen, während eine Verbindung mit der Erzählung vom Übergang durch den Jordan (Jos 3,17 und 4,18) offen bleiben muß, da nicht auszuschließen ist, daß die entsprechende Vorstellung erst das Werk einer späteren Redaktion ist.

53 Zum "Mirjamlied" vgl. P. WEIMAR - E. ZENGER, SBS 75, 71-87.

54 Da die auffällige Nennung des Mose als Objekt des Vertrauens des Volkes neben Jahwe eine literarkritische Trennung nicht rechtfertigt (vgl. Anm. 7), wird gerade auf dem zweiten Objekt (*ûb^emośae ʿabdô*) der Akzent liegen, während die vorangestellte Nennung Jahwes durch die schon aus der vorjahwistischen/jahwistischen Tradition rezipierten Aussage Ex 14,31aß induziert sein könnte. Auf der anderen Seite legt die Konstruktion der Aussage von Ex 14,31b (*hae'aemîn* + *b^e*) einen unmittelbaren Zusammenhang mit der Aussage von Gen 15,6a nahe, so daß mit der Nennung des doppelten Objekts in Ex 14,31b bewußt ein doppelter Horizont angezielt sein könnte.

55 Zum Vorkommen von *hae'aemîn* bei Je vgl. die ausführliche Diskussion der einschlägigen Belege bei P. WEIMAR, BZAW 146, 52-55 sowie die weiterführenden Beobachtungen bei P. WEIMAR, OBO 32, 264f. - Die dort vorgenommene Zuordnung von Num 14,11b zu Je erscheint jedoch zweifelhaft. Bei der ge-

Schluß der Erzählung angefügten Aussagen in Ex 14,31b und 15,2o[*]+21 wird nicht allein der Höhepunkt einer ganzen Aussagefolge markiert, sondern darin zugleich auch nochmals der Zusammenhang der Meerwundererzählung mit der Exodusgeschichte angezeigt.

Die Analyse der auf die Hand des Verfassers der vorliegenden Gestalt der Meerwundererzählung zurückgehenden Aussagen hat eine Reihe von Hinweisen auf literarische Zusammenhänge ergeben, die vornehmlich im Horizont des "jehowistischen" Werkes liegen, was zugleich eine nähere literargeschichtliche Einordnung der redaktionell bearbeiteten Fassung der Meerwundererzählung ermöglicht. Die literarischen Querverbindungen bewegen sich dabei auf verschiedenen Ebenen. Ein enger Zusammenhang besteht zunächst mit der Exodusgeschichte und hier vor allem mit der "Moseberufung". Nicht minder eng und dicht sind aber auch die Bezüge der Meerwundererzählung zur Wüstenwanderungsgeschichte. Dadurch hat die Meerwundererzählung so etwas wie eine Zwitterstellung zwischen beiden literarischen Komplexen inne. Obschon sie literarisch - ganz im Sinne der Tradition - (noch) fest mit der Exodusgeschichte als deren Höhepunkt verbunden ist, hat sie zugleich eine überleitende Funktion zur Wüstenwanderungsgeschichte [56]. Daneben werden auch umgreifendere Zusammenhänge erkennbar, die nach zwei Richtungen hin gehen, wobei einerseits bis auf die erfolgte Landnahme vorgeblickt wird (Ex 13,19), andererseits aber auf die in Abraham exemplarisch vorgestellte Verhaltensweise des Vertrauens auf Jahwe zurückverwiesen wird (Ex 14,31b).

3. *Die Meerwundererzählung als Element der jehowistischen Exodusgeschichte*

Obwohl es sich beim Meerwunder in der Konzeption des Jehowisten um ein Geschehen handelt, das erst *nach* der Entlassung aus Ägypten liegt, so ist es auf der anderen Seite doch durch eine Reihe literarischer Querverbindungen

---

genüber Num 14,11a abzugrenzenden Aussage von Num 14,11b (vgl. dazu S. MITTMANN, BZAW 139, 49.55) handelt es sich um eine redaktionelle Bildung, die frühestens als deuteronomistisch (so MITTMANN), wahrscheinlich aber erst als nachdeuteronomistisch (R[P]) qualifiziert werden kann.

56 Die volle Einbindung der Meerwundererzählung in den Rahmen der Wüstenwanderungs- und Landnahmegeschichte ist erst auf der Ebene der deuteronomistischen Redaktion geschehen (dazu s. Kap. VII). Der Umbruch wird jedoch schon beim Jehowisten vorbereitet, dem insofern eine vermittelnde Funktion zwischen der jahwistischen Tradition und der erst in der Zukunft voll durchbrechenden deuteronomistischen Theologie zukommt. Literar- und theologiegeschichtlich kann so auch der Jehowist mit vollem Recht mit der "deuteronomischen" Schule in Zusammenhang gebracht werden.

fest in den Zusammenhang der Exodusgeschichte als deren Abschluß eingebunden, so daß hierin auch der engere Interpretationsrahmen für das Verständnis der Meerwundererzählung zu sehen ist [57]. Von seiner Stellung her hat das Meerwunder fast den Charakter eines Epilogs zum eigentlichen Exodusgeschehen mit Abschluß und Höhepunkt in Ex 12,31*. Doch bringt es gegenüber dem erzählerischen Zusammenhang von Ex 11,1-12,31*, in dem aufgrund des jehowistischen Einschubs Ex 12,21.22a.23bß.27b vor allem das Moment der Israel schutzgewährenden Macht Jahwes betont ist, eine nochmalige Steigerung [58]. Erzählerisch wird auf diese Weise das Meerwundergeschehen eng an den Zusammenhang der "Plagen" zurückgebunden (vgl. vor allem die explizite Querverbindung mit Ex 1o,13* und 19).

Trotz des sich von der erzählerisch-thematischen Abfolge nahelegenden Epilogcharakters der Meerwundererzählung ist der durch literarische Querverbindungen angezeigte Rückbezug auf die Moseberufung zu beachten, dem ein um so größeres Gewicht zukommt, als im Rahmen der Moseberufung die thematischen Leitgedanken der ganzen jehowistischen Exodusgeschichte entwickelt werden. Was dort als Thema angelegt ist, wird im Rahmen der Darstellung des Meerwunders in konzentrierter Form aufgenommen und zu Ende gebracht [59]. Der erste für die jehowistische Darstellung des Meerwunders thematisch bestimmende Akzent wird durch den Zusammenhang der Aussagen von Ex 14,5b und Ex 5,1b+2 angezeigt. Wenn auch durch die rhetorische Frage Ex 14,5b vordergründig nur das Faktum der Entlassung aus Ägypten durch den Pharao und seine Diener in Frage gestellt ist, steht aufgrund des Zusammenhangs mit Ex 5,1b+2 damit aber zugleich das Moment der Unvergleichlichkeit Jahwes in Frage.

Von daher kommt dem Meerwunder erzählerisch die Funktion zu, definitiv und endgültig die Unvergleichlichkeit Jahwes zu demonstrieren, worauf auch der hymnische Lobpreis des "Mirjamliedes" Ex 15,2o*+21 Bezug nimmt. Daß für die Meerwundererzählung eine solche thematische Akzentuierung (Erkenntnis der Unvergleichlichkeit Jahwes) anzunehmen ist, wird einerseits durch die beiden thematisch zusammenhängenden Aussagen von Ex 7,17a und 8,6, die zudem in kompo-

---

57 Im folgenden werden Beobachtungen zur Komposition und Intention der jehowistischen Exodusgeschichte bei P. WEIMAR, OBO 32, 295-313 aufgenommen und weitergeführt.

58 Vgl. in diesem Zusammenhang nur die von der Funktion verwandten Aussagen von Ex 12,27b und 14,31b.

59 Zu beachten ist der nach vorne offene Charakter der Aussagen in Ex 4,1 und 5a sowie in Ex 5,1b+2, die erzählerische Spannung wecken, deren Auflösung aber dem weiteren Erzählablauf vorbehalten bleibt.

sitionskritisch einander zugeordneten Texteinheiten begegnen, nahegelegt und andererseits durch die auf das Exodusgeschehen zurückblickenden Aussagen von Ex 18,1oa+11a angezeigt, die durch den Gebrauch der Erkenntnisaussage miteinander verbunden sind [60]. Da die Aussagen alle auf die Hand des Jehowisten selbst zurückgehen [61], kann darin auch so etwas wie das theologische Programm der jehowistischen Exodusgeschichte gesehen werden.

Der zweite für die Meerwundererzählung bestimmende thematische Akzent, der in der rhetorischen Frage in Ex 14,11* sowie der abschließenden erzählerischen Notiz in Ex 14,31b zum Ausdruck kommt, hat gleichfalls seine Entsprechung im Rahmen der Moseberufung (Ex 4,1-5a). Es geht um das an der Befreiung aus Ägypten sich entzündende Problem der Legitimation und Autorität des Mose. Dem Meerwunder kommt von daher geradezu die Funktion zu, die "Vertrauenswürdigkeit" des Mose als des Führers des Volkes aufzuzeigen. Auch diese thematische Akzentsetzung der Meerwundererzählung ist innerhalb der jehowistischen Exodusgeschichte fest verankert, wobei neben der entsprechenden Grundlegung in den kompositionskritisch zueinander in Beziehung stehenden Abschnitten Ex 1,21-2,1o* und 3,13-4,5* des ersten Teils der Exodusgeschichte [62] vor allem die durchgehende erzählerische Entfaltung der herausragenden Stellung des Mose als "Knecht Jahwes" im zweiten Teil der Exodusgeschichte zu beachten ist (vgl. Ex 5,22+23; 8,5*+6; 8,25a*; 9,29a; 1o,25; 12,21-23*+27b) [63].

---

60 Zur kompositorischen Bezogenheit von Ex 7,14-23* und 7,26-8,11* aufeinander vgl. die Hinweise bei P. WEIMAR, OBO 32, 3o9-312, zur Analyse und Funktion von Ex 18,1-11 im Rahmen des jehowistischen Werkes vgl. ebd. 26-3o.

61 Die übrigen Erkenntnisaussagen im Rahmen der "Plagen" (Ex 8,18; 9,14*.29b; 1o,1+2; 11,7) können nicht als jehowistische Bildungen qualifiziert werden, sondern sind vielmehr als Elemente jüngerer Redaktionen zu verstehen, worauf - abgesehen von entsprechenden literarkritischen Beobachtungen - allein schon die andere Akzentuierung dieser Erkenntnisaussagen hinweist (zur Diskussion der entsprechenden Belege - wenn auch mit anderer literargeschichtlicher Einordnung - vgl. vor allem W. ZIMMERLI, ThB 19, 61-65). Während die - auch formal isoliert stehende - Aussage von Ex 11,7* (vgl. P. WEIMAR, OBO 32, 56f Anm. 1o8) wohl als deuteronomistisch anzusehen ist, sind die anderen Vorkommen der Erkenntnisaussage erst auf die Hand von R[P] zurückzuführen (für Ex 1o,1b+2 vgl. P. WEIMAR, OBO 32, 273 Anm. 85). Thematisch bilden die drei Erkenntnisaussagen in Ex 8,18, 9,14b und 9,29b eine thematisch eng aufeinander bezogene dreigestufte Aussagereihe.

62 Die kompositorisch im Zentrum der beiden Hälften des ersten Teils der jehowistischen Exodusgeschichte stehenden Abschnitte Ex 1,21-2,1o* und 3,13-4,5* (vgl. dazu P. WEIMAR, OBO 32, 3o5f) stehen nicht nur formal, sondern auch thematisch zueinander in Beziehung, insofern in ihnen jeweils das Problem der Legitimation des Mose thematisiert ist. Wird in der Erzählung von der Geburt und Rettung des Mose in Ex 1,21-2,1o* seine besondere Erwählung zum Retter zum Ausdruck gebracht, steht in Ex 3,13-4,5*

Wenn sich auch der Vorwurf des Volkes in Ex 14,11[*] unmittelbar gegen Mose und sein Amt richtet, so ist mit der Frage als solcher aber die innere Sinnhaftigkeit der Herausführung aus Ägypten selbst in Frage gestellt, wobei diesem Sachverhalt ein um so größeres Gewicht zukommt, als er gerade im Augenblick der gewonnenen Freiheit geschieht. Thematisch tritt die Aussage von Ex 14,11[*] in einen bewußten Kontrast zur jeweils ersten Szene der beiden Teile der jehowistischen Exodusgeschichte, in denen vom Vernichtungsbeschluß des Pharao (Ex 1,6-2o[*]) bzw. von der Verschärfung der Arbeitsbedingungen durch den Pharao (Ex 5,6-6,1[*]) erzählt wird [64]. Darin deutet sich dann auch unverkennbar der Spannungsbogen an, unter dem die jehowistische Darstellung des Exodusgeschehens steht. Das Koordinatensystem, das für die Exodusgeschichte des Jehowisten bestimmend ist, ist durch die Begriffe Tod (Pharao) und Leben (Jahwe) umrissen, in denen die spezifisch jehowistische Interpretation des Exodusgeschehens zum Ausdruck kommt [65]. Die vorwurfsvolle Frage des Volkes in Ex 14,11[*] läßt die innere Zwiespältigkeit der Haltung Israels erkennen, insofern es die Befreiung zum Leben durch Jahwe mit der Tod und Vernichtung bewirkenden Ägyptensituation vertauschen will.

Wird die gerade in den entscheidenden Punkten hergestellte Bezugnahme der Meerwundererzählung auf die Moseberufung beachtet, dann ist in der Konzeption des Jehowisten das Meerwunder als abschließende Entfaltung des dort angelegten inneren Programms zu verstehen. Auf der einen Seite wird im Meerwunder definitiv greifbar, was es um die innere Wirklichkeit des sich in Ex 3,14a kundtuenden Jahwe ist. Abgehoben wird dabei vor allem auf die Unver-

---

der (zukünftige) Zweifel des Volkes daran, daß Mose der von Jahwe gesandte Retter ist, im Vordergrund.

63 In den hier angeführten, auf die Hand von Je zurückgehenden Aussagen, die den zweiten Teil der jehowistischen Exodusgeschichte durchziehen, kommt – bei aller Verschiedenheit im einzelnen – jeweils das Bewußtsein von der herausgehobenen Stellung des Mose als Retter und Prophet zum Ausdruck.

64 Zur Verklammerung der beiden Teile der Exodusgeschichte des Jehowisten durch die einleitenden Textabschnitte Ex 1,6-2o* und 5,6-6,1* vgl. P. WEIMAR, OBO 32, 3o8f.

65 Durch den Jehowisten hat das Exodusgeschehen eine grundlegende Neuinterpretation erfahren, die sich am ehesten mit Hilfe des Begriffspaares Leben und Tod umschreiben läßt. Seine veränderte Sicht des Exodus hat der Jehowist dabei durch redaktionell eingefügte Aussagen herauszustellen versucht, durch die der Stellenwert überkommener (jahwistischer) Aussagen entscheidend verändert worden ist (vgl. nur die Einfügung von Ex 1,1oabα* in den jahwistischen Redezusammenhang Ex 1,9+1ob*, wodurch die Unterdrückungsmaßnahmen des Pharao neu interpretiert werden; vgl. dazu die knappen Hinweise bei P. WEIMAR, OBO 32, 3o3). Mit einer solchen Neuakzentuierung des Exodusgeschehens mit Hilfe des Begriffspaares Leben und Tod ordnet sich die jehowistische Exodusgeschichte in die Gesamtthematik des jehowistischen Werkes ein.

gleichlichkeit seines auf Befreiung zum Leben (Exodus) zielenden Handelns. Eng mit dieser Frage verbunden erscheint auf der anderen Seite das Problem der Legitimation des Mose und seines Amtes. Obgleich diese Thematik mit Ex 14,31b einen durchaus wirkungsvollen Abschluß erfahren hat, wird sie im Rahmen der Wüstenwanderungsgeschichte - wenn auch mit anderer Akzentuierung - nochmals breit aufgenommen.

4. *Die Meerwundererzählung als Element der jehowistischen Geschichts-*
    darstellung

Auf größere thematische Zusammenhänge weisen in der Meerwundererzählung mehrere Querverbindungen literarischer wie thematischer Art. Als besonders eng gestaltet sich dabei der Zusammenhang der Meerwundererzählung mit der Wüstenwanderungsgeschichte, während sich die darüber hinausgehenden Bezüge zu anderen Texten des jehowistischen Werkes auf wenige Aussagen beschränken, die im Blick auf die Meerwundererzählung eher einen allgemeinen literarisch-thematischen Rahmen abstecken. Allein schon aufgrund der Intensität der Bezugnahmen der Meerwundererzählung zu anderen Teilen des jehowistischen Werkes kommt dem Beziehungsverhältnis zwischen der Meerwundererzählung und der Wüstenwanderungsgeschichte eine Sonderstellung zu.

4.1 *Meerwundererzählung und Wüstenwanderungsgeschichte*

Von der erzählerischen Abfolge innerhalb der Exodusgeschichte her ist das Meerwunder als ein *nach* der Entlassung Israels aus Ägypten liegendes Ereignis zu verstehen, so daß ihm im Blick auf das nachfolgend Erzählte geradezu eine Überleitungsfunktion zukommt. Literarisch ist das Meerwunder in der Konzeption des Jehowisten zwar Abschluß der Exodusgeschichte, vom erzählerischen Duktus her aber erste Station auf dem Weg durch die Wüste. Thematisch wird dieser Zusammenhang vor allem durch die vorwurfsvolle Frage in Ex 14,11[*] angezeigt, der innerhalb der Wüstenwanderungsgeschichte das "Murrmotiv" entspricht. Auf diese Weise werden Exodus- und Wüstenwanderungsgeschichte eng zueinander in Beziehung gesetzt, was auch dadurch zum Ausdruck gebracht wird, daß innerhalb des "Murrmotivs" der Exodus aus Ägypten die eigentlich problematische Größe ist [66].

---

66 Der enge Zusammenhang zwischen Meerwundererzählung und Wüstenwanderungs-
    geschichte wird nicht zuletzt auch dadurch angezeigt, daß die erste und
    letzte Texteinheit der Wüstenwanderungsgeschichte (Ex 15,22aαb + 17,3-6*
    und Num 21,4-9*) jeweils in Ex 15,22aα und Num 21,4a* mit einer Aufbruchs-

Im Rahmen der Wüstenwanderungsgeschichte kommt dem Motiv des "Murrens" des Volkes ein bestimmendes Eigengewicht zu, was nicht zuletzt daran erkennbar wird, daß es präzis am Anfang (Ex 17,3) und Ende der Wüstenwanderungsgeschichte (Num 21,5*) begegnet. Damit ist zugleich der für ein Verständnis der Wüstenwanderung grundlegende Deutezusammenhang eingeführt. Das "Murren" des Volkes hat dabei Mose, aber auch Jahwe selbst zum Adressaten. Ausgelöst wird das "Murren", dessen Charakter durchaus ambivalent sein kann, durch die Erfahrung elementarer Lebensbedrohung in der Wüste (Hunger und Durst), die die Frage nach der Sinnhaftigkeit des Exodusgeschehens aufkommen läßt. Innerhalb des durch Ex 17,3 und Num 21,5* markierten Rahmens wird das Motiv des "Murrens" auf mehrfache Weise variierend aufgenommen. Das Vorkommen des "Murrmotivs" ist innerhalb der Wüstenwanderungsgeschichte aber keineswegs gleichmässig gestreut. Vielmehr läßt sich eine deutliche Konzentration der entsprechenden Aussagen in der zweiten Hälfte der Wüstenwanderungsgeschichte beobachten, wobei diese Verteilung auch thematische Akzente setzen will [67].

Hinter der Komposition der jehowistischen Wüstenwanderungsgeschichte wird allem Anschein nach ein bewußter literarischer Gestaltungswille greifbar. Für den in sich geschlossenen Charakter der Wüstenwanderungsgeschichte spricht zunächst die Korrepondenz der beiden paarweise einander zugeordneten Textabschnitte Ex 15,22* + 17,3-6* und Ex 18,1-12* sowie Num 2o,14-21* und 21,4-9*[68],

notiz eingeleitet wird, die das "Schilfmeer" (*jăm sûp*) als Ausgangs- bzw. Zielpunkt nennt. Darüber hinaus enthalten die so eingeleiteten Texteinheiten auch Anspielungen auf die Exodusgeschichte überhaupt. So verweist die Aussage von Ex 17,5+6* auf Ex 7,17* (Je) zurück; ebenso ist für die in Num 21,4-9* (*băddaraek*) geschilderte Szene ein Zusammenhang mit Ex 4, 24-26a* anzunehmen (vgl. dazu P. WEIMAR, OBO 32, 284-286). Explizite Bezugnahmen auf die Exodusgeschichte sind jedoch nicht nur auf die rahmenden Texteinheiten der Wüstenwanderungsgeschichte beschränkt, sondern finden sich auch sonst, wobei vor allem auf die beiden mit Ex 15,22aαb + 17, 3-6* bzw. Num 21,4-9* kompositorisch unmittelbar zusammenhängenden Texteinheiten Ex 18,1-12* (zur Analyse vgl. P. WEIMAR, OBO 32, 26-3o) bzw. Num 2o,14-21* (zur Analyse vgl. S. MITTMANN, AOAT 18, 143-149) zu verweisen ist.

67 Die im folgenden mitgeteilten Beobachtungen zur Komposition der jehowistischen Wüstenwanderungsgeschichte sind als ein erster, in vielem noch hypothetischer Versuch zu verstehen, was um so mehr gilt, als die im einzelnen äußerst umstrittene literarkritische Problematik im vorliegenden Zusammenhang weithin offen bleiben muß. Dennoch werden durch einen solchen Versuch aber durchaus bestimmte, für die Komposition maßgebende Strukturlinien der Wüstenwanderungsgeschichte des Jehowisten erkennbar, die bei aller Umstrittenheit der Einzelentscheidungen ein gewisses Maß an Plausibilität für sich haben.

68 Es spricht einiges dafür, daß die Texteinheiten Ex 15,22* + 17,3-6* und 18,1-12* bzw. Num 2o,14-21* und 21,4-9* jeweils in unmittelbarer Verbindung miteinander gestanden haben. Das gilt unverkennbar zunächst für die beiden Texteinheiten Num 2o,14-21* und 21,4-9*, insofern sich die Angabe

wobei mit Hilfe der Aufbruchsnotiz in Ex 15,22* und Num 21,4a* ("vom Schilf-meer" / "Weg zum Schilfmeer") die Erzählbewegung wiederum an den Ausgangs-punkt zurückgeführt wird [69]. Unterstrichen wird die so erkennbare erzähleri-sche Bewegung durch die Entsprechung der sich auf das Exodusgeschehen be-ziehenden bekenntnishaften Aussage in Ex 18,1oa+11a und Num 2o,14b-16* [70]. Innerhalb des so angezeigten Rahmens gliedert sich das dargestellte Gesche-hen der Wüstenwanderung in zwei Erzählabläufe, worauf auch die thematische Korrespondenz der beiden Erzählungen vom Verlangen nach Wasser (Ex 15,22* + 17,3-6*) bzw. nach Fleisch (Num 11*) als Eröffnung der beiden Erzählhälften hinzuweisen scheint [71].

---

von Num 21,4aß unmittelbar an Num 2o,21a (vgl. auch 17) anschließt, wäh-rend die dazwischen eingeschobenen und dazu in Spannung stehenden Text-einheiten Num 2o,22-29 und 21,1-3 anderer Herkunft sein werden. Ein ent-sprechender Zusammenhang ist aber auch für Ex 15,22* + 17,3-6* und 18,1-12* anzunehmen, auch wenn hier literarisch keine direkten Verbindungs-elemente angebracht sind. Die im vorliegenden Textzusammenhang dazwischen eingeschobene Texteinheit Ex 17,8-16 ist aufgrund der literarischen Quer-verbindungen wahrscheinlich erst von R^P unter Verwendung eines älteren Textes eingefügt worden (vgl. dazu P. WEIMAR, OBO 32, 359f Anm. 82), oh-ne daß aber die in Ex 17,8-16 anzunehmende ältere Textschicht mit Je identifiziert werden kann (die von E. ZENGER, Sinai 83f für eine Zuwei-sung an Je beigebrachten Gründe sind nicht unbedingt zwingend; vorsich-tiger äußert sich H. VALENTIN, OBO 18, 195f, der am ehesten an eine äl-tere (J schon vorgegebene) Sonderüberlieferung denkt).

69 Auch wenn mit dem in Ex 15,22* und Num 21,4a* genannten *jăm sûp* unter-schiedliche lokale Vorstellungen verbunden sind (vgl. H. MANESCHG, EH XXIII/157, 65; genauer Kap. X), so ist zwischen den beiden Aussagen je-doch insofern eine Verbindung anzunehmen, als mit Hilfe der Geographie ein theologischer Zusammenhang angezeigt werden soll.

7o Der Zusammenhang zwischen Ex 18,1-12* und Num 2o,14-21* wäre noch enger anzusetzen, wenn die nur in Ex 18,8b und Num 2o,14b vorkommende Verbin-dung *'et kǎl-hǎtt^{e}la'ā 'a̓saer m^{e}sa'atam bǎddaeraek / m^{e}sa'at^{e}nû* auf die gleiche Hand zurückgehen würde. Dann aber müßte Ex 18,8bα - entgegen der in OBO 32, 27f geäußerten Annahme - der von Je herzuleitenden Grund-schicht in Ex 18,1-12* zugerechnet werden. Die Aussage von Ex 18,8bα wird sich dabei auf das Meerwunder- und Wasserwundergeschehen (Ex 15, 22* + 17,3-6*) gleichermaßen beziehen (anders E. ZENGER, Sinai 83).

71 Daß zwischen dem Verlangen nach Wasser (Ex 15,22* + 17,3-6*) und dem Verlangen nach Fleisch (Num 11*) ein enger Zusammenhang besteht, wird nicht zuletzt auch durch die Tatsache nahegelegt, daß innerhalb der ei-nen mehr generellen Charakter tragenden abschließenden Texteinheit der Wüstenwanderungsgeschichte Num 21,4-9* gerade der Mangel an Brot und Wasser als Ursache des "Murrens" des Volkes angeführt wird (Num 21,5bα). Besteht zwischen den beiden Texten Ex 15,22* + 17,3-6* und Num 11* nicht nur ein thematisch enges Beziehungsverhältnis, sondern darüber hinaus auch eine kompositionskritisch bedingte Entsprechung, dann bekommt es auch einen Sinn, daß hierin die einzigen positiven "Murrerzählungen" in-nerhalb der Wüstenwanderungsgeschichte vorliegen.

Die beiden Hälften der Wüstenwanderungsgeschichte des Jehowisten sind durch ihre thematische Ausrichtung deutlich voneinander unterschieden [72]. Literarisch läuft die Darstellung des Geschehens in den beiden Hälften nach dem gleichen literarischen Grundmuster ab [73]. Für die erste Hälfte der Wüstenwanderungsgeschichte ist eine dreifach gestufte Erzählfolge (Geschehen in der Wüste - Theophanie am Berg - Abfall von Jahwe + Bundesschluß) anzunehmen, wobei die drei szenischen Einheiten, die in sich jeweils eine zweiteilige Struktur haben, eng miteinander verklammert sind [74]. Das innere Gefälle der Darstellung geht auf die abschließende szenische Einheit zu, die gekennzeichnet ist durch das Verlangen des Volkes nach Herstellung eines vor ihm herziehenden Elohim (Ex 32,1-2o*) und durch die Verpflichtung des Volkes zu

---

72 Dies läßt sich an einer kleinen Beobachtung deutlich machen, durch die sich die beiden Hälften der Wüstenwanderungsgeschichte charakteristisch voneinander unterscheiden. Im Gegensatz zur zweiten Hälfte ist in allen drei szenischen Einheiten der ersten Hälfte der Wüstenwanderungsgeschichte von einer Opferfeier berichtet (Ex 18,12a Brandopfer und Schlachtopfer für Elohim - 24,5* Brandopfer und Schlachtopfer für Jahwe - 32,6a Brandopfer und Mahlopfer), wobei die entsprechenden Aussagen wohl allesamt auf die Hand des Jehowisten selbst zurückgehen. Sie stehen in einem engen Zusammenhang mit dem thematischen Gefälle der ersten Hälfte der Wüstenwanderungsgeschichte (Exklusivität der Bindung an Jahwe), was dann auch das Fehlen von entsprechenden Aussagen, die sich auf eine Opferfeier beziehen, in der zweiten Hälfte, in der die Thematik der Landnahme in den Vordergrund rückt, verständlich macht.

73 Zu den dabei zu beobachtenden literarischen Gesetzmäßigkeiten vgl. schon P. WEIMAR, OBO 32, 3o3-313, aber auch P. WEIMAR, BZAW 146, 161.

74 Die erste szenische Einheit umfaßt die beiden Textabschnitte Ex 15,22* + 17,3-6* und 18,1-12*, die einerseits durch ihre Lokalisierung in der Wüste sowie andererseits durch ihre enge Rückbindung an das Exodusgeschehen gekennzeichnet sind. Davon abgesetzt ist die am "Berg" lokalisierte zweite szenische Einheit, die mit Ex 19,2b anhebt (im Anschluß an F.-L. HOSSFELD, OBO 45, 168, ohne aber dessen literargeschichtliche Zuweisung zu übernehmen, wird die früher vertretene Auffassung (OBO 32, 18o Anm. 1o8) eines Zusammenhangs von Ex 19,2b mit R^P aufgegeben) und mit Ex 24,5* endet (zum Umfang des vordeuteronomistischen Textbestandes im Rahmen von Ex 19-24 vgl. E. ZENGER, Sinai 13o-134.155, ohne aber die Annahme eines Je vorgegebenen jahwistischen Textbestandes zu teilen). Die in Ex 19,2b-24,5* geschilderte Theophanie am Berg ist selbst wiederum in zwei Textabschnitte gegliedert (Ex 19,2b-15* und 19,16-24,5*), die die Bereitung des Volkes auf die Theophanie sowie die Theophanie selbst zum Gegenstand haben. Kommt dabei dem Motiv des Herauf- bzw. Herabsteigens des Mose auf den bzw. vom Berg innerhalb der zweiten szenischen Einheit eine strukturbestimmende Funktion zu, so ist in der dritten szenischen Einheit darin auch ein erzählbestimmendes Motiv zu sehen. Wie in den beiden vorangehenden szenischen Einheiten gliedert sich auch hier die Geschehensfolge in zwei Textabschnitte (Ex 24,12abα*.18b + 32,1b-2oa* (zur Ausgrenzung des jehowistischen Textbestandes vgl. Anm. 39) und Ex 34,1-28* (ob für Ex 33 ein jehowistischer Textbestand vorauszusetzen ist, erscheint m.E. zweifelhaft)), die thematisch aufeinander bezogen sind (Abfall von Jahwe + Zerstörung der "Tafeln" und Erneuerung der "Tafeln" + Bundesschluß).

bedingungsloser und exklusiver Bindung an Jahwe (Ex 34*). Das am Höhepunkt der ganzen Erzählfolge eingeführte Murrmotiv (Ex 32,1b), das sich strukturell von seinen sonstigen Vorkommen im Rahmen der Wüstenwanderungsgeschichte unterscheidet (vgl. zu 2), bietet sodann auch den Anknüpfungspunkt für die zweite Erzählfolge der Wüstenwanderungsgeschichte, wo das Murren des Volkes als erzählbestimmendes Motiv anzusehen ist [75].

Der Einsatz der zweiten Hälfte der Wüstenwanderungsgeschichte greift die Eröffnung der ersten Hälfte wiederum auf, womit wohl der thematische Zusammenhang beider Erzählhälften angedeutet sein soll. In jeder der drei miteinander verknüpften szenischen Einheiten (Investitur von 7o Männern - gescheiterte Landnahme - in Richtung auf das "Schilfmeer") [76] kommt dem "Murren" des Volkes gegen Jahwe und Mose eine entscheidende Funktion zu [77]. Das Aus-

---

75 In der zweiten Hälfte der Wüstenwanderungsgeschichte nimmt damit das Murrmotiv (Num 11,4b* 1o[.13.18), 14,4 und 21,5*) jene Rolle ein, die innerhalb der ersten Hälfte den auf das Opfer bezogenen Aussagen zukommt (vgl. Anm. 72), womit zugleich der zwischen den beiden Erzählhälften der Wüstenwanderungsgeschichte bestehende Kontrast unterstrichen wird.

76 Die erste szenische Einheit umfaßt die in Num 11* dargestellte Situation, die in sich selbst zweiteilig strukturiert ist (Num 1o,33a+11,1-13* und 11,16-3o*), wobei die Zweiteiligkeit der Komposition allein schon anhand der Erzählperspektive greifbar wird. An Num 11,3o hat sich unmittelbar als zweite szenische Einheit die Erzählung von der gescheiterten Landnahme (Num 13,17-14,45*) angeschlossen (will man nicht mit einem redaktionell bedingten Verlust des Erzähleingangs der jehowistischen Fassung der "Kundschaftererzählung" rechnen, dann kommt als rückwärtiger Anschluß für Num 13,17b wohl nur Num 11,3o in Frage, da Num 12 insgesamt als ein jüngerer redaktioneller Einsatz zu verstehen ist), wobei für diese Erzähleinheit gleichfalls eine zweiteilige Struktur kennzeichnend ist (Num 13,17-14,25* und 14,39-45*). Wie die durch die Ortsangaben Kadesch und Schilfmeer hergestellten Querverweise erkennen lassen (Num 13,26/2o,14 und 14,25b/21,4a*), hat sich daran die wiederum zweiteilig strukturierte szenische Einheit Num 2o,14-21* und 21,4-9* (zum Zusammenhang beider Texteinheiten vgl. Anm. 68) angeschlossen. - Auch wenn hier auf eine genauere Rekonstruktion des jehowistischen Textbestandes verzichtet werden muß, so kann doch der durch literarische Querverbindungen zwischen diesen drei szenischen Einheiten hergestellte kompositionelle Zusammenhang als Hinweis auf die innere Stimmigkeit der vorgenommenen Textrekonstruktion gewertet werden.

77 Während dem Murren Num 11* eine erzählauslösende Funktion zukommt (vgl. in diesem Zusammenhang auch den mehrfachen Rückverweis auf Num 11,4b* in 11,1o*, 13 und 18), markiert es in Num 13/14* die im ganzen überraschende Wende der Erzählung und löst damit das Gerichtswort Jahwes in Num 14,23a+25b aus. Von Num 14,25b her führt aufgrund der einleitenden Situationsangabe in Num 21,4a* eine unmittelbare Verbindungslinie zum dritten Vorkommen des Murrmotivs in Num 21,5*, wobei der hier begegnende Erzählmechanismus einen mehr generell reflektierenden Charakter hat (vgl. in diesem Zusammenhang auch den antithetischen Bezug von Num 21,4-9* zu Num 14,39-45*, wobei durch das Stichwort hata'nû (Num 14,4ob und 21,7a) eine unmittelbare Verbindung zwischen beiden Texten hergestellt wird).

sagegefälle geht auf die abschließende szenische Einheit (Rückkehr des Volkes in Richtung auf das "Schilfmeer") hin, womit zugleich auf den Beginn
der Wüstenwanderungsgeschichte zurückgelenkt wird [78]. Vom Gesamtzusammenhang der Wüstenwanderungsgeschichte her ist wohl für die jeweils im Zentrum
stehenden szenischen Einheiten der beiden Erzählhälften eine thematische
Verbindung anzunehmen, insofern auf diese Weise das Handeln Jahwes (Theophanie am Berg) und das Verhalten des Volkes (Scheitern der Landnahme) zueinander in Beziehung gesetzt werden [79].

Durch die Gegenüberstellung der beiden Erzählhälften der Wüstenwanderungsgeschichte soll allem Anschein nach die Herausforderung, die die Offenbarung
Jahwes für Israel bedeutet, herausgestellt werden [80]. Die Situation der Wüste hat für Israel den Charakter einer Erprobung der Bindung an Jahwe. Vom
erzählerischen Duktus her ist die Wüste Durchgangsstation (*Gegenwart*) auf
dem Weg der Befreiung aus der todbringenden Macht Ägyptens (*Vergangenheit*)
in das Leben verheißende Land (*Zukunft*). Als gegenwärtiger Erfahrungsort
tödlicher Bedrohung läßt die Wüste zurückschrecken vor dem neue Lebensmöglichkeiten aufdeckenden Wagnis der Zukunft (Besitz des Landes), so daß sich
das Volk in die Sicherheit bietende Vergangenheit (Ägypten) zurücksehnt [81].
In der Wüstenwanderungsgeschichte findet die Israel bedrohende tödliche Gefahr exemplarisch Ausdruck. An ihrem Ende ist Israel wieder da, von wo es am
Anfang aufgebrochen ist ("Schilfmeer"). Der Jahwes Handeln diametral entge-

---

78 Der damit bewirkte Effekt ist - abgesehen von der kompositionskritischen
    Funktion - allem Anschein nach vom Jehowisten mit voller Absicht herge-
    stellt worden, um auf diese Weise die inneren Konsequenzen des Handelns
    Israels deutlich zu machen, wenn es seine Existenz nicht exklusiv an Jah-
    we bindet.

79 Aufgrund der stilistisch herausgehobenen Stellung der mittleren szeni-
    schen Einheit der beiden Erzählhälften, die durch die auf sie hinführen-
    de bzw. von ihr herkommende Aussagelinie der beiden rahmenden szenischen
    Einheiten angezeigt ist, wird betont der Kontrast zwischen dem Handeln
    Jahwes und dem Verhalten Israels akzentuiert. Ein zusätzlicher Akzent
    wird dadurch gesetzt, daß damit zwischen der in der Theophanie sich ma-
    nifestierenden Bindung Jahwes an Israel und dem Besitz des Landes ein
    Beziehungsverhältnis hergestellt wird.

80 Dieser Zusammenhang gilt zwar schon für jede der beiden Erzählhälften
    der Wüstenwanderungsgeschichte, gewinnt aber durch die betonte Kontra-
    stierung noch zusätzlich an Gewicht. Daß dabei zu Beginn der beiden Er-
    zählhälften jeweils eine positive "Murrerzählung" plaziert ist, deutet
    die innere Spannung an, unter der der Geschehensablauf steht, wobei der
    Schritt vom berechtigten "Murren" zum "Murren" als Rebellion äußerlich
    betrachtet nur gering ist.

81 Mit Hilfe der drei Koordinaten versucht der Jehowist innerhalb seiner
    Wüstenwanderungsgeschichte die innere Situation Israels zu reflektieren.
    Die Wüste wird dabei zum Bild für die eigene Gegenwart.

gengesetzte Wunsch des Volkes nach Rückkehr nach Ägypten, wie er für die Wüstenwanderungsgeschichte charakteristisch ist, gewinnt noch zusätzlich dadurch an Gewicht, daß er vom Jehowisten noch innerhalb der Exodusgeschichte selbst verankert ist (Ex 14,11*). Der Exodus erscheint damit als ein labiler, immer wieder von neuem gefährdeter Prozeß [82].

4.2 *Meerwundererzählung und jehowistische Geschichtsdarstellung*

Durch Eingang (Ex 13,19) wie Schluß (Ex 14,31b) wird die Meerwundererzählung in den größeren Rahmen der jehowistischen Geschichtsdarstellung eingeordnet, wobei die angezeigten Bezüge nach zwei Richtungen hin gehen. Der Schluß der Erzählung in Ex 14,31b will allem Anschein nach einen Bogen - über den Rahmen der Exodusgeschichte hinaus - bis hin zur generellen Aussage vom Vertrauen Abrahams auf Jahwe (Gen 15,6a) spannen. Wie Ex 14,31b geht auch die Aussage von Gen 15,6a gleichfalls auf die Hand des Jehowisten zurück [83]. Daß der Jehowist die am Ende des Meerwunders konstatierte Haltung Israels gerade zu der entsprechenden, im Blick auf Abraham konstatierten Haltung in Beziehung setzt, ist wohl von grundsätzlicher Bedeutung für das Gesamt-

---

82 Daß die im Exodus geschehende Befreiung zum Leben durch Jahwe keineswegs ein bequemer Weg ist, stellt für den Jehowisten die eigentliche Herausforderung dar. Die kritischen Situationen, in denen es auf Leben und Tod geht, sind dabei nicht primär die von außen kommenden Gefährdungen (Ägypten bzw. Wüste); vielmehr gehen diese von Jahwe selbst aus (vgl. nur die in Ex 4,24-26a* geschilderte Szene). Bestanden werden können solche Situationen nur im Vertrauen auf den die tödliche Gefahr heraufbeschwörenden Jahwe (vgl. Ex 12,27b).

83 Die bei P. WEIMAR, BZAW 146, 52 Anm. 153 skizzierte Entstehungsgeschichte von Gen 15 ist an mehreren Punkten zu modifizieren, wobei der literarische Entstehungsprozeß etwa folgendermaßen verlaufen sein könnte (eine ausführlichere Begründung der hier vorausgesetzten Position soll in anderem Zusammenhang gegeben werden): 1. Als literarischer Grundbestand von Gen 15 ist wohl Gen 15,1a*(($w\breve{a}j^eh\hat{i}$)$d^eb\breve{a}r$ JHWH 'ael 'abram le'mor).1bα.3-4 anzusehen, wobei dieser Text wahrscheinlich als Beginn der elohistischen Geschichtsdarstellung zu interpretieren ist. - 2. Diese kleine Texteinheit hat eine erste Bearbeitung durch Gen 15,5aα.5bß.6a. 9a.1oa.12aαb* (ohne $h^a\breve{s}ek\bar{a}$).17aαb.18abα erfahren, die auf die Hand des Jehowisten zurückgehen wird. - 3. Auf einer nächsten Textstufe, die als deuteronomistisch zu bezeichnen ist, sind die beiden Abschnitte Ex 15,13+ 14b* (ohne *birkuš gadôl*) und 18bß-21* (ohne w^e'aet-har^{e}pa'îm in 2o) in den überlieferten Text eingefügt worden, wobei aber die unterschiedliche Thematik wie die jeweils andere Tendenz für die beiden deuteronomistischen Texterweiterungen zwei verschiedene Redaktionsschichten vermuten lassen. - 4. Von noch jüngerer Hand, die mit R[P] zu identifizieren sein wird, sind Gen 15,1a* ('$\breve{a}h\breve{a}r$ h$\breve{a}dd^e$barîm ha'ell$\bar{a}e$ haj$\bar{a}$).1bß.2* (ohne *maešaeq* und *hû' dãmmaešaeq*)5aß.5bα.6b-8.9b.1ob.11.12aß.12b* (nur $h^a\breve{s}ek\bar{a}$). 14a.14b* (nur *birkuš gadôl*).15-16.17aß.2o* (nur w^e'aet-har^{e}pa'îm) einge-

verständnis der jehowistischen Geschichtsdarstellung, insofern an der Gestalt Abrahams Deuteansätze für die Geschichte Israels entwickelt werden [84].

Die im Rahmen der Meerwundererzählung praktizierte Bezugnahme auf Abraham hat ihre Entsprechung in der Bezugnahme der Moseberufung (Ex 4,24-26a*) auf Jakob (Gen 32,23-33*) [85]. Abraham und Jakob verdeutlichen dabei im Blick auf Israel jeweils eine andere Grundhaltung. Wird an der Gestalt Abrahams vor allem die Haltung grundlegenden Vertrauens auf Jahwe exemplifiziert, steht bei Jakob der Aspekt des Ringens mit dem die eigene Existenz bedrohenden Jahwe im Vordergrund [86]. Im Sinne des Jehowisten sind die anhand Abrahams und Jakobs aufgezeigten Grundhaltungen für die Deutung der Geschichte Israels gleichermaßen von Bedeutung [87]. In dem Exemplarischen des Handelns Abrahams und Jakobs, nicht aber in den Verheißungen liegt für den Jehowisten das innere Strukturgesetz seiner Geschichtsdarstellung [88].

---

fügt worden. - 5. Als eine nach der Schlußredaktion des Textes liegende Glossierung dürfte in Gen 15,2b *maešaeq* und *hû' dammaešaeq* anzusehen sein.

84 Auffällig ist zumindest, daß für den Jehowisten im Blick auf die Gesamtstruktur seiner Geschichtsdarstellung das Element der Verheißung keine entscheidende Rolle zu spielen scheint. Ein um so größeres Gewicht gewinnen dann aber literarische Querverbindungen, wie sie der Rückverweis von Ex 14,31b auf Gen 15,6a darstellt, zumal Je das Mittel literarischer Bezugnahmen auf die Vätergeschichten allem Anschein nach nur äußerst behutsam einsetzt.

85 Vgl. dazu P. WEIMAR, OBO 32, 314f.

86 Im Gegensatz zu der früher vertretenen Auffassung (vgl. P. WEIMAR, OBO 32, 255-259) kann im Anschluß an eine bislang unveröffentlichte Arbeit von K. BÖHMER (Münster) als auf die Hand des Jehowisten zurückgehende Grundschicht von Gen 32,23-33 nur Gen 32,23aαb.25b.26a.27.3ob.32a angesehen werden. Zu einer ähnlichen Rekonstruktion der ältesten - jedoch vorliterarischen - Form der Erzählung kommt auch J.P. FLOSS, BN 2o (1983) 1o4.

87 Nur so wird eigentlich auch verständlich, daß innerhalb der Exodusgeschichte auf Abraham und Jakob gleichermaßen Bezug genommen wird. Möglicherweise wird selbst innerhalb der Meerwundererzählung nicht nur auf Abraham, sondern auch auf Jakob zurückverwiesen. Die Folge der Zeitangaben ("die ganze Nacht" - "zur Zeit der Morgenwache" - "gegen Morgen") in Ex 14, 21aα*.24aα.27aα* könnte im Rahmen der Meerwundererzählung als Anspielung auf Gen 32,23-33* verstanden werden, wo als erzählbestimmendes Element eine sachlich - wenn auch nicht verbal - entsprechende Folge von Zeitangaben ("in jener Nacht" - "Aufgang der Morgenröte" - "Aufstrahlen der Sonne") begegnet.

88 So erscheint der ganze Komplex der Israelgeschichte nicht als Einlösung der den Vätern gegebenen Verheißung (vgl. demgegenüber die strukturbildende Funktion des Josefschwures in Gen 5o,25). Aber auch kleinräumig im Blick auf die einzelnen Erzählteile kommt den Verheißungen allem Anschein nach eine strukturbildende Funktion nicht zu. Für den Jehowisten liegt der Akzent eher auf dem Zusammenhang von Verheißung und einem entsprechenden Verhalten des Verheißungsempfängers (vgl. nur die jehowistische Abrahamgeschichte). Eine übergreifende Bedeutung kommt wohl allein

Die Funktion der Meerwundererzählung im Rahmen der Komposition des jehowistischen Werkes wird sodann auch anhand der Querverbindungen von Ex 13,19 zu Gen 5o,25+26[*] und Jos 24,32[*] greifbar, wodurch sie in ein auf die Landnahme zielendes Bezugssystem eingeordnet wird. Der erzählerische Spannungsbogen umschließt dabei den ganzen Komplex von Exodus-, Wüstenwanderungs- und Landnahmegeschichte, was nahelegt, darin den Rahmen für den als Israelgeschichte zu kennzeichnenden zweiten Hauptteil des jehowistischen Werkes zu sehen. Die Zitation des Josefschwures aus Gen 5o,25[*]+26 in Ex 13,19, die einerseits (rückblickend) das Exodusgeschehen als Zuwendung Jahwes deutet und andererseits (vorausblickend) das Meerwundergeschehen schon auf die zukünftige Landnahme bezieht, tritt genau in dem Zeitpunkt ein, da sich der Josefschwur erfüllt hat.

Durch Einbindung in das vorliegende Bezugssystem erscheint das Meerwunder nicht mehr als Höhepunkt und Ziel der ganzen Aktionen Jahwes (vgl. J), sondern ist selbst Teil einer Bewegung, die erst mit der Landnahme an ein Ende kommt, was auch die Zwitterstellung der Meerwundererzählung im Rahmen des jehowistischen Werkes verständlich macht. Dieser Zusammenhang erhielte eine weitere Stütze, wenn die in Jos 24,29[*] stehende Qualifizierung Josuas als "Knecht Jahwes" als eine bewußte Anspielung auf die entsprechende, in bezug auf Mose gemachte Aussage in Ex 14,31b verstanden werden darf [89]. Angesichts der für die Meerwundererzählung zu konstatierenden Bezugnahmen auf Jos 24[*], die keinen darüber hinausführenden Horizont erkennen lassen, ist die Vermutung naheliegend, in Jos 24[*] den Abschluß und Höhepunkt des ganzen jehowistischen Werkes zu sehen, was auch durch den in diesem Zusammenhang erzählten Bundesschluß unterstrichen wird.

Die Beobachtungen zu Funktion und Stellung der Meerwundererzählung im Rahmen der jehowistischen Geschichtsdarstellung ermöglichen somit auch einige Schlußfolgerungen im Blick auf die Gesamtkomposition des jehowistischen Werkes [90].

---

der Landzusage als Inhalt des Abrahambundes in Gen 15,18abα (die Wortverbindung *krt b^erit 'aet* mit Jahwe als Subjekt hat bei Je eine Entsprechung nur noch in Ex 34,27) zu, worauf die Je zuzurechnenden Aussagen in Jos 1, 2* (*'ael-ha'araes '^a saer 'anoki noten lahaem*) und 11 (*'aet-ha'araes '^a saer JHWH '^ae lohêkaem noten lakaem*) hinzuweisen scheinen.

89 Der Übergang zwischen den beiden Aussagen Ex 14,31b und Jos 24,29* ist dabei wohl über Jos 1,1-2* hergestellt worden, wo zumindest die Qualifizierung des Mose als "mein Knecht" in Jos 1,2a als jehowistisch anzusehen ist (vgl. dazu auch Anm. 7). Bezeichnenderweise begegnet dieser Titel "Knecht Jahwes" gerade im Zusammenhang der Landgabethematik, wobei in Jos 1,2* (vgl. auch 11) die Landgabe durch Jahwe als unmittelbar bevorstehend gekennzeichnet ist (vgl. in diesem Zusammenhang auch Jos 9,24*).

Durch den mit Gen 5o,25+26[*] eröffneten Spannungsbogen, der seine Auflösung
erst in Jos 24,32[*] erfährt, entsteht ein geschlossener Handlungszusammen-
hang, der den ganzen Komplex vom Exodus bis zur Landnahme umfaßt. Davon
ist die Ur- und Vätergeschichte als ein eigener, in sich geschlossener Erzählteil abzutrennen. Der Abschluß der beiden Erzählteile (Begräbnis Jakobs bzw. Josefs im Lande Kanaan) ist aufeinander hin parallelisiert [91].
Der ganze zweite Teil des jehowistischen Werkes erscheint dabei als Einlösung des Josefschwures aus Gen 5o,25, was für das Verhältnis der beiden grossen Erzählteile zueinander nicht ohne Bedeutung ist [92]. In sich sind die
beiden Teile des jehowistischen Werkes durch auch thematisch in sich geschlossene Erzählsequenzen rhythmisiert, die aufeinander aufbauen und in
wechselseitigen thematischen Bezügen zueinander stehen [93].

9o Die folgenden Hinweise können angesichts der gegenwärtigen Forschungs-
lage nicht über einige allgemeine Beobachtungen zur Gesamtstruktur
des jehowistischen Werkes hinausgehen (vgl. die Modifikationen gegenüber P. WEIMAR, OBO 32, 316).

91 Vgl. die auf Tod und Begräbnis des Jakob sich beziehende geschlossene
Aussagefolge in Gen 47,29.3ob.31; 49,33aß; 5o,1+2.4aßb.5-7a.9.1oa*
(ohne 'ašaer beᶜebaer hajjarden) mit den entsprechenden Nachrichten
von Tod und Begräbnis des Josef in Gen 5o,14aα* (ohne hû' weᵃaehâw).
14b.25-26* und Jos 24,29*.3o*.32, wobei die Korrespondenz beider Aussagereihen durch entsprechende Stichwortverbindungen (vgl. šbᶜ N-/H-
Stamm Gen 47,31 + 5o,5f/5o,25; hnt Gen 5o,2/26; qbr Gen 47,29; 5o,5-7a.
14b / Jos 24,32; ᶜlh G-/H-Stamm Gen 5o,5-7a.9/5o,25; Ex 13,19; Jos 24,32)
und thematische Zusammenhänge (prozessionsartiger Zug aus Ägypten in das
Land Kanaan) unterstrichen wird. Die Parallelisierung der beiden Erzähl-
schlüsse dürfte als ein vom Jehowisten bewußt eingesetztes Stilmittel zu
verstehen sein.

92 Dadurch daß die Nachrichten von Tod (Gen 5o,25+26*) und Begräbnis des
Josef (Jos 24,29*.3o*.32) auseinandergezogen sind, bekommt der die Geschichte Israels beinhaltende zweite Teil des jehowistischen Werkes
geradezu den Charakter eines großen Begräbniszuges (Exodus - Wüstenwanderung - Landnahme). Ob dies aus der Perspektive der Entstehungszeit des jehowistischen Werkes programmatische Bedeutung hat (vgl. den
dadurch bewirkten engen Bezug der Israel- zur Josefgeschichte sowie
das Faktum des Begräbnisses der Gebeine des Josef in Sichem (Jos 24,
32)), müßte näherhin geprüft werden.

93 Es ist zu vermuten, daß die anhand der Exodus- und Wüstenwanderungsgeschichte, aber auch anhand der Urgeschichte zu beobachtenden kompositorischen Gesetzmäßigkeiten entsprechend auch für die übrigen Teile
der jehowistischen Geschichtsdarstellung gelten werden.

5. *Zeit- und geistesgeschichtliche Dimension der jehowistischen*
   Meerwundererzählung

Die Art der durch den Jehowisten geschehenen wie der durch die Einbindung
in den größeren literarischen Zusammenhang vorgenommenen Neuinterpretation
der Meerwundererzählung läßt durchaus Rückschlüsse auf die zeit- und gei-
stesgeschichtlich bedingten Faktoren der vorliegenden Bearbeitung der Meerwundererzählung zu. In Verbindung miteinander erlauben die verschiedenen
Beobachtungsreihen durchaus ein schlüssiges Bild im Blick auf die innerhalb
des Textes vorausgesetzte geschichtliche Situation [94]. Methodisch ist für
die Rückfrage dabei auszugehen von den in der Erzählung gesetzten Akzenten,
da zu erwarten ist, daß in ihnen gerade jene Problemfelder angesprochen
sind, die für den Verfasser der jehowistischen Geschichtsdarstellung von
entscheidender Aktualität gewesen sind.

(1) Ein erstes Argument läßt sich von der durch Je betont reaktivierten Einführung der militärischen Macht Ägyptens her gewinnen (Ex 14,6 und 15,20[*]+
21). Damit hängt sodann die für die ganze Exodusgeschichte kennzeichnende
Uminterpretation der Fronarbeiten als Maßnahmen zusammen, die eine völlige
Vernichtung (Tod) des Volkes zum Ziel haben. Was vom Jehowisten geschildert
wird, ist nicht eine allgemeine Gefährdung, sondern ein zunehmend als be-
drohlich erfahrener Prozeß, in dem der Spielraum für ein Überleben mehr und
mehr eingeengt wird. Entsprechend der Akzentuierung des Exodusgeschehens als
einer - auch militärischen - Bedrohung auf Leben und Tod bekommt das Errettungshandeln Jahwes gleichfalls einen neuen Akzent, insofern es dabei primär
nicht um eine Befreiung von Fronarbeiten, sondern grundsätzlicher um eine Befreiung zum Leben geht. Eine solche grundsätzliche Gefährdung des eigenen
Überlebens ist für Israel mit der in der zweiten Hälfte des 8. Jh.s verstärkt
einsetzenden Expansionspolitik des assyrischen Reiches gegeben [95]. Die als
wunderbare Errettung durch Jahwe gedeutete Nichteroberung Jerusalems (701 v.

---

94 Im folgenden werden frühere Beobachtungen aufgenommen und weitergeführt
    (vgl. P. WEIMAR, BZAW 146, 40-43 und OBO 32, 316-318).

95 Vor diesem historischen Hintergrund wird m.E. nicht nur die auffällige
    Betonung der *militärischen* Macht Ägyptens innerhalb der Meerwundererzäh-
    lung, sondern auch die thematische Ausrichtung der ganzen jehowistischen
    Exodusgeschichte am leichtesten verständlich. Die im Motiv der "Hilfe
    Gottes 'am Morgen'" zu beobachtende Entsprechung mit 2 Kön 19, 35 // Jes
    37,36 (vgl. nur J. ZIEGLER, BBB 1, 286f) läßt sich m.E. für die Frage des
    zeitgeschichtlichen Hintergrundes der jehowistischen Geschichtsdarstellung
    jedoch nicht näher auswerten, da es sich bei 2 Kön 19,35 // Jes 37,36, die
    einer relativ jungen literarischen Schicht innerhalb der Hiskijaerzählun-
    gen zugehören, wahrscheinlich um eine anspielende Bezugnahme auf das Exo-
    dusgeschehen handeln wird.

Chr.) - in Verbindung mit dem Untergang des Nordreiches (722 v.Chr.) - wird
dabei zum Auslösefaktor einer neuen Besinnung auf die eigene Tradition (vgl.
nur die Produktion der jehowistischen Geschichtsdarstellung) [96].

(2) In diesem Zusammenhang bekommt auch die Einbindung der Darstellung des
Exodusgeschehens in einen größeren literarischen Rahmen Bedeutung. Der mit
dem Exodus eingeleitete Prozeß ist erst mit der definitiven Eroberung des
Landes abgeschlossen. Das Land erscheint dabei nicht als der schlechthin
sichere Besitz. Die Gefährdung, unter der Israel steht, ist der Wunsch der
Rückkehr nach Ägypten (vgl. das Murrmotiv in Ex 14,11[*] sowie innerhalb der
Wüstenwanderungsgeschichte), was als Strafe Jahwes das Rückgängigmachen je-
nes Prozesses provoziert, der mit dem Aufbruch vom "Schilfmeer" einsetzt
(Ex 15,22a[*] sowie Num 14,25b und 21,4a[*]). Situationen tödlicher Bedrohung
lassen Israel immer wieder vor dem Wagnis zurückschrecken, das es mit der
Befreiung aus Ägypten durch Jahwe eingegangen ist. Nicht von Jahwe, sondern
von dem selbst gemachten Gott (Gottesbild) wird Leben erwartet (Ex 32,1b).
Nicht das Land, auf das hin Israel auf dem Wege ist, erscheint als Ort des
Lebens, sondern gerade Ägypten, das innerhalb der Exodusgeschichte als tod-
bringende Macht dargestellt ist. Für den Wunsch der Rückkehr nach Ägypten,
wie er innerhalb des jehowistischen Werkes so stark akzentuiert ist, kann als
zeitgeschichtlicher Hintergrund durchaus die hiskijanische Bündnispolitik
mit Ägypten vermutet werden [97].

---

96 M.E. läßt sich anhand der literarischen Entstehungsgeschichte von 2 Kön
    18-2o // Jes 36-39 noch deutlich der Prozeß zunehmender Ideologisie-
    rung des Ereignisses des Jahres 7o1 v.Chr. ablesen. Während in der äl-
    testen Textschicht in 2 Kön 18-2o, die wohl nur 2 Kön 18,1-3.7b.13-15;
    19,36aßb.37; 2o,2o+21a umfaßt hat, der Abzug Sanheribs durch eine ent-
    sprechende Tributleistung Hiskijas motiviert erscheint, gewinnt paral-
    lel zum größer werdenden Zeitabstand von den geschichtlichen Ereignis-
    sen selbst die Ausdeutung des wunderbaren Charakters des Geschehens in
    den jüngeren redaktionellen Bearbeitungen der Hiskijaerzählungen fort-
    schreitend an Gewicht. In diesem Prozeß der Theologisierung des Gesche-
    hens des Jahres 7o1, der nicht lange nach dem Ereignis selbst einge-
    setzt haben dürfte, wird die Gestalt des Hiskija immer mehr zum Typos
    des auf Jahwe Vertrauenden. - Zu den hier nicht näher zu erörternden
    literarischen und theologischen Problemen der Hiskijaerzählungen vgl.
    die bei H. WILDBERGER, BK X/3, 1369f genannte einschlägige Literatur.
    Zu allen mit dem Sanheribfeldzug zusammenhängenden historischen Fragen
    bereiten O. LORETZ und W. MAYER (Münster) eine umfassende Untersuchung
    vor.

97 Vgl. in diesem Zusammenhang vor allem auch die in den beiden *hôj*-Sprü-
    chen in Jes 3o,1-2+4-5 und 31,1+3 begegnende Wendung *jrd misrajim*;
    vgl. dazu P. WEIMAR, BZAW 146, 4o-42.

(3) Die Krise, in der Israel sich nach dem Jehowisten befindet, ist im Grunde eine tiefgreifende Krise des Jahweglaubens selbst, wie sie für Israel gerade durch die unmittelbare Konfrontation mit der assyrischen Kulturwelt ausgelöst worden zu sein scheint [98]. Das Volk steht dabei in Gefahr, die Führung durch Jahwe mit der unmittelbaren Sichtbarkeit des (selbst gemachten) Gottesbildes zu vertauschen (Ex 32,1b). Dementsprechend wird auf der anderen Seite nachdrücklich die Exklusivität der Bindung an Jahwe betont (Ex 34*), die dadurch auch besonders an Gewicht gewinnt, daß das jehowistische Werk in Jos 24* mit einer Bundesschlußszene abgeschlossen wird. Wie nahe dabei echte und falsche Jahweverehrung stehen, wird anhand der Opferfeierfolge innerhalb des ersten Teils der Wüstenwanderungsgeschichte greifbar (Ex 18,12a - 24,5* - 32,6abα) [99]. Für Israel selbst muß die Unbegreiflichkeit des Handelns Jahwes (vgl. nur die Szenen in Gen 32,23-33* und Ex 4,24-26a*) eine echte Herausforderung gewesen sein. Was der Jehowist in seiner Geschichtsdarstellung reflektiert, ist die Exklusivität der Bindung an Jahwe - gerade auch angesichts des Herausfordernden des Jahweglaubens.

(4) Wie die Krise des Jahweglaubens für Israel bestanden werden kann, deutet der Verfasser des jehowistischen Werkes nicht zuletzt darin an, daß er betont auf den Modellcharakter des Tuns Abrahams (Gen 15,6a) und Jakobs (Gen 32,23-33*) in bezug auf Israel abhebt, während entsprechend der Zusammenhang von Verheißung und Erfüllung für die Gesamtkonstruktion von Je nur eine untergeordnete Rolle spielt. Abraham und Jakob, aber auch der beim Jehowisten einen breiten Raum einnehmende Josef [100] verkörpern jeweils unterschiedliche Haltungen. Wird an Abraham die Haltung unbedingten Vertrauens auf Jahwe dargestellt, so erscheint Jakob eher als der mit seinem Gott Ringende, wohinge-

---

98 Vgl. die im Blick auf die Entstehung der deuteronomischen Theologie vertretene Theorie von einem durch die Begegnung mit der neuassyrischen Kultur ausgelösten "Kulturschock" durch N. LOHFINK, BThB 7 (1977) 12-22 und Pluralismus 24-43.

99 Die dreigliedrige Aussagefolge Ex 18,12a - 24,5* - 32,6abα, die literarisch-stilistisch wohl eine Steigerung anzeigen will (vgl. die Angabe von Elohim bzw. Jahwe als Objekt der Opferfeier in Ex 18,12a und 24,5*), bricht am Höhepunkt um, indem hier von einem pervertierten Jahwefest erzählt wird (Stierbild als Jahweidol).

1oo Die Einfügung der Josefsgeschichte, die als redaktionelle Bearbeitung einer ursprünglich einmal selbständig überlieferten Josefsnovelle (Gen 37,5-45,9*) zu verstehen ist (anders E. ZENGER, Sinai 2o, der den Umfang der von Je rezipierten Novelle mit Gen 37,3-47,11* abgrenzt), ist ein Typikum der jehowistischen Geschichtsdarstellung, worin sich aber auch zugleich das für Je charakteristische Verständnis der Vätergeschichten aussprechen wird.

gen in Josef das Element der verborgenen Führung durch Jahwe thematisiert
ist. Das Exemplarische bzw. der Modellcharakter der Gestalten im ersten
Teil des jehowistischen Werkes könnte gerade deshalb so betont herausgestellt sein, weil es dem Jehowisten angesichts seiner konkreten geschichtlichen Situation darauf ankommen mußte, positive Leitgestalten zu entwickeln,
an denen Israel sich orientieren konnte.

Die im jehowistischen Werk vielfach reflektierte Krisensituation, die für
den Jehowisten nicht nur eine militärisch-politische, sondern darüber hinaus auch eine geistig-religiöse Dimension hat, wird insgesamt am ehesten
vor dem Hintergrund der durch die neuassyrische Expansionspolitik Ende des
8. Jhs. ausgelösten Krise verständlich. Ob das Werk des Jehowisten dabei
als Programmentwurf im Zusammenhang der hiskijanischen Reformpolitik verstanden werden kann, erscheint keineswegs sicher [1o1]. Möglich ist auch die
Annahme einer Entstehung zur Zeit des Manasse, wobei das jehowistische Werk
dann aber als Zeugnis prophetischen Protestes gegen die Politik des Manasse
interpretiert werden müßte [1o2]. Unabhängig davon bleibt die Frontstellung
der jehowistischen Geschichtsdarstellung deutlich. Überleben kann für Israel nur im alleinigen Vertrauen auf Jahwe und in der Exklusivität der
Bindung an ihn "gesichert" werden.

1o1 Zu dieser zeitgeschichtlichen Einordnung von Je vgl. E. ZENGER, fzb 3,
     164 und P. WEIMAR, BZAW 146, 4o-43.1o8f. - Zur umstrittenen Frage der
     Kultreform des Hiskija, auf die im vorliegenden Zusammenhang nicht
     näher eingegangen werden kann, vgl. die Darstellung der Probleme bei
     H.-D. HOFFMANN, AThANT 66, 151-154.

1o2 Vgl. dazu P. WEIMAR, OBO 32, 316-318.

KAPITEL VII

Meerwunder als Zeichen der Führung Jahwes
Die deuteronomistische Bearbeitung der Meerwundererzählung

Die jehowistische Fassung der Meerwundererzählung hat noch vor der Vereinigung mit der zweiten (als "priesterschriftlich" zu qualifizierenden) Fassung der Erzählung eine weitere Bearbeitung erfahren, die dabei aber nicht als durchgehende Textrevision, sondern als punktuelle Bearbeitung des vorgegebenen Erzählzusammenhangs anzusehen ist. Entsprechende Eingriffe in den Text sind an drei Stellen zu beobachten:

Ex 13,21a	Und Jahwe ging vor ihnen her,
	am Tage in einer Wolkensäule,
	sie den Weg zu führen,
	und bei Nacht in einer Feuersäule,
	ihnen zu leuchten.
22	Nicht wich die Wolkensäule bei Tag
	und die Feuersäule bei Nacht vor dem Volke.
14,19b	Und die Wolkensäule brach auf vor ihnen weg
	und trat hinter sie,
2o*	und sie erleuchtete die Nacht,
	und keiner nahte dem anderen die ganze Nacht.
14,24a*	in einer Feuer- und Wolkensäule

1. Literarische Charakteristik der Bearbeitung

Die drei redaktionellen Zusätze zur jehowistischen Meerwundererzählung sind durch das Motiv der Wolken- und Feuersäule miteinander verbunden. So ist in ihnen ein durchgehender thematischer Akzent gesetzt. Die Unterschiede der einzelnen redaktionellen Hinzufügungen untereinander werden aus dem jeweiligen literarischen Zusammenhang verständlich, der so auch für eine Wertung der redaktionell eingefügten Aussagen mitzuberücksichtigen ist. Dies gilt um so mehr, als durch sie der literarische Charakter der überlieferten Erzählung selbst nicht verändert worden ist. Zu beachten ist dabei, daß der Bearbeiter seine Erweiterungen jeweils zu Beginn der beiden Hälften der jehowistischen Meerwundererzählung eingefügt hat. Damit werden zugleich erzählerische Akzente für den ganzen folgenden Erzählteil gesetzt.

Der erste redaktionelle Eintrag Ex 13,21a+22 schließt sich unmittelbar an die generelle jehowistische Erzähleröffnung Ex 13,17aα+19 an, bevor mit Ex 14,5 die Darstellung des eigentlichen Konfliktes einsetzt. Schon von seiner Position her kommt Ex 13,21a+22 eine deutende Funktion im Blick auf das Meerwunder zu. Als konkreter Anknüpfungspunkt für Ex 13,21a+22 ist die Ansage der Zuwendung Elohims in Ex 13,19b anzusehen, wobei die dort allgemein auf die Situation der Bedrückung der Israel-Söhne in Ägypten bezogene Aussage auf den besonderen Aspekt der Führung auf dem Wege zugespitzt ist. Die redaktionell eingefügte Aussage Ex 13,21a+22 zeigt dabei einen in sich geschlossenen Charakter (vgl. nur die Stichwortverbindung durch "vor ihnen her" und "vor dem Volke" Ex 13,21aα und 22b). Den thematischen Akzent gibt die nominale Aussage in Ex 13,21a an, wozu Jahwe als Subjekt fungiert. Der besondere Aspekt an Jahwe ist durch das partizipiale Prädikativum ("gehend vor ihnen her") zum Ausdruck gebracht. Den Modus der Führung durch Jahwe geben die auf den partizipialen Nominalsatz folgenden beiden, parallel zueinander stehenden Aussagen in Ex 13,21a an, wobei durch die polaren Begriffe "am Tag" und "bei Nacht" die Beständigkeit und fortwährende Dauer der Führung durch Jahwe akzentuiert werden soll, was in negativ gewendeter Form auch durch Ex 13,22 geschieht.

Als eng zusammengehörig sind der zweite und dritte redaktionelle Eintrag in Ex 14,19b+2oaγb und 24aγ anzusehen. Die Technik der Einführung entspricht in auffälliger Weise Ex 13,21a+22. Als Eröffnung der zweiten Erzählhälfte ist Ex 14,19b+2oaγb der konkreten Darstellung der Vernichtung der Ägypter als deutender Interpretationsrahmen vorgeschaltet. Thematisch schließt sich die redaktionell eingefügte Aussage von Ex 14,19b+2oaγb an die Zusage der "Rettung Jahwes" (Ex 14,13aα+14) an, interpretiert diese aber zugleich neu, so daß die Errettungstat am Meer als Paradigma der allgemeinen Führung durch Jahwe erscheint. In sich macht Ex 14,19b+2oaγb einen stark konstruierten Eindruck. Der Einschub besteht aus zwei doppelgliedrigen Aussageelementen, was durch entsprechende stilistische Mittel angezeigt ist ("vor ihnen weg" /

"hinter ihnen her" Ex 14,19b und "die Nacht" / "die ganze Nacht" Ex
14,2oαγb). Die Aussage von Ex 14,19b ("vor ihnen weg") knüpft dabei an Ex
13,21a ("vor ihnen her") an; ebenso steht die Aussage von Ex 14,2oαγb ("er-
leuchten") mit Ex 13,21a ("leuchten") in Verbindung, wobei die Unterschiede
in Ex 14,19b+2oαγb gegenüber Ex 13,21a+22 durch den konkreten Erzählzusammenhang bedingt sind [1]. Daß wie in Ex 13,21a+22 auch hinter der Aussage von
Ex 14,19b+2oαγb Jahwe als eigentlich handelndes Subjekt anzunehmen ist,
wird durch den redaktionellen Eintrag "in einer Feuer- und Wolkensäule" in
Ex 14,24aγ erkennbar, insofern hier Jahwe explizit als Subjekt der Aussage
genannt ist.

Die vorliegende redaktionelle Bearbeitung der Meerwundererzählung hat sich
auf nur wenige Aussageelemente beschränkt. Dadurch daß sie die auf sie zurückgehenden Aussagen aber an exponierter Stelle jeweils zu Beginn der beiden Hälften der jehowistischen Meerwundererzählung angebracht hat, kommt
ihnen eine grundlegende Bedeutung für das Verständnis der ganzen Meerwundererzählung zu, insofern sie auf diese Weise eine neue thematische Ausrichtung
erfährt. Das Interesse des Bearbeiters liegt nicht primär auf dem Meerwundergeschehen selbst, sondern auf der Deutung des Tuns Jahwes. Daß dabei der Akzent nicht auf das Moment der Rettung, sondern dem der Führung durch Jahwe
gelegt ist, gibt den veränderten Stellenwert der Meerwundererzählung an.
Während in der von der vorliegenden Bearbeitung rezipierten Tradition das
Meerwunder den Höhepunkt des Exodusgeschehens markiert, ist es für sie
selbst die erste Station auf dem Weg durch die Wüste [2]. Im Zusammenhang damit ist sodann eine zweite Neuakzentuierung der überkommenen Meerwundererzählung zu sehen. Vor allem durch die redaktionell der jehowistischen Darstellung des Meerwunders eingefügten Aussage Ex 13,21a+22 mit ihrer Betonung der bleibenden Führung durch Jahwe erfährt das in der übernommenen
Aussage von Ex 14,11aα*b akzentuierte Verhalten der Israel-Söhne eine neue

---

1 Daß in Ex 14,19b+2oαγb nur von der Wolkensäule und nicht - wie eigentlich
   zu erwarten wäre - von der Wolken- und Feuersäule gesprochen wird, dürfte
   damit zusammenhängen, daß der Bearbeiter an einen vorgegebenen Erzählzusammenhang gebunden war, wobei ein Übergang hergestellt werden mußte zu der
   in Ex 14,21aα* sich findenden Zeitangabe "die ganze Nacht" (kål-hǎllaj$e$lā)
   und der damit vorgestellten Situation (vgl. das zweimalige "die ganze
   Nacht" bzw. "die Nacht" in Ex 14,2oαγb). Zugleich kann in der Notiz vom
   Aufbrechen der Wolkensäule in Ex 14,19b ein Hinweis auf den größeren literarischen Zusammenhang gesehen werden (vgl. vor allem Num 1o,33b (dazu
   s.u.)).

2 Auf dieser - und wohl nur auf dieser - Ebene des Textes besteht die vor allem von G.W. COATS (vgl. dazu S. 4 Anm. 15) vertretene These von der Zugehörigkeit der Meerwundererzählung zur Wüstenwanderungstradition zu Recht.

Wertung, insofern es geradezu als Sünde und damit die Befreiung aus Ägypten als Beginn der Sündenfallgeschichte Israels gedeutet wird [3].

2. *Der literarische Zusammenhang der bearbeiteten Erzählung*

Durchgehendes Motiv, das die drei redaktionellen Hinzufügungen in Ex 13,21a+ 22, 14,19b+2oaγb und 24aγ miteinander verbindet, ist das Motiv der Wolken- und Feuersäule [4]. Von hierher ergeben sich auch deutliche Hinweise auf den literarischen Zusammenhang der Bearbeitung. Als relevant sind dabei nur solche Belege anzusehen, in denen Wolken- und Feuersäule miteinander verbunden erscheinen [5]. Davon als eigenständig abzuheben ist das noch mehrfach im Pentateuch isoliert begegnende Motiv der Wolkensäule (Ex 33,9.1o; Num 12,5; Dtn 31,15), wobei die Eigenständigkeit dieser Gruppe von Belegen sowohl aus thematischen (Herabsteigen Jahwes in der Wolkensäule auf das Zelt der Begegnung) [6] als auch aus literargeschichtlichen Gründen (R^P) anzunehmen ist [7].

---

3 Auf diese Weise ist der im Meerwunder sich ereignende Exodus geradezu zu einem "Anti-Exodus" umstilisiert worden (dazu s.u.).

4 Zur Herkunft der Bildvorstellung von der Wolken- und Feuersäule vgl. vor allem Th.W. MANN, JBL 9o (1971) 15-3o, zum Motiv allgemein vgl. J. DANIÉLOU, RAC VII (1969) 786-79o.

5 Nicht immer wird deutlich genug zwischen der Motivverbindung von Wolken- und Feuersäule und dem isoliert begegnenden Motiv der Wolkensäule unterschieden, wodurch aber die anzunehmenden literarischen Zusammenhänge eher verdeckt als offengelegt werden.

6 Daß es sich bei Ex 33,9+1o, Num 12,5 und Dtn 31,15 um eine geschlossene Gruppe von Belegen handelt, wird - bei allen Abweichungen im einzelnen - nicht zuletzt daran erkennbar, daß sie dem gleichen, aus drei Gliedern bestehenden Schema folgen:

> (1) Herabsteigen / Erscheinen Jahwes in einer Wolkensäule
> (2) Hintreten (^{C}md) der Wolkensäule an den Eingang des Zeltes
> (3) Anrede Jahwes an den Adressaten.

Die Wolkensäule begegnet dabei als Begleitphänomen einer Theophanie Jahwes am Zelt der Begegnung (zur Diskussion der entsprechenden Belege vgl. im übrigen - wenn auch im einzelnen mit anderen literargeschichtlichen Voraussetzungen - M. GÖRG, BBB 27, 143-17o).

7 Entgegen dem geläufigen Urteil der Forschung, die für Ex 33,9+1o, Num 12, 5 und Dtn 31,15 weithin einen Zusammenhang mit der elohistischen Tradition annimmt (vgl. nur die in der vorangehenden Anm. genannte Untersuchung von M. GÖRG) erscheint eine Herleitung der genannten Belege auf die Hand der Schlußredaktion des Pentateuch naheliegender, wofür nicht zuletzt auch die Tatsache spricht, daß sie innerhalb der jeweiligen, ein schon literargeschichtlich fortgeschrittenes Stadium repräsentierenden Textzusammenhänge zu den literarisch jüngsten Bestandteilen des Textes gehörten (die Einzelbegründungen sind in anderem Zusammenhang nachzutragen). Als unmittelbarer Anknüpfungspunkt für die bei R^P vorliegende Form der

Gegenüber dem isolierten Vorkommen des Motivs der Wolkensäule hat die Motivkombination der Wolken- und Feuersäule innerhalb des Pentateuch eine Entsprechung nur noch in Num 14,14* (außerhalb noch in Neh 9,12.19); zu beachten ist außerdem die vergleichbare Motivverbindung von Wolke und Feuer in
Dtn 1,33 (außerhalb des Pentateuch noch Ps 78,14 und 1o5,39)[8]. Da sich die
in Num 14,14 und Dtn 1,33 begegnenden Formulierungen eng mit Ex 13,21a berühren, legt sich die Annahme eines unmittelbaren literarischen Zusammenhangs nahe. Zugleich erhellt sich von den beiden Vergleichstexten her auch
der eigentliche theologische Hintergrund für die betonte Herausstellung der
Führung Jahwes in der Wolken- und Feuersäule im Rahmen der Meerwundererzählung.

Die Aussage von Num 14,14* ist Element der an Jahwe gerichteten Fürbitte
des Mose Num 14,13-19, die zusammen mit der vorangehenden Strafabsichtser-
klärung Jahwes Num 14,11b+12 als redaktioneller Einschub zur vorpriesterschriftlichen Kundschaftererzählung zu verstehen ist[9]. Literarisch kann
die Mosefürbitte in Num 14,13-19 jedoch kaum als einheitlich angesehen werden. Die wohl auf Num 14,13abα.14aß.14bßγ.15+16.17aα.19 einzugrenzende
Grundschicht von Num 14,13-19[1o] ist einerseits nachjehowistischen Ur-

---

Aussage kann dabei die wohl auf Je zurückgehende Wendung "und Jahwe
stieg herab in der Wolke" (Ex 34,5aα und Num 11,25aα) angesehen werden.

8   Sowohl Neh 9,12+19 als auch Ps 78,14 und 1o5,39 sind literarisch von
den entsprechenden Aussagen innerhalb des Pentateuch abhängig und können im folgenden unberücksichtigt bleiben.

9   Daß es sich bei Num 14,11-19 um einen redaktionellen Zusatz zur vorpriesterschriftlichen Kundschaftererzählung handelt, gilt weithin als ausgemacht, auch wenn hinsichtlich des Umfangs des Einschubs im einzelnen
bislang kein Konsens erzielt worden ist (vgl. in diesem Zusammenhang
nur die entsprechenden Übersichten bei V. FRITZ, MThSt 7, 23 Anm. 17
und S. MITTMANN, BZAW 139, 49 Anm. 51).

1o Die internen Probleme der Mosefürbitte Num 14,13-19 finden meist nicht
hinreichend Beachtung. Abgesehen von der abrupten und unvermittelten
Art der Verknüpfung der Gedankenführung innerhalb von Num 14,13-19 (vgl.
dazu B. BAENTSCH, HK I/2, 526), wird vor allem das Problem vom "merkwürdig ungeschickten Anfang der Moserede" in Num 14,13+14 (M. NOTH, ATD 7,
96) diskutiert, wobei eine Lösung der zweifellos bestehenden Schwierigkeiten (das gilt trotz des Versuchs von S.E. McEVENUE, AnBb 5o, 98f,
die vorliegende syntaktische Gestalt von Num 14,13-16 in ihrer Komplexi-
tät sichtbar zu machen) vorwiegend auf dem Wege der Textverbesserung gesucht wird (vgl. nur H. HOLZINGER, KHC IV, 5o.57). Doch liegt es angesichts der für die Mosefürbitte Num 14,13-19 zu konstatierenden Zweigipfeligkeit näher, mit redaktionellen Bearbeitungsvorgängen zu rechnen
(vgl. auch M. NOTH, ATD 7, 96). Darauf deuten die folgenden Beobachtungen hin: 1. Die für den Eingang der Mosefürbitte in Num 13,13b+14a immer
wieder konstatierten Auffälligkeiten (vgl. in diesem Zusammenhang nur
den asyndetischen Anschluß von *šam^ecû* an das Vorangehende in Num 14,
14a) lassen sich m.E. am ehesten dann verständlich machen, wenn *šam^ecû*
in Num 14,14aα als redaktionelle Wiederaufnahme von *w^ešam^ecû miṣ-*

sprungs [11], setzt aber andererseits die priesterschriftliche Fassung der Erzählung noch nicht voraus [12], wobei aufgrund von Form und Stil, aber auch literarischer Querverbindungen zu anderen Texten deuteronomistische Herkunft am wahrscheinlichsten ist [13]. Wegen der teilweise wörtlichen Bezugnahmen von Num 14,14* auf Ex 13,21a werden auch die redaktionellen Erweiterungen zur jehowistischen Meerwundererzählung entsprechend zu werten sein.

Eine solche literargeschichtliche Einordnung der Motivkombination von Wolken- und Feuersäule findet eine Stütze auch von Dtn 1,33 her, wo in vergleichbarem literarischen Zusammenhang wie Num 14,14* die Motivverbindung von Wolke und Feuer begegnet. Auch wenn hier nicht von einer Wolken- und Feuer*säule* gesprochen wird und die Abfolge der beiden Elemente Wolke und Feuer vertauscht ist, ist die enge Berührung von Dtn 1,33 mit Num 14,14*, aber auch darüber hinaus mit Ex 13,21a+22 nicht zu verkennen [14]. Aufgrund

---

ră̆jîm in Num 14,13bα zu verstehen ist. Der mit *ki* eingeleitete Objektsatz in Num 14,14a hätte sich dann einmal unmittelbar an Num 14,13bα angeschlossen, während in Num 14,13bß+14a* (bis *šam^{ec}û*) ein redaktioneller Einschub gesehen werden müßte. - 2. In Num 14,14b wird nicht nur die in Spannung zu Num 14,14bßγ stehende Aussage "und deine Wolke steht über ihnen" als redaktionell auszugrenzen sein (vgl. B. BAENTSCH, HK I/2, 527), sondern auch die damit in Verbindung stehende, unmittelbar vorangehende Aussage in Num 14,14bα (vgl. in diesem Zusammenhang auch die Wiederaufnahme von *'ă̆ttā JHWH* aus Num 14,14aß). - 3. Da die Zweigipfeligkeit der Mosefürbitte gerade durch das in Num 14,18 eingeführte Zitat bedingt ist, dürfte dieser Vers zusammen mit der ihn einführenden Aussage in Num 14, 17aßb als redaktioneller Eintrag zu verstehen sein (vgl. in diesem Zusammenhang auch die Korrespondenz der Aussagen *jigdă̆l-na' ko^{a}h* Num 14,17aß und *k^{e}godael hă̆sdaeka* Num 14,19a). Mit der an Jahwe gerichteten Bitte in Num 14,19 ist als Überleitungspartikel *w^{ec}ă̆ttā* aus Num 14,17aα zu verbinden.

11 Wie in anderem Zusammenhang gezeigt werden soll, ist die der vorpriesterschriftlichen Kundschaftererzählung zugrundeliegende Gestalt der Geschichte nicht als "jahwistisch" anzusehen (vgl. nur das Urteil von S. MITTMANN, BZAW 139, 55: "... darf man in dem Verfasser dieser Erzählung wohl den Jahwisten vermuten. Signifikante Kriterien der Zuordnung lassen sich freilich aus der Erzählung selbst nicht gewinnen"), vielmehr dürfte sie erst auf die Hand des Jehowisten zurückgehen.

12 Vgl. dazu nur S. MITTMANN, BZAW 139, 55.

13 Wenn auch hinsichtlich der redaktionsgeschichtlichen Einordnung von Num 14,13-19* kein Konsens besteht, so ist an einer relativ jungen Entstehung des redaktionellen Einschubs nicht zu zweifeln (vgl. schon die entsprechende Übersicht bei G.B. GRAY, Numbers 155), wobei eine Qualifizierung als "deuteronomistisch" gegenüber einer Beurteilung als "frühdeuteronomisch" (vgl. dazu D.E. SKWERES, AnBb 79, 168f) m.E. am wahrscheinlichsten scheint (vgl. dazu die Hinweise bei S. MITTMANN, BZAW 139, 49). Demgegenüber sind die redaktionellen Textelemente in Num 14,13-19* erst als nachdeuteronomistisch zu beurteilen und gehen wahrscheinlich auf die Hand von R^P zurück.

der gegenüber den beiden anderen Vorkommen bestehenden Differenzen von Dtn 1,33 legt sich jedoch nicht notwendigerweise die Annahme verschiedener Verfasser nahe [15]. Die in den engeren Zusammenhang von Dtn 1,29-3o+31b-33 [16] gehörende Aussage Dtn 1,33 ist dabei einer jüngeren Textschicht innerhalb des Referats der Kundschaftererzählung in Dtn 1,19-46 zuzurechnen [17].

Ebenso wie die Motivverbindung von Wolken- und Feuersäule verweist auch die damit verbundene Wendung "Jahwe (war) gehend vor ihnen her" (*JHWH holek lipnêhaem*) in Ex 13,21a, die in den Parallelaussagen Num 14,14* und Dtn 1,33 gleichfalls begegnet, in den Rahmen der deuteronomistischen Literatur [18]. Mit Ausnahme von Jes 52,12 [19] findet sich die Wendung nämlich ausschließlich

---

14 Zum Phänomen des über Num 14,14* hinausgreifenden Rückgriffs auf Ex 13, 21 und darin generell auf die Meerwundererzählung vgl. vor allem N. LOHFINK, Bb 41 (196o) 114f und die weiteren Überlegungen zu (3). - Die Berührungen von Dtn 1,19-46 mit der Kundschafter- und Meerwundererzählung sind übersichtlich aufgelistet bei S.R. DRIVER, Deuteronomy 19.24.29.

15 Dtn 1,33 setzt zwar Ex 13,21a+22 und Num 14,14* voraus, ohne daß aber der Rekurs von Dtn 1,33 auf die beiden Belege der Motivverbindung von Wolken- und Feuersäule unbedingt in dem Sinne verstanden werden müßte, daß der "deuteronomistische" Verfasser von Dtn 1,33 auf einen ihm literarisch schon vorgegebenen Text Bezug nähme. Nicht auszuschließen ist auch die Annahme, daß es sich bei dem in Dtn 1,33 geschehenden Rückverweis auf Ex 13,21a+22 und Num 14,14* um eine bewußte literarische Konstruktion zum Zweck der Kompositionsbildung handelt, was dann für Dtn 1, 33 durchaus die Herkunft von der gleichen Hand wie für die beiden redaktionellen Zusätze Ex 13,21a+22 und 14,14* nahelegt. In diesem Falle müßten aber die nicht zu verkennenden Unterschiede von Dtn 1, 33 gegenüber den beiden anderen Vorkommen der Motivverbindung von Wolken- und Feuersäule erklärt werden. Da Dtn 1,33 einer jüngeren Textschicht in Dtn 1-3 zuzurechnen ist (vgl. dazu Anm. 17), ist es nicht auszuschließen, daß die Abänderungen von Dtn 1,33 gegenüber Ex 13,21a+22 und Num 14,14* nicht zuletzt - wenn auch nicht ausschließlich - im Vorblick auf Dtn 4,11* und 5,22*+23a (zum literarischen Zusammenhang beider Aussagen vgl. zuletzt F.L. HOSSFELD, OBO 45, 138) geschehen sein könnten.

16 Zum redaktionellen Charakter von Dtn 1,31a vgl. nur S. MITTMANN, BZAW 139, 36f (dort Anm. 9 Hinweise auf ältere Vertreter dieser Position).

17 Vgl. dazu S. MITTMANN, BZAW 139, 36f. - Gegen eine Ausgrenzung von Dtn 1,29-33* spricht auch nicht die kunstvolle Struktur der "Kundschaftererzählung" in Dtn 1 (vgl. dazu N. LOHFINK, Bb 41, 196o, 12o-123; J.G. PLÖGER, BBB 26, 5of und A.N. RADJAWANE, Israel 143-145), da diese auch als ein redaktionelles Phänomen verstanden werden kann.

18 Zum Vorkommen der Wendung vgl. J.G. PLÖGER, BBB 26, 48f, P. WEIMAR - E. ZENGER, SBS 75, 59 mit Anm. 78 und J.-L. SKA, VT 33 (1983) 461.

19 Jes 52,12 ist als ein redaktioneller Zusatz, der frühestens auf die zweite Bearbeitungsschicht in Jes 4o-55 zurückgeht (zum hier vorausgesetzten redaktionskritischen Modell vgl. K. KIESOW, OBO 24, 158-165), zu verstehen, wobei der deuteronomistische Gebrauch der Wendung wohl schon vorausgesetzt ist (vgl. die Anspielung auf Dtn 16,3 sowie als

in deuteronomistischen Texten, wobei näherhin ihre Verbindung mit der Thematik der Eroberung des Landes zu beachten ist (Dtn 1,3o und 31,8; vgl. auch 2o,4 und 31,6) [2o]. Als Anknüpfungspunkt für die deuteronomistische Wendung vom *Vorher*gehen (*hlk* + *lipnê*) Jahwes kann dabei die auf den Jehowisten zurückgehende Aussage in Ex 32,1b (23 R[P]) angesehen werden, wo sich die Wendung aber nicht auf Jahwe, sondern auf das von Aaron zu machende Gottesbild bezieht [21]. Vor diesem Hintergrund ist der deuteronomistische Gebrauch der Wendung vom Vorhergehen Jahwes möglicherweise als Auseinandersetzung mit der Aussage von Ex 32,1b zu verstehen, wobei diese jedoch auf der Ebene der deuteronomistischen Redaktion einen veränderten Bedeutungsgehalt (Götter) gewonnen hat [22].

---

sachlichen Hintergrund die gleichfalls auf Dtr zurückgehende Aussage in Ex 12,33 (dazu s.u.). - Im Zusammenhang mit der "Wegtheologie" der Grundschicht in Jes 4o-48* ist der Gebrauch der Wendung in Jes 45,2 zu beurteilen, wobei zu beachten ist, daß die Wendung im Unterschied zu Jes 52,12 und den dtr. Belegen hier nicht in partizipialer Form vorliegt.

2o In diesem Zusammenhang verdient wohl auch die wahrscheinlich ebenfalls als deuteronomistisch zu beurteilende Aussage vom Mitgehen Jahwes in Ex 33,15 (partizipial mit *panîm* als Subjekt) und 16 (*hlk* + *^cim*) Beachtung (zur Beurteilung von Ex 33,15+16 als deuteronomistisch vgl. E. ZENGER, fzb 3, 197).

21 Der an Aaron herangetragene Wunsch des Volkes *^{ca}śē-lanû ^{,ae}lohîm ^{,a}šaer jel^ekû l^epanênû* in Ex 32,1b (23 R[P]) kann - ebenso wie die damit zusammenhängenden Aussagen in Ex 32,4b und 8b - singularisch wie pluralisch verstanden werden (zur Diskussion vgl. vor allem J. HAHN, EH XXIII/154, 3o5-311). Nun sind jedoch die Aussagen in Ex 32,1b und 4b+8b wahrscheinlich unterschiedlicher literarischer Herkunft, so daß sie in ihrem Bedeutungsgehalt auch zunächst jeweils für sich zu beurteilen sein werden. Die Aussage von Ex 32,4b ist - ebenso wie der damit zusammenhängende Abschnitt Ex 32,7-14* - als ein in den vorliegenden Textzusammenhang nur locker eingebundenes und dazu in Spannung stehendes Textelement zu verstehen, so daß in dem Halbvers, mit dem als Überleitung zum ursprünglichen Textzusammenhang noch Ex 32,5aα zu verbinden ist, ein redaktioneller Einschub aus der Hand von Dtr zu sehen ist (vgl. dazu E. ZENGER, fzb 3, 8of.182f). Sind so aber Ex 32,4b und 8b als redaktionell auszuscheiden, dann können diese Aussagen auch nicht unmittelbar für eine Interpretation von Ex 32,1b herangezogen werden. Da Ex 32,1b nun aber literarisch auf einer Ebene mit der Ausrufung eines (pervertierten) Jahwefestes durch Aaron in Ex 32,5aβb steht (vgl. auch S. 126 Anm. 39), legt sich für die Aussage von Ex 32,1b ein singularisches Verständnis nahe (vgl. auch H. VALENTIN, OBO 18, 226). Angesichts der Ungewißheit über den Verbleib des Mose verlangt das Volk in der Erstellung eines Gottesbildes nach einem Garantiezeichen für die Präsenz des vor ihm herziehenden Gottes (Jahwe).

22 Die Neuinterpretation der überlieferten Aussage von Ex 32,1b ist durch die von Dtr redaktionell eingefügten Aussagen Ex 32,4b+5aα und 7-14* bewirkt worden (zum Vorgang selbst vgl. das Referat bei J. HAHN, EH XXIII/154, 3o9 mit Anm. 34o). Vor diesem Hintergrund der redaktionellen Zuspitzung der Aussage von Ex 32,1b auf die Götter (pluralische Inter-

Insgesamt ist für die redaktionellen Erweiterungen zur jehowistischen Meerwundererzählung so ein Zusammenhang mit deuteronomistischen Aussagen aus
dem Bereich der Wüstenwanderungs- und Landnahmetradition anzunehmen. Da die
entsprechenden literarischen Querverbindungen allem Anschein nach nicht einer älteren deuteronomistischen Schicht zuzurechnen sind [23], kann die vorliegende redaktionelle Bearbeitung der jehowistischen Meerwundererzählung
wohl auch nur als Element einer jüngeren deuteronomistischen Redaktion verstanden werden [24].

_____

pretation) durch Dtr gewinnt die ihr gegenübertretende Aussage vom "beständigen" Vorhergehen Jahwes (in der Wolken- und Feuersäule) geradezu
einen polemischen Charakter, worin zugleich auch der aktuelle Hintergrund für die Einführung einer solchen Aussage in bezug auf Jahwe erkennbar wird (weitere Beobachtungen s.u.).

23 In diesem Zusammenhang ist vor allem die literargeschichtliche Einordnung der auf Num 14,14* und darüber hinaus auf Ex 13,21a+22 zurückgrei-
fenden Aussage von Dtn 1,33 zu beachten, worin allem Anschein nach ein
Element einer jüngeren deuteronomistischen Redaktion zu sehen ist (vgl.
Anm. 17). In der gleichfalls als deuteronomistisch zu qualifizierenden
Grundschicht von Dtn 1,19-46 ist zwar auch eine genaue Kenntnis der jehowistischen Fassung der Kundschaftererzählung in Num 13/14* vorausgesetzt, bezeichnenderweise aber nicht eine Kenntnis der zu einer deuteronomistischen Redaktion gehörenden Mosefürbitte in Num 14,13-19* (anders S. MITTMANN, BZAW 139, 57-59), was durchaus den Schluß nahelegt,
daß die Rekapitulation der Kundschaftererzählung in der Grundschicht
von Dtn 1,19-46 durch den Deuteronomisten die Mosefürbitte in Num 14,
13-19* literarisch noch nicht voraussetzt. Ist diese Beobachtung zutreffend, dann kann Num 14,13-19* und entsprechend auch Ex 13,21a+22
ebenso wie Dtn 1,33 wohl nur als Element einer jüngeren deuteronomistischen Redaktionsschicht verstanden werden.

24 Die Probleme der Redaktionsgeschichte des deuteronomistischen Werkes
sind erst in jüngerer Zeit wiederum stärker in Fluß gekommen; zur Charakterisierung der Positionen vgl. die kurze Übersicht bei N. LOHFINK,
Kerygmata 88. Ist dabei immer deutlicher die Mehrschichtigkeit des deuteronomistischen Werkes sichtbar geworden, so fehlen im Rahmen des Pentateuch noch weitgehend entsprechende Untersuchungen zu den als deuteronomistisch zu qualifizierenden Texten, ganz abgesehen davon, daß das
schwierige Problem der Zuordnung der einzelnen Redaktionsschichten innerhalb des deuteronomistischen Werkes und des Pentateuch überhaupt noch
nicht ernsthaft verfolgt worden ist (vgl. auch die entsprechende Feststellung bei R. SMEND, Entstehung 123). Dafür daß innerhalb des Pentateuch mit ähnlichen redaktionellen Bearbeitungsvorgängen wie in den
übrigen Teilen des deuteronomistischen Werkes zu rechnen ist, gibt es
m.E. in mehreren Texten deutliche Hinweise (vgl. nur Gen 15!), wenn es
auch bislang an eindeutigen Kriterien fehlt, die verschiedenen als deuteronomistisch anzusehenden Redaktionsschichten im Pentateuch mit entsprechenden Schichten innerhalb des deuteronomistischen Werkes in Verbindung zu bringen. Dieses Problem stellt sich aber um so dringender,
wenn das dtr. Werk - zumindest für den Bereich der Landnahme (vgl. in
diesem Zusammenhang auch die Beobachtungen von N. LOHFINK, Kerygmata)
- nicht als ein eigenständiger und literarisch in sich geschlossener
Darstellungzusammenhang verstanden werden kann, sondern von vornherein -

3. *Die Meerwundererzählung als Element der deuteronomistischen Wüsten- wanderungs- und Landnahmegeschichte*

Liegt der Horizont der redaktionellen Erweiterungen der jehowistischen Meer- wundererzählung im Rahmen von Wüstenwanderung und Landnahme, nicht aber im Bereich des Exodus, dann ist hierin auch der eigentliche literarische Zusam- menhang zu sehen, aus dem heraus die deuteronomistische Bearbeitung der Meerwundererzählung verstanden werden muß. Der grundsätzliche Charakter, mit dem in Ex 13,21a+22 das Moment der Führung des Volkes durch Jahwe in der Wolken- und Feuersäule ausgedrückt ist, legt dabei die Vermutung nahe, daß die Einfügung dieser Aussage von Dtr nicht nur im Blick auf das Meerwun- dergeschehen, sondern im Blick auf die ganze Zeit der Wüstenwanderung er- folgt ist. Das Meerwunder ist für den Deuteronomisten nicht mehr länger Ab- schluß und Höhepunkt des Exodus, sondern Auftakt und Eröffnung der Wüsten- wanderung.

Dieser Annahme korrespondiert auf der anderen Seite eine Beobachtung zum Schluß der "deuteronomistischen" Exodusgeschichte, der in Ex 12,33+34[*] und 39a zu sehen sein wird [25]:

> Ex 12,33   Und die Ägypter drängten das Volk,
> um sie eilends aus dem Lande zu entlassen,
> denn sie sprachen:
>
> Wir alle sind des Todes!

---

unter Rückgriff auf vorgegebene Materialien (etwa das dtn. Gesetz) - als redaktionelle Bearbeitung der jehowistischen Geschichtsdarstellung konzipiert worden ist, wofür es einige Hinweise gibt (vgl. auch die Beob- achtung zum Umfang des jehowistischen Werkes in Kap. VI; der gesamte Fra- genkomplex ist in anderem Zusammenhang eingehender zu erörtern). Als Ele- ment dieser nicht über Jos 24 hinausgehenden ältesten deuteronomistischen Bearbeitungsschicht könnte dabei die Grundschicht in Dtn 1,19-46 angese- hen werden. Auf welcher Ebene genau jene deuteronomistische Bearbeitungs- schicht, auf die das Motiv des Vorhergehens Jahwes vor dem Volke in Feu- er und Wolke zurückgeht, anzusetzen ist und ob sie schon den bis 2 Kön 25 reichenden Erzählzusammenhang des deuteronomistischen Werkes voraussetzt, darüber sind im vorliegenden Zusammenhang nur Vermutungen möglich.

25 Zur Analyse von Ex 12,29-39 vgl. P. WEIMAR, OBO 32, 58 Anm. 112. - Die Be- stimmungen in Ex 13,3-16 (bzw. ihre Grundform), die gemeinhin als deutero- nomistisch bzw. proto-deuteronomisch angesehen werden (vgl. die Übersicht bei P. WEIMAR, OBO 32, 322 Anm. 12), ordnen sich nicht spannungsfrei in den vorliegenden deuteronomistischen Erzählzusammenhang ein und werden so als eine noch jüngere redaktionelle (dtr.?) Einfügung zu verstehen sein; als nachdeuteronomistisch sind dagegen die jüngeren redaktionellen Elemen- te in Ex 13,3-16 zu beurteilen (vgl. den Hinweis bei P. WEIMAR, OBO 32, 322 Anm. 13; kritisch zu einer proto-dtn/dtr Herkunft von Ex 13,3-16 äußert sich jüngst auch E. BLUM, WMANT 57, 374f).

34*   Und das Volk nahm seinen Teig,
      ehe er säuerte,
      auf die Schultern.

39a   Und sie buken den Teig,
      den sie aus Ägypten herausgebracht hatten,
      zu Massotfladen,
      denn er hatte nicht gesäuert.

Daß hierin der Schluß der "deuteronomistischen" Exodusgeschichte zu sehen ist, wird durch verschiedene Beobachtungen unterstrichen. Zu beachten ist vor allem der Relativsatz in Ex 12,39a, der auf den Auszug aus Ägypten als auf ein in der Vergangenheit liegendes Geschehen zurückblickt (vgl. die dabei geschehende Variation der Herausführungsformel). Außerdem wird durch das in Ex 12,33 konstatierte Faktum des Drängens (ḥzq) nach eilender Entlassung (šlḥ) die schließliche Einlösung der gleichfalls auf Dtr zurückgehenden Zukunftsansage Ex 3,19+2o angezeigt (vgl. in diesem Zusammenhang auch die zwischen Ex 3,19+2o und 12,33 zu beobachtenden Stichwortentsprechungen durch $b^e jad$ $ḥ^a zaqā$ / ḥzq und šlḥ) [26]. Als Höhepunkt der "deuteronomistischen" Fassung der Exodusgeschichte ist das in der Tötung der Erstgeburt Ägyptens liegende Eingreifen Jahwes, das definitiv zur Entlassung führt (vgl. den Zusammenhang der Aussagen von Ex 11,1a und 12,33), anzusehen (vgl. vor allem die auf Dtr zurückgehende Aussagefolge in Ex 11,1a*.6.7aαb und 12,22b.23a.3o*) [27].

Die Aufwertung der Tötung der Erstgeburt Ägyptens zum Höhepunkt der ganzen Exodusgeschichte und die durch die Einfügung des Motivs der Wolken- und Feuersäule bewirkte Umstilisierung der Meerwundererzählung zur programmatischen Eröffnung der Wüstenwanderungsgeschichte sind so als korrespondierende literarische Vorgänge anzusehen. Mit Hilfe der in Ex 13,21a+22 von Dtr programmatisch eingetragenen Motivverbindung von Wolken- und Feuersäule will der Bearbeiter einen Wendepunkt im Erzählablauf anzeigen. Das gilt auch an den beiden anderen Stellen, wo dieses Motiv bei Dtr Verwendung findet. Einen solchen Wendepunkt markiert zunächst die Einführung der Motivkombination von der Wolken- und Feuersäule in Num 14,14* im Rahmen der von Dtr in den vorgegebenen Erzählzusammenhang eingefügten Mosefürbitte Num 14,13-19*:

---

26   Zur Qualifizierung von Ex 3,19+2o als (jüngerer) deuteronomistischer Einschub vgl. P. WEIMAR, OBO 32, 329-331. - Aufgrund des durch Stichwortentsprechungen herausgestellten Zusammenhangs zwischen Ex 3,19+2o und Ex 12,33 ist die Vermutung gleicher literarischer Herkunft naheliegend.

27   Zur Analyse von Ex 11,1-8 und 12,21-27 vgl. P. WEIMAR, OBO 32, 56f Anm. 1o8 und 289 Anm. 126.

Num 14,13*   Und Mose sprach zu Jahwe:

14*   Und (selbst) die Ägypter werden hören,
             daß du, Jahwe, in der Mitte dieses Volkes bist,
             und daß du in einer Wolkensäule vor ihnen hergehst
             am Tage
             und in einer Feuersäule bei Nacht.

15   Und tötest du dieses Volk wie einen Mann,
             dann werden die Völker sprechen,
             die gehört haben dein Gehör, folgendermaßen:

16   Weil Jahwe es nicht konnte,
                  dieses Volk in das Land zu bringen,
                  das er ihnen zugeschworen hat,
                  hat er sie umkommen lassen in der Wüste.

17*   Und nun,
19   vergib doch die Schuld dieses Volkes nach der
             Größe deiner Huld
             und wie du vergeben hast diesem Volk von Ägypten
             bis hierher.

Indem Mose im ersten Teil der Rede (Num 14,13aα+14*) als Inhalt eines (zukünftigen) Hörens Ägyptens auf die beständige Führung Jahwes in der Wolken- und Feuersäule verweist [28], wird nochmals die ganze mit dem Meerwunder eröffnete Wanderung Israels durch die Wüste unter diesem Aspekt zusammengefaßt, darin aber zugleich das Motiv gewonnen sowohl für den im zweiten Redeteil konstruierten Fall (Num 14,15+16) als auch für die abschließend an Jahwe gerichtete Bitte um Vergebung der Schuld (Num 14,17aα+19) [29]. Die bestän-

---

28 Da $w^e\check{s}am^ec\hat{u}$ in Num 14,13bα futurische Bedeutung hat, wird der Text häufiger zu $\check{s}am^ec\hat{u}$ korrigiert, da ein zukünftiges Hören Ägyptens als wenig plausibel angesehen wird (vgl. nur G.B. GRAY, Numbers 157). Die Emphase der Aussage von Num 14,13+14* jedoch liegt allem Anschein nach darauf, daß selbst zu den Ägyptern die Kenntnis von der (wunderbaren) Führung des Volkes durch Jahwe in der Wolken- und Feuersäule kommen wird, womit ja nicht ein Einzelvorgang (Meerwunder), sondern ein dauerndes Geschehen in der ganzen Zeit der Wüstenwanderung umschrieben werden soll. Indem in Num 14,13+14* die Führung Jahwes in der Wolken- und Feuersäule zum Inhalt eines zukünftigen Hörens Ägyptens gemacht ist, wird erzählerisch ein Spannungsbogen zum Abschluß der Exodusgeschichte (vgl. Ex 12, 3o* und 33) wie zum Beginn der Wüstenwanderungsgeschichte (Meerwunder) hergestellt.

29 Die tragende Bedeutung der Aussage vom Vorhergehen Jahwes in der Wolken- und Feuersäule Num 14,13+14* im Blick auf den Argumentationsgang der ganzen Mosefürbitte Num 14,13-19* ist durch entsprechende Querverbindungen zwischen den einzelnen Teilen der Rede unterstrichen. So weist im zweiten Redeteil (Num 14,15+16) der an die Nennung der Völker angeschlossene Relativsatz $'^a\check{s}aer$ $\check{s}am^ec\hat{u}$ $'aet$ $\check{s}im^cak\bar{a}$ in Num 14,15bβ auf das im ersten Redeteil Festgestellte zurück. Ebenso ist im dritten Redeteil (Num 14,17aα+19) ein Rückverweis auf Jahwes bisheriges Handeln in Num 14,19b angebracht (vgl. vor allem $mimmiṣrájim$ $w^ec\bar{a}d$-$henn\bar{a}$). Zu beachten ist außerdem die enge Verbindung zwischen den einzelnen Redeteilen, die durch das betonte "dieses Volk" (ha^cam $h\bar{a}zz\bar{a}e$) hergestellt ist (Num 14, 14aß.15a.16a.19a.19b), wobei ein nicht zu übersehender Unterschied zwi-

dige Führung des Volkes durch Jahwe in der Wolken- und Feuersäule ist so
einerseits der Sünde des Volkes gegenübergestellt, wird aber andererseits
in Beziehung gesetzt zum Hereinbringen des Volkes ins Land als Ziel des ganzen Handelns Jahwes [3o].

Erneut an einem Wendepunkt im Ablauf des deuteronomistischen Werkes begegnet das Motiv der Führung Jahwes in Wolke und Feuer in Dtn 1,33 im Rahmen
der großangelegten Abschiedsrede des Mose Dtn 1,1-4,4o[*] unmittelbar vor der
Eroberung des verheißenen Landes. In Dtn 1,19-46 wird rückblendend nochmals
die Geschichte von der Aussendung der Kundschafter aus Num 13/14[*] erzählt.
An der Art, wie die Motivverbindung von Wolke und Feuer dabei in Dtn 1,29-
3o+31b-33 eingeführt ist, wird die gegenüber Num 14,13-19[*] veränderte Perspektive erkennbar:

<table>
<tr><td>Dtn 1,29</td><td>Und ich sprach zu euch:</td></tr>
<tr><td></td><td>Erschreckt nicht
und fürchtet euch nicht vor ihnen!</td></tr>
<tr><td>3o</td><td>Jahwe, euer Gott, der vor euch hergeht,
er wird für euch kämpfen,
genauso wie er mit euch in Ägypten vor
euren Augen getan hat,</td></tr>
<tr><td>31b</td><td>auf dem ganzen Weg,
den ihr gegangen seid,
bis ihr an diesen Ort kamt.</td></tr>
</table>

---

schen der Einführung von *ha^{c}am ha̋zzāe* im ersten Redeteil sowie in den
beiden folgenden Redeteilen zu konstatieren ist. Während im zweiten und
dritten Redeteil *ha^{c}am ha̋zzāe* jeweils als Objekt von Aussagen erscheint,
die ein Handeln Jahwes zum Gegenstand haben, begegnet *ha^{c}am ha̋zzāe* im
ersten Teil der Rede im Rahmen einer nominalen Aussage über Jahwe in der
Verbindung *b^{e}qaeraeb ha^{c}am ha̋zzāe* . Darin kann nochmals ein Hinweis
auf die grundlegende Bedeutung der Aussage des ersten Redeteils im
Gegenüber zu den beiden nachfolgenden Redeteilen gesehen werden.

3o Der Einleitungs- und Schlußteil der Mosefürbitte (Num 14,13+14*/17aα+
    19) treten sich kontrastierend gegenüber (Führung des Volkes durch Jah-
    we / Schuld des Volkes) und bilden so eine Art Rahmen um den im Zentrum
    stehenden Bedingungssatz des zweiten Redeteils (Num 14,15+16), der auch
    stilistisch auf verschiedene Weise hervorgehoben ist (vgl. in diesem
    Zusammenhang nur die gegenüber den beiden Rahmenteilen auffällige
    Breite sowie die Einführung des Zitats). Auf dem Mittelteil wird so
    auch das eigentliche Schwergewicht der ganzen Mosefürbitte liegen. In
    dem dabei herausgestellten Bezug zur Frage nach der Wirkmächtigkeit
    Jahwes wird der aktuelle Fragehorizont greifbar. Der Verweis auf die
    Landgabe läßt die hinter der Aussage von der Führung Jahwes in der
    Wolken- und Feuersäule stehende Zielperspektive erkennen, markiert da-
    rin aber literarisch zugleich den Übergang von der Wüstenwanderungs-
    zur Landnahmetradition.

32   Aber in dieser Sache vertrautet ihr nicht auf
      Jahwe, euren Gott,

33   der vor euch hergeht auf dem Weg,
      um euch einen Ort zum Lagern auszuspähen,
      im Feuer bei Nacht,
      um euch sehen zu lassen auf dem Weg,
      den ihr gehen solltet,
      und in der Wolke bei Tag.

Der in Dtn 1,29-3o+31b-33 vorliegende Erzählzusammenhang von Moserede und nachfolgendem Bericht über die Reaktion des Volkes ersetzt die entsprechende Mosefürbitte in Num 14,13-19* [31], wobei dieser Ersetzung ein um so grösseres Gewicht zuzumessen ist, da beide Texte wohl auf die Hand ein und desselben Verfassers zurückgehen werden [32]. Zu beachten ist in diesem Zusammenhang die parallele Baustruktur von Moserede (Dtn 1,29-3o+31b) und anschließendem Erzählerbericht (Dtn 1,32+33), wobei im jeweils ersten Teil eine Aussage in bezug auf Israel (Aufforderung / Feststellung), im zweiten Teil dagegen eine Aussage über Jahwe gemacht wird (jeweils durch die auf "Jahwe, euer Gott" folgende Wendung "gehend vor euch her" (hăholek lipnêkaem) eingeführt) [33]. Geht die Perspektive der als "Kriegsansprache" stilisierten Moserede aufgrund der in ihr gebrauchten Wendungen auf die zukünftige Landnahme, so reflektiert der Erzählerbericht mit der Feststellung des Unglaubens des Volkes die gegenwärtige Situation [34]. Der begründend bzw. konstrastierend eingeführte Hinweis auf Jahwes Handeln akzentuiert gerade das Moment der

---

31 Vgl. dazu vor allem N. LOHFINK, Bb 41 (196o) 117f.

32 Wird damit gerechnet, daß für Num 14,13-19* und Dtn 1,29-33* die gleiche literarische Schicht anzunehmen ist (vgl. Anm. 15), dann ist die unterschiedliche Perspektive beider Textstücke (Rückblick auf die Wüstenwanderungszeit / Vorblick auf die Landnahme) als ein von Dtr bewußt hergestelltes literarisches Phänomen zu verstehen, das in Zusammenhang mit der Strukturierung des deuteronomistischen Werkes zu sehen ist.

33 Wird das so sich zeigende literarische Strukturprinzip von Dtn 1,29-33* beachtet, dann fehlt jeder Grund, Dtn 1,33 als redaktionelle Bildung zu streichen (vgl. C. STEUERNAGEL, HK III/1, 54 und J.G. PLÖGER, BBB 26, 42). Die genau parallele Abfolge der Aussagen von Dtn 1,29-31* und 32+33 spricht auch dafür, in Dtn 1,29-33* einen geschlossenen Textzusammenhang zu sehen.

34 Die Tatsache, daß in Dtn 1,32+33 im Anschluß an die "Kampfesermutigung" Dtn 1,29-3o+31b der Unglaube angesichts der Führung durch Jahwe bei der Wüstenwanderung so betont in Erinnerung gerufen wird, läßt die nach Dtn 1,26-28 an sich schon grotesk anmutende Kampfesermutigung (vgl. G. BRAULIK, StKK 4, 2o) nur noch grotesker erscheinen (vgl. in diesem Zusammenhang auch die thematische Korrespondenz der Aussagen von Dtn 1,28 ("Zerfließen des Herzens") und 32 (Unglaube)), gibt darin aber zugleich eine grundsätzliche Perspektive an, wodurch die Landnahme von vornherein unter einem negativen Vorzeichen zu sehen ist.

beständigen Führung des Volkes durch Jahwe. Der über Num 14,13-19[*] hinaus-
führende unmittelbare Rückgriff auf die "deuteronomistische" Meerwundererzählung [35] läßt erkennen, daß sich damit der mit der zur Sündenfallgeschichte umstilisierten Meerwundererzählung eröffnete Kreis schließt [36]. Durch
die auf die künftige Landnahme bezogene Ausrichtung der Moserede in Dtn 1,
29-3o+31b wird zugleich auch angezeigt, daß das mangelnde Vertrauen auf
Jahwes Führung das bestimmende Moment der ganzen weiteren Geschichte Israels sein wird [37].

Nach Dtn 1,33 wird das Motiv der Wolken- und Feuersäule nicht mehr verwendet. Die Systematik seines Gebrauchs gerade auch in Dtn 1,29-33[*] läßt erkennen, daß Wolken- und Feuersäule als Medium der Führung Jahwes auf die
Zeit der Wüstenwanderung beschränkt sind [38]. Es handelt sich bei diesem
Motiv um ein planvoll eingesetztes Aussageelement, das sich nur in solchen
sachlichen Zusammenhängen (Wendemarken) findet, die für Struktur und Deutung des dargestellten Geschehensablaufs von entscheidender Bedeutung sind.
Literargeschichtlich sind die entsprechenden Aussagen wohl als Bestandteile
einer jüngeren deuteronomistischen Redaktionsschicht anzusehen [39]. Durch

---

35 Vgl. dazu vor allem N. LOHFINK, Bb 41 (196o) 119f.

36 Durch die redaktionelle Einfügung von Dtn 1,29-33* hat das in Dtn 1,19-
    46 geschilderte Geschehen den Charakter eines "Anti-Exodus" bekommen
    (vgl. dazu vor allem N. LOHFINK, Bb 41, 196o, 12o; W.L. MORAN, Bb 44,
    1963, 333-342; A.N. RADJAWANE, Israel 162). Unter das gleiche Vorzeichen
    tritt bei Dtr möglicherweise aber schon die Meerwundererzählung selbst
    (vgl. nur die Spannung zwischen der in Ex 13,21a+22 betont herausgestell-
    ten beständigen Führung durch Jahwe und der Auflehnung des Volkes in Ex
    14,11*), so daß sie geradezu als eine Anti-Exodusgeschichte verstanden
    werden könnte (das in Ex 14,31b positiv eingeführte Motiv des Glaubens
    an Jahwe ist Element der jehowistischen Tradition und hat auf der Ebene
    der deuteronomistischen Fassung der Erzählung allem Anschein nach keine
    tragende Bedeutung).

37 Vgl. auch N. LOHFINK, Bb 41 (196o) 12o.

38 Die jeweils in Verbindung mit dem Motiv der Wolken- und Feuersäule be-
    gegnende Wendung vom Vorhergehen Jahwes findet dagegen auch noch nach
    Dtn 1,29-33* im Zusammenhang der Landnahmethematik Verwendung (Dtn 31,8;
    vgl. außerdem Dtn 2o,4 und 31,6), wobei die entsprechenden Belege wohl
    gleichfalls als deuteronomistisch zu bezeichnen sind (was nicht notwendi-
    gerweise die Annahme gleicher literarischer Herkunft wie für Dtn 1,33 im-
    pliziert). Im Rahmen der Darstellung des Übergangs über den Jordan wird
    in den wohl auf Dtr zurückgehenden Aussagen Jos 3,11 und 4,11 von einem
    Hinübergehen der "Lade des Bundes Jahwes" vor dem Volk (^{C}br + $lipn\hat{e}$) ge-
    sprochen. Daß zwischen den Aussagen vom Vorhergehen Jahwes und dem Vor-
    herziehen der Lade ein auch literarischer Zusammenhang anzunehmen ist,
    wird nicht zuletzt auch durch die immer wieder beobachtete Rückverweis-
    technik von Dtn 1,33a auf Num 1o,33b nahegelegt (zur literargeschichtli-
    chen Einordnung von Num 1o,33b vgl. den knappen Hinweis bei P. WEIMAR,
    OBO 32, 31 Anm. 32).

den mit Hilfe der Aussagen von Ex 13,21a+22 und Dtn 1,32+33 hergestellten und durch Num 14,14[*] vermittelten großen Rahmen wird die ganze Zeit der Wüstenwanderung unter ein einheitliches Deuteprinzip gestellt, wobei einerseits das Moment der Beständigkeit und Unveränderlichkeit der Führung des Volkes durch Jahwe betont hervorgehoben, ihr aber andererseits das mangelnde Vertrauen des Volkes auf den derart sich zeigenden Jahwe gegenübergestellt wird. Die Wüstenwanderung wird so für den Deuteronomisten zu einem Modell, an dem die die ganze Geschichte Israels bestimmende Grundverfassung sichtbar wird.

4. *Zeit- und geistesgeschichtliche Dimension der deuteronomistischen Bearbeitung der Meerwundererzählung*

Was der deuteronomistische Bearbeiter der Meerwundererzählung mit seiner umfangmäßig zurückhaltenden, theologisch aber grundlegenden Neuinterpretation der jehowistischen Erzählfassung sichtbar machen will, ist die Tatsache, daß die Sündenfallgeschichte Israels nicht irgendwann, sondern gerade im Augenblick der entscheidenden Errettungstat Jahwes am Meer einsetzt, womit zugleich das mangelnde Vertrauen auf Jahwe als das die ganze Geschichte Israels bestimmende Gesetz deklariert ist. Profil gewinnt diese Aussage dabei nicht zuletzt durch das kontrastierend eingefügte Motiv von der Wolken- und Feuersäule, das die Beständigkeit der Führung des Volkes durch Jahwe vergegenwärtigt. In der Spannung dieser beiden Aussagelinien wird die vom Erzähler beabsichtigte Aussage erkennbar. Angesichts der betont eingeführten Thematik des Vorhergehens Jahwes vor seinem Volk in der Wolken- und Feuersäule bekommt das mangelnde Vertrauen des Volkes auf den so sich zeigenden Jahwe geradezu den Charakter der Infragestellung der Wirklichkeit Jahwes [40].

Ein weiterer Akzent wird durch die enge Verbindung gesetzt, in der das Motiv der Wolken- und Feuersäule mit der Landnahmethematik steht (vgl. in diesem Zusammenhang auch die auf die gleiche Hand wie Ex 13,21a+22 zurückgehende

---

39 In welcher Beziehung diese jüngere deuteronomistische Bearbeitungsschicht zu einer der im deuteronomistischen Werk sonst zu beobachtenden Redaktionsschichten steht, kann im vorliegenden Zusammenhang durchaus offen bleiben. Ob die bei P. WEIMAR, OBO 32, 319-331 (331) vorgeschlagene Zuweisung an DtrN das Richtige trifft, bleibt näherhin zu prüfen.

4o Möglicherweise wird die den Erzähler bewegende Frage in den beiden auf Dtr zurückgehenden bzw. durch ihn neu interpretierten Aussagen Ex 32,1b und 4b (vgl. dazu Anm. 21 und 22) greifbar, insofern sich in ihnen die für Israel grundlegende Erfahrung der Ferne und Machtlosigkeit Jahwes ausspricht.

Aussage von Ex 3,8* und 17) [41]. Angesichts des durch das Exil eingetretenen Landverlusts ist der Besitz des (verheißenen) Landes die Adressaten wie Verfasser gleichermaßen elementar bewegende Frage [42]. Mit der exilischen Notsituation hängt es wohl auch zusammen, daß für Dtr der Zeit der Wüstenwanderung, zu der die Meerwundererzählung den programmatischen Auftakt bildet, ein so großes Gewicht zukommt, weil darin die innere Situation Israels in der Zeit des Exils modellhaft gedeutet werden kann.

---

41 Zur Qualifizierung von Ex 3,8* und 17 als deuteronomistisch vgl. zuletzt wieder P. WEIMAR, OBO 32, 319-329.

42 Zur Landtheologie bei Dtn/Dtr vgl. in diesem Zusammenhang nur P. DIEPOLD, BWANT V/15 (dort ältere Literatur) und L. PERLITT, Land 46-58.

KAPITEL VIII

Meerwunder als Verherrlichung Jahwes

Die priesterschriftliche Meerwundererzählung

Die zweite selbständige Fassung der Meerwundererzählung wird meist als "priesterschriftlich" qualifiziert [1], obschon die Annahme eines priester- schriftlichen Anteils an der Meerwundererzählung nicht unbestritten ist [2]. Die Erzählung hat dabei die folgende Gestalt gehabt:

> (1) Und Jahwe redete zu Mose, sprechend:
>
>> (2) Rede zu den Söhnen Israels,
>> daß sie umkehren und sich lagern vor Pi-Hahirot zwischen Migdol und dem Meer.
>> (4) Und ich werde stark machen das Herz des Pharao,
>> und er wird ihnen nachsetzen.
>> Und ich will mich verherrlichen am Pharao und an seiner ganzen Macht,
>> und die Ägypter werden erkennen, daß ich Jahwe bin.
>
> Und sie taten so.

---

1 Die seit J. WELLHAUSEN, Prolegomena (vor allem 7.359; vgl. auch ThB 27, 99f) übliche Kennzeichnung des Werkes als "Priestercodex" bzw. "Priester- schrift", aber auch sein Urteil darüber sind bis heute weitgehend gültig geblieben, auch wenn sich seitdem die literargeschichtlichen Vorausset- zungen, die zur Kennzeichnung des Werkes als "Priesterschrift" geführt haben, nicht unerheblich verändert haben (zur Differenzierung der klas- sischen Betrachtungsweise durch die neuere Forschung vgl. vor allem die Übersicht bei N. LOHFINK, VTS 29, 189-197). M.E. ist die eingebürgerte Bezeichnung "Priesterschrift" zumindest im Blick auf die zugrundeliegen- de Geschichtserzählung (Pg) nicht sonderlich glücklich, da sich hier - im Gegensatz zu den sekundär hinzugekommenen legislativen Materialien (PS) - ein spezifisch priesterliches Interesse nicht beobachten läßt (zur Unterscheidung von Pg und PS vgl. M. NOTH, ÜP 17-19 und 259-267 so- wie K. ELLIGER, ThB 32, 174-198).

(8) Und Jahwe machte stark das Herz des Pharao,
und er setzte den Söhnen Israels nach,
während die Söhne Israels mit erhobener Hand auszogen.
(1o) Und als der Pharao nahe herangekommen war,
da schrieen die Söhne Israels zu Jahwe.

----

(15) Und Jahwe sprach zu Mose:

Rede zu den Söhnen Israels,
daß sie aufbrechen!
(16) Du aber erhebe deinen Stab
und strecke deine Hand aus über das Meer
und spalte es,
daß die Söhne Israels inmitten des Meeres hineinkommen auf trockenem Boden.
(17) Ich aber, siehe, ich mache stark das Herz der
Ägypter,
daß sie hinter ihnen hineinkommen.
Und ich will mich verherrlichen am Pharao und an seiner
ganzen Macht,
(18) und die Ägypter werden erkennen, daß ich Jahwe bin.

(21) Und Mose streckte seine Hand aus über das Meer,
und die Wasser spalteten sich.

---

2 Schon J. WELLHAUSEN, Composition 76 konstatierte: "Mit Sicherheit ist
   aus Q (P) ausser 13,2o nur abzuleiten: 14,1.2.v.4: $wj^c\acute{s}w\ kn$, v.8b.9 (mit
   Ausn. der $^cl\text{-}hjm$ und $^cl\ pj\ h\d{h}jrt$ trennenden Worte), v.1o: $wj\d{s}^cqw\ b'\ j'$
   $'l\text{-}jj$, v.16 (mit Ausn. von $mh\ ts^cq\ 'lj$). Von da ab verliert sich die
   Spur dieser Quelle (v.28?). Das, was man sonst noch dazu gerechnet hat,
   aus ihr abzuleiten, dazu ist man darum gekommen, weil man immer nur von
   der Entgegensetzung zweier Quellen ausging". Ähnlich urteilt R. SMEND,
   Erzählung 143: "Sichere Spuren des P kann ich nirgendwo in der Erzählung
   entdecken, wohl aber finden sich deutlich Kennzeichen der jüngsten Bearbeitung, die abgesehen von v 8aα in v 4 $w'kbdh\ bpr^ch\ wbkl\ hjlw$, in v 8 [!]
   $wkl\ sws\ rkb\ pr^ch\ wpr\acute{s}jw\ whjlw$ (und ähnlich mehrmals), sowie in v 17 18
   fühlbar ist". Für O. EISSFELDT, HS 36.133*-137* ist P - trotz der Nähe
   mehrerer Wendungen zu P - nicht an der Meerwundererzählung beteiligt,
   wobei die traditionell P zugerechneten Teile der Erzählung entweder L
   (so für Ex 14,1-2a+3-4 und 15+16aα*) oder E (so für Ex 14,16*-18.21aα.
   21b.22-23.26.27aα*.28a.29) zugerechnet werden. In ähnlicher Weise entscheidet auch G. FOHRER, BZAW 91, 98.124f, der wegen Ex 12,4o-42a
   eine Beteiligung von P an der Meerwundererzählung überhaupt ausschließt.
   In diesem Zusammenhang verdient ebenfalls G. BEER 73-79 Erwähnung, der
   zwar mit einem stark reduzierten Anteil von P rechnet (nur Ex 13,2o?;
   14,4aßb.17.18; diese Textelemente werden bei SMEND, EISSFELDT und FOHRER
   als jüngere redaktionelle Zusätze verstanden), sonst aber die traditionellen P-Anteile an der Erzählung ähnlich wie die anderen Autoren auf J[1]
   und E verteilt. - Die in diesem Zusammenhang gegen eine Beteiligung von
   P[g] an der Meerwundererzählung vorgebrachten Gründe werden m.E. im allgemeinen zu wenig beachtet. Selbst wenn sich eine Reihe der Beobachtungen
   als nicht schlüssig erweist und sich auch eine Nichtbeteiligung von P[g]
   an der Meerwundererzählung nicht plausibel machen läßt, so verdient doch
   nachdrücklich die Zuweisung der traditionell P[g] innerhalb der Meerwundererzählung zugerechneten Textelemente ab Ex 14,15 zu E Beachtung. Die in dieser Zuweisung zu E sich ausdrückende Distanz zu Sprache
   und Konzeption von P[g] läßt sich nicht einfach überspielen, auch wenn die
   Lösung des Problemes m.E. in einer anderen Richtung als bei den genannten
   Autoren zu suchen ist (dazu s.u. zu 2).

(22) Und die Söhne Israels kamen inmitten des Meeres hinein auf
trockenem Boden,
und die Wasser waren ihnen eine Mauer zur Rechten und zur Linken.

---

(23) Und die Ägypter setzten nach
und kamen hinter ihnen her mitten ins Meer.

---

(26) Und Jahwe sprach zu Mose:

>   Strecke deine Hand aus über das Meer,
>   daß die Wasser über die Ägypter zurückkehren.

(27) Und Mose streckte seine Hand aus über das Meer.

---

(28) Und die Wasser kehrten zurück
und bedeckten die Streitwagen und Reiter der ganzen Macht des
Pharao,
die hinter ihnen hineingekommen waren im Meer.

(29) Aber die Söhne Israels waren gegangen auf trockenem Boden inmitten des Meeres,
und die Wasser waren ihnen eine Mauer zur Rechten und zur Linken.

1. *Literarische Charakteristik der Erzählung*

Bestimmend für die Erzählung ist der Wechsel von Jahwerede und Erzählung,
wobei die erzählenden Teile sich eng an die jeweils vorangehende Jahwerede
anschließen, was an den wörtlichen Entsprechungen zwischen Jahwerede und
Durchführungsbericht erkennbar wird. Dieser Mechanismus der Erzählung wiederholt sich innerhalb der Meerwundererzählung dreimal, ohne daß er im einzelnen uniformistisch gehandhabt würde [3], wobei die zu beobachtenden Differenzen zum Teil wenigstens durch den jeweiligen Erzählzusammenhang bedingt
sind [4]. Ein der dreimaligen Abfolge von Jahwerede und Durchführungsbericht
zugrundeliegendes gemeinsames Grundschema kann nicht konstatiert werden [5].
Dafür sind die Unterschiede im einzelnen zu groß. Am prägnantesten ist die
literarische Eigenart im dritten Erzählgang (Ex 14,26abα // 27aα+28a) greif-

---

3 Vgl. dazu vor allem H.-Chr. SCHMITT, Meerwundererzählung 145-147, der
   jedoch im Sinne der Gleichartigkeit der Strukturelemente der drei Er-
   zählzyklen zu schematisch verfährt, die bestehenden Unterschiede dabei
   aber zu wenig berücksichtigt.

4 Das gilt z.B. etwa für die als Abschluß der ersten und zweiten Jahwerede
   (Ex 14,4aß/17bα+18a) begegnende, in der dritten Jahwerede (Ex 14,26*)
   dagegen fehlende Motivverknüpfung von Verherrlichung Jahwes und Jahwe-
   erkenntnis durch die Ägypter oder von dem in der ersten Jahwerede (Ex
   14,2a) fehlenden, in der zweiten und dritten Jahwerede (Ex 14,16/26*)
   vorkommenden Befehl an Mose zum Ausstrecken von Hand/Stab mit Angabe
   der entsprechenden Wirkung.

5 Gegen H.-Chr. SCHMITT, Meerwundererzählung 145f.

bar. Die Zweigliedrigkeit der Jahwerede (Befehl an Mose zum Ausstrecken der Hand + Angabe der Wirkung) hat eine nahezu wörtliche Entsprechung im korrespondierenden Durchführungsbericht (Ausstrecken der Hand + Eintreten der Wirkung). Auf diese Weise soll mit Nachdruck einerseits der unfehlbare wirkmächtige Charakter des Handelns des Mose sowie andererseits der unfehlbare Zusammenhang von Rede Jahwes und tatsächlichem Geschehen hervorgehoben werden. Der für den dritten Erzählgang charakteristische Zusammenhang der strukturbestimmenden Elemente findet sich in den vorangehenden beiden Erzählgängen in dieser Form nicht. Im zweiten Erzählgang (Ex 14,15-18* // 21aαb+22-23*) begegnen sie zwar gleichfalls, sind dort aber eingebunden in einen umfassenderen Zusammenhang anderer Strukturelemente. Im ersten Erzählgang (Ex 14,1-4a* // 4b+8-1o*) fehlen beide Strukturelemente überhaupt. Demgegenüber sind der erste und zweite Erzählgang durch eine Reihe Gemeinsamkeiten struktureller Art verbunden, wodurch sie sich als eng zusammengehörig erweisen [6].

Im ersten und zweiten Erzählgang ist zudem die Korrespondenz zwischen Jahwerede und zugehörigem Durchführungsbericht wesentlich lockerer als im dritten Erzählgang. Abgesehen davon, daß die die erste und zweite Jahwerede abschließende Zielangabe (Verherrlichung Jahwes) mit daran angeschlossener Ansage der Folge (Erkenntnis Jahwes durch die Ägypter) im Durchführungsbericht keine Entsprechung hat [7], ist vor allem die Tatsache zu beachten, daß die an Mose und/bzw. an die Israel-Söhne gerichteten Befehle im Durchführungsbericht nur partiell aufgenommen sind. Im ersten Erzählgang wird auf den durch Mose an die Israel-Söhne zu übermittelnden Befehl zur Umkehr (Ex 14,2a) nur mit Hilfe der allgemeinen (eingliedrigen) Ausführungsformel Bezug genommen [8]. Im zweiten Erzählgang stehen in der Jahwerede zwei Be-

---

6 Obschon die zu beachtenden Differenzen z.T. durch den erzählerischen Zusammenhang bedingt sind (vgl. Anm. 4), erklärt sich von daher allein nicht die Sonderstellung der dritten und die Korrespondenz der ersten und zweiten Jahwerede zueinander. Vielmehr lassen gerade auch die strukturellen Gemeinsamkeiten der ersten und zweiten Jahwerede (Ex 14,1-2a+4a und 15-18a*) darauf schließen, daß zwischen diesen beiden Jahwereden – und damit das Gegenüber zur dritten Jahwerede (Ex 14,26*) noch unterstreichend – bewußt ein Entsprechungsverhältnis hergestellt werden sollte. Ob diese Differenzen im Blick auf die Komposition der Meerwundererzählung auch strukturell bedeutsam sind, läßt sich von hier aus allein nicht entscheiden.

7 Eine zur Ansage von Ziel und Folge in der Jahwerede korrespondierende Angabe im Durchführungsbericht ist auch von vornherein nicht zu erwarten. H.-Chr. SCHMITT, Meerwundererzählung 145f sieht die beiden Zielangaben Ex 14,4aß und 17bα+18a nicht als eigene strukturbildende Elemente an, sondern verbindet sie mit der jeweils unmittelbar voraufgehenden Ankündigung des zukünftigen Geschehens durch Jahwe (Ex 14,4aα und 17a). Nur unter dieser Voraussetzung läßt sich aber eine dreimal in gleicher Weise ablaufende viertaktige Erzählfolge konstruieren.

fehle nebeneinander, zum einen der zu Ex 14,2a korrespondierende Auftrag an Mose zur Weitergabe eines Befehls an die Israel-Söhne (Ex 14,15b) sowie zum anderen der Befehl an Mose zum Erheben des Stabes und zum Ausstrecken der Hand (mit Angabe der Wirkung) (Ex 14,16a), wobei im entsprechenden Durchführungsbericht jedoch nur der zweite Befehl aufgenommen ist (Ex 14,21aαb). Von daher entsteht der Eindruck, daß der für den dritten Erzählgang bestimmende Zusammenhang von Befehl und daraus folgender Wirkung zwischen Jahwerede und Durchführungsbericht für den ersten und zweiten Erzählgang nicht maßgebend ist. Dafür tritt hier ein anderer Zusammenhang in den Vordergrund. In beiden Fällen folgt innerhalb der Jahwerede auf den an Mose gerichteten Befehl eine Ankündigung des Handelns Jahwes (Stärkung des Herzens des Pharao) mit Angabe der daraus resultierenden Folge/Wirkung (Tun der Ägypter) (Ex 14,4aα/17a) [9]. Im ersten Erzählgang ist die entsprechende Ankündigung im zugehörigen Durchführungsbericht präzis aufgenommen (Ex 14,8a*), während im zweiten Erzählgang nur die aus der Herzensstärkung sich ergebende Wirkung mitgeteilt ist (Ex 14,23*).

Trotz des dreimal innerhalb der priesterschriftlichen Meerwundererzählung vorkommenden Erzählmechanismus von Jahwerede und Durchführungsbericht kann darin nicht das durchgehende Strukturmuster der ganzen Erzählung gesehen werden. In diesem Falle wäre eine gleichartigere Abfolge der drei Erzählzusammenhänge zu erwarten gewesen, was aber nicht der Fall ist. Weitere Beobachtungen sprechen gleichfalls gegen eine solche Annahme. Das (bereinigte) Strukturmuster der ersten und zweiten Jahwerede mit seinem dreiteiligen Aufbau (Befehl an Mose - Ankündigung des Handelns Jahwes + Angabe der Folge/

---

8 Das ist um so auffälliger, als sonst jeweils die Ausführung des Jahweauftrags in enger Anlehnung an diesen mitgeteilt ist (Ex 14,16a//21aα und 26aß//27aα). Außerdem ist in den beiden Ausführungsnotizen Ex 14, 21aα und 27aα Mose Subjekt der Aussage, während es in Ex 14,4b die Israel-Söhne sind. Die Sonderstellung von Ex 14,4b wird auch daran erkennbar, daß im Ausführungsbericht zur zweiten Jahwerede - trotz der formalen und thematischen Korrespondenz der Beauftragung des Mose zur Übermittlung eines Befehls an die Israel-Söhne durch Jahwe in Ex 14,2aα und 15b - eine Ex 14,4b entsprechende Ausführungsnotiz fehlt. Diese Differenz läßt sich schwerlich allein durch den literarischen Zusammenhang erklären.

9 Die Ankündigung des Handelns Jahwes mit Angabe der daraus resultierenden Wirkung in Ex 14,17a ist - analog zu Ex 14,4aα - als eigenes strukturbildendes Element zu verstehen (vgl. nur den betonten Neueinsatz durch wă'anî). Sie kann so auch nicht unmittelbar mit der ihrerseits wiederum mit Ex 14,16a zusammenhängenden Ansage der Wirkung in Ex 14,16b verbunden werden (vgl. H.-Chr. SCHMITT, Meerwundererzählung 145f).

Wirkung - Ansage des Ziels des Handelns Jahwes + Angabe der Folge) [10] hebt diese beiden Jahwereden strukturell von der dritten Jahwerede ab und verbindet sie eng miteinander. In diese Richtung weist eine weitere Beobachtung. In Ex 14,22 und 29 liegen zwei einander entsprechende (und in der zweiten Hälfte auch wörtlich übereinstimmende) Aussagen vor, die im wesentlichen nur durch den Zeitaspekt (Erzählgegenwart / Vorvergangenheit) gegeneinander abgehoben sind [11]. Die Korrespondenz der beiden Aussagen von Ex 14,22 und 29 läßt auf eine strukturbildende Funktion schließen, zumal die zweite Aussage zum Erzählfortschritt nicht beiträgt [12]. Diese Vermutung findet eine

---

10 Unschwer zu erkennen ist das dreigeteilte Strukturmuster in Ex 14,1-2a+ 4a. Die drei Teile der Jahwerede sind syntaktisch deutlich gegeneinander abgegrenzt und überdies strukturell durchaus gleichartig gebaut (zweiteilig), wobei das jeweils zweite Aussageelement den Inhalt des Auftrags bzw. die Angabe der Folge enthält. Dieses dreiteilige an Ex 14,1-2a+4a beobachtbare Strukturmuster liegt aber auch der Jahwerede Ex 14,15-18a* zugrunde. Gegeneinander abgehoben sind zunächst der zweite und dritte Redeteil (Ex 14,17a und 17bα+18a), wobei sich für beide Teile die von Ex 14,1-2a+4a her bekannte Zweigliedrigkeit beobachten läßt. Komplexer ist dagegen die Struktur des ersten Redeteils (Ex 14, 15b+16), was auf der Verdopplung des an Mose gerichteten Befehls (Redeauftrag Ex 14,15b / Tatauftrag Ex 14,16), jeweils verbunden mit der Angabe des Inhalts des Aufgetragenen bzw. der Wirkung, beruht. Die Zusammengehörigkeit beider Elemente in Ex 14,15b und 16 ist durch das betonte *we'attā* zu Beginn von Ex 14,16a angezeigt, was nach dem gleichfalls an Mose gerichteten Befehl Ex 14,15b eigentlich überflüssig wäre. Der komplexe Charakter des ersten Teils der Jahwerede Ex 14,15-18a* ist dabei weniger als strukturelles, sondern wahrscheinlich als entstehungsgeschichtliches Problem anzusehen (vgl. zu 2).

11 Neben der inversionsbedingten Umstellung von *wǎjjabo'û benê jiśra'el* Ex 14,22a in *ûbenê jiśra'el halekû* Ex 14,29a ist außerdem noch die Umstellung von *betôk hǎjjam* und *bǎjjǎbbašā* zu beachten, wodurch gleichzeitig eine Akzentverlagerung bedingt ist, insofern in Ex 14,22a der Ton auf dem Hineingehen "inmitten des Meeres" liegt, während in Ex 14, 29a gerade das Moment des Gehens "auf trockenem Boden" im Vordergrund steht. Damit hängt sodann auch die Ersetzung von *bw'* durch *hlk* zusammen. In Ex 14,22a steht entsprechend der Ankündigung Ex 14,16b der Aspekt des Hineingehens (Ziel) im Vordergrund, in Ex 14,29 dagegen - im Rückblick auf das vorangehend geschilderte Geschehen - einfachhin der Aspekt des Hindurchgehens (vgl. auch B. BAENTSCH 127; B. JACOB 589). Die Differenzen zwischen Ex 14,22a und 29a sind somit sachlich bedingt und nicht als Hinweis auf verschiedene Verfasser zu verstehen (so etwa A. JÜLICHER, JpTh 8, 1882, 123).

12 Die Verkennung der erzählerischen Funktion von Ex 14,29 hat - zu Unrecht - häufig dazu geführt, den Vers als einen glossenhaften Zusatz zu verstehen (vgl. etwa A. DILLMANN 167 [vielleicht aus Ex 15,19b]; H. HOLZINGER XVII.44 [vielleicht]; B. BAENTSCH 127 (R^P?); A.H. McNEILE 87; H. GRESSMANN, FRLANT 18, 110; W. FUSS, BZAW 126, 323). Da die Unterschiede zwischen Ex 14,22 und 29 sachlich bedingt sind (vgl. Anm. 11), liegt es nahe, in den beiden Versen strukturbildende Elemente zu sehen.

Stütze aufgrund der nominalen Aussage von Ex 14,22b. Während die erzählerische Aussage von Ex 14,22a wörtlich die Jahwerede in Ex 14,16b aufnimmt,
hat die nominale Aussage von Ex 14,22b keine derartige Entsprechung innerhalb der Jahwerede. Überdies unterbricht Ex 14,22b geradezu den Zusammenhang des sich an die Jahwerede anlehnenden Durchführungsberichtes [13]. Der
mit der Jahwerede eröffnete Erzählmechanismus will somit nicht den ganzen
Durchführungsbericht umfassen, sondern reicht nur bis Ex 14,22.

Die priesterschriftliche Meerwundererzählung gliedert sich demnach nicht in
drei genau gleich ablaufende Erzählgänge, sondern in zwei Erzählteile, die
durch verwandte Schlußwendungen abgeschlossen sind (Ex 14,22 und 29) [14].
Das Meerwundergeschehen wird so in zwei parallelen, thematisch gegeneinander abgehobenen Erzählgängen entfaltet, von denen der erste die Errettung
der Israel-Söhne, der zweite dagegen die Vernichtung der Ägypter erzählt [15].
Ist die priesterschriftliche Meerwundererzählung als eine zweiteilige Komposition zu verstehen, dann stellt sich aber das Problem des Funktionierens
der Erzählung innerhalb der beiden Erzählteile. Deutliche Hinweise ergeben
sich vom ersten Teil der Erzählung her. Die enge Verwandtschaft von Struktur und Thematik der beiden Jahwereden Ex 14,1-2a+4a und 15-18a* weist auf
ein auch kompositorisches Entsprechungsverhältnis hin. Ein weiteres Kriterium ergibt sich von Ex 14,22 her, insofern hierdurch der Zusammenhang von
Ankündigung eines zukünftigen Geschehens durch Jahwe und Feststellung der
Erfüllung des Angekündigten aufgelöst erscheint [16]. Nur die unmittelbare

13 Wäre Ex 14,22+23* als geschlossener, den Ankündigungen in Ex 14,16b und
    17aß korrespondierender Ausführungsbericht zu verstehen, dann käme die
    nominale Aussage in Ex 14,22b, zumal sie keine Entsprechung in der voran-
    gehenden Jahwerede hat, zumindest überraschend. Da sie erzählerisch
    durchaus entbehrt werden könnte, ist um so zwingender nach dem Grund der
    Einfügung zwischen Ex 14,22a und 23* zu fragen. Hierbei ist der nominale
    Charakter der Aussage von Ex 14,22b zu beachten, wodurch eine Unterbre-
    chung des Erzählflusses bewirkt wird. Wird überdies die abschließende
    Funktion des mit Ex 14,22b wörtlich übereinstimmenden Halbverses Ex 14,
    29b mitbedacht, dann legt sich auch im Blick auf Ex 14,22 die Annahme
    nahe, daß dadurch innerhalb der Erzählung ein Einschnitt markiert wer-
    den soll.

14 Gegen H.-Chr. SCHMITT, Meerwundererzählung 145f, der die erzähltechni-
    sche Funktion der korrespondierenden Aussagen von Ex 14,22 und 29 nicht
    beachtet.

15 Die durch Ex 14,22 und 29 bewirkte Zweiteilung entspricht so durchaus
    der thematischen Struktur der Erzählung. Unter dieser Voraussetzung
    wird sodann auch die enge strukturelle wie thematische Verwandtschaft
    der beiden Jahwereden Ex 14,1-2a+4a und 15-18a* sowie die Sonderstel-
    lung der dritten Jahwerede Ex 14,26abα verständlich.

Ausführung des Jahwebefehls an Mose ist mit der vorangehenden Jahwerede selbst zu verbinden. Unter dieser Voraussetzung ist dann aber ebenfalls nur die Ausführungsformel Ex 14,4b mit der vorangehenden Jahwerede Ex 14,1-2a+4a in unmittelbarem Zusammenhang zu sehen, während der Erfüllungsbericht in Ex 14,8-1o* davon abzusetzen ist. Für den geschlossenen und eigenständigen Charakter des Erfüllungsberichtes Ex 14,8-1o* spricht auch die in ihm erkennbare Erzählbewegung, die von Jahwe ausgeht und - vermittelt über mehrere Stationen - wieder auf Jahwe zuläuft (Jahwe - Pharao - Israel-Söhne - Jahwe) [17]. Dann aber ist für den ersten Teil der Meerwundererzählung eine dreiteilige Struktur anzunehmen, wobei die beiden Jahwereden mit zugehörigem Ausführungsbericht um ein im Zentrum stehendes Erzählstück gruppiert sind.

Entsprechende Beobachtungen lassen sich für den zweiten Teil der Meerwundererzählung machen, nur daß hier die literarischen Verhältnisse sich umgekehrt wie im ersten Teil darstellen. Im Zentrum steht die Jahwerede Ex 14,26abα

---

16 Zwar kann vom unmittelbaren Textzusammenhang her Ex 14,22a als Erfüllung des in Ex 14,16b angekündigten Geschehens verstanden werden. Da aber Ex 14,22a nicht von der einen erzählerischen Einschnitt markierenden Aussage Ex 14,22b zu trennen ist und da Ex 14,22 außerdem mit der aus dem erzählerischen Duktus herausfallenden Aussage Ex 14,29 in engem Zusammenhang steht, überwiegt im Blick auf die Gesamtkomposition der priesterschriftlichen Meerwundererzählung die mit Ex 14,29 korrespondierende erzählgliedernde Funktion von Ex 14,22, so daß der Vers wie Ex 14,29 gewissermaßen gleichfalls aus dem Erzählduktus herausgelöst erscheint. Das dennoch bleibende Problem, daß Ex 14,22a die Erfüllung des in Ex 14,16b Angesagten konstatiert, läßt sich aufgrund des vorliegenden Erzählzusammenhangs allein auch nicht wirklich lösen. Eine Lösung muß von einer anderen Seite her kommen. Hier wäre die entstehungsgeschichtliche Problematik der priesterschriftlichen Meerwundererzählung mitzubedenken (vgl. schon Anm. 1o).

17 Der Erzählabschnitt Ex 14,8*+1o* erweist sich als ein sorgfältig durchkonstruiertes literarisches Gebilde. Die Aussage von Ex 14,8a* nimmt Ex 14,4aα auf. Die Erzählbewegung wird an den genannten Personen (Jahwe, Pharao, Israel-Söhne) erkennbar, wobei die Handlung von Jahwe ausgeht ("das Herz stark machen"), über den Pharao verläuft ("nachsetzen") und sein Ziel in den Israel-Söhnen erreicht ("mit erhobener Hand ausziehen"). Der Aussage von Ex 14,8a* entspricht gewissermaßen spiegelbildlich die Aussage von Ex 14,1oabß, wobei dem Nachsetzen der Israel-Söhne (Ex 14,8aß) das Herannahen des Pharao (Ex 14,1oa) und der Verhärtung des Herzens des Pharao durch Jahwe (Ex 14,8aα*) das Schreien der Israel-Söhne zu Jahwe (Ex 14,1obß) entspricht. In Ex 14,1o* geht die Handlung vom Pharao ("herangekommen sein") aus, läuft über die Israel-Söhne ("schreien") und erreicht das Ziel wiederum bei Jahwe. Präzis im Zentrum der beiden gegenläufigen Aussagereihen Ex 14,8a* und 1oabß steht die als Begleithandlung eingeführte Aussage von Ex 14,8b ("als die Söhne Israels mit erhobener Hand auszogen"). Das Thema des "Auszuges" erscheint damit betont als Mitte des kurzen Erzählabschnittes. Außerdem wird durch die rahmenden Aussagen die innere Bezogenheit der ganzen Geschehenskette auf Jahwe hin herausgestellt (Jahwe - Pharao - Israel-Söhne // Pharao - Israel-Söhne - Jahwe).

172

mitsamt dem damit zu verbindenden Ausführungsbericht Ex 14,27aα. Davon abzutrennen ist einerseits das thematisch mit der zweiten Jahwerede (Ex 14,
17aß) zusammenhängende Erzählstück Ex 14,23* sowie andererseits das die Ansage der Wirkung in der dritten Jahwerede (Ex 14,26bα) aufnehmende Erzählstück Ex 14,28a [18]. Die beiden Erzählstücke Ex 14,23* und 28a entsprechen
sich formal (jeweils zweiteilig) wie thematisch (Hineinkommen der Ägypter
hinter den Israel-Söhnen ins Meer / Untergang der hineingekommenen Ägypter
durch die Wasser des Meeres), was zusätzlich durch Stichwortentsprechungen
hervorgehoben wird (*"und sie kamen hinter ihnen hinein* mitten ins *Meer"* /
"die hinter ihnen hineingekommen waren im *Meer"*). Damit läßt auch der zweite Teil der Meerwundererzählung eine dreiteilige Struktur erkennen. Die jeweiligen Schlußaussagen in Ex 14,22 und 29 sind für sich zu stellen, gehören somit nicht in das dreiteilige Kompositionsschema der beiden Erzählteile
hinein, sondern fassen das vorangehend Erzählte nochmals knapp zusammen [19].
Schwierigkeiten bereitet nur der Beginn der Erzählung. Sie kann kaum so unvermittelt mit der Jahwerede Ex 14,1-2a+4a begonnen haben. Vorausgesetzt
ist vielmehr eine erzählerische Einleitung [2o]. Als solche ist Ex 12,41 anzusehen [21].

---

18 Entsprechend den Vorgaben des ersten Teils der Erzählung, wonach nur die
    unmittelbar auf den entsprechenden Jahweauftrag bezugnehmende Ausfüh-
    rungsnotiz mit der vorangehenden Jahwerede zu verbinden ist (Ex 14,4b
    und 21aαb), während das Eintreten des dort angesagten Geschehens struk-
    turell von der Jahwerede abzutrennen ist (Ex 14,8*+1oabß und 22(23)),
    ist die gleiche literarische Technik auch für den zweiten Erzählteil
    anzunehmen, so daß die Ausführungsnotiz Ex 14,27aα mit der Jahwerede
    Ex 14,26abα zu verbinden ist, wohingegen die Erfüllungsnotiz Ex 14,28a
    einen eigenen Erzählabschnitt bildet. Die Abtrennung von Ex 14,28a ge-
    genüber Ex 14,27aα wird aber auch dadurch nahegelegt, daß der Erfüllungs-
    bericht Ex 14,28a über die entsprechende Ankündigung Ex 14,26bα hinaus-
    führt (vgl. auch Ex 14,23*).

19 Unzweifelhaft gilt das zunächst für die aus der Zeitstruktur der Erzäh-
    lung herausfallende Aussage Ex 14,29, ist aber aufgrund der Korrespon-
    denz von Ex 14,22 zu 14,29 auch dafür anzunehmen (vgl. auch Anm. 16).

2o Die entsprechende Einleitung zur priesterschriftlichen Meerwundererzäh-
    lung wird häufig in Ex 13,2o gesehen (so schon Th. NÖLDEKE, Untersu-
    chungen 44f.144 und zuletzt wieder N. LOHFINK, VTS 29, 198 Anm. 29.2o4f).
    Doch ist Ex 13,2o als ein nachpriesterschriftlicher redaktioneller Zu-
    satz aus der Hand von R^P zu sehen (dazu s.u.).

21 Ex 12,41 ist die letzte, sicher P^g zuzuweisende Aussage vor Ex 14,1
    (vgl. die reduzierten Textabgrenzungen von P^g bei M. NOTH, ÜP 18, K.
    ELLIGER, ThB 32, 174 und P. WEIMAR, BN 23, 1984, 85 Anm. 18). Nach der
    in Verbindung mit Ex 12,28 als Abschluß des ersten Teils der priester-
    schriftlichen Exodusgeschichte dienenden Aussage Ex 12,4o stellt die
    eng mit Ex 12,4o verknüpfte Aussage von Ex 12,41 einen erzählerischen
    Neueinsatz dar (zur eingehenden Diskussion vgl. P. WEIMAR, fzb 9, 222-
    225). Als Neueinsatz im Erzählablauf ist Ex 12,41 dabei mit der ihr un-

Die priesterschriftliche Meerwundererzählung zeigt demnach die folgende Kompositionsstruktur:

EXPOSITION (Ex 12,41)

TEIL I (Ex 14,1-22*):

> 1. Rede Jahwes an Mose (Ex 14,1-2a+4a)
>   + Ausführungsformel (Ex 14,4b)
> 2. *Erzählung* (Ex 14,8*+1oabß)
> 3. Rede Jahwes an Mose (Ex 14,15aαb.16.17abα.18a)
>   + Ausführungsbericht (Ex 14,21aαb)

Zusammenfassende Aussage (Ex 14,22)

TEIL II (Ex 14,23-29*):

> 1. Erzählung (Ex 14,23*)
> 2. *Rede Jahwes an Mose* (Ex 14,26abα)
>   + *Ausführungsbericht* (Ex 14,27aα)
> 3. Erzählung (Ex 14,28a)

Zusammenfassende Aussage (Ex 14,29)

Die priesterschriftliche Meerwundererzählung läßt so eine streng symmetrische Struktur erkennen. Von den formalen Gestaltungsprinzipien her entsprechen sich die beiden Teile der Erzählung genau, wobei das Nebeneinander längerer und kürzerer Erzählteile priesterschriftlichem Erzählstil entspricht [22]. Durch die parallelen Schlußaussagen in Ex 14,22 und 29 werden die beiden Erzählteile auch ausdrücklich parallelisiert. In ihnen wird jeweils die gleiche Thematik, wenn auch unter einem anderen Aspekt verhandelt. Im ersten Teil der Erzählung steht die Errettung der Israel-Söhne im Vordergrund, im zweiten Teil dagegen die Vernichtung der Ägypter. Der thematische Zusammenhang ist durch die als Exposition dienende Aussage Ex 12,41 angegeben, wodurch das Meerwundergeschehen als der eigentliche Auszug aus Ägypten stilisiert erscheint. Das Schwergewicht der Meerwundererzählung liegt, was al-

---

mittelbar nachfolgenden Meerwundererzählung zu verbinden und als deren Einleitung zu verstehen. Dadurch daß in Ex 12,41 das Faktum des Auszugs aus Ägypten konstatiert wird, ist in der erzählerischen Konstruktion von Pg das Meerwunder zum einen zu einem Geschehen beim Exodus sowie zum anderen zum Abschluß und Höhepunkt der ganzen priesterschriftlichen Exodusgeschichte gemacht worden. Der Zusammenhang von Meerwunder und Exodus ist vom priesterschriftlichen Erzähler noch durch eine Reihe von Stichwortentsprechungen herausgestellt (dazu s.u.).

22 Das Nebeneinander von längeren und kürzeren Erzählteilen erweist sich als ein durchgehendes Prinzip der Verbindung und Zuordnung der einzelnen Teile bzw. Abschnitte innerhalb der Konstruktion der priesterschriftlichen Geschichtsdarstellung, worin aber nicht nur ein literarisches Strukturprinzip, sondern zugleich ein Mittel, auch theologische Akzente zu setzen, zu sehen ist. - Zum Problem der Struktur der "priesterschriftlichen" Geschichtsdarstellung vgl. P. WEIMAR, BN 23, 1984, 81-134 und BN 24, 1984, 138-162.

lein schon der größere Umfang anzeigt, auf dem ersten Teil der Erzählung. Das ganze Gewicht der Darstellung ist in die beiden korrespondierenden Jahwereden verlegt. Nicht der Mensch (und sein Schicksal) steht dabei im Vordergrund, sondern einzig Jahwe. Gerade auch in den Jahwereden ist die Abfolge der einzelnen Strukturelemente auf die Inszenierung des wirkmächtigen Handelns Jahwes hin konzentriert [23]. Angesichts der starken Akzentuierung der Wirkmächtigkeit des Handelns Jahwes gewinnt der Exodus geradezu den Charakter des Zwangsläufigen. Die aktuelle Problemlage, aus der heraus erzählt wird, wird nur mehr am Rande im Schreien der Israel-Söhne zu Jahwe aufgrund des Herannahens des Pharao greifbar (Ex 14,1oabß) [24].

2. Der redaktionelle Charakter der Erzählung

Gerade bei dem stark konstruktiven Charakter der priesterschriftlichen Meerwundererzählung fallen Abweichungen in Anlage und Form um so stärker ins Gewicht, zumal dann, wenn sie sich von der Komposition der Gesamterzählung her nicht befriedigend erklären lassen. Solche Abweichungen sind an mehreren Stellen innerhalb der Erzählung zu beobachten. Neben der schon konstatierten Sonderstellung der dritten Jahwerede (Ex 14,26abα), die nicht allein vom Textzusammenhang her bestimmt ist [25], verdient im einzelnen die unterschiedliche Handhabung des literarischen Zusammenhangs von Befehl und zugehörigem Ausführungsbericht Aufmerksamkeit. Während der im Anschluß an die zweite und dritte Jahwerede (Ex 14,15b+16 // 26abα) stehende Ausführungsbericht (Ex 14,21aαb+22a // 27aα+28a) sich im Wortlaut eng an diese anlehnt, tritt im Anschluß an die erste Jahwerede (Ex 14,2a) dafür nur die allgemeine eingliedrige Ausführungsformel (Ex 14,4b) ein, ohne daß ein plausibler Grund dafür erkennbar wäre [26]. Demgegenüber wird in Ex 14,8a* betont die Er-

---

23 Ihren Höhepunkt erreichen die beiden Jahwereden Ex 14,1-2a+4a und 15-18a* jeweils in den wörtlich gleichlautenden Zielangaben Ex 14,4aß und 17bα+ 18a, womit auch die eigentliche Intention des von Jahwe selbst inszenierten Geschehens angezeigt ist.

24 Mit der Aussage vom Schreien der Israel-Söhne in Ex 14,1obß ist neben der entsprechenden Aussage in Ex 2,23aß, wo bezeichnenderweise aber nicht Jahwe als Ziel des Schreiens genannt ist (zur Interpretation vgl. P. WEIMAR, fzb 9, 52f, aber auch W.H. SCHMIDT 96f), vor allem auch Ex 6,9b (Nicht-Hören auf Mose wegen Kleinmut und harter Arbeit) zu vergleichen.

25 In diesem Zusammenhang wäre vor allem auch zu beachten, daß durch das Fehlen der Zielangabe (vgl. Ex 14,4aß und 17bα+18a) die dritte Jahwerede Ex 14,26abα eine andere Intention als die ersten beiden Jahwereden hat. Die Anfügung einer Zielangabe in Analogie zur ersten und zweiten Jahwerede wäre in der dritten Jahwerede ebenfalls unschwer möglich gewesen.

füllung des von Jahwe angesagten Handelns (Herzensstärkung) samt der damit verbundenen Wirkung dargestellt, während im Anschluß an die zweite Jahwerede (Ex 14,17a) eine zu Ex 14,8aα* parallele Erfüllungsnotiz fehlt, vielmehr nur das Eintreten der angesagten Wirkung festgehalten ist (Ex 14,23*). Auch diese Differenz läßt sich aus kompositionskritischen Überlegungen heraus allein keineswegs befriedigend erklären [27]. Eine weitere Auffälligkeit betrifft den literarischen Zusammenhang der dritten Jahwerede (Ex 14, 26abα) und des zugehörigen Durchführungsberichtes (Ex 14,27aα+28a), wobei dieser Zusammenhang aus übergreifenden kompositionskritischen Erwägungen heraus gegen den bestehenden engen literarischen Zusammenhang, der durch die wörtlichen Entsprechungen nachdrücklich hervorgehoben ist, aufzulösen ist.

Eine größere Konsistenz der Darstellung wäre unter der Voraussetzung eines geschlossenen literarischen Entwurfs sicher erreichbar gewesen, auch wenn die beobachteten Abweichungen keineswegs von der Art sind, daß sie einen einheitlichen literarischen Erzählzusammenhang ausschlössen. Sie können aber als entsprechendes Indiz verstanden werden, wenn weitere, die Annahme einer ursprünglichen Erzähleinheit in Frage stellende Beobachtungen hinzukämen. Solche Beobachtungen lassen sich tatsächlich an mehreren Stellen innerhalb der priesterschriftlichen Meerwundererzählung machen[28].

---

26 Die Verwendung der allgemeinen Ausführungsformel wᵃjjāᵘᶜᵃśû ken in Ex 14, 4b anstelle des sich an den Jahwebefehl anlehnenden Ausführungsberichtes (so Ex 14,21aαb+22a und 27aα+28a) hängt wohl damit zusammen, daß in Ex 14,4b die Israel-Söhne und nicht - wie an den beiden anderen Stellen - Mose Subjekt der Aussage sind. Doch bleibt dann zu fragen, warum in Ex 14,4b die Israel-Söhne und nicht Mose Subjekt des Ausführungsberichtes sind. Das Fehlen eines "Tatauftrages" für Mose in der ersten Jahwerede ist kein entscheidendes Gegenargument, weil eine mit der Basis *dbr* gebildete Form des Ausführungsberichtes - auch im Kontext von P^g - durchaus möglich ist (vgl. gerade Ex 6,9a; dazu P. WEIMAR, fzb 9, 175-177).

27 Für eine kompositionskritische Lösung könnte zwar die Beobachtung sprechen, daß durch das Fehlen einer Ex 14,8a* korrespondierenden Erfüllungsnotiz (Herzensstärkung) in Ex 14,23 - wie schon durch die Einschaltung von Ex 14,22b - ein sich nahelegendes Verständnis eines irgendwie gearteten zyklischen Ablaufs der Erzählung (vgl. H.-Chr. SCHMITT, Meerwundererzählung 145f) abgewiesen werden sollte. Doch ist eine solche Erwägung nicht unbedingt zwingend. Man könnte auch umgekehrt argumentieren. Die Auflösung des Zusammenhangs der Erfüllungsnotiz Ex 14,23* mit der Ankündigung in Ex 14,17a ist durch Ex 14,22 allein schon hinreichend angezeigt. Die Feststellung des Eintreffens der in Ex 14,17a angekündigten Herzensstärkung durch Jahwe über das in Ex 14,23* Mitgeteilte hinaus hätte unzweifelhaft - gerade auch aus kompositionskritischen Erwägungen heraus - das erzählerische Gewicht des Erzählabschnittes Ex 14,23* verstärkt. Da sich Eindeutigkeit auf diese Weise nicht erzielen läßt, ist nach anderen Lösungsmöglichkeiten zu fragen.

Eine *erste Beobachtung* bezieht sich auf die an Mose gerichteten Befehle in
Ex 14,15b+16, die im Kontext der Meerwundererzählung in mehrfacher Beziehung auffällig sind. Das Nebeneinander zweier Befehle (Beauftragung zur
Übermittlung eines Befehls an die Israel-Söhne // Beauftragung zu einer Handlung) ist im Zusammenhang der Meerwundererzählung einzigartig (vgl. mit Ex
14,2a (Redebeauftragung) einerseits und Ex 14,26a (Tatbeauftragung) andererseits). Die beiden an Mose gerichteten Befehle stehen durchaus in Konkurrenz zueinander, wobei vor allem zu beachten ist, daß der Auftrag zur Redeübermittlung keinerlei Resonanz im entsprechenden Durchführungsbericht
hat [29]. Sodann fällt innerhalb der Tatbeauftragung in Ex 14,16 das Nebeneinander zweier konkurrierender Aussagen auf, der Befehl zum Erheben des Stabes sowie der Befehl zum Ausstrecken der Hand. Der zugehörige Ausführungsbericht Ex 14,21aα spricht dagegen nur vom Ausstrecken der Hand, was im
übrigen dem Befund in Ex 14,26a/27aα entspricht. Der Befehl zum Erheben des
Stabes ist innerhalb der Meerwundererzählung als ein isoliertes (totes) Motiv zu verstehen [3o]. Die so sich schon ergebenden Schwierigkeiten lassen
sich durch eine weitere Beobachtung noch verschärfen. Obgleich in Ex 14,15b
gleichfalls Mose angeredet ist, wird er zu Beginn von Ex 14,16 betont mit
"und du" (*w^eˇattā*) eingeführt, was der Einführung von Jahwe mit "und ich"
(*waˇaanî*) in Ex 14,17a entspricht [31]. Die bestehenden Schwierigkeiten lassen
sich aber dann auflösen, wenn sie als Reflex eines literarischen Entstehungs-
prozesses verstanden werden. Während das Motiv vom Ausstrecken der Hand fest
in den Zusammenhang der Meerwundererzählung eingebunden ist, läßt sich der
vorangehende Befehl zum Erheben des Stabes unschwer aus diesem isolieren,
wobei die Gründe für die Einführung des Stabes in die Meerwundererzählung
nicht in dieser selbst, sondern primär im größeren Erzählzusammenhang der
priesterschriftlichen Exodusgeschichte (Machttaten vor dem Pharao) zu suchen sein werden [32]. Gleichfalls nur locker in die Meerwundererzählung ein-

---

28 Vgl. in diesem Zusammenhang auch die von G. VON RAD, BWANT IV/13, 51-52
    mitgeteilten Beobachtungen.

29 Mit der Ausführungsformel Ex 14,4b wird zumindest indirekt auf die ent-
    sprechende Redebeauftragung in Ex 14,2a Bezug genommen.

3o Dies - und die Konkurrenz zu Ex 14,16aß - haben häufiger zur Ausgren-
    zung von Ex 14,16aα geführt; vgl. etwa B.W. BACON, Triple Tradition 78;
    A. DILLMANN 163f; H. HOLZINGER 44; B. BAENTSCH 124; C. STEUERNAGEL,
    Einleitung 147f, wobei Ex 14,16aα allgemein als Einschub von R^P aus E
    verstanden wird.

31 Die aufgrund der Einführung durch die Personalpronomina *w^eˇattā* und
    waˇaanî bestehende stilistische Verwandtschaft zwischen Ex 14,16aα und
    17a läßt gleiche literarische Herkunft vermuten, auch wenn sich eine
    solche nicht zwingend beweisen läßt. Die Funktion von *w^eˇattā* besteht
    darin, für Ex 14,16aα einen Anschluß an 14,15b zu schaffen (vgl. auch,
    obschon von anderen Voraussetzungen ausgehend, W. FUSS, BZAW 126, 3o9).

32 Innerhalb der priesterschriftlichen Meerwundererzählung hat nur das Mo-
    tiv des Ausstreckens der Hand eine erzählerische Funktion Ex 14,16aß //
    21aα und 26aß//27aα). Demgegenüber verweist das Motiv vom Erheben des
    Stabes auf einen größeren literarischen Zusammenhang, der näherhin im
    Bereich der Plagen zu suchen ist. Die Aussage von Ex 14,16aα (*rwm H-
    Stamm + mattae* als Objekt) hat eine Entsprechung nur in Ex 7,2oa* (Je),
    außerdem ist Ex 17,11 (mit *jad* als Objekt) zu vergleichen. Die Formu-
    lierung von Ex 14,16aα verweist so in nicht-priesterschriftliche Er-
    zählzusammenhänge, während bei Pg selbst die Wendung *lqh ʾaet mattae*
    (vgl. Ex 7,19*) zu erwarten wäre (zu den Belegen vgl. vorläufig noch
    P. WEIMAR, Hoffnung 334 Anm. 22). Das könnte darauf schließen lassen,

gebunden ist die Redebeauftragung an Mose für die Israel-Söhne, wobei für die Einfügung - wegen des Fehlens im Durchführungsbericht - am ehesten Gründe der Korrespondenz zu Ex 14,2a maßgebend gewesen sein dürften [33]. Da das einleitende "und du" in Ex 14,16aα einen Zusammenhang zu Ex 14,15b herstellt, dürften diese beiden Aussagen auf die gleiche Hand zurückgehen, die wegen der Korrespondenz von Ex 14,15b zu 2a am ehesten im Verfasser der vorliegenden Komposition der priesterschriftlichen Meerwundererzählung zu sehen ist, während der davon abzuhebende zweite Teil der Tatbeauftragung in Ex 14,16aß (ohne das einleitende "und") am ehesten als Element einer der Erzählung voraufgehenden älteren Tradition zu vermuten ist [34].

Eine *zweite Beobachtung* betrifft die Aussage von Ex 14,8b, die im Zusammenhang des erzählerischen Abschnitts Ex 14,8*+1o* durchaus nicht unproblematisch ist. Ex 14,8b ist ein kopulativ an das Vorangehende angeschlossener partizipialer Nominalsatz, der einen mit der Haupthandlung gleichzeitigen Zustand einführt [35]. Als Haupthandlung kann aber kaum die Aussage von Ex 14,8a* verstanden werden [36]. Die zweigliedrige Aussage von Ex 14,8a* erzählt die Durchführung des in Ex 14,4aα Angekündigten. Voran geht in Ex 14, 4b die mit Hilfe der allgemeinen Ausführungsformel gestaltete Mitteilung, daß die Israeliten entsprechend dem Befehl Jahwes an sie in Ex 14,2a gehandelt haben, wonach sie sich vor Pi-Hahirot lagern sollten. Zu dem so vorausgesetzten Erzählzusammenhang steht der Umstandssatz in Ex 14,8b in Spannung. Aber auch zu der nachfolgenden Aussage in Ex 14,1oa steht Ex 14,8b in Spannung. Nachdem schon mit Ex 14,8b ein zur Haupthandlung gleichzeitiger Zustand mitgeteilt worden ist, folgt in Ex 14,1oa - angezeigt durch die Inversion - eine weitere Zustandsangabe, die der Exponierung der Aussage von

---

in Ex 14,16aα - ähnlich wie Ex 14,15aß - einen nachpriesterschriftlichen Zusatz aus der Hand von R^P zu sehen, obschon dieser Schluß nicht unbedingt zwingend ist. Die Formulierung von Ex 14,16aα läßt sich nämlich durchaus auch aus dem priesterschriftlichen Erzählzusammenhang verständlich machen. Einen Hinweis gibt zunächst eine geringfügige sprachliche Differenz gegenüber der aus Je stammenden Aussage von Ex 7,2oa*, wo nämlich *maṭṭae* als Objekt im Unterschied zu Ex 14,16aα nicht nach '*aet*, sondern nach *b^e* steht. Das macht zunächst den Weg frei, den Zusammenhang zwischen Ex 14,16aα und 7,2oa* nicht zu eng anzusetzen. Aber auch aus sachlichen Gründen erscheint der an Mose gerichtete Befehl zum Erheben des Stabes in Ex 14,16aα im Zusammenhang der priesterschriftlichen Exodusgeschichte durchaus sinnvoll. Während in den "Machttaten" nur Aaron mit einem Stab ausgestattet ist, obschon auch Mose als Mithandelnder vorgestellt ist (vgl. Ex 7,2oaα; 8,13aα(?);(9,1oaα)), tritt Mose in Ex 14* als vollmächtig Handelnder genau in jener Funktion auf, die nach der vorangehenden "Plagenerzählung" von Pg dem Aaron zukommt. Das Erheben des Stabes soll dabei betont wohl die Ausstattung des Mose mit göttlicher Macht zum Wirken entsprechender Machttaten wie Aaron zum Ausdruck bringen und Mose dadurch zugleich legitimieren (vgl. auch B. JACOB 578f).

33 Vgl. die Parallelität der Formulierungen in Ex 14,2a und 15b, wobei die vom (wörtlich gleichlautenden) Redeauftrag jeweils abhängige indirekte Rede in antithetischem Bezug zueinander steht (*w^{e}jašubû w^{e}jäh^{a}nû // w^{e}jissa^{c}û*).

34 Nicht eine Zusammenarbeitung von (z.T. nur bruchstückhaften) Elementen verschiedener Quellenschichten ist somit anzunehmen (vgl. die in Anm. 3o genannten Autoren), vielmehr läßt sich der Befund am leichtesten mit der Annahme redaktioneller Bearbeitungsvorgänge im Rahmen des priesterschriftlichen Erzählzusammenhangs selbst erklären.

35 Zur Konstruktion von Ex 14,8b wird allgemein auf GK § 141e verwiesen.

178

Ex 14,1obß (Schreien der Israel-Söhne zu Jahwe) dient [37]. Die beiden Aussagen von Ex 14,8b und 1oa können schwerlich so nebeneinander bestanden haben. Es handelt sich hierbei vielmehr um konkurrierende Aussagen [38]. Da aber Ex 14,1oa präzis auf die in Ex 14,2a vorgestellte Situation rekurriert und auch Ex 14,1obß die Aussage von Ex 14,1oa zur Voraussetzung hat, ist dieser Halbvers fest in die Erzählung eingebunden, während gleiches von Ex 14,8b nicht gesagt werden kann. Als thematischer Bezug zu Ex 14,8b bietet sich allenfalls die Einleitung zur gesamten priesterschriftlichen Meerwundererzählung in Ex 12,41 an [39]. Doch steht Ex 14,8b dazu in Spannung ("alle Heere Jahwes" // Israel-Söhne sowie Ausziehen aus dem Lande Ägypten // "mit erhobener Hand"), was nicht an gemeinsame Herkunft denken läßt [4o]. Aber auch eine erst nachpriesterschriftliche Herkunft (R^P) von Ex 14,8b läßt sich wegen der Konkurrenzformulierung von Ex 13,18b (R^P) ("und gerüstet zogen die Söhne Israels aus dem Lande Ägypten herauf") nicht wahrscheinlich machen. Da sich der Halbvers auf der anderen Seite auch nicht mit einem anderen Erzählfaden innerhalb der Meerwundererzählung verbinden läßt, legt sich am ehesten die Annahme einer der priesterschriftlichen Erzählung unmittelbar voraufliegenden älteren Tradition nahe [41]. Da Ex 14,8b sich thematisch eng mit Ex 12,41 berührt, könnte die Zustandsaussage von Ex 14,8b durchaus als Eröffnung einer älteren Fassung der priesterschriftlichen Meerwundererzählung verstanden werden [42], was dann gerade auch die Sonderstellung von Ex 14,1-2a+4a (einschließlich des Durchführungsberichtes in Ex 14,4b+8a*) verständlich machen könnte [43].

---

36 Darauf hat nachdrücklich B. JACOB 572 hingewiesen, wobei er den zugehörigen Hauptsatz in Ex 14,5a sieht und alles Dazwischenliegende als Parenthese versteht.

37 Die Inversion - mit betonter Voranstellung von "Pharao" als Subjekt - in Ex 14,1oa unterbricht die Erzählfolge, stellt dabei einerseits - über den Nominalsatz Ex 14,8b hinweg - den Anschluß an Ex 14,8aß her und hebt so andererseits die nachfolgende Aussage vom Schreien der Israeliten zu Jahwe Ex 14,1obß nachdrücklich hervor.

38 Daß es sich bei Ex 14,8b und 1oa um konkurrierende Aussagen handelt, wird fast allgemein bemerkt und meist dahingehend ausgewertet, die beiden Aussagen verschiedenen literarischen Schichten zuzuweisen, wobei die Entscheidungen im einzelnen stark differieren. Da sich aber eine Herleitung der beiden Halbverse von verschiedenen literarischen Schichten sowohl aufgrund einer Gesamtanalyse der Meerwundererzählung (vgl. Kap. III) als auch wegen der durchgefeilten Kompositionsstruktur des Textabschnittes Ex 14,8*+1oabß (vgl. Anm. 17) nicht wahrscheinlich machen läßt, verlangt die Konkurrenz der beiden Aussagen Ex 14,8b und 1oa nach einer anderen Erklärung.

39 Vgl. W. FUSS, BZAW 126, 3o4, der Ex 14,8b als Fortsetzung von Ex 12,41 versteht.

4o Vgl. vor allem das Fehlen der bei P im Zusammenhang der "Herausführungsformel" (js' G-/H-Stamm) üblichen Ortsangabe me,aeraes misrajim (zur Verwendung der Herausführungsformel bei P^g vgl. P. WEIMAR, fzb 9, 119-121).

41 Vgl. schon die bei P. WEIMAR, fzb 9, 12o Anm. 1o7 geäußerte Vermutung.

42 Unter dieser Voraussetzung wäre wegen des sachlichen und funktionalen Zusammenhangs Ex 12,41 als eine aufgrund von Ex 14,8b gestaltete neue Erzähleröffnung der priesterschriftlichen Meerwundererzählung zu verstehen.

43 Die formalen wie thematischen Besonderheiten der ersten Jahwerede (Ex 14,1-2a+4a) wie des zugehörigen Durchführungsberichtes (Ex 14,4b+8a*) im Rahmen der priesterschriftlichen Meerwundererzählung wären dann da-

Es konvergieren somit die Beobachtungen zu Ex 14,8b und 16a. Beide lassen die Existenz einer der priesterschriftlichen Erzählung voraufgehenden älteren Form der Erzählung vermuten, wobei die Beobachtungen zu Ex 14,8b es überdies wahrscheinlich machen konnten, daß hierin der Beginn dieser Erzähltradition zu sehen ist. Es stellt sich dann aber das Problem der Rekonstruktion einer solchen Erzählung. Da Ex 14,1obß mit 1oa zu verbinden ist, muß sich an Ex 14,8b einmal unmittelbar die mit Ex 14,15aα ("und Jahwe sprach zu Mose") einsetzende Jahwerede angeschlossen haben, die ihrerseits mit dem Befehl zum Ausstrecken der Hand eröffnet worden ist (Ex 14,16aß*), woran sich die Angabe der Wirkung (Ex 14,16b) angeschlossen hat. Dagegen wird die Ankündigung des Handelns Jahwes samt Angabe der daraus resultierenden Wirkung in Ex 14,17a nicht mehr als Element des ursprünglichen Erzählzusammenhangs angesprochen werden dürfen. Zum einen ist Ex 14,17a aufgrund der Eröffnung stilistisch eng mit Ex 14,16aα ("und ich"/"und du") verbunden. Sodann handelt es sich bei Ex 14,16* und 17a aufgrund der sie jeweils abschließenden Angabe der Wirkung eher um konkurrierende Aussagen [44], ganz abgesehen davon, daß Ex 14,17a weitgehend Ex 14,4aα entspricht [45]. Wird somit Ex 14,17a am ehesten als eine mit Ex 14,1-2a+4a zusammenhängende Bildung zu verstehen sein, so gilt das erst recht für Ex 14,17bα+18a, das Ex 14,4aß sogar wörtlich entspricht. Demnach hat die mit Ex 14,15aα eingeleitete Jahwerede nur Ex 14,16aßb (ohne das einleitende "und") umfaßt. An diese knappe Jahwerede hat sich sodann unmittelbar - und in enger Anlehnung an sie - der entsprechende Ausführungsbericht Ex 14,21aαb+22 angeschlossen, wobei der nominale Zustandssatz Ex 14,22b den Abschluß einer Handlungskette markiert.

___

hingehend zu verstehen, daß hierin eine genuin priesterschriftliche Bildung zu sehen ist, während im weiteren Verlauf der Erzählung mit einer mehr oder minder starken Abhängigkeit von einer vorgegebenen Tradition zu rechnen ist.

44 Obgleich von der Struktur der Jahwerede Ex 14,15-18* her die in Ex 14, 16b und 17aß stehenden Ansagen der Wirkung jeweils anderen Strukturelementen innerhalb der dreiteiligen Jahwerede (Ex 14,15b+16/17a/17bα+18a) zuzurechnen sind, ist die zweifache Ansage der Wirkung innerhalb ein und desselben Redezusammenhangs dennoch auffällig, vor allem auch im Vergleich mit der ersten und dritten Jahwerede (Ex 14,1-2a+4a und 26abα), was durchaus die Vermutung nahelegen kann, daß das Nebeneinander der beiden Ansagen der Wirkung durch redaktionelle Prozesse bedingt ist.

45 Während die in Ex 14,16aßb vorliegende Kombination von Befehl an Mose zum Ausstrecken der Hand über das Meer und nachfolgender Angabe der Wirkung genau Ex 14,26aßbα entspricht, hat die Verbindung der Ankündigung der Herzensstärkung durch Jahwe mit nachfolgender Angabe der Wirkung unverkennbar in Ex 14,4aα eine Entsprechung, so daß für beide Aussagen ein auch literarischer Zusammenhang anzunehmen ist. Der einzige bedeutsame Unterschied zwischen Ex 14,17a und 4aα besteht darin, daß in Ex 14,17a

Während in der auf P⁹ zurückgehenden Fassung der Erzählung Ex 14,23* aufgrund der Entsprechung zur Ankündigung in Ex 14,17a eigentlich als Teil des
Durchführungsberichtes verstanden werden müßte, was wegen der den Erzähl-
fluß unterbrechenden nominalen Aussage von Ex 14,22b aber nicht möglich ist,
setzt in der dieser Erzählung voraufliegenden älteren Tradition mit der Aussage von Ex 14,23*, die hier in der voraufgehenden Jahwerede keine Entsprechung hat, eine neue Erzählfolge ein, was durchaus der Funktion der nominalen Aussage von Ex 14,22b entspricht [46]. Mit Ex 14,23* wird unmittelbar die
nachfolgende Jahwerede in Ex 14,26abα mit anschließendem Ausführungsbericht
Ex 14,27aα+28a vorbereitet, deren Verwandtschaft mit der Jahwerede Ex 14,
15aα+16aßb und dem sich anschließenden Ausführungsbericht Ex 14,21aαb+22a
unverkennbar ist:

Jahwerede	*Ex 14,15aα+16**	*Ex 14,26**
(1) *Befehl an Mose*	*Strecke deine Hand aus über das Meer* und spalte es,	*Strecke deine Hand aus über das Meer,*
(2) *Wirkung*	daß die Söhne Israels inmit-ten des Meeres hineinkommen auf trockenem Boden.	daß die Wasser über die Ägypter zurückkehren.
Ausführungsbericht	*Ex 14,21aαb+22*	*Ex 14,27aα+28a**
(1) *Ausführung*	*Und Mose streckte seine Hand aus über das Meer,*	*Und Mose streckte seine Hand aus über das Meer,*
(2) *Wirkung*	und *die Wasser* spalteten sich, und die Söhne Israels *kamen* inmitten des Meeres *hinein* auf trockenem Boden.	und *die Wasser* kehrten zurück, und bedeckten die, die hinter ihnen *hineingekom-men* waren im Meer.

Befehl an Mose und Ausführung stimmen wörtlich überein. Nur die Ankündigung
bzw. das Eintreten der Wirkung ist entsprechend verändert. Es besteht so eine enge Entsprechung zwischen den beiden Jahwereden mit zugehörigem Ausfüh-

---

die Ankündigung des Handelns Jahwes (partizipial) mit kopulativ angeschlossener Präfixkonjugation (in wohl finaler Bedeutung) weitergeführt ist (zur Konstruktion vgl. W. GROSS, ATS 1, 8o), während in Ex
14,4aα die Ankündigung des Handelns Jahwes mit kopulativ angeschlossener Suffixkonjugation (sichere Folge) fortgeführt ist. Die so bestehende Differenz zwischen Ex 14,4aα und 17a liegt möglicherweise
in dem Bemühen zur auch syntaktischen Angleichung an Ex 14,16aßb begründet.

46 Wie in der auf die Hand von P⁹ selbst zurückgehenden Fassung der Meerwundererzählung markiert auch in der ihr voraufliegenden Tradition die nominale Aussage von Ex 14,22b einen Einschnitt in der Erzählung, so daß die
strukturelle Zweigliedrigkeit der priesterschriftlichen Meerwundererzählung schon als Vorgabe der von P⁹ aufgenommenen Tradition zu verstehen
ist.

rungsbericht, was nochmals die Vermutung eines unmittelbaren literarischen Zusammenhangs zwischen ihnen verstärkt. Damit ist aber der ganze Erzählzusammenhang nach der Jahwerede Ex 14,15aα+16aβb* als Bestandteil der der priesterschriftlichen Erzählung vorgegebenen Tradition anzusehen. Gewisse Schwierigkeiten bereitet nur Ex 14,28a. Auffällig ist hier die aufzählende Aussage "Streitwagen und Reiter der ganzen Macht des Pharao", die vor dem Hintergrund der Aussagen von Ex 14,4aβ und 17bα ("am Pharao und seiner ganzen Macht") zwar nicht zu beanstanden ist, aber innerhalb des Zusammenhangs der bislang sichtbar gewordenen älteren Erzähltradition, wo nur allgemein von "Ägyptern" gesprochen wird (Ex 14,23aα und 26bα) ohne Anhalt ist [47]. Da die pluralische partizipiale Wendung "die, die hineingekommen waren hinter ihnen im Meer" (*hăbbᵊˀîm ˀăhᵃrêhaem băjjam*) zudem nicht ganz spannungsfrei an das vorangehende Objekt "Streitwagen und Reiter der ganzen Macht des Pharao" anschließt, legt sich eine Isolierung beider Aussagen gegeneinander nahe [48], wobei der partizipiale Ausdruck "die, die hineingekommen waren hinter ihnen im Meer" (*hăbbᵊˀîm ˀăhᵃrêhaem băjjam*) aber nicht als jüngeres redaktionelles Element zu verstehen ist [49], sondern wegen des Zusammenhangs mit Ex 14,23aα wohl der ursprünglichen Erzähltradition zugerechnet werden muß [50]. Dagegen ist das voran-

---

47 Eine weitere Differenz ist zu beachten. Während in der bislang rekonstruierten Fassung der von Pᵍ rezipierten Tradition nur die Ägypter, nicht aber der Pharao eine Rolle spielen, ist in der in Frage stehenden Aussage "Streitwagen und Reiter der ganzen Macht des Pharao" in Ex 14,28a eine für die Erzählung bedeutsame Rolle des Pharao gerade vorausgesetzt, was einen Zusammenhang mit den auf Pᵍ selbst zurückgehenden Aussagen in Ex 14,4a.8a.1oa.17bα nahelegt.

48 Die fehlende Kongruenz zwischen Ex 14,28aαβ und 28aγ zwingt zwar nicht unbedingt zu einer literarkritischen Abgrenzung, weil die in Ex 14,28aαβ stehenden Nomina als Kollektivbegriffe verstanden werden können. Vor dem Hintergrund der bisherigen Beobachtungen ist darin aber ein zusätzlicher Hinweis zu sehen, der für eine Abgrenzung von *haraekaeb* *wᵊˀaet-hăpparašîm* *lᵉkol hêl părᶜo* und *hăbbaˀîm ˀăhᵃrêhaem băjjam* gegeneinander spricht. - K. VON RABENAU, Schilfmeerwunder 21 löst das Problem der mangelnden Kongruenz zwischen Ex 14,28aαβ und 28aγ so, daß er Ex 14,28aγ mit 28b verbindet. Gelegentlich wird in Ex 14,28a *haraekaeb* *wᵉˀaet hăpparašîm* *lᵉ* (so A. DILLMANN 167) oder *lᵉkol hêl părᶜo* (so B. BAENTSCH 127 [?] und O. EISSFELDT, HS 137*) als redaktioneller Zusatz aus der Hand von Rᴾ verstanden.

49 So W. FUSS, BZAW 126, 32o.

5o Darauf weist - abgesehen von den Stichwortbezügen - vor allem auch die Beziehungslosigkeit des Suffixes in *ˀăhᵃrêhaem* in Ex 14,28aγ hin, die sich aber durch die Annahme eines unmittelbaren Bezuges zu Ex 14,23* durchaus verständlich machen läßt (vgl. U. CASSUTO 171). Durch die Wiederaufnahme der Formulierung von Ex 14,23* in Ex 14,28aγ wird stilistisch zugleich ein Rahmen um den zweiten Teil der so rekonstruierten Fassung der Meerwundererzählung gelegt. Ist Ex 14,28aγ aber als ein Element der ursprünglichen Erzähltradition zu verstehen, dann hat die Aussage von Ex 14,28* ursprünglich einmal *wăjjašubû hămmăjim wăjᵉkăssû* *ˀaet hăbbaˀîm ˀăhᵃrêhaem băjjam* gelautet.

gehende Objekt "Streitwagen und Reiter der ganzen Macht des Pharao" erst
als ein Zusatz zu verstehen, der in Zusammenhang mit dem Ausbau der priesterschriftlichen Meerwundererzählung eingefügt worden ist. Die mit Ex 14,22 zusammenhängende Aussage von Ex 14,29 schließt die Erzählung sodann wirkungsvoll ab.

Damit dürfte die der priesterschriftlichen Meerwundererzählung zugrundeliegende und von ihr rezipierte Tradition die folgende Gestalt gehabt haben:

> (8) Während die Söhne Israels mit erhobener Hand auszogen,
> (15) da sprach Jahwe zu Mose:
>
>> (16) Strecke deine Hand aus über das Meer
>> und spalte es,
>> daß die Söhne Israels inmitten des Meeres hineinkommen
>> auf trockenem Boden.
>
> (21) Und Mose streckte seine Hand aus über das Meer,
> und die Wasser spalteten sich.
>
> (22) Und die Söhne Israels kamen inmitten des Meeres hinein auf
> trockenem Boden,
> und die Wasser waren ihnen eine Mauer zur Rechten und zur Linken.
>
> ---
>
> (23) Und die Ägypter setzten ihnen nach
> und kamen hinter ihnen her mitten ins Meer.
> (26) Und Jahwe sprach zu Mose:
>
>> Strecke deine Hand aus über das Meer,
>> daß die Wasser über die Ägypter zurückkehren.
>
> (27) Und Mose streckte seine Hand aus über das Meer,
> (28) und die Wasser kehrten zurück
> und bedeckten die, die hineingekommen waren hinter ihnen im Meer.
>
> (29) Aber die Söhne Israels waren gegangen auf trockenem Boden
> inmitten des Meeres,
> und die Wasser waren ihnen eine Mauer zur Rechten und zur Linken.

Die Erzählung zeichnet sich durch eine strenge Symmetrie der beiden Erzählhälften aus, die jeweils nach dem gleichen Grundmuster strukturiert sind
(1. erzählerische Notiz, die in die Situation einführt - 2. Jahwerede an
Mose [Befehl zum Ausstrecken der Hand + Angabe der Wirkung] - 3. Ausführungsbericht [Ausstrecken der Hand + Eintreten der Wirkung] - 4. abschließende
Aussage). Beide Erzählhälften stehen unter einem eigenen Thema (wunderbarer
Auszug der Israel-Söhne - Vernichtung der Ägypter im Meer), wobei die abschließenden Aussagen der beiden Erzählhälften (Ex 14,22 und 29) die Gesamtthematik der Erzählung angeben. Zugleich wird erkennbar, daß die für die
vorliegende priesterschriftliche Meerwundererzählung bestehenden literarischen Probleme sich bei Annahme einer ihr zugrundeliegenden Tradition auflösen (vgl. vor allem auch das Problem der Ungleichgewichtigkeit der beiden Er-

zählhälften innerhalb der priesterschriftlichen Fassung). Für eine Interpretation der priesterschriftlichen Meerwundererzählung ist so zu unterscheiden zwischen der in ihr rezipierten älteren Erzähltradition und der priesterschriftlichen Fassung der Erzählung selbst, deren Profil sich nicht zuletzt auch aus dem kritischen Vergleich mit der ihr vorgegebenen Erzähltradition ergibt.

3.   *Die vorgegebene Fassung der Erzählung*

3.1   *Der literarische Zusammenhang der Erzählung*

Die mit Ex 14,8b eröffnete Darstellung des Meerwunders verlangt zu ihrem Verständnis nach einem größeren Erzählzusammenhang, was nicht zuletzt auch durch die Form der Erzähleröffnung angezeigt ist [51]. Dieser kann dabei nur im Rahmen der priesterschriftlichen Exodusgeschichte liegen. Wegen des für die Meerwundererzählung zentralen Motivs vom Ausstrecken der Hand könnte ein solcher Zusammenhang zunächst in den Machttaten ("Plagen") vermutet werden. Doch sind hier die Unterschiede eher größer als die Gemeinsamkeiten (vgl. nur die Art und Weise, wie das Motiv von Stab und Hand miteinander verbunden sind, sowie das Nebeneinander von Mose *und* Aaron), so daß eine unmittelbare Verbindung der Darstellung des Meerwunders auf der Ebene der von Pg rezipierten Erzähltradition mit dem Komplex der "Machttaten" vor dem Pharao nicht wahrscheinlich ist [52].

---

51 Neben sachlichen Gründen legt sich ein Anschluß von Ex 14,8b nach hinten allein schon aufgrund der Kopula zu Beginn des Satzes nahe, falls man darin nicht ein redaktionelles Verknüpfungselement sehen will, wofür sich aber keine überzeugenden Gründe anführen lassen. - Die Form der partizipialen Erzähleröffnung in Ex 14,8b hat eine auffällige Parallele in der älteren Eröffnung der Erzählung von den drei Männern bei Abraham in Gen 18,1b (zur Analyse vgl. vorläufig von R. KILIAN, BBB 24, 96f.167, anders jüngst E. HAAG, AOAT 212, 174, der Gen 18,1b als ein redaktionelles Element betrachtet).

52 Zu beachten ist demgegenüber aber die Nähe der Darstellung des Meerwunders in der von Pg aufgenommenen Erzähltradition zu der "elohistischen" Darstellung der "Plagen", der der gleiche Erzählmechanismus zugrundeliegt (zu Umfang und Struktur der elohistischen "Plagen" vgl. P. WEIMAR, OBO 32, 179-19o). Hierin liegt dann auch die innere Berechtigung all jener Versuche, die zweite Hälfte der gemeinhin als "priesterschriftlich" gekennzeichneten Meerwundererzählung nicht mit Pg, sondern mit E in Verbindung zu bringen (vgl. Anm. 2). Die für die der priesterschriftlichen Meerwundererzählung zugrundeliegenden Tradition zu beobachtende Distanz zu typisch priesterschriftlichen Erzählmerkmalen bekräftigt m.E. - abgesehen von allen anderen Gründen - nochmals die Vermutung, daß es sich hierbei um eine eigenständige, von Pg nur redaktionell bearbeitete Erzähltradition handelt.

Liegt so der literarische Zusammenhang der Erzählung nicht in der Darstellung der "Machttaten" vor dem Pharao, dann kann ein solcher nur in der Ankündigung der Herausführung aus Ägypten, wie sie in Ex 6,2-8 geschieht, gesehen werden [53]. Abgesehen von bestehenden thematischen Querverbindungen [54] kann als unmittelbarer Hinweis auf einen Zusammenhang beider Textkomplexe vor allem die vom üblichen priesterschriftlichen Sprachgebrauch (feste Verbindung mit der Ortsangabe "aus dem Lande Ägypten") abweichende Verwendung des Verbums *js'* (G-/H-Stamm), durch die gerade die Ankündigung der Herausführung aus Ägypten in Ex 6,6 und 7b ("ich werde euch herausführen *aus den Lasten der Ägypter*") und die Erfüllungsnotiz in Ex 14,8b ("während die Söhne Israels *mit erhobener Hand* auszogen") verbunden sind. Die Vermutung eines literarischen Zusammenhangs zwischen beiden Textbereichen wird weiterhin dadurch unterstrichen, daß die in Frage stehenden Aussagen in Ex 6,2-8 gleichfalls als Bestandteil einer von Pg rezipierten Tradition anzusehen sind [55], deren Umfang dabei wohl folgendermaßen zu bestimmen ist [56]:

---

53 Ex 7,1-5 kommt dafür ebenfalls nicht in Frage, da hier das "theologische" Programm der ganzen, in zwei Phasen ablaufenden Auseinandersetzung zwischen Jahwe und dem Pharao ("Machttaten" - Meerwunder) vorgelegt wird (zum Einzelnachweis vgl. P. WEIMAR, fzb 9, 195-233 sowie J.-L. SKA, Bb 6o, 1981, 23-35 (vor allem 24-26). Die in Ex 7,1-5 enthaltenen Anspielungen auf die Meerwundererzählung (Ex 14*) beziehen sich dabei nur auf solche Elemente in dieser, die als genuin priesterschriftliche Bildungen verstanden werden müssen.

54 In diesem Zusammenhang verdient vor allem Beachtung, daß in der kontrastierenden Gegenüberstellung der Feststellung der Unterdrückung durch die Ägypter (Ex 6,5) und der Ankündigung der Befreiung aus dem Frondienst der Ägypter (Ex 6,6-8), wie sie innerhalb der programmatischen Jahwerede Ex 6,2-8 geschieht, das für die Pg vorgegebene Fassung der Meerwundererzählung auslösende Motiv entfaltet wird, ohne das sie in der Luft hängen würde.

55 Ein solcher Versuch ist - angeregt durch die Arbeit von G. VON RAD, BWANT IV/13 - unternommen worden von P. WEIMAR, fzb 9. Die Möglichkeit einer Rekonstruktion einer der priesterschriftlichen Geschichtsdarstellung voraufliegenden älteren Tradition ist in der Reaktion auf solche Versuche mit dem Hinweis auf den zu Wiederaufnahmen neigenden Stil der priesterschriftlichen Geschichtsdarstellung mehrfach negativ entschieden worden; vgl. etwa J. BECKER, ThPh 5o (1975) 276-28o (vor allem 278-28o); W.H. SCHMIDT, 12.16.9o; DERS., Einführung 95; R. SMEND, Entstehung 52f. Auch wenn man das Problematische eines solchen Rekonstruktionsversuches durchaus anerkennt und in einigen Fällen auch anders wird entscheiden müssen, so wird auf der anderen Seite häufig zu wenig beachtet, daß die Ansätze zur Rekonstruktion einer älteren Tradition innerhalb von Pg nicht primär stilistisch subtile Unterschiede sind, sondern vielmehr eine nicht zu verkennende Distanz in Diktion und Konzeption zu gängigen priesterschriftlichen Sprach- und Vorstellungsklischees (vgl. vor allem auch die Hinweise in der älteren Literatur). - Mit zwei Phasen der Entstehung des priesterschriftlichen Werkes rechnet neuerdings - wenn auch mit anderen literargeschichtlichen Voraussetzungen - R.E. FRIEDMAN, HSM 22, 44-132.

(1,13) Und die Ägypter knechteten die Söhne Israels,
(2,23) und die Söhne Israels stöhnten auf aus der Knechtschaft
und schrieen auf,
(24.25) und Elohim hörte ihr Gestöhn und nahm sich ihrer an.

(6,2) Und Elohim redete zu Mose
und sprach zu ihm:

(5) Ich habe das Gestöhn der Söhne Israels gehört,
die die Ägypter knechten.

(6) Darum sprich zu den Söhnen Israels:

Ich bin Jahwe,
und ich werde euch aus den Lasten der Ägypter herausführen
und euch aus ihrer Knechtschaft erretten
und euch erlösen.
(7) Und ihr werdet erkennen,
daß ich Jahwe, euer Gott, bin,
der euch herausführt aus den Lasten der Ägypter.

In Ex 1,13[*] + 2,23aß.24a.25b[*] wird in wenigen knappen Strichen die Ausgangs-situation skizziert. Genannt werden dabei die für die weitere Darstellung bestimmenden Größen (Ägypter - Israel-Söhne - Jahwe/Elohim). In der Gegen-überstellung der Aussagen von Ex 1,13[*] (Unterdrückung der Israel-Söhne durch die Ägypter) und 2,24a+25b[*] (Zuwendung Elohims) wird vorausblickend schon die Lösung des Konfliktes angedeutet. Unmittelbar an die Exposition schließt sich die zweiteilig strukturierte Gottesrede in Ex 6,2[*].5a[*].6[*].7b an [57]. Während der nur an Mose gerichtete erste Teil der Rede (Ex 6,5a[*]) nochmals die in der Exposition schon skizzierte Ausgangssituation reflek-tiert, enthält der zweite Teil (Ex 6,6[*]+7b), der als von Mose an die Israel-Söhne zu übermittelnde Botschaft stilisiert ist, die Ankündigung der Heraus-führung aus dem Dienst der Ägypter [58]. In gleichlautenden Formulierungen wird das Thema der Herausführung betont zu Anfang und Schluß des zweiten Redeteils eingeführt, womit ihr ein besonderes Gewicht zukommt. Bezeichnenderweise ist dabei in beiden Fällen das Thema der Herausführung unmittelbar mit der Selbst-präsentation Jahwes ("Ich bin Jahwe") verbunden, wodurch sie geradezu als ei-ne Explikation des Jahwenamens erscheint [59], was dann auch den im einzelnen

---

56 Zur Rekonstruktion vgl. P. WEIMAR, fzb 9; die dort geäußerte Vermutung, daß auch Ex 1,7aß (*wǎjjirbû wǎjjǎᶜǎsmû* (*bᵉnê jiśra'el*)) als Element einer Pᵍ vorgegebenen Tradition anzusehen ist, erscheint mir inzwischen zwei-felhaft und wird hier auch nicht mehr vorausgesetzt.

57 Die bei P. WEIMAR, fzb 9, 83-85 geäußerte Vermutung, daß innerhalb der von Pᵍ rezipierten Tradition in Ex 6,2 anstelle von *wǎjᵉdǎbber* ursprüng-lich *wǎjjera'* (vgl. Gen 17,1b) gestanden habe, ist wohl aufzugeben, da sie mit zu vielen ungewissen Voraussetzungen belastet ist.

58 Zu Ex 6,2-8 vgl. jüngst auch J.-L. SKA, ZAW 94 (1982) 530-548; für älte-re Literatur vgl. P. WEIMAR, fzb 9.

nicht mehr explizierten Wechsel von Elohim und Jahwe innerhalb des Textes verständlich machen würde [60]. Als Ziel des ganzen Geschehens ist die durch den Exodus bewirkte Erkenntnis Jahwes durch die Israel-Söhne anzusehen [61].

An diese Ankündigung der Herausführung aus der Knechtschaft Ägyptens knüpft unmittelbar die Darstellung des Meerwunders mit Ex 14,8b an. Der Zusammenhang wird dabei durch die Aussage von Ex 14,8b hergestellt. Die darauf folgende Erzählung des Meerwunders selbst hat nicht den konkreten Vorgang der Herausführung im Blick, sondern will einen Aspekt am Exodusgeschehen

---

59 Zu beachten ist, daß in Ex 6,6a wie in 6,7b die Formel ʾⁿ*ni JHWH* eng mit dem Thema des Exodus verbunden ist, was in Ex 6,7b durch die partizipiale Weiterführung, in Ex 6,6a durch den Anschluß der Ankündigung des Exodusgeschehens mit der Kopula *wᵉ* angezeigt ist. Offenkundig soll auf diese Weise ein unmittelbarer Zusammenhang zwischen Jahwename und Exodusgeschehen hergestellt werden, was durch die zweimalige Einführung zu Beginn und Schluß der Ankündigung noch unterstrichen wird. Zu beachten ist sodann auch, daß die Formel ʾⁿ*ni JHWH* in Ex 6,7b im Rahmen der Erkenntnisformel durch das appositionell angefügte ʾᵃᵉ*lohêkaem* erweitert ist, womit wohl angezeigt werden soll, daß eben durch die Herausführung aus dem Frondienst Ägyptens Jahwe nicht nur sein eigentliches Wesen offenbart, sondern dadurch zugleich zum Gott Israels wird.

60 Im Gegensatz zu der von Pᵍ aufgebauten Konstruktion der Einführung des Jahwenamens in Ex 6,2+3 findet sich in der von Pᵍ rezipierten Tradition eine solch explizite Konstruktion nicht. Doch ist auch hier eine ähnlich gelagerte Konstruktion vorauszusetzen. In der älteren Tradition in Ex 6,2-8 ist nämlich die Einführung des Jahwenamens aufs engste mit der Ankündigung des Exodus verknüpft und damit gewissermaßen erzählerisch aus der Zusage des Handelns Jahwes selbst entwickelt. Das Verfahren entspricht dabei durchaus der Einführung des Gottesnamens ʾel-*šaddāj* in Gen 17,1b, wo der so eingeführte Gottesname allem Anschein nach nicht ohne innere Verbindung zur Ansage des Bundes (*bᵉrît*) an Abraham steht, als dessen zentraler Inhalt Mehrung und Fruchtbarkeit genannt sind. Sowohl in Gen 17* als auch in Ex 6,2-8* steht der jeweils neu eingeführte Gottesname in einem unlösbaren Zusammenhang mit der jeweiligen von der Gottheit selbst gegebenen Zusage. Die so zwischen Ex 6,2-8* und Gen 17* bestehende Beziehung ist um so mehr zu beachten, als diese nicht erst ein priesterschriftliches Konstrukt ist (wenn auch Pᵍ sie redaktionell noch ausgebaut hat), sondern schon für die von Pᵍ rezipierte Tradition als gegeben angesehen werden muß (als Elemente dieser Pᵍ vorgegebenen Tradition sind in Gen 17 wohl die Verse 17,1b-4a.6.22 anzunehmen; zu Gen 17 vgl. meine demnächst in ZAW erscheinende Analyse). Besteht diese Vermutung zu Recht, dann ist aber die in der Exodusgeschichte herauslösbare ältere, von Pᵍ redaktionell neu gestaltete Erzählung kein in sich geschlossenes literarisches Gebilde, sondern - was allein schon deren unvermittelter Einsatz in Ex 1,13* nahelegt - Bestandteil einer umfassenderen Geschichtsdarstellung gewesen (vgl. dazu die bei P. WEIMAR, fzb 9, 2o8.248f und BZ NF 18, 1974, 86f geäußerten Vermutungen zu Umfang und Profil einer solchen Geschichtsdarstellung, wobei die dort angenommene Konzentration der Patriarchengeschichte auf Jakob wohl nicht aufrecht zu erhalten ist).

61 Zum Gebrauch der "Erkenntnisformel" bei Pᵍ vgl. P. WEIMAR, fzb 9, 141-146.

verdeutlichen. Die im zweiten Teil der Erzählung thematisierte Vernichtung
der Ägypter im Meer weist über sie hinaus auf die zu Beginn der Darstellung
des Exodusgeschehens in Ex 1,13* + 2,23aß.24a.25b* entworfene Ausgangssituation zurück und bildet eine Art Gegenbild zu dieser (Unterdrückung der Israel-Söhne durch die Ägypter - Vernichtung der nachsetzenden Ägypter durch
Jahwe) [62]. Damit ist gewissermaßen der äußere Rahmen der von der priesterschriftlichen Geschichtsdarstellung rezipierten Exoduserzählung angegeben.
Innerhalb des auf diese Weise angezeigten Spannungsbogens wird die Befreiung
der Israel-Söhne aus der Unterdrückung durch die Ägypter erzählt, wobei die
Exklusivität des Befreiungshandelns Jahwes eine nachdrückliche Hervorhebung
erfährt.

3.2 *Die literarisch-theologische Eigenart der Erzählung*

Die von der Erzählung gesetzten Akzente sind auf verschiedene Weise sichtbar
gemacht. Beachtung verdient in diesem Zusammenhang schon die formale Gestaltung der Erzählung, deren beide Teile nach dem gleichen Grundmuster strukturiert sind (vgl. zu 2). Bestimmend für die Darstellung des Geschehens ist
die in jedem der beiden Teile begegnende Abfolge von Jahwerede und Ausführungsbericht (Ex 14,15aα+16*/21aαb und 26abα/27aα+28a*), worin die den Ablauf der Handlung bestimmende Dominanz des Wortes Jahwes zum Ausdruck gebracht ist. Das wird zusätzlich noch dadurch unterstrichen, daß mit Ausnahme
der die beiden Teile der Erzählung eröffnenden Aussagen Ex 14,8b und 23aαb
alle anderen Aussagen innerhalb der Meerwundererzählung von den beiden Jahwereden her bestimmt sind.

Innerhalb der Abfolge von Jahwerede und Ausführungsbericht wiederholt sich
jeweils (zweimal) die Verbindung der beiden Elemente vom Tun einer quasi-magischen Handlung durch Mose und der Angabe der daraus resultierenden Wirkung [63]. Der Akzent liegt dabei auf dem unmittelbaren und unfehlbaren Ein-

---

62 Die Verklammerung von Anfang und Schluß der von P[g] rezipierten Gestalt
der Exodusgeschichte ist nicht zuletzt auch durch die beiden Aussagen Ex
1,13* und 14,23aαb angezeigt, die allein schon dadurch miteinander verbunden sind, daß in ihnen jeweils die Ägypter Subjekt und die Israel-Söhne Objekt der Aussage sind und daß zwischen ihnen außerdem eine thematische Verwandtschaft besteht (*wǎjjǎ[c]abidû/wǎjjirdᵉpû*). Der Zusammenhang
beider Aussagen ist dabei um so höher zu bewerten, als es die einzigen
innerhalb der ganzen P[g] vorgegebenen Exodusgeschichte sind, die die Ägypter als aktiv in das Geschehen eingreifend vorstellen.

63 In ähnlicher Weise sind die Akzente in der der priesterschriftlichen Darstellung der "Machttaten" ("Plagen") zugrundeliegenden Tradition gesetzt
(vgl. dazu P. WEIMAR, Hoffnung 35o-355), was wohl auf eine Herkunft aus
dem gleichen Tradentenkreis schließen läßt.

treffen des angesagten Geschehens, wobei der Vollzug der quasi-magischen Handlung die Wirkung als solche schon in sich trägt [64]. Erzählerisch wird die auf diese Weise betonte Herausstellung der Wirkmächtigkeit des Wortes Jahwes in Korrelation gesetzt zur Machtlosigkeit der die Israel-Söhne knechtenden Ägypter, was nicht zuletzt auch durch das antithetische Gegenüber der die Erzählsituation skizzierenden Aussagen in Ex 14,8b und 23aαb unterstrichen wird [65]. Im Zusammenhang mit der starken Akzentuierung des Moments der Wirkmächtigkeit des Wortes Jahwes dürfte auch die rigorose Reduktion und Konzentration der Darstellung des Exodusgeschehens zu sehen sein, insofern das Meerwunder unmittelbar auf die Ankündigung der Herausführung durch Jahwe in Ex 6,6*+7b folgt [66].

---

64 Die hier - aber auch in den "Plagen" - begegnende Darstellungsform magischer Handlungen (magische Handlung + Eintreten der Wirkung) ist als ein bewußt eingesetztes literarisches Stilmittel zu verstehen, um auf diese Weise gerade das Moment der Wirksamkeit des Wortes Jahwes nachdrücklich hervorzuheben.

65 Nicht nur kompositionell, sondern auch thematisch sind die die beiden Erzählhälften der Meerwundererzählung einleitenden Aussagen Ex 14,8b und 23aαb als antithetische Aussagen zu verstehen. Betont treten sich dabei das Herausziehen der Israel-Söhne und das Nachsetzen der Ägypter gegenüber. Ihre besondere Nuance bekommen die beiden Aussagen Ex 14,8b und 23aαb zum einen durch die Umstandsbestimmung $b^ejad\ ram\bar{a}$ und zum anderen durch die Ortsangabe *'ael-tôk hăjjam*, durch die gleichfalls wohl ein Gegensatz zum Ausdruck gebracht sein soll. Liegt der besondere Akzent der Ortsangabe *'ael-tôk hăjjam* auf der vom Meer ausgehenden tödlichen Bedrohung, soll demgegenüber mit Hilfe der Umstandsbestimmung $b^ejad\ ram\bar{a}$ wohl der Aspekt lebenseröffnender Schutzgewährung herausgestellt werden (vgl. in diesem Zusammenhang auch die thematische Korrespondenz zwischen Ex 14,8b und 23aαb und den von ihnen eingeleiteten Erzählzusammenhängen). (vgl. in diesem Zusammenhang auch die thematische Korrespondenz zwischen Ex 14,8b und 23aαb und den von ihnen eingeleiteten Erzählzusammenhängen). Werden die damit sich zeigenden Entsprechungen zwischen Ex 14,8b und 23aαb beachtet, dann legt sich auch für die Umstandsbestimmung $b^ejad\ ram\bar{a}$ eine bestimmte Interpretation nahe (zu diesem Ausdruck vgl. jetzt die auch die verschiedenen Interpretationsmöglichkeiten skizzierende Darstellung bei C.J. LABUSCHAGNE, AOAT 211, 143-148), insofern damit dann nur der von Jahwe ausgehende Schutz gemeint sein kann (vgl. z.B. "unter dem Schutz einer erhobenen Hand" G. BEER 76). Diese Interpretation entspricht dabei sowohl dem ganz und gar unkriegerischen Kolorit der Darstellung des Meerwunders in der von Pg rezipierten Tradition als auch dem unmittelbaren Anschluß von Ex 14,8b an die Exoduszusage in Ex 6,6*+7b. Anders stellt sich der Sachverhalt auf der Ebene der priesterschriftlichen Redaktion dar. Hier wird mit dem Ausdruck $b^ejad\ ram\bar{a}$ nicht mehr eine Aktivität Jahwes angesprochen sein, sondern vielmehr ein besonderer Aspekt des Tuns der Israel-Söhne, wobei thematisch ein Zusammenhang zwischen Ex 14,8b und 12,41 (*kăl sib'ôt JHWH*) anzunehmen ist (die hierbei zu konstatierende Verbindung mit Kampf und Krieg (vgl. dazu C.J. LABUSCHAGNE, AOAT 211, 145-148) steht in einer gewissen Spannung zu der sonst ganz und gar unkriegerischen Vorstellung des Meerwundergeschehens bei Pg (dazu vor allem J.-L. SKA, Bb 6o, 1979, 191-215)).

66 In dieser Konzentration des Exodusgeschehens ist durchaus ein bewußter literarischer Akt zu sehen, was gerade auch an einem Vergleich mit den

Für die spezifische Deutung des Meerwunders sind vor allem die aus dem Rahmen der Erzählung herausgehobenen Schlußaussagen der beiden Erzählhälften in Ex 14,22 und 29 zu beachten, die formal wie thematisch eng aufeinander bezogen sind. Während das erste Element (Ex 14,22a und 29a) auf den Vorgang des Gehens "auf trockenem Boden inmitten des Meeres" abhebt (verbal), markiert das zweite Glied (Ex 14,22b und 29b) einen für das Geschehen selbst charakteristischen Umstand (nominal). Vor allem durch die refrainartig eingeführten Aussagen Ex 14,22b und 29b ("und die Wasser waren ihnen wie eine Mauer zur Rechten und zur Linken") wird die Vorstellung eines Weges inmitten der Wasser des Meeres induziert [67]. Im Bild des Weges durch die Wasser des Meeres, wie es prononciert am Abschluß der beiden Erzählhälften eingeführt ist, wird der besondere Aspekt erkennbar, unter dem in der von Pᵍ rezipierten Fassung der Erzählung das Meerwundergeschehen zu sehen ist.

Eine solche Annahme ist um so naheliegender, als die Aussagen von Ex 14,22 und 29 nicht zuletzt wegen des Fehlens von Parallelen im engeren Sinne als originelle, auf den Verfasser der vorliegenden Fassung der Meerwundererzählung selbst zurückgehende Bildungen zu verstehen sind. Außerdem sind Ex 14, 22 und 29 der Meerwundererzählung nicht als ein ablösbares Deuteelement aufgesetzt, sondern durch die von der gleichen Bildvorstellung beherrschte Aussage Ex 14,16* fest mit ihr verbunden.

(1) Das Nomen *jabbaša* ("trockener Boden") ist nicht häufig belegt [68]. Im Zusammenhang der priesterschriftlichen Geschichtsdarstellung kommt es neben Ex 14,16*.22.29 nur noch in Gen 1,9+1o vor, ohne daß aber zwischen beiden Vorkommen ein literarisch ursprünglicher Zusammenhang angenommen werden darf, insofern nämlich Gen 1,9+1o im Gegensatz zu Ex 14,16*.22.29 als eine genuin priesterschriftliche Bildung zu verstehen ist [69]. Im Blick auf die Verwendung des Wortes *jabbaša* in Ex 14,16*.22.29 sind schöpfungstheologische Implikationen nicht festzustellen, sondern erst sekundär bedeutsam geworden, als die von Pᵍ rezipierte Gestalt der Meerwundererzählung redaktionell zur Schöpfungs-, aber auch zur Fluterzählung (Gen 8,14) in Beziehung gesetzt

---

älteren Darstellungen des Exodusbuches erkennbar wird, in denen die "Plagen" einen festen Platz haben. Durch die Eliminierung der Plagen und den unmittelbaren Anschluß des Meerwunders an die Ankündigung der Befreiung aus Ägypten bekommt das Meerwunder ein bedeutend höheres Gewicht.

67 Im allgemeinen wird für die Vorstellung der "Mauer" in Ex 14,22b und 29b auf 1 Sam 25,16 und Nah 3,8 hingewiesen (vgl. nur A. DILLMANN 166).

68 Vgl. dazu vor allem J.-L. SKA, NRTh 113 (1981) 515-517, außerdem H.-D. PREUSS, ThWAT III (1982) 4oo-4o6.

69 Zum Zusammenhang von Ex 14,16*.22.29 und Gen 1,9+1o vgl. vor allem J.-L. SKA, NRTh 113 (1981) 515-517 und E. ZENGER, SBS 112, 169. - Da die Belege innerhalb der Meerwundererzählung schon auf eine Pᵍ vorgegebene Tradition zurückgehen, zu der weder die Schöpfungs- noch die Fluterzählung gehört haben (vgl. Anm. 6o), kann die im priesterschriftlichen Erzählzusammenhang zweifellos gültige Korrespondenz zu Gen 1,9+1o im Blick auf eine Interpretation von Ex 14,16*.22.29 nur erst auf einer redaktionellen Ebene als bedeutsam angesehen werden. Daß das Beziehungsverhältnis zwischen Schöpfungs- und Meerwundererzählung dabei von Pᵍ intendiert zu sein scheint, wird nicht zuletzt daran erkennbar, daß die Aussagen in

worden ist [70]. Die für die Aussagen vom Gehen der Israel-Söhne "auf trockenem Boden" (bajjăbbašā) sich findenden Parallelen (Ex 15,19; Neh 9,11; vgl.
Ps 66,6) sind im Blick auf Ex 14,16*.22.29 nur indirekt von Bedeutung, insofern sie insgesamt literarisch als jünger anzusehen sind [71], was gleichfalls
auch für die Übertragung dieser Vorstellung auf die Jordanüberquerung (Jos
4,22) gelten wird [72].

(2) Ist die Vorstellung, daß die Israel-Söhne "auf trockenem Boden"
(bajjăbbašā) durch das Meer gegangen sind, aus der Konzeption der von P^g rezipierten Fassung der Meerwundererzählung selbst zu verstehen, so liegt das
besondere Interesse des Erzählers auf der Kontrastierung der beiden Aussageelemente "auf trockenem Boden" (bajjăbbašā) und "inmitten des Meeres"
(b^etôk hăjjam). Durch die unterschiedliche Abfolge beider Aussageelemente
innerhalb der Meerwundererzählung werden zusätzliche Akzente gesetzt. Soll
in Ex 14,16b und 22a durch die Voranstellung der Ortsangabe "inmitten des
Meeres" gerade die Lokalität des Geschehens herausgestellt werden, ist in
Ex 14,29a - im Rückblick auf den in Ex 14,22a geschilderten Vorgang - demgegenüber durch die umgekehrte Abfolge der beiden Aussageelemente der besondere Modus des Geschehens betont. Durch die Nebeneinanderstellung von
bajjăbbašā und b^etôk hăjjam soll mit Nachdruck der besondere Charakter der
Rettung Israels am Meer akzentuiert werden. Dies wird umgekehrt auch von
daher unterstrichen, daß in bezug auf die Ägypter der Ausdruck "inmitten
des Meeres" (b^etôk hăjjam) durch die Angabe "mitten ins Meer" ('ael tôk
hăjjam) (Ex 14,23b) bzw. "im Meer" (băjjam) (Ex 14,28a*) ersetzt ist [73].

Gen 1,9+1o erst auf die Hand der priesterschriftlichen Redaktion selbst
zurückgehen (zur Problematik von Tradition und Redaktion in Gen 1,1-2,4a*
soll in anderem Zusammenhang Stellung genommen werden).

70 Die Aussage von Gen 8,14, wo anstelle des Nomens jăbbašā das Verbum jbš
begegnet, ist bei P^g insofern hervorgehoben, als sie mit der im Rahmen
der Fluterzählung abschließenden chronologischen Angabe verbunden und
dadurch in einen bewußten Kontrast zu der mit der ersten chronologischen
Angabe verbundenen Aussage in Gen 7,11 gesetzt ist (zu den chronologischen Angaben innerhalb der Fluterzählung vgl. P. WEIMAR, BN 23, 1984,
113 Anm. 91). Das in Gen 7,11 gebrauchte Verbum bq^c N-Stamm hat gleichfalls eine Entsprechung innerhalb der Meerwundererzählung (Ex 14,16*
und 21*; hierzu s.u.). Über den zwischen Gen 7,11 und 8,14 bestehenden
Zusammenhang wird für Gen 8,14 zugleich eine Verbindung zur Schöpfungserzählung Gen 1,1-2,4a* hergestellt.

71 Ex 15,19 ist unzweifelhaft als eine vor allem priesterschriftliche wie
nachpriesterschriftliche Aussagen rekapitulierende Feststellung zu verstehen, die auf die Hand von R^P zurückgehen wird (vgl. dazu schon B.
BAENTSCH 137; zur Funktion von Ex 15,19 bei R^P s.o.). - Als nachexi-
lisch ist wahrscheinlich auch Ps 66,6 (vgl. nur die Verbindung der beiden Vorstellungen vom Durchzug durch das Meer und durch den Jordan)
anzusehen.

72 Jos 4,21-24 kann frühestens als deuteronomistisch verstanden werden,
setzt aber wahrscheinlich schon die priesterschriftliche Meerwundertradition voraus, so daß der Abschnitt wohl erst nachpriesterschriftlicher
Herkunft sein wird (vgl. jetzt auch H.-J. FABRY, BETL 68, 351-356).

73 Instruktiv ist in diesem Zusammenhang vor allem ein Vergleich der Aussagen in Ex 14,16* und 22a einerseits sowie 14,23aαb andererseits. In
beiden Aussagezusammenhängen ist das Verbum bw' gebraucht, für das der
Aspekt des Angespanntseins auf ein Ziel charakteristisch ist (vgl. dazu
P. WEIMAR, ZAW 86, 1974, 184 Anm. 43). Bezeichnenderweise steht eine

(3) Innerhalb von P^g ist der in Ex 14,16b.22.29 gebrauchte Ausdruck "inmitten des Meeres" ohne Parallele [74], hat jedoch in Ex 15,19 und Num 33,8 eine redaktionelle Aufnahme durch R^P erfahren [75]. Ob zwischen b^{e}tôk hajjam und dem verwandten Ausdruck "inmitten des Jordan" (b^{e}tôk hajjarden) (Jos 3,17; 4,9+1o) ein Zusammenhang anzunehmen ist, kann keinesfalls als sicher angesehen werden; Entsprechendes gilt auch für die Frage eines möglichen Zusammenhangs mit dem Vorkommen des Ausdrucks (bzw. auch ähnlicher Aussagen) innerhalb des "Tyros-Orakels" Ez 25-28 (26,5; 27,32; b^{e}leb jammim 27,4.25.26; 28,2.8; b^{e}tôk majim) 26,12) [76]. Naheliegender ist es, an eine Verbindung mit der schon in der ältesten Fassung der Meerwundererzählung fest verankerten und dort auf das Gericht an den Ägyptern bezogenen Aussage "inmitten des Meeres" in Ex 14,27b zu denken [77]. Maßgebend für die Aufnahme dieses Ausdrucks in Ex 14,16b.22.29 könnte die darin sich aussprechende Vorstellung von der todesbedrohenden, keinen Ausweg offen lassende Macht des Meeres (vgl. etwa Jon 2,4) gewesen sein [78]. In der Verbindung der beiden betont gegensätzlichen Aussageelemente "inmitten des Meeres" und "auf trockenem Boden" in Ex 14,16*.22.29 soll dann gerade der Kontrast zwischen Ausweglosigkeit und Todesverfallenheit einerseits und dem Sich-Eröffnen neuer Lebensmöglichkeiten für Israel andererseits angezeigt werden.

(4) Mit dem in Ex 14,22 und 29 herausgestellten Bild des Weges durch die Wasser des Meeres hängt sodann auch die Vorstellung vom "Spalten" (bq^c) des Meeres zusammen (vgl. dazu vor allem Ex 14,16*) [79]. Innerhalb der Meerwundererzäh-

---

Zielangabe aber nur in Ex 14,23aαb in der auf die Ägypter bezogenen Aussage, während in Ex 14,16* und 22a in bezug auf die Israel-Söhne eine eigentliche Zielangabe fehlt. An ihre Stelle tritt dafür die Wendung b^{e}tôk hajjam ein, was primär durch den Kontrast zu dem damit in Verbindung stehenden Ausdruck bajjabbasa verständlich wird. Dann dürfte gerade hierin die vom Verfasser der Erzählung intendierte Aussageabsicht zu suchen sein.

74 Nach J.-L. SKA, NRTh 113 (1981) 517 hat der Ausdruck b^{e}tôk hajjam innerhalb von P^g eine Entsprechung in dem Ausdruck b^{e}tôk hammajim in Gen 1,6; dazu vgl. aber schon E. ZENGER, SBS 112, 169 Anm. 12.

75 Zu Ex 15,19 vgl. schon Anm. 71. - Als literarisch sehr junges, wahrscheinlich auf R^P zurückgehendes Textelement ist auch Num 33,8 anzusehen (zur literargeschichtlichen Einordnung der Liste in Num 33 vgl. vor allem M. NOTH, Aufsätze I, 85 und ÜSt 192 Anm. 1).

76 Gegenüber dem von J.-L. SKA, NRTh 113 (1981) 518 akzentuierten Zusammenhang von b^{e}tôk hajjam in Ex 14,16*.22.29 mit Ez 25-28 ist jedoch zu beachten, daß gerade die für die Intention der von P^g rezipierten Meerwundererzählung charakteristische Verbindung von b^{e}tôk hajjam und bajjabbasa bei Ez keine Entsprechung hat. Ist damit auch für die von P^g bearbeitete Fassung der Meerwundererzählung ein Zusammenhang mit Ez keineswegs als zwingend anzusehen, so schließt das auf der anderen Seite nicht aus, daß auf der Ebene der priesterschriftlichen Redaktion die zwischen Ex 14,16*. 22.29 und Ez 25-28 bestehenden Entsprechungen angesichts der auch sonst zwischen P^g und Ez zu konstatierenden Zusammenhänge (dazu vgl. Anm. 11o) ein neues Gewicht bekommen haben.

77 Dazu vgl. Kap. IV. Anm. 9.

78 Ähnlich auch K. KIESOW, OBO 24, 1o4f mit Blick auf den Ausdruck "Tiefen des Meeres" in Jes 51,1oa.

79 Zu bq^c vgl. J.-L. SKA, NRTh 113 (1981) 514f.

lung begegnet das Verbum bq^C neben Ex 14,16* noch im zugehörigen Ausführungsbericht Ex 14,21b, wobei aber die zwischen beiden Aussagen bestehende Aspekt-
differenz zu beachten ist. Während in Ex 14,16* das "Spalten" des Meeres als
eine Aktion des Mose gekennzeichnet ist, wovon das Hineingehen der Israel-
Söhne inmitten des Meeres als Folge abgesetzt erscheint, ist im Ausführungsbericht Ex 14,21* nur das Ausstrecken der Hand als Aktion des Mose, das Sich-
Spalten der Wasser (bq^C N-Stamm) dagegen als daraus resultierende Folge eingeführt [80]. Innerhalb des Zusammenhangs von Pg begegnet das Verbum nur noch
in Gen 7,11b (bq^C N-Stamm), ohne daß aber die entsprechende Aussage im Rahmen der Flutgeschichte unmittelbar zu Ex 14,16* und 21b in Beziehung gesetzt
werden könnte [81]. Eine solche Verbindung ist erst auf der Ebene der priesterschriftlichen Redaktion hergestellt worden [82]. Die Vorstellung vom Spalten
der Wasser des Meeres innerhalb der von Pg rezipierten Fassung der Meerwundererzählung hat wahrscheinlich keinen Anhalt in einer vorgegebenen Tradition; die übrigen Belege, in denen von einem Spalten der Wasser die Rede
ist, sind allesamt wohl erst nachpriesterschriftlicher Herkunft [83]. Das unterstreicht dann aber nur die Vermutung, daß die Vorstellung vom "Spalten"
des Meeres im Zusammenhang mit der für die vorliegende Fassung der Meerwundererzählung beherrschenden Konzeption des Weges durch die todbringenden
Wasser des Meeres zu sehen ist.

Die literarisch-theologische Eigenart der von Pg rezipierten Fassung der
Meerwundererzählung wird so eigentlich auf zwei Ebenen greifbar. Die eine
Ebene betrifft die formale Seite der Darstellung, wie sie in dem die ganze
Erzählung bestimmenden Darstellungsmuster von Gottesrede und Ausführung und
– damit verbunden – in dem Zusammenhang von quasi-magischer Handlung und Ein-
treten der Wirkung in Erscheinung tritt. Die andere Ebene bezieht sich vor

---

80 Daß in Ex 14,21* das Spalten nicht wie in Ex 14,16* als Aktion des Mose,
    sondern als dessen Folge eingeführt ist, erklärt sich möglicherweise da-
    her, daß auf diese Weise das in Ex 14,16b als Folge der Aktion des Mose
    genannte Hineingehen der Israel-Söhne inmitten des Meeres von Ex 14,21*
    abgetrennt und ihm eine kompositionskritisch bedingte Sonderstellung ge-
    geben werden soll (vgl. die Korrespondenz der beiden Schlußaussagen in
    Ex 14,22 und 29).

81 Die Aussage von Gen 7,11b ist wahrscheinlich nicht als eine auf die
    priesterschriftliche Redaktion selbst zurückgehende Bildung, sondern als
    Element einer Pg innerhalb der Fluterzählung vorgegebenen Tradition zu
    verstehen; vgl. dazu vorläufig C. WESTERMANN, BK I/1, 583-585, aber
    auch G. MORAWE, Theol. Versuche III (1972) 31-52.

82 Auch wenn das Verbum bq^C sowohl in Gen 7,11 als auch in Ex 14,16* und 21*
    einer Pg vorgegebenen Tradition zuzurechnen ist, so ist eine Verbindung
    zwischen beiden Aussagebereichen auf der Ebene der priesterschriftlichen
    Redaktion explizit gerade durch den von Pg selbst hergestellten kompo-
    sitorischen Zusammenhang der Aussagen Gen 7,11 und 8,14 bewerkstelligt
    worden (vgl. dazu Anm. 7o).

83 Nicht nur für Jes 63,12 und Neh 9,11, sondern auch für Ps 78,13 ist eine
    erst nachexilische Herkunft zu vermuten (im Blick auf den hinsichtlich
    seiner Entstehung stark umstrittenen Ps 78 soll der Nachweis nachexili-
    scher Herkunft in anderem Zusammenhang geführt werden).

allem auf die in den die beiden Erzählhälften abschließenden Aussagen Ex 14, 22 und 29 hervortretende Bildvorstellung vom Weg durch die Wasser des Meeres. Beide Ebenen sind in der Erzählung selbst zu einer Einheit verbunden und machen zusammen auch erst ihre besondere Eigenart aus. Mit jeweils unterschiedlicher Akzentsetzung soll auf beiden Ebenen - wohl vor dem Hintergrund aktueller Zweifel - die Wirkmächtigkeit des göttlichen Wortes vorgestellt werden.

Entsprechend der Ankündigung in Ex 6,6*+7b steht die Errettung der Israel-Söhne innerhalb der Meerwundererzählung im Vordergrund, was vor allem auch durch die beiden refrainartigen Aussagen Ex 14,22 und 29 angezeigt ist. Dieser Thematik ist die damit verbundene Vernichtung der Ägypter im Meer untergeordnet. Die Demonstration der Wirkmächtigkeit des Wortes Jahwes ist zugleich eine Demonstration der Machtlosigkeit der Ägypter. Damit tritt der Schluß der durch Pg aufgenommenen Fassung der Exodusgeschichte in einen bewußten Gegensatz zu ihrem Anfang, insofern sie mit dem Faktum der Unterdrückung der Israel-Söhne durch die Ägypter einsetzt (Ex 1,13* und 2,23aß. 24a.25b*). Der in der Bedrückung durch die Ägypter sich zeigenden Ohnmacht Jahwes wird im Meerwunder die wirklichkeitsverändernde Macht des Wortes Jahwes gegenübergestellt. In dieser Spannung werden wohl zeitgenössische Fragestellungen greifbar.

3.3 Zeit- und geistesgeschichtliche Dimension der Erzählung

Die besondere Akzentuierung des Meerwunders, wie sie in der von Pg rezipierten Fassung der Meerwundererzählung zum Ausdruck kommt, hat unverkennbar Entsprechungen in der exilischen Prophetie, wobei sowohl im Blick auf die starke Akzentuierung der Wirkmächtigkeit des Wortes Jahwes als auch gerade im Blick auf die Deutung des Meerwunders als Weg durch die todbringenden Wasser des Meeres vor allem Deuterojesaja einschlägig ist [84]. Anspielungen auf das Meerwundergeschehen in der Form des Durchzugs durch das Meer begegnen bei Dt-Jes in Jes 43,16b und 51,1ob [85]. Im Blick auf die von Pg rezipierte Fassung der Meerwundererzählung ist dabei vor allem Jes 43,16b von Bedeutung.

---

[84] Beziehungen zwischen Pg und Dt-Jes werden zwar weithin vorausgesetzt, die nähere Bestimmung des Abhängigkeitsverhältnisses jedoch ist noch keineswegs geklärt. Die einschlägige Untersuchung von A. EITZ, Studien ist kaum weiterführend.

[85] Als Anspielung auf das Meerwundergeschehen wird neben Jes 43,16f und 51, 1of häufig auch Jes 5o,2b verstanden (vgl. zuletzt wieder J. SCHARBERT, Schilfmeerwunder 411), ohne daß eine solche Annahme aber allgemein Zu-

Die Aussage in Jes 43,16b ist Bestandteil der größeren literarischen Komposition Jes 43,16-21, wobei als literarisch ursprünglich wahrscheinlich nur
die Aussagen Jes 43,16.17a.18-2oa angesehen werden können [86]:

> Jes 43,16 So hat Jahwe gesprochen,
> der im Meer einen Weg gibt
> und in starken Wassern einen Pfad,
>
> 17 der herausgehen läßt Wagen und Roß,
> Streitmacht und Gewaltige zusammen.
>
> 18 Nicht gedenkt des Früheren
> und des Vorzeitlichen achtet nicht!
>
> 19 Siehe, ich mache Neues,
> jetzt sproßt es auf - erkennt ihr es nicht?
>
> Ja, ich lege in der Wüste einen Weg,
> in der Einöde Ströme.
>
> 2o Es wird mich ehren das Wild des Feldes,
> Schakale und Strauße.

Der so rekonstruierte Text von Jes 43,16-2o* stellt sich als eine kunstvoll
angelegte dreiteilige Komposition dar [87]. Wirkungsvoll werden auf diese Wei-

---

stimmung gefunden hätte (vgl. nur die Übersichtstafel bei C. STUHLMUEL-
LER, AnBb 43, 272). Da für Jes 5o,2b ein Zusammenhang mit dem Meerwunder
keinesfalls als gesichert angesehen werden kann, wird die Aussage von
Jes 5o,2b im folgenden im Blick auf die in Frage stehende Problematik
nicht weiter berücksichtigt. - Zur Exodusmotivik in Dt-Jes vgl. allgemein und im besonderen K. KIESOW, OBO 24, wo sich auch ein Überblick
über die bisherige Forschung findet (17-21), sowie zuletzt H. SIMIAN-
YOFRE, Bb 61 (1980) 53o-553.

86 Gegenüber K. KIESOW, OBO 24, 67f, der die Einheitlichkeit von Jes 43,16-
21 hervorhebt, wird mit literarischen Bearbeitungsvorgängen zu rechnen
sein (vgl. jüngst auch R.P. MERENDINO, VTS 31, 332-336, wenn auch mit
anderem Ergebnis als in der vorliegenden Untersuchung). Problematisch
erscheint im Rahmen der Texteinheit Jes 43,16-21 nicht nur die Schluß-
sage in Jes 43,2ob+21 (dazu schon B. DUHM, HK III/1, 327; vgl. auch
die Zusammenstellung der Bedenken gegen die Echtheit von Jes 43,2ob+21
bei K. ELLIGER, BWANT IV/11, 175f), sondern auch Jes 43,17b* (ausgenommen das allgemein zu Jes 43,17a gezogene *jāhdaw*), wobei sowohl die Weiterführung der partizipialen Konstruktion durch finite Verben als auch
der asyndetische Anschluß auffällig ist (vgl. aber auch die Beobachtungen zur Komposition der Texteinheit, die als bekräftigender Hinweis zur
Ausgrenzung von Jes 43,17b* dienen können).

87 Vgl. dazu schon die Überlegungen bei K. KIESOW, OBO 24, 68-7o, die aber -
entsprechend der hier vorausgesetzten literarkritischen Position - zu
modifizieren sind. Unzweifelhaft besteht ein Einschnitt nach Jes 43,17;
ein weiterer Einschnitt ist zwischen Jes 43,19a und 19b zu machen. Jes
43,19a ist aufgrund des stark argumentativen Stils unmittelbar mit Jes
43,18 zu verbinden, wohingegen die durch die Partikel *ʾap* herausgehobene Aussage in Jes 43,19b in Verbindung mit 43,2oa zu sehen ist, wobei
für den Zusammenhang der beiden Aussagen in Jes 43,19b und 2oa die Abfolge von Ansage eines Handelns Jahwes und einer daraus resultierenden
Folge charakteristisch ist. Das Verhältnis der einzelnen Strophen zueinander ist genau ausbalanciert (mit Ausnahme der vorangestellten Botenformel

se das Frühere (erste Strophe) wie das Spätere (dritte Strophe) einander gegenübergestellt. Der Rückverweis auf die Meerwundertradition wird als appositionelle Ergänzung zur Botenformel in der ersten Strophe eingeführt (Jes 43,16+17a). Das Handeln Jahwes wird dabei nach zwei Seiten hin thematisiert, zum einen als die unerwartete Rettungstat ("im Meer einen Weg"), zum anderen als Macht über die Feinde. Genau diesem doppelten Aspekt entspricht auch das von Jahwe angesagte und zu schaffende "Neue" (Jes 43,19b+2oa), das - in Korrespondenz zum "Weg im Meer" - als "Weg in der Wüste" beschrieben wird und dessen Auswirkungen bis in die Schöpfung hinein reichen (Lob der Wüstentiere) [88]. In der im Zusammenhang der dreiteiligen Komposition im Zentrum stehenden zweiten Strophe (Jes 43,18+19a), für die Elemente der Disputation von Bedeutung sind, wird der aktuelle Fragehorizont (Erfahrung der Machtlosigkeit Jahwes) erkennbar, aus der heraus die ganze Texteinheit gestaltet ist [89].

Im Rahmen der kleinen Komposition Jes 43,16-2o* sind "Weg im Meer" und "Weg in der Wüste" nicht als bloße Einzelaspekte eines konkreten Geschehensvorgangs zu verstehen. Das Bild des "Weges" erscheint vielmehr als umfassendes Deutewort, um die ganze Geschichte Israels als unter der Führung Jahwes stehend begreifen zu können [90]. In einer äußerst konzentrierten Form spie-

---

Jes 43,16aα jeweils zwei Stichen). Kompositorisch treten sich dabei betont die erste und dritte "Strophe" gegenüber (vgl. die Kontrastierung durch das "Wegmotiv" in Jes 43,16 und 19b: Meer - Weg / starke Wasser - Pfad bzw. Wüste - Weg / Einöde - Ströme). Das Gegenüber von Anfang und Schluß der Texteinheit entspricht der thematischen Gegenüberstellung von "Früherem" und "Späterem". Die im Zentrum stehende zweite "Strophe", für die im Gegensatz zu den beiden anderen "Strophen" der argumentative Stil charakteristisch ist, stellt die Verbindung zwischen der ersten und dritten "Strophe" her.

88 Vgl. dazu K. KIESOW, OBO 24, 74.77.

89 In Jes 43,18+19a treten sich betont die beiden Doppelstichen Jes 43,18 und 19a gegenüber, was sowohl durch die Form der Aussage (Mahnung/Ansage) als auch durch die Nomina (Früheres bzw. Vorzeitliches/Neues) wie die Verben ("gedenkt nicht!" bzw. "achtet nicht!"/"erkennt ihr es nicht?") unterstrichen wird. Durch die Kontrastierung der beiden Aussagen gegeneinander soll gerade das Entsprechungsverhältnis zwischen dem "Weg im Meer" und dem "Weg in der Wüste" herausgestellt werden. In der Form der unmittelbaren Anrede an den Adressaten, die innerhalb der Gesamtkomposition von Jes 43,16-2o* nur hier begegnet, wird deren Betroffenheit spürbar. Das sie bewegende Problem selbst wird nicht genannt, sondern läßt sich nur aus dem Gegenüber der beiden Aussagen Jes 43,18 und 19a erschließen.

9o Dazu K. KIESOW, OBO 24, 73f.76-78.

gelt sich damit in der Texteinheit Jes 43,16-2o* jenes Verständnis von Geschichte, wie es für die durch Prolog (Jes 4o,3aß-5abα) und Epilog (Jes 48, 2o+21a) gerahmte Grundschicht von Dt-Jes (Jes 4o-48*) charakteristisch ist [91]. Der Hintergrund für eine solche, bei Dt-Jes akzentuierte "Wegtheologie" wird die bedrängende Erfahrung der Sinnkrise der eigenen Geschichte sein (vgl. Jes 4o,27), womit auch der ausgesprochen argumentative Charakter von "Deuterojesaja" zusammenhängt [92].

Im Blick auf die Meerwundererzählung allenfalls indirekt von Bedeutung ist der zweite deuterojesajanische Text (Jes 51,1o), der eine Anspielung auf den Durchzug durch das Meer enthält. Die für Jes 51,1o charakteristische Verbindung von Chaoskampf- und Exodustradition ist hinsichtlich ihrer literarischen Ursprünglichkeit nicht unstrittig [93]. Der Übergang von der in Jes 51,9+1oa akzentuierten Chaoskampfthematik zur Zitation der Meerwundertradition in Jes 51,1ob erfolgt unvermittelt und ist auch nicht ohne Härte [94]. Aber auch im Blick auf die größere Gesamtkomposition Jes 51,9+1o/17+19/52, 1+2 [95] ist der Verweis auf die Exodustradition mit ihrer ausgesprochenen Wegtheologie ohne eigentliche Funktion. Ist Jes 51,1ob so wahrscheinlich als redaktionelle Bildung zu qualifizieren, dann ist die Verbindung von Chaoskampf- und Exodustradition in Jes 51,9+1o als sekundäres Phänomen zu

---

91 Zu diesem Verständnis der Grundschicht von Jes 4o-48 vgl. K. KIESOW, OBO 24, 19o-196.

92 Charakteristisch für die Grundschicht von Jes 4o-48* ist die Beschränkung auf die drei - im einzelnen entsprechend variierten - literarischen Formen von Heilsorakel, Disputationswort und Gerichtsrede gegen den Anspruch der Götter. Hierin kommt das spezifische Interesse von "Deuterojesaja" zum Ausdruck. Das primäre Anliegen von Jes 4o-48* liegt zweifellos in der Verkündigung heilvollen Aufbruchs Jahwes, der seinem Volk eine neue Zukunft eröffnet. Angesichts der fundamentalen, durch das Exil heraufbeschworenen Krise verlangt jedoch die Heilsverkündigung geradezu nach einer theologisch-argumentativen Begründung, was nach zwei Seiten hin in den Disputationsworten und Gerichtsreden geschieht.

93 Bestritten wird die Ursprünglichkeit der Verbindung der beiden Aussagen in Jes 51,1o etwa von B. DUHM, HK III/1, 385 und K. ELLIGER, BWANT IV/ 11, 2o5f.

94 Für die Abtrennung von Jes 51,1ob spricht auch eine stilistische Beobachtung, insofern in Jes 51,9+1oa jeweils zwei Aussagen paarweise einander zugeordnet sind, wobei die paarweise Zuordnung durch den gleichen Auftakt der in Parallele zueinander stehenden Aussagen angezeigt ist (Jes 51,9a *ûrî und 9b+1oa *halô' 'att hî'). Nicht in dieses stilistische Schema eingebunden ist die Aussage von Jes 51,1ob, die so als ein überschiessendes Textelement zu beurteilen sein wird.

95 Vgl. dazu vor allem K. KIESOW, OBO 24, 93-1oo, wobei über die dort vertretene literarkritische Position hinausgehend neben Jes 51,1ob außerdem wahrscheinlich auch der Begründungssatz in Jes 52,1b als redaktionell auszugrenzen sein wird.

verstehen. Als Anknüpfungspunkt hat dem Bearbeiter allem Anschein nach Jes 43,16+17a gedient, wobei die dort vertretene Wegtheologie durch die Übertragung in einen anderen literarisch-theologischen Zusammenhang einen neuen Stellenwert gewonnen hat [96]. Der "Weg" erscheint nicht mehr als geschichtsdeutendes Modell, worin die ganze Geschichte Israels insgesamt begrifflich zusammengefaßt erscheint, sondern wird vielmehr zum Bild für die mit der Heilswende erwartete, von Grund auf verwandelte neue Welt (vgl. auch Jes 49,11) [97].

Treffen die Beobachtungen zu den beiden Texten in Dt-Jes, die den Durchzug durch das Meer explizit ansprechen (Jes 43,16 und 51,1o), zu, dann ist die von P[g] rezipierte Darstellung des Meerwundergeschehens zwischen beiden Texten anzusiedeln. Wegen der Mythisierung der Meerwundertradition in Jes 51, 1o besteht eine nicht zu verkennende Distanz zwischen Jes 51,1o und der Meerwundererzählung, so daß dieser Text als Anknüpfungspunkt für die durch P[g] aufgenommene Fassung der Meerwundererzählung ausscheidet [98]. Dagegen ist ein enger Zusammenhang zwischen der Meerwundererzählung und Jes 43,16 aufgrund der in beiden Texten prononciert vorgetragenen Wegtheologie gegeben, wobei wegen des Fehlens wörtlicher Entsprechungen aber nicht an literarische Abhängigkeit, sondern eher an überlieferungsgeschichtliche Zusammenhänge zu denken ist [99]. Daß die P[g] vorgegebene Fassung der Meerwundererzählung in der Tradition von Dt-Jes (Jes 4o-48*) steht und nicht umgekehrt Dt-Jes in der Tradition der Meerwundererzählung, ist allein schon deshalb als wahrschein-

---

96 Zum unterschiedlichen Stellenwert in der Verwendung der Exodusmotivik in Jes 43,16+17a und 51,9+1o vgl. vor allem K. KIESOW, OBO 24, 169-175.

97 Vgl. hierzu K. KIESOW, OBO 24, 197-2o1.

98 Zu beachten ist in diesem Zusammenhang auch, daß die Aussage von Jes 51,1ob zwar einerseits die Vorstellung von einem Durchzug durch das Meer voraussetzt, in der Formulierung andererseits aber gerade an eine Tradition anknüpft, die die Vorstellung eines Durchzugs durch das Meer selbst noch nicht kennt (Ex 14,21aß Je; vgl. zu diesem Zusammenhang auch Th. SEIDL, BN 21, 1983, 128). Der unmittelbare Anlaß dafür, daß der redaktionelle Zusatz Jes 51,1ob auf Ex 14,21aß zurückgreift, dürfte dabei in dem in Jes 51,1oa vorgegebenen Partizip *hammăhᵃraebaet* zu sehen sein. Auf der anderen Seite unterstreicht dieses Faktum aber nochmals die Distanz von Jes 51,1ob zur priesterschriftlichen Meerwundertradition.

99 Die wenigen dennoch bestehenden verbalen Verbindungen zwischen Jes 43, 16-2o* und der Meerwundererzählung (*raekaeb* Jes 43,17a // Ex 14,28a und *hăjil* Jes 43,17a // Ex 14,4a.17ba.28a; vgl. auch *kbd* D-Stamm Jes 43,2oa // *kbd* N-Stamm Ex 14,4a.17ba) gehen erst auf die priesterschriftliche Redaktion selbst zurück und sind im Blick auf die theologische Konzeption eher als untypisch zu charakterisieren.

lich anzusehen, weil bei Dt-Jes die "Wegtheologie" als eine geschlossene theologische Konzeption zu verstehen ist, in der alle Einzelelemente aufeinander bezogen sind und zueinander passen [100].

Aus Jes 4o-48[*] wird der Verfasser der von Pg rezipierten Fassung der Meerwundererzählung das Motiv des Weges durch das Meer aufgenommen haben. Wie bei "Deuterojesaja" dient es auch im Rahmen der Meerwundererzählung dazu, nicht nur einen Einzelaspekt eines Geschehensvorgangs zu umreißen, sondern ist vielmehr als umfassendes Deutewort im Blick auf die ganze Geschichte des Jahwe-Volkes zu verstehen. Als verwandt ist außerdem der Fragehorizont anzusehen, insofern in beiden literarischen Zusammenhängen entgegen der Erfahrung der Machtlosigkeit Gottes mit Nachdruck die Wirkmächtigkeit des Wortes Jahwes betont wird [101]. Läßt sich so die in der Meerwundererzählung stark herausgehobene Wegvorstellung am ehesten von Dt-Jes her verständlich machen, dann ist damit zugleich ein Hinweis auf die geistige Heimat der Meerwundererzählung gegeben, die wie Jes 4o-48[*] allem Anschein nach im Exil entstanden sein dürfte, wofür nicht zuletzt auch die Tatsache sprechen könnte, daß mit der Darstellung des Meerwunders die von Pg aufgenommene und ihr vorgegebene Geschichtsdarstellung einmal geendet hat [102].

4.   *Die priesterschriftliche Fassung der Erzählung*

4.1 *Die priesterschriftliche Meerwundererzählung als Neuinterpretation*
     einer älteren Tradition

Lassen die bisherigen Beobachtungen in der priesterschriftlichen Meerwundererzählung nicht eine originäre literarische Komposition, sondern vielmehr

---

100 Dazu vgl. vor allem K. KIESOW, OBO 24, 19o-196.

101 Gerade die Tatsache, daß präzis die beiden für die von Pg rezipierte Fassung der Meerwundererzählung als bestimmend anzusehenden Aussagereihen ihre Entsprechung bei Dt-Jes haben, unterstreicht den Zusammenhang zwischen beiden literarischen Bereichen. Dabei ist zu berücksichtigen, daß sowohl die Wegkategorie als auch die vor allem in den Gerichtsreden gegen die Götter der Völker angesprochene Thematik der Wirkmächtigkeit des Wortes Jahwes nicht nur ein partielles, sondern ein durchgehendes Thema deuterojesajanischer Theologie ist.

102 Die als Rahmen für die Pg vorgegebene Gestalt der Meerwundererzählung anzunehmende umfassendere Geschichtsdarstellung (vgl. dazu Anm. 6o) hat allem Anschein nach mit der Darstellung des Meerwunders als Höhepunkt geendet, da sich in den auf die Meerwundererzählung folgenden Teilen der priesterschriftlichen Geschichtsdarstellung keine ihr vorgegebenen und durch sie nur redaktionell bearbeiteten Erzählzusammenhänge ausmachen lassen. Der Abschluß der redaktionell in Pg aufgegangenen Geschichtsdarstellung mit der Exodusgeschichte dürfte zwar unmittelbar

eine redaktionelle Bearbeitung einer vorgegebenen älteren Erzählung sehen, die als solche noch rekonstruiert werden kann [103], dann ist die priesterschriftliche Fassung primär als Neuinterpretation ihrer Vorlage zu verstehen, wobei ihre Intention am ehesten an den Abänderungen gegenüber der rezipierten Tradition greifbar wird. Erhalten geblieben ist bei Pg die von der Vorlage her vorgegebene Zweiteiligkeit der Erzählung. Eine entschiedene Veränderung hat durch Pg jedoch die Symmetrie der beiden Erzählhälften erfahren. Im Gegensatz zur zweiten Erzählhälfte, die Pg mit Ausnahme eines geringfügigen Einschubs ("die Streitwagen und Reiter der ganzen Macht des Pharao" in Ex 14,28aα) unverändert aus der Vorlage übernommen hat, hat die erste Erzählhälfte eine starke Auffüllung erfahren, wodurch dann auch die literarischen Strukturen des Textes selbst verändert worden sind (vgl. zu 1).

Von Gewicht ist in diesem Zusammenhang vor allem die Ausweitung der vorgegebenen Jahwerede Ex 14,15aα+16[*] zu einer großangelegten neuen Rede in Ex 14,15aαb-17abα+18a, die ihrerseits eine genaue Entsprechung in der gleich-

---

durch zeitgeschichtliche Umstände bedingt sein, hat aber auf der anderen Seite durchaus seinen Anhalt in der älteren Tradition, insofern wahrscheinlich auch die jahwistische (vgl. dazu Kap. V. Anm. 3o) und elohistische Geschichtsdarstellung (vgl. dazu P. WEIMAR, OBO 32, 179-19o) mit der Darstellung des Exodusgeschehens geendet haben.

1o3 In der neueren Forschung wird das Problem, inwieweit Pg auf Vorlagen fußt, die von ihr nur redaktionell bearbeitet und in neue Ordnungszusammenhänge gebracht worden sind, im allgemeinen negativ entschieden (vgl. schon Anm. 55). Selbst da, wo grundsätzlich mit der Existenz solcher Vorlagen gerechnet wird, wird an ihrer Rekonstruierbarkeit gezweifelt (vgl. nur N. LOHFINK, VTS 29, 198 Anm. 29 und E. ZENGER, SBS 112, 29-32). Ohne im vorliegenden Zusammenhang das Problem der "Vorlagen" von Pg umfassend diskutieren zu können, soll jedoch kurz die hier vorausgesetzte Grundposition skizziert werden. Die Rückfrage nach "Vorlagen" stellt sich nicht für alle Teile des priesterschriftlichen Werkes in gleicher Weise. Während sich für die Sinai- und Landgabegeschichte keine Hinweise auf die Existenz einer von Pg rezipierten und redaktionell bearbeiteten Tradition feststellen lassen (vgl. auch Anm. 1o2), sind solche aber unverkennbar im Rahmen von "Ur"-, Patriarchen- und Exodusgeschichte zu beobachten, wobei es aber nochmals eine eigene Frage ist, inwieweit die noch rekonstruierbaren "Vorlagen" Bestandteile eines größeren literarischen Zusammenhangs gewesen sind, wie es zumindest für die hier vorausgesetzte Rekonstruktion einer Pg vorgegebenen älteren Fassung der Exodusgeschichte zu vermuten ist (vgl. dazu Anm. 6o). Nicht als Bestandteil einer Pg vorgegebenen geschlossenen Geschichtsdarstellung, als deren Abschluß wohl die Darstellung des Meerwunders anzusehen ist, lassen sich dagegen die zweifellos für die Schöpfungs- (Gen 1,1-2,4a*) und Fluterzählung (Gen 6,9-9,29*) anzunehmenden älteren Traditionen verstehen, in denen wohl nicht zwei gegeneinander zu isolierende Einzelerzählungen, sondern eher zwei (tafelartig einander zugeordnete) Teile einer zusammenhängenden Schöpfungs- und Fluterzählung zu sehen sind (zu dieser Frage soll in anderem Zusammenhang Stellung genommen werden). Auch die für die Darstellung der "Machttaten" vor dem Pharao sowie

falls auf Pᵍ zurückgehenden Jahwerede Ex 14,1-2a+4a hat, was das Gewicht der von Pᵍ eingeführten Aussagen nachdrücklich unterstreicht. Die Korrespondenz der beiden Jahwereden läßt sich durch eine synoptische Gegenüberstellung sichtbar machen [104]:

Ex 14,1-2a+4a	Ex 14,15aαb-17abα+18a
(1) *Und Jahwe* redete *zu Mose,* sprechend:	(1) *Und Jahwe* sprach *zu Mose*
(2) *Rede zu den Söhnen Israels, daß* sie umkehren und sich lagern vor Pi-Hahirot zwischen Migdol und dem Meer.	(2) *Rede zu den Söhnen Israels, daß* sie aufbrechen.
	(3) Du aber erhebe deinen Stab und strecke deine Hand aus über das Meer und spalte es, daß die Söhne Israels inmitten des Meeres auf trockenem Boden hineinkommen.
(4) Und ich werde *stark machen das Herz* des Pharao, *und* er wird nachsetzen *hinter ihnen her.*	(4) Ich aber, siehe, ich *mache stark das Herz* der Ägypter *und* sie werden hineinkommen *hinter ihnen her.*
(5) *Und ich will mich verherrlichen am Pharao und an seiner ganzen Macht,* *und die Ägypter werden erkennen, daß ich Jahwe bin.*	(5) *Und ich will mich verherrlichen am Pharao und an seiner ganzen Macht,* *und die Ägypter werden erkennen, daß ich Jahwe bin.*

Die beiden Reden folgen nicht nur strukturell dem gleichen Gestaltungsmuster [105], sondern sind darüber hinaus in Passagen wörtlich übereinstimmend, womit zugleich auch thematische Akzente gesetzt werden. Die stärksten Differenzen sind im ersten Teil beider Reden zu beobachten (Ex 14,2a/15b+16), wobei die bestehenden Unterschiede zum einen den Erzählzusammenhang betreffen (vgl. nur die Antithetik des in indirekter Rede mitgeteilten Inhalts des Redeauftrags "daß sie umkehren und sich lagern" bzw. "daß sie aufbrechen"), zum anderen aber durch die Bindung an die Pᵍ vorgegebene Tradition (vgl. Ex 14,16*) bedingt sind. Während der Tatauftrag (magische Handlung) - mit Aus-

_____

des Pesach möglicherweise anzunehmende ältere Erzählschicht in Pᵍ (dazu vgl. P. WEIMAR, Hoffnung 347-355.383-388) muß als eine eigenständige, nicht in einen größeren Erzählzusammenhang einzuordnende Tradition verstanden werden.

104 Wörtliche Übereinstimmungen sind durch *Kursivdruck* gekennzeichnet.

105 Dazu vgl. die in Anm. 1o mitgeteilten Beobachtungen.

nahme der größere Zusammenhänge anzielenden einleitenden Aussage "du aber erhebe deinen Stab" in Ex 14,16aα (s.u.) - wesentlich als traditionsbestimmtes Element anzusehen ist, liegt bei P^g selbst der Nachdruck auf dem durch Mose zu übermittelnden Redeauftrag, was nicht zuletzt auch durch die wörtlich gleichlautende Formulierung des Redeauftrags wie des jeweils in indirekter Rede daran angeschlossenen Redeinhalts angezeigt ist. Innerhalb des zweiten Redeteils (Ex 14,4aα/17aα) sind die bei weitgehender Übereinstimmung zu beobachtenden Abweichungen wohl eher durch den konkreten Erzählzusammenhang bedingt [1o6]. Völlig identisch ist der dritte Teil der beiden Jahwereden

---

1o6   Daß die Differenzen zwischen Ex 14,4aα und 17a wesentlich vom Textzusammenhang her bedingt sind, läßt sich durch verschiedene Beobachtungen sichtbar machen, die dabei sowohl die Ansage des Handelns Jahwes als auch die Mitteilung der daraus sich ergebenden Wirkung/Folge betreffen. (1) In der Ansage des Handelns Jahwes sind zwei Abweichungen zu konstatieren, insofern in Ex 14,17aα die partizipiale Konstruktion *wǎ'^ani hin^eni m^ehǎzzeq* anstelle der Suffixkonjugation *w^ehizzǎqti* in Ex 14,4aα gebraucht ist und außerdem die Konstruktus-Verbindung *leb par^c̄o* in *leb misrǎjim* abgewandelt ist. Die Abänderungen von Ex 14,17aα gegenüber 14,4aα erklären sich unschwer aufgrund des unmittelbaren Erzählzusammenhangs. Während in Ex 14,4aα mit Hilfe der Suffixkonjugation der Aspekt der Zukunftsgewißheit des von Jahwe angesagten Handelns zum Ausdruck gebracht werden soll, wird durch die Konstruktion *hin^eni* + Partizip in Ex 14,17aα darüber hinaus jenes von Jahwe angesagte Geschehen als unmittelbar bevorstehend charakterisiert. Das hier überdies eingeführte Personalpronomen *wǎ'^ani* steht in betonter Antithese zu dem entsprechenden Personalpronomen *w^e'ǎttā* in Ex 14,16aα und ist von daher bedingt. Daß in Ex 14,17aα als Objekt des "Starkmachens" das "Herz der Ägypter" und nicht wie in Ex 14,4aα das "Herz des Pharao" genannt ist, hängt gewiß damit zusammen, daß im weiteren Verlauf der Erzählung nur noch die Ägypter von Bedeutung sind, der Pharao dagegen mit Ex 14,8*+1oabß ganz von der Bühne des Geschehens abgetreten ist. - (2) Bei der Angabe der Wirkung/Folge ist die Verschiedenheit des Verbums zu beachten (*w^eradǎp/ w^ejabo'û*), zumal das zugehörige Objekt genau entsprechend eingeführt ist (*'ǎh^arêhaem*). Weiter verlangt in Ex 14,17aß der Gebrauch der Präfixkonjugation (*w^ejabo'û*) anstelle der Suffixkonjugation in Ex 14,4aα (*w^eradǎp*) Beachtung. Daß in Ex 14,17aß das Verbum *bw'* und nicht *rdp* gebraucht ist, erklärt sich zunächst als Angleichung an die aus der Tradition rezipierte Aussage in Ex 14,16b, womit zugleich eine Parallelisierung der Handlungsweise von Israel-Söhnen und Ägyptern angezeigt sein soll. Doch dürfte darin nicht der einzige Grund für den Gebrauch von *bw'* anstelle von *rdp* zu sehen sein. Ein mehr die Aussageintention der priesterschriftlichen Erzählung betreffendes Element dürfte hinzukommen. Während nämlich in der von P^g rezipierten erzählerischen Notiz in Ex 14,23aαb die bei P^g auf unterschiedliche Zusammenhänge verteilten Verben *rdp* und *bw'* in ein und derselben Aussage miteinander verbunden erscheinen (*wǎjjird^epû misrǎjim wǎjjabo'û 'ǎh^arêhaem*), ist die Vermutung durchaus naheliegend, in der Aufteilung der beiden Verben auf den Pharao (*rdp* + *'ǎhǎr* in Ex 14,4aα und 8aß) sowie auf die Ägypter (*bw'* + *'ǎhǎr* Ex 14,17aα) einen bewußten literarischen Akt von P^g zu sehen, um auf diese Weise den Prozeß fortschreitender Entmächtigung der Feinde Israels auch literarisch sinnfällig zum Ausdruck zu bringen.

(Ex 14,4aβ/17bα+18a), was - über die Position innerhalb der Jahwerede (Angabe des Ziels) hinausgehend - erkennen läßt, daß in dieser Aussage das eigentliche Interesse des Verfassers der priesterschriftlichen Meerwundererzählung zu sehen sein wird.

Durch die beiden einander zugeordneten Jahwereden Ex 14,1-2a+4a und 15aαb-17abα+18a bekommt die Meerwundererzählung ein inneres Gefälle, das sich deutlich von der ihr vorgegebenen Tradition unterscheidet. Liegt dort der Akzent bei der Darstellung des Meerwunders auf einer umfassenden Deutung der Geschichte des Jahwe-Volkes als "Weg" durch die bedrohenden Wasser des Meeres, so hat sich auf der Ebene von Pᵍ das Schwergewicht der Darstellung auf die Auseinandersetzung zwischen Jahwe und dem Pharao bzw. den Ägyptern verlagert, was nicht zuletzt auch durch die literarisch bestimmend im Vordergrund stehende Verknüpfung von Aussagen angezeigt ist, die ein Handeln Jahwes und die daraus resultierende Wirkung/Folge in bezug auf den Pharao bzw. die Ägypter zum Gegenstand haben ¹º⁷. Angesichts der Tatsache, daß der Ablauf des Geschehens durch Jahwe nicht nur von vornherein festgelegt, sondern geradezu von ihm inszeniert ist, kann an dem Ausgang der Auseinandersetzung zwischen Jahwe und dem Pharao/den Ägyptern keinerlei Zweifel bestehen. Die Perspektive, unter der das dargestellte Geschehen dabei von Pᵍ gerückt ist, wird an der den Höhepunkt beider Jahwereden markierenden und überdies wörtlich übereinstimmenden Angabe des Zieles des ganzen Handelns Jahwes in Ex 14,4aβ und 17bα+18a greifbar.

Die Ankündigung des "Sich-Verherrlichens" Jahwes (*kbd* N-Stamm + Objekt nach *bᵉ*) hat - abgesehen von der redaktionellen Wiederaufnahme in Ex 14,18b durch Rᴾ - eine Entsprechung nur noch in Ez 28,22, wobei diese Aussage - wie in Ex

---

1o7 Daß hierauf bei Pᵍ der Akzent liegt, wird gerade auch daran erkennbar, daß der Mechanismus der Verbindung beider Aussageelemente innerhalb der Redezusammenhänge von Ex 14,1-2a+4a und 15aαb-17abα+18a nur in bezug auf den Pharao bzw. die Ägypter begegnet, während an die Israel-Söhne nur ein Handlungsauftrag gerichtet ist. Deutlich ist damit die Rolle der Israel-Söhne und des Pharao bzw. der Ägypter unterschieden. Im Gegensatz zu den in bezug auf den Pharao bzw. die Ägypter gemachten Aussagen liegt der Akzent bei den auf die Israel-Söhne bezogenen Aussagen auf der Durchführung des von Jahwe Aufgetragenen (vgl. die Ausführungsformel in Ex 14,4b). Unverkennbar kommt das bei Pᵍ vorausgesetzte unterschiedliche Rollenverständnis in bezug auf die Israel-Söhne bzw. auf den Pharao/die Ägypter auch in dem kleinen erzählerischen Zwischenstück Ex 14,8*+1oabß zum Ausdruck (zum hier zu konstatierenden Erzählmechanismus vgl. Anm. 17), wobei den Israel-Söhnen im Gegensatz zum Pharao eine bewußt aktive Rolle zugemessen wird. Dem so sich zeigenden Rollenverständnis der Israel-Söhne bei Pᵍ kommt ein um so größeres Gewicht zu, insofern darin eine Uminterpretation gegenüber der Pᵍ vorgegebenen Tradition zu sehen ist.

14,4aß und 17ba+18a - gleichfalls durch die Erkenntnisaussage weitergeführt ist [1o8]. In Ez ist die Erkenntnisaussage überdies durch die infinitivisch daran angeschlossene Aussage vom "Tun von Gerichten" (^{c}śh + $š^e$paṭîm als Objekt) weitergeführt, womit aber zugleich der für die Meerwundererzählung von Pᵍ bestimmende thematische Zusammenhang (Gericht am Pharao bzw. an den Ägyptern) erkennbar wird [1o9]. Der zwischen Ex 14,4aß und 17ba+18a sowie Ez 28,22 bestehende Zusammenhang ist wohl am ehesten als Abhängigkeit der priesterschriftlichen Meerwundererzählung von Ez 28,22 zu interpretieren [11o]. Hat sich Pᵍ in Ex 14,4aßb und 17ba+18a an die Gerichtsansage über Sidon in Ez 28,22 (Völkersprüche) angeschlossen, dann sollte damit zugleich das Geschehen am Pharao bzw. an den Ägyptern in entsprechender Weise verstanden werden [111].

---

108   Vgl. dazu schon P. WEIMAR, fzb 9, 225-227 und J.-L. SKA, Bb 6o (1979) 29f.

1o9   Daß Pᵍ dieser Zusammenhang nicht nur bewußt gewesen ist, sondern daß sie ihn auch in der Exodusgeschichte selbst zum Tragen bringen wollte, wird nicht zuletzt daran erkennbar, daß Pᵍ den in Ez 28,22 im Anschluß an die Erkenntnisformel begegnenden Terminus $š^e$paṭîm im Rahmen der Exodusgeschichte gleichfalls aufgenommen hat, wenn auch nicht innerhalb der Meerwundererzählung selbst, sondern im Blick auf das Meerwunder in Ex 6,6b und 7,4b (*bišpaṭîm g^edolîm*), wobei die hierbei sich zeigende planvolle Verteilung auf die für die Gesamtkonstruktion der priesterschriftlichen Exodusgeschichte grundlegenden Jahwereden Ex 6,2-8 und 7,1-5 bzw. Ex 14,1-2a+4a und 15aab-17aba+18a bewußte literarische Technik verrät (vgl. dazu P. WEIMAR, fzb 9, 225-227 und J.-L. SKA, Bb 6o, 1979, 32f sowie - vor allem zum engen Zusammenhang von $š^e$paṭîm und Erkenntnisformel - J.-L. SKA, Bb 6o, 1979, 2o6-2o8). Demgegenüber kann trotz des Vorkommens der für Ez charakteristischen Wendung ^{c}śh + $š^e$paṭîm in Ex 12,12 dieser Text nur indirekt herangezogen werden, da er möglicherweise nicht von Pᵍ selbst, sondern aus einer Vorlage von Pᵍ stammt (vgl. dazu vorläufig noch P. WEIMAR, Hoffnung 379-388); auf diese Weise läßt sich die Differenz in Sprachgebrauch wie Bedeutungsgehalt des Wortes $š^e$paṭîm (Erstgeburt / Meerwunder) m.E. noch immer am besten erklären, da die Annahme eines nachpriesterschriftlichen Ursprungs von Ex 12, 1-14 (so vor allem J.-L. SKA, Bb 6o, 1979, 3o-34 und im Anschluß daran N. LOHFINK, VTS 29, 193 Anm. 16) aus verschiedenen Gründen wenig plausibel ist (vgl. dazu die Hinweise bei P. WEIMAR, BN 24, 1984, 142 Anm. 159).

11o   Wenn auch im einzelnen das Problem der Abhängigkeitsverhältnisse von Texten voneinander nur schwer zu beurteilen ist, so kann jedoch gerade an der kunstvollen Art und Weise, wie in der priesterschriftlichen Exodusgeschichte Querverbindungen zwischen einzelnen ihrer Teile auf dem Umweg über den Völkerspruch gegen Sidon in Ez 28,22 hergestellt werden, als deutlicher Hinweis darauf verstanden werden, daß Pᵍ sich auf Ez bezieht und nicht umgekehrt. - Zusammenhänge zwischen Pᵍ und Ez sind in verschiedenen Bereichen beobachtet worden, vgl. nur L. VAN DER WIJNGAERT, ThPh 43 (1968) 4o-48; N. LOHFINK, Ursünden 48-54 und VTS 29, 2oo Anm. 32. 211-213; J.-L. SKA, Bb 6o (1979) 191-215 (vor allem 213f); R. SMEND, Amoswort 7of; A. HURVITZ, CRB 2o; allgemein zu den "Nachwirkungen prophetischer Botschaft in der Priesterschrift" vgl. jüngst W.H. SCHMIDT, AOAT 215, 369-377.

Bestehen diese Beobachtungen zu Recht, dann wird in ihnen insgesamt die durch Pg bewirkte Verlagerung des Schwergewichts der Aussage gegenüber der von ihr rezipierten Tradition erkennbar, so daß durchaus von einer Neuinterpretation gesprochen werden kann. Durch den Ausbau der ersten Erzählhälfte ist das in der vorgegebenen Tradition im Vordergrund stehende Errettungshandeln Jahwes zugunsten des Gerichts über den Pharao bzw. die Ägypter zurückgedrängt worden. Die Deutung des Meerwunders, wie sie auf der redaktionellen Ebene durch Pg geschieht, läßt dabei die Darstellung des Gerichts über den "Pharao und seine ganze Macht" (Ex 14,4aβ.17bα; vgl. auch 14,28aα) zugleich als definitiven Abschluß eines Prozesses erscheinen. Damit stellt sich aber die Frage nach dem größeren literarischen Zusammenhang der von Pg redaktionell bearbeiteten Fassung der Meerwundererzählung.

4.2 *Der literarische Zusammenhang der priesterschriftlichen Erzählung*

Ausgehend von den durch Pg selbst redaktionell eingefügten Aussagen lassen sich am ehesten Hinweise auf den größeren literarischen Zusammenhang gewinnen, in den der Verfasser der priesterschriftlichen Geschichtsdarstellung die Meerwundererzählung eingeordnet wissen will. Da gerade von Pg die Technik der Verknüpfung der einzelnen Teile des priesterschriftlichen Werkes durch Stichwortentsprechungen bzw. durch Querverweise mit Hilfe formelhafter Wendungen mit größtem Bedacht gehandhabt wird, ist ihrer Analyse ein um so größerer Stellenwert zuzumessen, als auf diese Weise die inneren Zusammenhänge sichtbar gemacht werden können, die für die priesterschriftliche Meerwundererzählung bestimmend sind.

(1) Die an Mose gerichtete Aufforderung "rede zu den Söhnen Israels" (*dabber 'ael beˆnê jiśra'el*) in Ex 14,2aα und 15b hat bei Pg Entsprechungen nur noch in Ex 16,12 und 25,2aα [112], wobei vor allem der letzte Beleg einschlägig ist, da hier wie in Ex 14,2aα und 15b der Inhalt des Redeauftrags in indi-

---

111 Daß Pg sich gerade an Ez 28,22 angeschlossen hat, könnte u.a. auch damit zusammenhängen, daß Ez 28,2o-22 einmal der Abschluß der Sammlung der Völkersprüche gewesen ist, wobei nicht zuletzt die Allgemeinheit und mangelnde Konkretion des Spruches eine Aufnahme durch Pg noch gefördert haben könnte (vgl. auch die entsprechende Vermutung von N. LOHFINK, Ursünden 45 Anm. 28). Für Pg selbst wird dabei nicht so sehr der konkrete Adressat Sidon im Blick gewesen sein, sondern - entsprechend dem Abschlußcharakter von Ez 28,2o-22 - die Völker allgemein.

112 Breiter belegt ist die "Redeauftragsformel" dagegen bei Ps. Der Inhalt des von Mose Mitzuteilenden wird meist in direkter Rede wiedergegeben (entsprechend ist die "Redeauftragsformel" durch *le'mor* bzw. *we'amărta 'ael/le* weitergeführt), wohingegen die Angabe des Inhalts in indirekter Rede im Gegensatz zu Pg nicht sehr häufig belegt ist (vgl. die Zusammenstellung der Belege bei P. WEIMAR, fzb 9, 173f Anm. 2o9).

rekter Rede wiedergegeben ist [113]. Mit anderem Objekt begegnet ein entsprechender Redeauftrag bei Pg noch in Ex 6,11 ("Pharao, König von Ägypten") sowie in Ex 12,3aα ("ganze Gemeinde Israels"), wobei in Ex 12,3aα der Redeauftrag aber nicht an Mose allein, sondern an Mose und Aaron ergeht [114]. In beiden Fällen ist der Inhalt des Redeauftrags gleichfalls in Form der indirekten Rede mitgeteilt [115]. Mit Ausnahme von Ex 16,12 erscheint als Inhalt des von Mose bzw. Mose und Aaron zu übermittelnden nicht eine Ansage Jahwes, sondern eine von den Adressaten durchzuführende Handlung.

Zu berücksichtigen ist in diesem Zusammenhang aber auch die Form des Redeauftrags "sprich zu ..." ($^{,ae}mor$ $^,ael/l^e$), die bei Pg immer Mose zum Empfänger hat [116]. Sie begegnet hier nicht häufig. Ihr Vorkommen beschränkt sich dabei im wesentlichen auf den Zusammenhang der Exodusgeschichte. Neben Ex 6,6 (wohl Vorlage von Pg), wo die Israel-Söhne als Adressaten der von Mose zu übermittelnden Rede genannt sind, begegnet der Redeauftrag "sprich zu ..." vor allem im Bereich der "Plagen" (Ex 7,19; 8,1.12), hier jedoch mit Aaron als Adressat des von Mose zu übermittelnden [117]. Außerhalb dieses literarischen Zusammenhangs findet sich die Redebeauftragung der Form "sprich zu ..." bei Pg noch in Num 14,28aα [118] sowie in Ex 16,9, nur daß hier Mose als Beauftragender und Aaron als Empfänger des Redeauftrags genannt ist. Im Gegensatz zur Form des Redeauftrags "rede zu ..." ist der Inhalt immer in direkter Rede mitgeteilt.

---

113 Als ursprüngliche Weiterführung der "Redeauftragsformel" in Ex 25,2aα wird nicht Ex 25,2aßb, sondern wahrscheinlich Ex 25,8 ($w^{ec}a\acute{s}\hat{u}$) anzusehen sein, insofern nämlich zwischen dem "Spendenaufruf" Ex 25,2-7* und den Anweisungen zum Bau des "Heiligtums" Ex 25,8+9* dahingehend eine Spannung zu konstatieren ist, als auffälligerweise und wenig plausibel der Grund für den "Spendenaufruf" erst nachgeschoben wird (die hier vorausgesetzte literarkritische Position zu Ex 25-29* ist in anderem Zusammenhang ausführlicher zu begründen).

114 Entgegen der früher geäußerten Vermutung, wonach $w^{e,}ael$ $^,\check{a}h^aron$ in Ex 12, 1aα als nachpriesterschriftliche Erweiterung (R^P) zu bestimmen sei (P. WEIMAR, Hoffnung 365.38o), ist doch wohl an der Ursprünglichkeit des Nebeneinanders von Mose und Aaron als Adressaten der Jahwerede festzuhalten.

115 Zu den literarkritischen Problemen von Ex 12,3 vgl. P. WEIMAR, Hoffnung 366f. - Als unmittelbare Weiterführung des Redeauftrags Ex 12,3aα* (ohne le,mor) ist Ex 12,3b anzusehen.

116 Vgl. dazu P. WEIMAR, fzb 9, 115f.

117 Wie Ex 6,6 ist wahrscheinlich auch das Vorkommen der "Redeauftragsformel" in Ex 8,1 und 12 nicht genuin priesterschriftlichen Ursprungs, sondern schon als Element einer von Pg rezipierten Tradition zu bestimmen (vgl. dazu P. WEIMAR, Hoffnung 34of.347-355), wobei aber zwischen dem Vorkommen der "Redeauftragsformel" in Ex 6,6 einerseits und Ex 8,1.12 andererseits kein ursprünglich literarischer Zusammenhang anzunehmen ist.

118 Im allgemeinen wird Num 14,28aα als genuiner Bestandteil der priesterschriftlichen "Kundschaftergeschichte" angesehen (vgl. nur S.E. McEVENUE, AnBb 5o, 9o-144 und Bb 5o, 1969, 453-465 sowie S. MITTMANN, BZAW 139, 42-55). Doch ist die Aussage im Rahmen der groß angelegten, redaktionell stark bearbeiteten Jahwerede Num 14,26-35 nicht ohne Probleme. Unbestritten ist in der Forschung, daß der literarische Grundbestand der Rede als priesterschriftlich zu qualifizieren ist. Die redaktionellen Elemente in Num 14,26-35 müssen demnach insgesamt als nachpriesterschriftlich erachtet werden, ohne daß sie in sich wiederum als literarisch einheitlich verstanden werden können. Innerhalb von Num 14,26-35 sind als ursprüng-

Insgesamt ist die Konzentration der "Redeauftragsformel" (in ihren beiden Formen) im Bereich der Exodusgeschichte zu beachten [119]. Als durchgehendes Stilelement begegnet sie im Zusammenhang der "Plagen", ist hier aber dadurch von den anderen Belegen unterschieden, daß als Adressat des zu übermittelnden Redeinhalts nicht die Israel-Söhne, sondern Aaron genannt ist. Eine geschlossene Gruppe bilden sodann Ex 6,6, 16,(9)12 [120] und Num 14,28aα*. Diese drei Belege sind dadurch als eigene Gruppe herausgehoben, daß in ihnen jeweils die Israel-Söhne als Adressat eines durch Mose auszurichtenden Wor-

---

lich zusammengehörig die beiden Aussagen Num 14,29aα* (bis *pigrêkaem*) und 33 zu beurteilen (vgl. nur die "Wiederaufnahme" von Num 14,29aα* in 32, womit der ganze Abschnitt Num 14,29aα* (ab *pigrêkaem*) bis 32 als redaktionelle Erweiterung zu verstehen ist). Als konkurrierende Strafansage zu Num 14,29aα* und 33 ist Num 14,35b anzusehen (vgl. nur die Differenz zwischen der Anrede in der 2. Person und der Aussage über die Betroffenen in der 3. Person!), so daß für beide Aussagen unterschiedliche Herkunft wahrscheinlich ist. Eng miteinander verwandt sind sodann die Aussagen in Num 14,27a (womit der Relativsatz in 14,27b zu verbinden ist) und 35a, die so auf ein und dieselbe Hand zurückgehen werden. Eine Sonderstellung innerhalb von Num 14,26-35 kommt der Aussage von Num 14,34 zu (vgl. dazu S.E. McEVENUE, Bb 5o, 1969, 453-465). Aufgrund der bisherigen Beobachtungen ist in Num 14,26-35 mit vier verschiedenen Textebenen zu rechnen. Es stellt sich nun das Problem der Zuordnung der offensichtlich zusammengehörigen Aussagen Num 14,27b* und 28aα* (nur *'ᵃᵉmor 'ᵃlehaem*). Die singularische Anrede in dem Redeauftrag Num 14,28aα* setzt in Num 14,26 eine Form der Redeeinleitung voraus, in der Aaron als Adressat der Jahwerede noch nicht genannt gewesen ist. Anzunehmen ist für Num 14,27b* und 28aα* ein Zusammenhang mit einer der beiden Strafansagen. Spricht zunächst die Form der Anrede in Num 14, 29aα*+33 dafür, diese Aussagen mit Num 14,27b*+28aα* zu verbinden, so entsteht auf der anderen Seite das Problem, daß sie aufgrund sprachlicher wie thematischer Schwierigkeiten kaum als priesterschriftliche Bildungen verstanden werden können. Wird Num 14,27b*+28aα* demgegenüber mit Num 14,35b verbunden, dann ist insofern ein Stilbruch zu konstatieren, als in Num 14,35b anstelle der erwarteten Anrede an die Israel-Söhne eine Aussage in der 3. Person steht, wobei dieser "Bruch" möglicherweise als Hinweis darauf zu verstehen ist, daß die Strafansage nur die "Kundschafter" betrifft (vgl. Num 14,37+38), nicht aber die Israel-Söhne allgemein. Ist ein Zusammenhang zwischen Num 14,27b*+28aα* mit 35b anzunehmen, dann wird auch der Redeauftrag in Num 14,28aα* als priesterschriftlich zu qualifizieren sein.

119 Die Zentrierung der "Redeauftragsformel" im Bereich der Exodusgeschichte tritt dann noch entschiedener hervor, wenn der kompositionskritische und thematische Zusammenhang vor allem der Sinaigeschichte (Ex 16,9.12 und 25,2aα) mit der Exodusgeschichte beachtet wird (vgl. in diesem Zusammenhang vor allem die vermittelnde Funktion der Texteinheit Ex 16,1-12*; zur Interpretation von Ex 16 siehe demnächst meine Untersuchung "Exodus und Manna. Eine redaktionskritische Analyse von Ex 16").

12o Da Ex 16,9 kompositionskritisch eng mit Ex 16,11+12 zusammenhängt, kann dieser Beleg hier mitgenannt werden (zum näheren Nachweis vgl. meine in Anm. 119 genannte Analyse zu Ex 16).

tes Jahwes erscheinen, wobei dieses jeweils als Ansage eines Handelns Jahwes stilisiert ist [121]. Im Blick auf Ex 14,2a und 15b dürfte trotz der aufgrund des Adressatenkreises bestehenden Nähe zu Ex 25,2aα vor allem Ex 6,11 von Bedeutung sein, auch wenn hier der Pharao als Adressat des von Mose auszurichtenden Wortes gemeint ist.

Im Rahmen der Komposition Ex 6,2-12+7,1-7 steht die Ansage von Ex 6,1o+11 mit der Übermittlung der Entlassungsforderung an den Pharao genau im Zentrum, wodurch die Forderung der Entlassung ein herausragendes Gewicht bekommt [122]. In dem Augenblick, da die Israel-Söhne aus Ägypten ausziehen, findet sich in thematisch verwandtem Kontext die an die Israel-Söhne durch Mose zu übermittelnde Forderung, umzukehren und sich zu lagern (Ex 14,2a) und wieder aufzubrechen (Ex 14,15b) [123]. Angezeigt wird dieser Zusammenhang durch das Redemuster Redebeauftragung + Mitteilung eines Befehls in indirekter Rede. Literarisch werden so Anfang und Abschluß der Exodusgeschichte miteinander verklammert. Theologisch wird auf diese Weise ein Spannungsverhältnis konstruiert, wobei vor allem die Verschiebung der Gewichte in bezug auf den Pharao von Bedeutung ist.

(2) Einen starken Akzent innerhalb der priesterschriftlichen Darstellung des Meerwunders trägt die Ansage von der "Stärkung" des Herzens des Pharao bzw. der Ägypter durch Jahwe in Ex 14,4aα und 17a, womit die Meerwundererzählung zugleich eng in den Zusammenhang der ganzen Exodusgeschichte eingebunden wird und darin als Abschluß und Höhepunkt eines umfassenden Prozesses erscheint [124]. Der hervorragende Stellenwert des Vorkommens des Mo-

---

121 Zwischen den drei Belegen der "Redeauftragsformel" Ex 6,6, 16,12 und Num 14,28aα* scheint nicht nur ein formaler, sondern darüber hinaus zugleich ein enger thematischer Zusammenhang zu bestehen. Dies gilt zunächst für Ex 6,6 und 16,12, was nicht zuletzt dadurch angezeigt wird, daß die Struktur der Jahwerede Ex 16,11+12 der Grundstruktur von Ex 6,2-8 in auffälliger Weise entspricht. Es gilt aber schließlich auch für Num 14,28aα*, insofern auch für die Jahwerede Num 14,26*.27b*. 28aα*.35b das gleiche literarische Strukturmuster wie für die beiden Jahwereden Ex 6,2-8 und 16,11+12 bestimmend ist. Thematisch steht in allen drei Jahwereden das Problem des Exodus zur Debatte, wobei jede der drei Jahwereden einen anderen Akzent setzt. Wird in Ex 6,2-8 der Exodus als Gericht über Ägypten und darin zugleich als Annahme zum Volk Jahwes interpretiert, so liegt das Interesse von Ex 16,11+12 gerade darin, die Sicherung der konkreten Lebenswirklichkeit (Fleisch - Brot) als beständige Erfahrung der Exoduswirklichkeit darzustellen. Schließlich will die Jahwerede Num 14,26-35* herausstellen, daß die Infragestellung dieser Wirklichkeit nur tödliche Folgen haben kann (vgl. in diesem Zusammenhang auch die betont vorangestellte Ortsangabe "in dieser Wüste" Num 14,35b).

122 Zur Kompositionsstruktur von Ex 6,2-12+7,1-7 vgl. P. WEIMAR, fzb 9, 233-237.

123 Da der Inhalt des von Mose den Israel-Söhnen in Ex 14,2a und 15b zu Übermittelnden eng auf den innerhalb der Meerwundererzählung dargestellten Geschehenszusammenhang bezogen ist, sind von vornherein auch keine weitergehenden Berührungen mit anderen Texten innerhalb der priesterschriftlichen Geschichtsdarstellung zu vermuten. Nur für das Verbum šwb ("umkehren") in Ex 14,2a ist eine Stichwortentsprechung in Num 13,25b (Umkehren nach der Begutachtung des Landes) zu beobachten, wobei diese Entsprechung auch theologisch nicht ohne Gewicht zu sein scheint.

tivs der "Herzensstärkung" in Ex 14,4aα und 17a (vgl. außerdem die Erfüllungsnotiz Ex 14,8aα*) wird durch mehrere Besonderheiten gegenüber seiner sonstigen Verwendung im Rahmen der priesterschriftlichen Exodusgeschichte unterstrichen. Zum einen begegnet es hier im herausgehobenen Formzusammenhang der
Jahwerede als Ansage eines zukünftigen Geschehens. Zum anderen ist die "Stärkung" des Herzens des Pharao ausdrücklich als Tat Jahwes angekündigt. Die innerhalb der Meerwundererzählung begegnende Form der Aussage, die ihren unmittelbaren Anknüpfungspunkt in der elohistischen Plagengeschichte hat (Ex
1o,2oa und 27a) [125] und die nachpriesterschriftlich durch R[P] wieder aufgenommen worden ist [126], tritt dabei an die Stelle der Wendung "und das Herz des
Pharao erstarkte" (*wajjaeh^{ae}zāq leb pÁrc̄ō*), die bei P^g als stereotyp einge-
setzter Abschluß der einzelnen "Plagen" dient (Ex 7,13b.22; 8,15) [127]. Auf
diese Weise wird sowohl ein Zusammenhang des Meerwunders mit den "Plagen"
als auch erzählerisch eine Steigerung angezeigt, insofern der in den "Plagen"
dargestellte Konflikt durch das Meerwunder eine definitive Lösung erfährt.

Als nächste Parallele zu Ex 14,4aα und 17a ist innerhalb der priesterschriftlichen Exodusgeschichte Ex 7,3a anzusehen, nur daß hier anstelle von *ḥzq*
(D-Stamm) die Basis *qšh* (H-Stamm) eingetreten ist. Angesichts des für P^g charakteristischen Bemühens um konsistenten Sprachgebrauch verlangt ein solches
Abweichen eine um so größere Beachtung, was zusätzlich noch dadurch verstärkt
wird, daß Ex 7,3a eine exponierte Stellung innerhalb der priesterschriftlichen Exodusgeschichte zukommt. Von der Struktur der Jahwerede Ex 7,1-5 her
(vgl. zu 4.3) steht die Ansage Ex 7,3a in Zusammenhang mit den "Plagen", ver-

---

124 Vgl. dazu vor allem P. WEIMAR, fzb 9, 2o9-217, J.-L. SKA, Bb 6o (1979)
198-2o5, R.R. WILSON, CBQ 41 (1979) 18-36 und D.M. GUNN, JSOT. SS 19
(1982) 72-96. - Dort ist auch jeweils die ältere Literatur verzeichnet.

125 Zum Umfang der elohistischen "Plagen" vgl. vorläufig P. WEIMAR, OBO 32,
179-187.

126 Die literaturgeschichtliche Einordnung von Ex 4,21, 9,12 und 11,1o ist
im einzelnen umstritten. Zur nachpriesterschriftlichen Herkunft von Ex
4,21 vgl. schon P. WEIMAR, OBO 32, 76f und jüngst W.H. SCHMIDT 211. Literarisch mit Ex 4,21 in Zusammenhang steht die zusammenfassende Notiz
in Ex 11,9+1o, durch die der zweite Teil des Exodusbuches (Ex 6,28-11,
1o) abgeschlossen wird (vgl. die Verklammerungstechnik zwischen Ex 6,
28-3o und 11,9+1o (Hören/Nicht-Hören bzw. "im Lande Ägypten"/"aus seinem
Land")). Schwieriger erscheint das Problem der literarischen Zuordnung
von Ex 9,12. Im allgemeinen wird Ex 9,8-12 als Bestandteil der priesterschriftlichen Plagengeschichte verstanden, ist aber von ihr andererseits
durch unverkennbare Unterschiede abgehoben (vgl. vor allem das Fehlen
des Stabes, aber auch das Abweichen im Handlungsschema). Die Unterschiede von Ex 9,8-12 gegenüber den anderen priesterschriftlichen "Plagen"
können zwar als stilistisches Mittel verstanden werden (so etwa P. WEI-
MAR, Hoffnung 355-361), sind aber möglicherweise auch als Hinweis darauf
zu verstehen, daß es sich bei Ex 9,8-12 um eine redaktionelle Bildung
handelt, was vor allem dann zu gelten scheint, wenn Ex 12,1-12*+28 als
ursprünglicher Bestandteil der priesterschriftlichen Exodusgeschichte
anzusehen ist (vgl. dazu P. WEIMAR, BN 24, 1984, 142 Anm. 159). Da Ex
9,8-12 offensichtlich die priesterschriftlichen Plagen voraussetzt, kann
der Textabschnitt nur als eine nachpriesterschriftliche Bildung (wohl
R[P]) verstanden werden (vgl. nur die Wendung *l^ecênê pÁrc̄ō* Ex 9,8, die eine Entsprechung nur in dem auf R[P] zurückgehenden Zusatz in Ex 7,2oaß hat).

127 Ex 8,11* ist die entsprechende Wendung wahrscheinlich redaktionell durch
R[P] eliminiert worden.

weist damit auf einen anderen literarischen Zusammenhang als Ex 14,4aα und 17a, ohne daß darin aber der entscheidende Grund für den Gebrauch von *qšh* anstelle von *ḥzq* gesehen werden könnte [128]. Einen entsprechenden Hinweis gibt der Sprachgebrauch bei Pg. Innerhalb der priesterschriftlichen Exodusgeschichte begegnet die Wurzel *qšh* neben Ex 7,3a noch in den beiden miteinander zusammenhängenden Aussagen Ex 1,14aα* und 6,9b, wobei die hier jeweils vorkommende Wortverbindung *cabodā qašā* im Blick auf das dargestellte Geschehen eine wertende Funktion hat. Daß Pg den durch die Wortverbindung *cabodā qašā* angezeigten Zusammenhang bei der Wahl von *qšh* in Ex 7,3a anstelle der eigentlich erwarteten Basis *ḥzq* vor Augen gehabt haben wird, ist um so naheliegender, als in Ex 6,9b wie in Ex 7,3+4aα das Vorkommen der Basis *qšh* jeweils in einem thematischen Bezug zum Motiv des Nicht-Hörens steht [129].

Indem Pg in Ex 7,3a die schon in Ex 1,14a und 6,9b begegnende Wurzel *qšh* aufgreift, will sie zunächst und vor allem die Ankündigung des Handelns Jahwes an die in der Exposition der Exodusgeschichte skizzierte Ausgangssituation ("sie verbitterten ihr Leben durch harte Arbeit" Ex 1,14aα*) zurückbinden [13o], was in ähnlicher Weise auch innerhalb der Meerwundererzählung geschieht, insofern hier nämlich die zur Feststellung der Herzensstärkung durch Jahwe in Ex 14,8aα* korrespondierende Aussage vom Schreien (*scq*) der Israel-Söhne zu Jahwe in Ex 14,1obß auf die entsprechende Aussage in Ex 2,23aßb (*zcq*) zurückverweist [131]. Erklärt sich die Wahl der im allgemeinen stärker negative Assoziationen weckenden Wurzel *qšh* in Ex 7,3a primär aus der Absicht des Erzählers, literarisch-kompositorische Zusammenhänge sichtbar zu machen [132], dann besteht auch zwischen den Ankündigungen der "Herzenshärtung"

---

128 Dagegen spricht allein schon die Tatsache, daß innerhalb der "Plagen" stereotyp die Basis *ḥzq* begegnet.

129 Vgl. auch die entsprechenden Beobachtungen bei R.R. WILSON, CBQ 41 (1979) 3o-32. - Die für Pg bestehenden Zusammenhänge werden durch die kompositorische Struktur von Ex 6,2-12+7,1-7 nachdrücklich unterstrichen (vgl. dazu P. WEIMAR, fzb 9, 233-237), wobei im Blick auf die zwischen Ex 6,9b und 7,3+4aα bestehende Beziehung vor allem die vermittelnde Funktion der sowohl mit Ex 6,9b als auch mit Ex 7,4aα verbundenen Aussage Ex 6,12 zu beachten ist.

13o In den Ex 1,14aα rahmenden Aussagen von Ex 1,13 und 14b erfährt das Tun der Ägypter unverkennbar eine negative Wertung durch die zweimal begegnende Umstandsbestimmung *beparaek* (dazu vgl. P. WEIMAR, fzb 9, 49). Thematisch wird auf diese Weise ein Bezug zum Beginn der "Flutgeschichte" hergestellt (Gen 6,11+12), insofern dort als Ursache der Flut die "Gewalttat" (*ḥamas*) genannt wird (zu diesem Zusammenhang vgl. vor allem J.-L. SKA, NRTh 113, 1981, 525-528 und N. LOHFINK, QD 96, 83f), ohne daß aber die so eröffneten Erzählzusammenhänge als "Erzählungen von Sünde und Strafe" verstanden werden könnten (so zu Recht auch E. ZENGER, SBS 112, 163 Anm. 95).

131 Angesichts der Korrespondenz, in der die Aussage vom Schreien der Israel-Söhne in Ex 14,1obß zur Konstatierung der Stärkung des Herzens des Pharao durch Jahwe in Ex 14,8aα* steht, verdient der Rückverweis auf die entsprechende Notiz vom Schreien der Israel-Söhne in Ex 2,23aß ein um so größeres Gewicht. Das Verbum *wajjizcaqû*, das flankiert ist durch zwei Rahmenaussagen, deren rahmende Funktion gerade durch die in Beziehung zu Ex 1,13+14* stehende Angabe *min-hacabodā* angezeigt ist, steht dabei präzis im Zentrum der ganzen Exposition zur priesterschriftlichen Exodusgeschichte.

bzw. "Herzensstärkung" in Ex 7,3a sowie in Ex 14,4aα und 17a kein grundlegender Unterschied [133]. Durch die "Herzenshärtung/-stärkung" bringt Jahwe den Pharao/die Ägypter dazu, die in zwei Phasen ("Plagen"/Meerwunder) ablaufende Auseinandersetzung mit ihm aufzunehmen, die auf die im Meerwunder sich ereignende Selbstverherrlichung Jahwes hinzielt [134]. Angesichts des konzeptionellen Gesamtzusammenhangs der priesterschriftlichen Exodusgeschichte ist als Hintergrund für die Verwendung des Motivs der Härtung/Stärkung des Herzens die Kampfesmut-Terminologie des Heiligen Krieges anzunehmen, wenn auch auf der anderen Seite prophetische Einflüsse nicht zu verkennen sind [135].

(3) Die in Ex 14,4aß und 17bα begegnende Ansage des Sich-Verherrlichens Jahwes (*kbd* N-Stamm + *b*[e]) hat bei P[g] keine unmittelbare Parallele. Doch ist neben der verbalen Aussage auch die nominale Verbindung "Herrlichkeit Jahwes" (*k*[e]*bôd JHWH*) zu berücksichtigen [136]. Die nominale Verbindung "Herrlichkeit Jahwes" findet sich innerhalb der Priesterschrift erst mit Beginn der Sinaigeschichte in Verbindung mit der Vorstellung der Theophanie Jahwes am Sinai (Zelt der Begegnung). Doch stehen verbaler und nominaler Sprachgebrauch bei P[g] nicht einfach disparat nebeneinander, sondern sind literarisch zueinander in Beziehung gesetzt, wobei die Verbindung zwischen beiden Bereichen über

---

132 Den negativen Bedeutungsassoziationen, wie sie im Begriff *qšh* enthalten sind (vgl. nur J.-L. SKA, Bb 60, 1979, 2o2 und R.R. WILSON, CBQ 41, 1979, 31), kommt unter dieser Voraussetzung zumindest keine dominierende Funktion zu (anders J.-L. SKA, Bb 60, 1979, 198-2o5).

133 Beachtung verdient in diesem Zusammenhang nicht zuletzt auch die Tatsache, daß die Ankündigungen, wonach Jahwe das Herz des Pharao/der Ägypter härten/stärken werde, jeweils nur in solchen Redezusammenhängen begegnen, die im Blick auf die Gesamtstruktur der priesterschriftlichen Exodusgeschichte von grundlegender, den Ablauf des dargestellten Geschehens von vorneherein bis ins einzelne hinein festlegender Bedeutung sind.

134 Vgl. in diesem Zusammenhang die anhand der parallelen Einführung erkennbare Zuordnung und wechselseitige Korrespondenz der Ansage der "Stärkung" des Herzens durch Jahwe und der Absicht des Sich-Verherrlichens Jahwes in Ex 14,4a und 17abα+18a (dazu P. WEIMAR, fzb 9, 214f).

135 Auf diesen Zusammenhang hat m.E. zu Recht J.-L. SKA, Bb 60 (1979) 2o2f Anm. 21 gegenüber der exklusiven Herausstellung der zwischen Ex 7,3a und Dtn 2,3o bestehenden Beziehung bei P. WEIMAR, fzb 9, 2o9-212 hingewiesen. Doch ist auf der anderen Seite keineswegs zu verkennen, daß Pg sich sowohl im Gebrauch der Basis *qšh* als auch der Basis *hzq* an die deuteronomistische Kampfesmut-Terminologie angeschlossen hat (vgl. dazu auch R.R. WILSON, CBQ 41, 1979, 33f; in diesem Zusammenhang dürfte es auch nicht ohne Gewicht sein, daß im Kontext des Meerwundergeschehens die Israel-Söhne als "Heer Jahwes" bezeichnet werden (*sib'otāj* Ex 7,4 bzw. *kāl-sib'ôt JHWH* Ex 12,41)), auch wenn Pg innerhalb der Exodusgeschichte und insbesondere bei der Darstellung des Meerwunders alle Elemente eines Krieges bewußt aus der Erzählung eliminiert hat (vgl. dazu im Anschluß an *J.-L. Ska* vor allem N. LOHFINK, QD 96, 76f). Der "Entmilitarisierung" der Exodusgeschichte entspricht auf der anderen Seite durchaus die Stilisierung vor allem der "Plagen" als Wettstreit zwischen Mose und dem Pharao (vgl. nur die Einführung Aarons wie der Magier der Ägypter), wobei der Wettstreit bei Pg als eine ganz und gar unkriegerische Aktion vorgestellt ist.

136 Dazu vgl. vor allem C. WESTERMANN, ThB 55, 115-137.

die in Ex 16,1-12* überlieferte Erzählung als Auftakt der Sinaigeschichte hergestellt ist [137]. Innerhalb des literarischen Zusammenhangs der Erzählung Ex 16,1-12* wird nämlich der Ausdruck "Herrlichkeit Jahwes" in einem doppelten Sinn gebraucht. Während er in Ex 16,1ob auf eine Theophanie Jahwes bezogen ist, ist in Ex 16,7 damit ein rettendes Eingreifen Jahwes gemeint [138].

Der Bedeutungsgehalt der Wortverbindung "Herrlichkeit Jahwes" in Ex 16,7 läßt sich näherhin aufgrund der Parallelität der beiden Ankündigungen in Ex 16,6b und 7a bestimmen, die sich als solche wechselseitig interpretieren. Als Inhalt des den Israel-Söhnen in Ex 16,6b+7a angesagten unablässigen Erkenntnisprozesses ("des Abends, da werdet ihr erkennen"/"und des Morgens, da werdet ihr sehen") werden parallel zueinander die Herausführung aus dem Lande Ägypten und die Herrlichkeit Jahwes genannt. Wie anhand literarischer Querverbindungen erkennbar wird, liegt der konkrete Bezugspunkt beider Aussagen in Ex 16, 6b+7a innerhalb der Meerwundererzählung als Höhepunkt des ganzen Exodusgeschehens (vgl. vor allem die Aussagen in Ex 14,4a und 17abα+18a sowie Ex 12, 41) [139]. Die dabei hergestellte Balance zwischen der Angabe des Erkenntnisinhalts in verbaler ("daß Jahwe euch herausgeführt hat aus dem Lande Ägypten") und nominaler Form ("Herrlichkeit Jahwes") steht allem Anschein nach im Zusammenhang mit dem Bemühen, einen Übergang zur Aussage vom Erscheinen der Herrlichkeit Jahwes (Theophanie) in Ex 16,1ob und damit von der Exodus- zur Sinaigeschichte zu schaffen.

Für das Bemühen von Pᵍ, Exodus- und Sinaigeschichte zueinander in Beziehung zu setzen, gibt es in Ex 16,1-12* einen weiteren Hinweis. Die Aussage Ex 16, 1ob ("und siehe, die Herrlichkeit Jahwes erschien in der Wolke") hat innerhalb des priesterschriftlichen Werkes Entsprechungen zum einen in den erzählerischen Rahmenteilen der Sinaigeschichte (Ex 24,16 und 4o,34), wobei "Herrlichkeit Jahwes" und "Wolke" auf zwei parallel zueinander stehende Aussagen verteilt und zum "Berg (Sinai)" bzw. "Zelt der Begegnung"/"Wohnung" in Beziehung gesetzt sind [14o], und zum anderen in bezug auf das Motiv des Erscheinens (*nir'ā*) der "Herrlichkeit Jahwes" am Ende der Sinaigeschich-

---

137 Zu allen mit der priesterschriftlichen Erzählung in Ex 16,1-12* verbundenen Fragen vgl. demnächst meine Untersuchung zu Ex 16.

138 Vgl. dazu sowie auch zum folgenden E. RUPRECHT, ZAW 86 (1974) 291-293.

139 Vgl. auch E. RUPRECHT, ZAW 86 (1974) 292. - Ein solcher Zusammenhang von Ex 16,6-7abα+8bß mit der Meerwundererzählung und hier vor allem mit dem Sich-Verherrlichen Jahwes ist um so mehr anzunehmen, als die Rede des Mose und Aaron in bewußtem Kontrast zum Murren der Israel-Söhne in Ex 16,2+3 gesetzt ist, wo gerade die Bedeutung des Exodusgeschehens thematisiert erscheint.

14o Zur Kompositionsstruktur der priesterschriftlichen Sinaigeschichte vgl. vorläufig noch die Hinweise bei P. WEIMAR, BN 23 (1984) 112f.122f mit Anm. 116. 13of. - Im Unterschied zu Ex 16,1ob ("und siehe, die Herrlichkeit Jahwes erschien in der Wolke") sind die beiden Ausdrücke "Herrlichkeit Jahwes" und "Wolke" in Ex 24,15b+16a und 4o,34 auf die beiden Glieder paarweise einander zugeordneter Aussagen verteilt, wobei sich überdies die Aussagen von Ex 24,15b+16a und 4o,34 formal wie thematisch genau entsprechen:

Ex 24,15b + 16a   Ex 4o,34

(1) Und die Wolke bedeckte den Berg   (1) Und die Wolke bedeckte das Zelt der Begegnung,

(2) und die Herrlichkeit Jahwes ließ   (2) und die Herrlichkeit Jahwes er-
    sich nieder (*wajjiškon*) über dem   füllte die Wohnung (*hammiškan*).
    Berg Sinai.

te in Lev 9,23b [141] sowie im Bereich der "Landgabegeschichte" in Num 14,1o und 2o,6 [142]. Ein weiterer Bezug der Aussage vom Erscheinen der Herrlichkeit Jahwes in Ex 16,1ob erschließt sich jedoch erst, wenn ihr Zusammenhang mit der nachfolgenden Jahwerede in Ex 16,11+12 beachtet wird.

Auffälligerweise nämlich entspricht die Struktur der Jahwerede Ex 16,11+12 der Struktur der großen deutenden Jahwerede zu Beginn der Exodusgeschichte in Ex 6,2-8 (Rekurs auf die Vergangenheit (*šamācti*) - Weitergabebefehl ("sprich zu ihnen folgendermaßen") - Zukunftsankündigung (Ansage + Folge/ EF)) [143]. Die Strukturverwandtschaft der beiden Jahwereden Ex 6,2-8 und 16, 11+12 dürfte dabei nicht auf Zufall beruhen, sondern intendiert sein, um so den Anfang von Exodus- und Sinaigeschichte miteinander zu verklammern. Zueinander in Beziehung gesetzt werden auf diese Weise die Ankündigung des Exodus (Ex 6,6-8) und die Ankündigung der Sättigung durch Fleisch und Brot (Ex 16,12), womit diese zugleich als Konkretisierung der Exoduserfahrung gedeutet wird [144]. Seine erzählerische Realisierung findet das in Ex 16,11+ 12 angesagte Geschehen - wie die thematische Verwandtschaft mit den Erzählungen in Num 13+14* und 2o,1-12* erkennen läßt - erst im Rahmen der Landnahmegeschichte [145]. Damit wird dann aber auch erkennbar, daß für Pg die

---

Auf diese Weise werden zugleich die zwischen dem Berg Sinai und der Wohnung Jahwes bzw. dem Zelt der Begegnung bestehenden Zusammenhänge sichtbar gemacht.

141 Auf den Zusammenhang zwischen Ex 16,1ob und Lev 9,23 weist vor allem die mit dem Motiv des Erscheinens der Herrlichkeit Jahwes in Verbindung stehende Aufforderung "Naht euch vor Jahwe!" in Ex 16,9aß hin, die eine Entsprechung in der erzählerischen Notiz "und es nahte sich die ganze Gemeinde, und sie traten vor Jahwe" in Lev 9,5 hat (zum Zusammenhang vgl. auch E. RUPRECHT, ZAW 86, 1974, 285).

142 Auf einen Zusammenhang von Ex 16,1ob mit Num 14,1o und 2o,6 weist sowohl die strukturelle (Notiz vom Erscheinen der Herrlichkeit Jahwes + deutende Jahwerede an Mose (und Aaron)) als auch die thematische Entsprechung (Widerstand gegen Mose und Aaron als konfliktauslösendes Moment) hin.

143 Unter der Voraussetzung, daß die in Anm. 118 in bezug auf die Zugehörigkeit von Num 14,27b* (ohne den Relativsatz) und 28aα* (nur *'aemor 'alehaem*) zu Pg geäußerte Vermutung das Richtige trifft, begegnet das für Ex 6,2-8 und 16,11+12 charakteristische Strukturmuster der Jahwerede nochmals im Rahmen der "Kundschaftergeschichte" in Num 13+14*, wobei gegenüber den beiden Jahwereden in Ex 6,2-8 und 16,11+12 das Fehlen der Erkenntnisaussage sowie die Tatsache, daß es sich hier um ein Gerichtswort und nicht um eine Heilsankündigung handelt, zu beachten ist. Für die Jahwerede Num 14,26*.27b*.28aα*.35b ist aufgrund der Verbindung *'aet telûnnôt bFnê jiśra'el šamācti* sowie des thematischen Zusammenhangs (Sättigung mit Fleisch und Brot / Tod in der Wüste) vor allem eine Verbindung mit Ex 16,11+12 anzunehmen, die wohl auch interpretatorisch auszuwerten ist (vgl. Anm. 145).

144 Zur weiteren Begründung der hier vorausgesetzten Interpretation der priesterschriftlichen Erzählung in Ex 16,1-12* vgl. meine Analyse zu Ex 16 (vgl. Anm. 119).

145 In diesem Zusammenhang verdient vor allem die enge thematische Verwandtschaft der "Kundschaftererzählung" Num 13+14* mit Ex 16,1-12* Beachtung, wobei Entsprechungen zwischen dem "Murren" der Israel-Söhne in Num 14, 2+5* (Todeswunsch) und Ex 16,2+3 (vgl. dazu P. WEIMAR, BN 23, 1984, 133 Anm. 144) sowie der Jahwerede Num 14,26*.27b*.28aα*.35b und Ex 16,11+12

Rede vom Sich-Verherrlichen Jahwes keineswegs nur im Blick auf die Meerwundererzählung von Bedeutung ist, sondern - über Vermittlung durch die Erzählung Ex 16,1-12* - auch in dem für die Sinai- und "Landgabegeschichte" typischen Ausdruck "Herrlichkeit Jahwes" weiterwirkt.

(4) Eine nicht nur auf die Exodusgeschichte beschränkte Funktion hat auch die mit der Ansage der Selbstverherrlichung Jahwes verbundene Erkenntnisaussage, ohne daß aber der Horizont beider Aussagen deckungsgleich wäre. Innerhalb der Exodusgeschichte haben die paarweise einander zugeordneten Erkenntnisaussagen in Ex 14,4a und 18a eine Entsprechung noch in den gleichfalls paarweise einander zugeordneten Aussagen von Ex 6,7b und 7,5, wodurch eine Verbindung zwischen Anfang und Ende der Exodusgeschichte hergestellt wird [146]. Daß zwischen den Vorkommen der Erkenntnisaussage in Ex 6,7b und 7,5 sowie 14, 4a und 18a nicht nur ein formaler, sondern darüber hinaus auch ein thematischer Zusammenhang besteht, wird durch die Erweiterung der beiden Erkenntnisaussagen in Ex 6,7b und 7,5b angezeigt, insofern hier jeweils auf den Exodus (*js' H*-Stamm) verwiesen wird [147]. Die dabei gegebene Stichwortverbindung mit der einleitenden Notiz der Meerwundererzählung in Ex 12,41 läßt erkennen, daß sich die Erkenntnis Jahwes auf das Meerwunder als eigentlichen Erkenntnisgrund bezieht. Unterschiede bestehen im Subjekt der Erkenntnis. Während in Ex 7,5 sowie in Ex 14,4a und 18a die Ägypter als Subjekt der Erkenntnis genannt sind, sind es in Ex 6,7b die Israel-Söhne, womit sich unterschiedliche Zusammenhänge andeuten.

Der zweite Bereich, wo die Erkenntnisaussage bei Pᵍ eine Rolle spielt, liegt innerhalb der Komposition der Sinaigeschichte. Die Verwendung der Erkenntnisaussage ist dabei durch zwei Besonderheiten ausgezeichnet, zum einen dadurch, daß hier jeweils wie in Ex 6,7b die Israel-Söhne Subjekt der Aussage sind, und zum anderen dadurch, daß der Jahwename in allen Fällen appositionell durch "euer Gott" erweitert ist. Neben Ex 6,7b findet sich diese Form der Erkenntnisaussage noch in Ex 16,12 und 29,46, wobei der Erkenntnisaussage Ex 16,12 noch die "erweichte" Form in Ex 16,6b zuzuordnen ist [148]. Wie innerhalb der Exodusgeschichte ist die Erkenntnisaussage auch in der Sinaigeschichte auf den im Meerwunder sich ereignenden Exodus bezogen. In Ex 29,46 ist dieser

---

zu beachten sind. Daß der Todeswunsch der Israel-Söhne an den "Kundschaftern" in Erfüllung geht (vgl. nur das in Num 14,2 und 35b betonte "in dieser Wüste"), zeigt den gegenüber Ex 16,2+3 veränderten Charakter des "Murrens" an. Die zwischen Ex 16,1-12* und Num 13+14* hergestellte Beziehung läßt erkennen, daß es bei dem "Murren" im Augenblick der bevorstehenden Landgabe letztlich um das Problem der darin geschehenden Infragestellung des Exodusgeschehens geht, wobei die gegenüber Ex 16,1-12* veränderte Wertung des Vorgangs in Num 13+14* dadurch bedingt sein wird, daß mit der Sinaigeschichte der Prozeß des Volk-Jahwe-Werdens definitiv abgeschlossen ist. - Zur Verwandtschaft der Kompositionsstruktur von Num 13+14* mit Ex 6,2-12+7,1-7, aber auch mit Gen 17* vgl. P. WEIMAR, BN 23, 1984, 133 Anm. 145.

146 Zur Verwendung der "Erkenntnisformel" bei Pᵍ vgl. P. WEIMAR, fzb 9, 141-146.

147 Die Ausweitung der "Erkenntnisformel" durch Verweis auf den Exodus findet sich neben Ex 6,7b und 7,5b nur noch in Ex 29,46, womit ein enger Zusammenhang angezeigt ist (s.u.).

148 Trotz der Besonderheiten der Erkenntnisaussage in Ex 16,6b (erweichte Form sowie im Zusammenhang einer Rede des Mose und Aaron und nicht einer Jahwerede) gehört sie aufgrund der festen kompositorischen Zuordnung zu Ex 16,12 in den Rahmen der übrigen Erkenntnisaussagen bei Pᵍ. Ihre

Zusammenhang durch den an die Erkenntnisaussage sich anschließenden Relativ-satz explizit zum Ausdruck gebracht, der auf den Exodus als vergangenes Er-eignis rekurriert ('$a\check{s}aer$ + Suffixkonjugation), nicht ohne hier aber auch mit angehängtem Infinitivsatz das Ziel des ganzen Exodusgeschehens anzugeben ("um in ihrer Mitte zu wohnen") [149]. In diesen Rahmen ordnet sich auch die Erkenntnisaussage in Ex 16,12b ein. Ohne daß hier die "Herausführungsformel" begegnet, soll gerade über Ex 16,12b eine Verbindung zwischen Ex 6,7b (Exo-dus) und 29,46 (Sinai) hergestellt werden, wobei der Bezug zum Exodus (Meer-wunder) durch die zu Ex 16,12b in Korrespondenz stehende Aussage Ex 16,6b erkennbar wird [150].

Für die Erkenntnisaussage ist die Verbindung mit dem Exodus (Meerwunder) als konstitutiv anzusehen, was gleichermaßen für die innerhalb der Exodus- und Sinaigeschichte begegnenden Vorkommen gilt. Der Übergang zwischen beiden li-terarischen Bereichen wird - wie schon im Zusammenhang der Aussage von der Selbstverherrlichung Jahwes bzw. des Ausdrucks "Herrlichkeit Jahwes" - über die Erzählung in Ex 16,1-12* hergestellt. Während sich in Ex 16,6b+7a die angesagte Erkenntnis auf die in der Zukunft sich ereignende beständige Er-fahrung der Exoduswirklichkeit (Meerwunder) bezieht [151], markiert sie in Ex 16,12b die Folge eines zukünftigen Geschehens, in dem sich die Realität des Exodus konkretisiert. Durch die dabei erkennbar werdende Spannung zwischen vergangenem und zukünftigem Geschehen erfährt der Exodus zugleich eine je verschiedene Wertung.

Eine Untersuchung der in den beiden zueinander parallelen Jahwereden Ex 14, 1-2+4a und 15aαb-17abα+18a auf die Hand von P^g zurückgehenden Wendungen hat deutlich die vom Verfasser der priesterschriftlichen Geschichtsdarstellung beabsichtigten literarischen Zusammenhänge zu erkennen gegeben. Am dichte-sten sind dabei die literarischen Querverbindungen mit der Exodusgeschichte selbst, wobei vor allem der Zusammenhang mit der für die priesterschriftli-che Exodusgeschichte (und darüber hinaus) grundlegenden Komposition Ex 6,2-12+7,1-7 zu beachten ist. Von daher ergeben sich dann Hinweise auf den Stel-lenwert der Meerwundererzählung im Rahmen der Exodusgeschichte von P^g.

---

auf diese Weise sich ergebende Siebenerzahl ist sicherlich nicht ohne Be-deutung (vgl. auch die Gesamtkomposition von P^g, dazu P. WEIMAR, BN 24, 1984, 157-159), wobei die Erkenntnisaussage im einzelnen viermal inner-halb der Exodusgeschichte und dreimal innerhalb der Sinaigeschichte be-gegnet. Mit Ausnahme der Abschluß und Höhepunkt der ganzen Reihe bilden-den Erkenntnisaussage Ex 29,46 sind alle anderen Aussagen paarweise ein-ander zugeordnet.

149   Vgl. dazu zuletzt B. JANOWSKI, WMANT 55, 319f.

15o   Außerdem ist in diesem Zusammenhang die Korrespondenz der beiden Jahwe-reden Ex 6,2-8 und 16,11+12 zu beachten, womit sich für die Erkenntnis-aussage Ex 16,12b gleichfalls eine Verbindung mit der Exodusthematik nahelegt (s.o.).

151   Die Kennzeichnung der angekündigten Erfahrung der Israel-Söhne als eines fortwährenden Prozesses wird durch die beiden polaren Begriffe "des Abends" und "des Morgens" zum Ausdruck gebracht (vgl. dazu E. RUPRECHT, ZAW 86, 1974, 284).

Ein nicht ganz so dichter, wenn auch nicht weniger gewichtiger Zusammenhang literarischer Querverbindungen besteht zwischen der Meerwundererzählung und der Sinaigeschichte. Doch sind die Beziehungen zur Sinaigeschichte von anderer Qualität als die innerhalb der Exodusgeschichte zu konstatierenden Zusammenhänge. Während diese mehr einen geschehensmäßigen, in der Darstellung des Exodusgeschehens sich entfaltenden Vorgang anzeigen wollen, haben die in der Sinaigeschichte zu konstatierenden Verbindungslinien zur Meerwundererzählung eher die Funktion von Rückverweisen auf ein einerseits schon vergangenes, andererseits aber noch keineswegs abgeschlossenes Geschehen. Der besondere Stellenwert, der dem Meerwunder im Rahmen der priesterschriftlichen Geschichtsdarstellung zukommt, wird nicht zuletzt daran erkennbar, daß hier Herausführung aus Ägypten und Meerwunder geradezu synonyme Begriffe sind.

4.3 *Die Meerwundererzählung als Element der priesterschriftlichen Exodus-*
     geschichte

Verweisen so die literarischen Querverbindungen der Meerwundererzählung zunächst und vor allem in den Rahmen der Exodusgeschichte, dann liegt darin auch der primäre Interpretationsrahmen, aus dem heraus die Meerwundererzählung verstanden werden muß. Angesichts der Bedeutung, die für Pg als Aussagemittel die Komposition der Erzählung hat, muß so nicht zuletzt auch die Kompositionsstruktur der priesterschriftlichen Exodusgeschichte beachtet werden, weil sich von daher deutliche Hinweise auf die Funktion der Meerwundererzählung innerhalb dieses literarischen Rahmens gewinnen lassen. Die Gliederungsstrukturen des Textes sind dabei durch entsprechende Schlußwendungen angezeigt, wobei anhand der paarweise einander zugeordneten Schlußaussagen Zuordnung wie Abgrenzung der einzelnen Texteinheiten erkennbar werden (Ex 7,6+7/12,28+4o sowie Ex 14,22/29) [152]. Mit Hilfe dieses Gliederungsprinzips legt sich für die Exodusgeschichte eine zweiteilige Textstruktur nahe (mit Ex 12,4o und 41 als Nahtstelle zwischen beiden Teilen), wobei jeder der beiden Teile der Exodusgeschichte in sich wiederum zweiteilig strukturiert ist (Ex 1,13-7,7*/7,8-12,4o*//12,41-14,22*/14,23-29*) [153].

Unterstützt wird die so sich ergebende kompositorische Abfolge und Zuordnung der einzelnen Teile der Exodusgeschichte durch entsprechende strukturelle

---

152 Vgl. dazu und zum folgenden P. WEIMAR, BN 23, 1984, 114f.118 und BN 24,
     1984, 142 mit Anm. 159.

153 Vgl. dazu P. WEIMAR, fzb 9, 222f.25of.

Gestaltungsmittel innerhalb der so ausgegrenzten Texteinheiten. Entsprechend der kompositionellen Parallelität von Ex 12,41-14,22* und 14,23-29* (dazu s. zu 1), sind auch die beiden Texteinheiten Ex 1,13-7,7* und 7,8-12, 4o* aufgrund ihrer kompositorischen Gestaltung parallel zueinander gefügt. Der triadischen Struktur von Ex 6,2-12+7,1-7 [154] - bei Dreiteiligkeit des Mittelteils - korrespondiert genau die Kompositionsstruktur von Ex 7,8-12, 4o*, wobei auch hier das theologische Gewicht der Aussage auf den beiden Rahmenteilen liegt [155]. Erzählerisch verzahnt sind die so auf verschiedene Weise herausgehobenen und voneinander unterschiedenen beiden Teile der Exodusgeschichte über die einander korrespondierenden chronologischen Angaben Ex 12,4o und 41, die Abschluß und Beginn der beiden Erzählteile markieren. Für die priesterschriftliche Exodusgeschichte legt sich damit die folgende Kompositionsstruktur nahe:

I. *Erster Teil (Ex 1,13-12,4o*)*

    A. *Erste Hälfte* (Ex 1,13-7,7*)

        1. Jahwerede (Ex 6,2-8)   → Israel-Söhne
        2. Mose-Jahwe-Mose (Ex 6,9-12)   → dreiteilig
        3. Jahwerede (Ex 7,1-5)   → Ägypter

    B. *Zweite Hälfte* (Ex 7,8-12,4o*)

        1. Mose + Aaron (Ex 7,8-13) → Pharao
        2. Wettstreit Mose - Pharao (Ex 7,19-8,15*) → dreiteilig
        3. Mose + Aaron (Ex 12,1-12*) → Israel-Söhne

---

154 Eine Sonderstellung nimmt innerhalb von Ex 1,13-7,7* die in sich gleichfalls dreiteilig gestaltete Exposition in Ex 1,13-14*+2,23aßb-25 ein (dazu P. WEIMAR, fzb 9, 74f), wobei die Nicht-Einbeziehung der Exposition in die kompositionelle Struktur der nachfolgenden Texteinheit dem auch sonst im zweiten Teil von Pg üblichen Verfahren entspricht. Die gegenüber den anderen "exponierenden" Aussagen (Ex 12,41; 16,1aßb; 19,1; Num 1o,11abα+12b; 2o,1aα*) stark ausgeweitete Exposition in Ex 1,13-14* + 2,23aßb-25 wird damit zusammenhängen, daß auf diese Weise nicht nur der unmittelbar nachfolgende Textabschnitt der Exodusgeschichte (Ex 6,2-12+7,1-7), sondern darüber hinaus der ganze zweite Teil des priesterschriftlichen Werkes eröffnet wird.

155 Ist die Vermutung zutreffend (vgl. Anm. 126), daß Ex 9,8-12 innerhalb der größeren literarischen Einheit Ex 7,8-12,4o* als ein eher nachpriesterschriftlicher Zusatz zu verstehen ist, dann ist diese gleichfalls als eine fünfteilige literarische Komposition zu verstehen, wobei die rahmenden Textabschnitte Ex 7,8-13 und 12,1-12* allein schon dadurch hervorgehoben sind, daß in ihnen Mose und Aaron zusammen als Adressaten der Jahwerede genannt sind. Die so rahmend eingeschlossenen drei Textabschnitte Ex 7,19.2oaα.21b.22; 8,1-3 ... 11aßb.12-15 haben insofern einen anderen Charakter, als hier das Motiv des "Wettstreits" zwischen Mose/Aaron und Pharao/Magier der Ägypter dominant ist. Überdies zeichnen sich die drei Textabschnitte durch eine in sich geschlossene kompositorische Struktur aus. Gegenüber dem dreiteiligen Mittelteil haben die beiden rahmenden Textabschnitte eine im Blick auf das Ganze deuten-

II. *Zweiter Teil (Ex 12,41-14,29*)*

 A. *Erste Hälfte* (Ex 12,41-14,22*)

  1. Jahwerede + Ausführung (Ex 14,1-4*)
  2. Erzählung (Ex 14,8*+1o*)
  3. Jahwerede + Ausführung (Ex 14,15-21*)

 B. *Zweite Hälfte* (Ex 14,23-29*)

  1. Erzählung (Ex 14,23*)
  2. Jahwerede + Ausführung (Ex 14,26+27*)
  3. Erzählung (Ex 14,28*)

Den beiden Teilen der Exodusgeschichte entsprechen zwei Phasen des Exodusgeschehens, deren erste in Ägypten selbst lokalisiert ist, während die zweite einen Vorgang beim Auszug aus Ägypten (Meerwunder) schildert [156]. Die
theologisch gewichtigen Aussagen werden dabei jeweils in der ersten Hälfte
der beiden Erzählteile mitgeteilt, was nicht allein durch die engen literarischen Querverbindungen, sondern darüber hinaus auch durch die verwandte
Position der Jahwereden angezeigt wird [157]. Der zweiten Hälfte beider Erzählteile kommt demgegenüber nur ein untergeordneter, das vorangehend gedeutete Geschehen explizierender Stellenwert zu ("Wettstreit" zwischen Mose/
Aaron und Pharao/Magier der Ägypter sowie Vernichtung der Ägypter im Meer).

Wiederholt sich so innerhalb der Exodusgeschichte in beiden Teilen jeweils
der gleiche Darstellungsmechanismus, so konkurriert damit auf der anderen
Seite die erzählerisch-literarische Anlage der ganzen Exodusgeschichte, insofern nämlich die beiden "inneren" Textabschnitte (Ex 7,8-12,4o*/12,41-14,
22*) durch das Motiv der "Härtung"/"Stärkung" des Herzens miteinander verbunden sind, während in den beiden "äußeren" Textabschnitten (Ex 1,13-7,7*/
14,23-29*) die Thematik der Errettung als Gericht im Vordergrund steht [158].
Die Meerwundererzählung ist damit auf verschiedene Weise mit dem ersten
Teil der Exodusgeschichte verklammert. Wenn auch durch die Art der Verklammerungstechnik unterschiedliche Akzente gesetzt werden, so kommen sie doch
darin überein, daß das Meerwunder auf jede nur mögliche Weise als Höhepunkt
und Ziel des ganzen Exodusgeschehens herausgehoben ist.

---

 de Funktion, indem über den Ausgang des "Wettstreits" von vornherein keinerlei Zweifel möglich ist (Ex 7,8-13) und die Tötung der Erstgeburt als
 Gericht über die "Götter Ägyptens" gedeutet wird (Ex 12,1-12*).

156 Zur Zweiphasigkeit des Exodusgeschehens bei P^g - wenn auch im einzelnen
 verschieden - vgl. auch J.-L. SKA, Bb 6o (1979) 26f.

157 Hier ist die grundlegend deutende Funktion der zueinander korrespondierenden Jahwereden Ex 6,2-8/7,1-5 sowie 14,1-2a+4a/15aαb-17abα+18a zu beachten, wodurch auch jeweils der Ablauf des Geschehens präzis festgelegt
 wird.

218

Das Programm, das der Darstellung des Exodusgeschehens bei Pᵍ zugrundeliegt, ist in Ex 7,1-5 greifbar. Die Jahwerede Ex 7,1-5 besteht aus zwei Teilen (Ex 7,1+2/3-5), die zwar beide auf das zukünftige Geschehen des Exodus bezogen sind, jedoch jeweils eine andere Funktion haben [159]. Im ersten Teil der Rede (Ex 7,1-2) wird die für das kommende Geschehen bestimmende Grundkonstellation vorgezeichnet, wobei in Ex 7,2bß schon die definitive Folge der ganzen Auseinandersetzung angegeben ist [16o]. Im Gegensatz zu den Aussagen des zweiten Teils der Rede (Ex 7,3-5) haben die hier gemachten Aussagen keinerlei Resonanz im weiteren Verlauf der priesterschriftlichen Exodusgeschichte [161]. Da sich Ex 7,1+2 aber auch nicht literarkritisch gegenüber dem vorliegenden Textzusammenhang isolieren läßt [162], liegt die Vermutung nahe, daß es sich bei Ex 7,1+2 eher um die Entwicklung eines die theologischen Gewichte verdeutlichenden Programmentwurfs (Rollenverteilung im Blick

---

158 Zu diesem Kompositionsprinzip vgl. auch P. WEIMAR, BN 24 (1984) 143 mit Anm. 161.

159 Zum folgenden vgl. vor allem P. WEIMAR, fzb 9, 195-233. - Die demgegenüber von J.-L. SKA, Bb 6o (1979) 24-26 favorisierte zweiteilige Struktur der Jahwerede, bestehend aus den beiden Teilen Ex 7,1-4aα und 4aßb+5, kann kaum als Hauptgliederungssystem von Ex 7,1-5 angesehen werden, was auch nicht durch die Gleichheit des Verbums in Ex 7,1aß und 4aß (nᵉtattika/wᵉnatatti) nahegelegt wird. Vor allem drei Beobachtungen sprechen gegen eine solche Annahme. Zum einen ist Jahwe nicht erst ab Ex 7, 4aß, sondern schon ab Ex 7,3 - gerade auch im Unterschied zu Ex 7,1+2 - mit Ausnahme von Ex 7,4aα und 5aα exklusiv Subjekt der Aussage, wobei die durch Ex 7,4aα und 5aα bewirkte Parallelität der Struktur der Aussagefolge eher für einen Zusammenhang von Ex 7,3-5 als gegen einen solchen spricht. Zum anderen läßt sich bei Annahme eines Ex 7,1-4aα umfassenden geschlossenen Redeteils gerade die Gegensätzlichkeit der auf den Pharao bezogenen Aussagen in Ex 7,2bß und 4aα nicht verständlich machen (sichere Entlassung/Nicht-Hören), was aber dann keine Schwierigkeiten bereitet, wenn Ex 7,3+4aα unter kompositionskritischem Aspekt gegenüber Ex 7,1+2 zu isolieren ist. Schließlich dient das betont vorangestellte wă'ᵃni in Ex 7,3a primär der Einführung der nachfolgenden Ankündigung des Handelns Jahwes, womit auch strukturell ein Neueinsatz angezeigt ist (vgl. auch Gen 6,17 und 9,9 (dazu P. WEIMAR, BN 24, 1984, 153 Anm. 183) und Ex 14,17a, wenn auch an den angeführten Vergleichsstellen wă'ᵃni durch hinᵉni + Part. weitergeführt ist), nicht dagegen der Hervorhebung des Gegensatzes zu 'ătta in Ex 7,2a (vgl. dagegen wᵉ'ătta in Ex 14,16a !), womit eher ein Bezug zu nᵉtattika in Ex 7,1aß hergestellt werden soll.

16o Vgl. auch schon A. DILLMANN 72 ("das endliche Ergebniss der Sendung an Ph."), ablehnend B. BAENTSCH 53 ("hat doch keinen rechten Sinn"), der jedoch zu einer Textkorrektur (wišallăh anstelle von wᵉšillăh) genötigt ist.

161 Die betonte Einführung Aarons neben Mose in Ex 7,1+2 ist zweifellos im Blick auf die Texteinheit Ex 7,8-12,4o* ("Plagen" + Pesach) geschehen, wo Aaron neben Mose agierend vorgestellt ist, ohne daß aber die dort dem Aaron zugemessene Rolle im strengen Sinne dem Programm von Ex 7,1+2 entspräche. Damit ist zugleich angezeigt, daß es in Ex 7,1+2 primär um die im Blick auf die "Plagen" bedeutsame Rollenkonstellation geht.

auf die Hauptkontrahenten) und nicht um eine den zukünftigen Geschehensab-
lauf in Blick nehmende Zukunftsaussage handelt. Als Grundaussage ist Ex
7,1aß ("ich mache dich zum *Elohim* für den Pharao") anzusehen, womit zugleich
die Ebene, auf der sich die Auseinandersetzung zwischen Mose/Aaron und dem
Pharao bzw. den Magiern der Ägypter vollzieht, angegeben ist [163].

Der konkrete Vorgang des Exodus ist demgegenüber erst im zweiten Teil der
Jahwerede (Ex 7,3-5) angekündigt. Mit Ausnahme von Ex 7,4aα und 5aα ist ausschließlich Jahwe Subjekt der einzelnen Aussagen, womit zugleich ein Hinweis
auf die literarische Struktur von Ex 7,3-5 gegeben ist [164]. Für den zweiten
Teil der Jahwerede ist so wahrscheinlich eine zweigestufte Erzählfolge anzunehmen (Ex 7,3+4aα/4aßb+5), wobei die Ansage des Handelns Jahwes jeweils
zweigliedrig strukturiert ist (Ex 7,3a+3b/4aß+4b) [165]. Jede der beiden Aussagereihen ist durch eine Aussage abgeschlossen, die die Folge des Handelns
Jahwes in bezug auf den Pharao bzw. die Ägypter angibt (Ex 7,4aα/5aα). In
der Zweistufigkeit der Ankündigung des Handelns Jahwes in Ex 7,3-5 ist präzis
die Zweistufigkeit der Geschehensfolge der ganzen Exodusgeschichte vorgebil-
det. Während die erste Aussagefolge in Ex 7,3+4aα auf die "Plagen" bezogen
ist, wird in der zweiten Aussagefolge in Ex 7,4aßb+5 der eigentliche Exodus
(Meerwunder) in Blick genommen [166].

Im Blick auf die Darstellung des Meerwunders ist vor allem die Aussagefolge
in Ex 7,4aßb+5 zu beachten. Daß hierauf im Rahmen von Ex 7,3-5 das Gewicht
der Aussage liegt, wird nicht zuletzt daran erkennbar, daß die zweiteilige

---

162 Gegen S.Ö. STEINGRIMSSON, CB.OT 14, 3o-32 kann Ex 7,1-5 nicht als eine
     erst redaktionelle Bildung verstanden werden. Redaktionell ist in Ex
     7,1-5 allenfalls das zweite Glied des sonst typisch dtr. Ausdrucks
     "meine Zeichen und meine Wunder" (*'aet-'ototăj we'aet môpetăj*) in Ex
     7,3b (vgl. auch den exklusiven Gebrauch von *môpetîm* in Ex 11,9+1o R^P),
     wenn darin nicht ein Vorverweis auf *môpet* in Ex 7,9a zu sehen ist, viel-
     leicht aber auch die zweite appositionelle Beifügung *benê jiśra'el* in
     Ex 7,4b.

163 Zur herausragenden Stellung von Ex 7,1aß im Rahmen von Ex 7,1+2 vgl. P.
     WEIMAR, fzb 9, 199f. - Auf einer Ebene mit Ex 7,1aß ist dabei die Angabe
     der Folge in Ex 7,2bß anzusetzen, wohingegen die dazwischen eingeschaltete
     Aussage in Ex 7,1b+2abα einen mehr untergeordneten Stellenwert hat.

164 Dementsprechend ist die vom Verf. früher vertretene Auffassung (fzb 9,
     2o3-2o5.229f) zur Struktur von Ex 7,3-5 aufzugeben. Treffen nämlich die
     in der vorliegenden Untersuchung gemachten Beobachtungen zu, dann läßt
     sich auch eine genaue Kongruenz zwischen der Struktur der Ankündigung in
     Ex 7,3-5 und der Komposition der priesterschriftlichen Exodusgeschichte
     selbst konstatieren. Die seinerzeit favorisierte Abtrennung von Ex 7,5
     gegenüber Ex 7,3+4 ist angesichts der Wiederaufnahme der beiden Glieder
     der Ankündigung Ex 7,4aß+4b im Anschluß an die Erkenntnisaussage Ex 7,5
     nicht wahrscheinlich.

Ansage des Handelns Jahwes Ex 7,4aß und 4b im Anschluß an die Erkenntnisaussage Ex 7,5aα in variierter Form nochmals aufgenommen ist (Ex 7,5aß und 5b). Die parallel zueinander gefügten Ansagen des Handelns Jahwes in Ex 7,4aß und 4b (sowie deren Aufnahme in Ex 7,5aß und 5b) meinen dabei nicht eine Geschehensfolge, sondern beziehen sich vielmehr auf ein und denselben Vorgang. Die in Ex 7,4b im Zusammenhang der Ankündigung der Herausführung aus Ägypten stehende und dieses Geschehen deutende Angabe "mit großen Gerichten" (*bišpaṭîm gᵉdolîm*) steht in einer thematisch nahen Verbindung zu den beiden sich eng berührenden Aussagen Ex 7,4aß und 5aß, für die jeweils der Gedanke des Gerichtes Jahwes an Ägypten bestimmend ist [167]. Indirekt wird der so zwischen Ex 7,4aß und 5aß sowie dem Ausdruck "mit großen Gerichten" in Ex 7,4b anzunehmende Zusammenhang auch durch den innerhalb der zu Ex 7,1-5 korrespondierenden Jahwerede Ex 6,2-8 begegnenden Doppelausdruck "mit ausgestrecktem Arm und mit grossen Gerichten" (*bizrôᶜᵃ nᵉṭûjā ûbišpaṭîm gᵉdolîm*) in Ex 6,6b angezeigt [168]. Im Vordergrund steht bei Pᵍ nicht der konkrete Geschehensvollzug des Meerwunders als solcher, sondern seine Deutung als Gericht über Ägypten [169].

---

165 Zur paarweisen Zuordnung von jeweils zwei Ansagen des Handelns Jahwes in Ex 7,3+4 vgl. P. WEIMAR, fzb 9, 2o4f.

166 Die entsprechenden Zusammenhänge sind dabei durch Stichwortentsprechungen deutlich herausgestellt.

167 Vor allem die Technik der Wiederaufnahme der Ankündigung des Handelns Jahwes im Anschluß an die Erkenntnisaussage kann als Hinweis darauf gewertet werden, daß mit den Aussagen in Ex 7,4aß und 5aß - trotz der Verschiedenheit der Formulierungen im einzelnen (vgl. vor allem den Gebrauch der Verben *ntn/nth*) - der gleiche Sachverhalt angesprochen ist. Daß in Ex 7,4aß anstelle der in Ex 7,5aß stehenden gewöhnlichen Verbindung *nth jad* ᶜ*al* (dazu vgl. P. HUMBERT, VT 12, 1962, 383-395, dazu kritisch P. ACKROYD, ThWAT III, 1982, 453f) die singuläre Verbindung *ntn jad* bᵉ (vgl. aber den ähnlichen Ausdruck *ntn panîm* bᵉ, worauf J.-L. SKA, Bb 6o, 1979, 25f hinweist) eingetreten ist, könnte aus Analogie zu der Aussage in Ex 7,1aß geschehen sein, um auf diese Weise betont den Primat des Handelns Jahwes zur Geltung zu bringen. Wird zudem beachtet, daß die Verbindung *nth jad* ᶜ*al* im Kontext der priesterschriftlichen Exodusgeschichte sonst immer Mose (Ex 14,16.21.26.27) bzw. Aaron (Ex 7, 19; 8,1.2.13) zum Subjekt hat, dann hat Ex 7,4aß in Verbindung mit Ex 7,1aß möglicherweise gerade auch die Funktion eines kritischen Korrektivs gegenüber den auf Mose und Aaron bezogenen Aussagen, was um so näherliegt, als mit Ausnahme von Ex 7,19 alle einschlägigen Belege aus einer Pᵍ vorgegebenen Tradition aufgenommen sind. Während in der von Pᵍ rezipierten Tradition das Ausstrecken der Hand eher als ein magischer Gestus zu qualifizieren ist, ist er auf der Ebene der priesterschriftlichen Redaktion zu einem Gerichtsgestus geworden, wobei im Hintergrund wohl die prophetische Gerichtsverkündigung gegen die Völker steht (wegen der auch sonst innerhalb der Exodusgeschichte zu beobachtenden Nähe zu den ezechielischen "Völkersprüchen" vgl. vor allem Ez 25,7.13.16; vgl. auch J.-L. SKA, Bb 6o, 1979, 2o5).

168 Vgl. dazu P. WEIMAR, fzb 9, 128-131.

Die Darstellung der priesterschriftlichen Exodusgeschichte ist so von Anfang an auf das Meerwunder als Höhepunkt und Ziel der ganzen Geschehensfolge zugespitzt. Die "Plagen" haben demgegenüber nur die Qualität eines "Vorspiels". Sie sind nicht eigentlich als Gerichtsszenen zu verstehen [170], sondern haben den Charakter eines Wettstreites zwischen Mose und dem Pharao, der seine Lösung erst im Meerwunder findet. Dieses ist auch durch den von P^g eingeführten Interpretationsrahmen gegenüber den "Plagen" deutlich hervorgehoben. Der konzeptionelle Zusammenhang ergibt sich aus dem Zusammenspiel mehrerer Faktoren (vgl. dazu als Hintergrund Ez 28,22). Beherrschend im Vordergrund steht das Moment der Selbstverherrlichung, womit unlösbar der Gedanke des Gerichtes an den Ägyptern verbunden ist. In dem so nach zwei Seiten hin akzentuierten Geschehen am Meer geschieht für Israel die Befreiung aus Ägypten. Damit setzt sich die priesterschriftliche Fassung der Meerwundererzählung aber zugleich gegenüber der von ihr rezipierten Tradition ab (vgl. dazu 3.3) [171].

Daß dem im Meerwunder sich vollziehenden Exodus bei P^g ein so hoher Stellenwert zugemessen wird, hängt mit der für das Volk-Jahwes-Sein Israels konstitutiven Bedeutung des Exodusgeschehens in der Konzeption des priesterschriftlichen Werkes zusammen. In der auf das Meerwunder bezogenen Ankündigung Ex 7,4b werden die Israel-Söhne nicht nur als "meine Heere" (vgl. Ex 12,41 als Einleitung der Meerwundererzählung), sondern darüber hinaus ausdrücklich als "mein Volk" (ʾaet-ʿammî) bezeichnet. Mit dieser Qualifizierung der Israel-Söhne als Volk Jahwes in Zusammenhang steht die gleichfalls auf die

---

169 Nicht unmittelbar im Horizont von Ex 7,4b wird die Aussage von Ex 12,12 stehen (vgl. schon P. WEIMAR, fzb 9, 131 Anm. 143, aber auch J.-L. SKA, Bb 6o, 1979, 32), wo das Nomen šepaṭîm auf die Tötung der Erstgeburt Ägyptens bezogen ist. Die zwischen Ex 6,6b und 7,4b sowie Ex 12,12 bestehende Spannung wird dann verständlich, wenn Ex 12,12 Element einer von P^g rezipierten Tradition ist. Auf der Ebene von P^g ist damit zugleich das Stichwort gegeben, um daran die Meerwundererzählung anschließen zu können.

17o So etwa J.-L. SKA, Bb 6o, 1979, 2o5f, wogegen aber zu beachten bleibt, daß P^g den Terminus šepaṭîm allem Anschein nach bewußt vom Zusammenhang der "Plagen" fernhält und nur im Blick auf das Meerwunder anwendet.

171 Damit bestätigt sich nochmals die aus literarisch-kompositorischen Gründen heraus vorgenommene Differenzierung zwischen einer priesterschriftlichen Redaktion und einer vorpriesterschriftlichen Tradition innerhalb der Meerwundererzählung. Dieser Differenzierung entspricht sodann auch der für die von P^g rezipierte Tradition wie für die priesterschriftliche Redaktion zu konstatierende unterschiedliche traditionsgeschichtliche Zusammenhang. Während die Vorlage von P^g innerhalb der Meerwundererzählung an Deutero-Jesaja anknüpft, haben die tragenden Vorstellungen auf der Ebene von P^g ihren Haftpunkt wohl bei Ez, was zugleich auf jeweils andere Tradentenkreise hinweist.

priesterschriftliche Redaktion zurückgehende Aussage Ex 6,7a, die im Blick auf den Exodus (Meerwunder) eine interpretative Funktion hat, insofern damit der Exodus als Annahme zum Volk Jahwes gedeutet wird [172]. Wird von daher die herausgehobene Stellung des Meerwunders im Rahmen der priesterschriftlichen Exodusgeschichte verständlich, so ist auf der anderen Seite aber zu beachten, daß im Rahmen der Meerwundererzählung zwar der in Ex 7,4b in Verbindung mit "mein Volk" stehende Ausdruck "meine Heere" aufgenommen ist (12,41), nicht aber die Qualifizierung der Israel-Söhne als "Volk Jahwes". Darin kann durchaus ein Hinweis auf die erzählerisch-theologische Konzeption von Pg gesehen werden. Das Meerwunder ist zwar Abschluß und Höhepunkt der Exodusgeschichte, ohne daß aber das Werden Israels zum "Volk Jahwes" als solches schon definitiv zu Ende gekommen wäre. Damit ist dann aber der Exodus selbst als ein einerseits schon abgeschlossenes Geschehen, andererseits jedoch als ein noch nicht zu Ende gekommener Prozeß gekennzeichnet. Es stellt sich so die Frage nach dem Zusammenhang der Meerwundererzählung im Rahmen der priesterschriftlichen Geschichtsdarstellung überhaupt.

4.4 *Die Meerwundererzählung als Element der priesterschriftlichen Geschichtsdarstellung*

Allein schon das dichte Geflecht von Querverbindungen der Meerwundererzählung zur Sinaigeschichte läßt nach dem weiteren literarischen Horizont der Meerwundererzählung im Rahmen der priesterschriftlichen Geschichtsdarstellung fragen. Wegen des engen Zusammenhangs von Meerwundererzählung und Sinaigeschichte ist zunächst das Beziehungsverhältnis dieser beiden Textkomplexe zueinander zu prüfen. Doch ist im Blick auf die Meerwundererzählung noch ein weiterer Textkomplex von Bedeutung, der gerade bei Berücksichtigung der Aussagen in der von Pg rezipierten Fassung der Meerwundererzählung in Erscheinung tritt. Die dort konstatierten Berührungen mit der "Urgeschichte" (vgl. 2.2) haben auf der Ebene der priesterschriftlichen Redaktion insofern einen neuen Stellenwert gewonnen, als Meerwundererzählung und "Urgeschichte" jetzt Bestandteile ein und desselben literarischen Zusammenhangs sind. Die Frage nach der Funktion der Meerwundererzählung im Rahmen der priesterschriftlichen Geschichtsdarstellung ist so nach zwei Seiten hin zu behandeln, zum einen im Blick auf die Verbindung zur Sinaigeschichte und zum anderen im Blick auf den Zusammenhang mit der "Urgeschichte".

---

172 Vgl. dazu N. LOHFINK, Beobachtungen 3o4 mit Anm. 1oo und P. WEIMAR, fzb 9, 131-14o.

Für eine Untersuchung des Zusammenhangs von Meerwundererzählung und Sinaigeschichte ist vor allem die unmittelbar auf die Meerwundererzählung folgende,
aber schon der Sinaigeschichte zuzurechnende und sie eröffnende Texteinheit
Ex 16,1-12[*] zu beachten, deren Scharnierfunktion zwischen beiden literarischen Bereichen bereits bei der Analyse des literarischen Zusammenhangs der
Meerwundererzählung (4.2) sichtbar geworden ist. Der Charakter der in Ex
16,1-12[*] überlieferten Erzählung ist durch das leitmotivisch verwendete
Stichwort "murren" (*lwn*) gekennzeichnet [173]. Der spezifische Charakter, der
dem "Murren" der Gemeinde der Israel-Söhne dabei zukommt, wird jedoch erst
dann erkennbar, wenn seine inhaltlich bestimmende Komponente beachtet wird.
Der Fragehorizont, aus dem heraus die Erzählung in Ex 16,1-12[*] bei Pg gestaltet ist, wird vor allem an der "Murrede" Ex 16,2+3 faßbar, insofern hier präzis die Ausgangssituation des in Ex 16,1-12[*] entworfenen Geschehensvorgangs
umrissen ist.

Betont werden die idealisierend gezeichnete Ägyptensituation (Sättigung
durch Fleisch und Brot) und die durch Hunger und Tod gekennzeichnete Situation der Wüste einander gegenübergestellt. Die Perspektive der Aussage in
Ex 16,2+3 wird am pervertierenden Gebrauch der "Herausführungsformel" in Ex
16,3b erkennbar, der gerade vor dem Hintergrund ihrer sonstigen Verwendung
bei Pg ein um so größeres Gewicht zukommt. Nicht Jahwe wie sonst immer,
sondern Mose und Aaron werden als Subjekt der Herausführung genannt. Außerdem ist an die Stelle von "aus dem Lande Ägypten" (bzw. sinnverwandter Aussagen) die Zielangabe "in diese Wüste" getreten. Auf jede nur mögliche Weise soll damit die lebensnotwendige Qualität wie innere Sinnhaftigkeit des
Exodusgeschehens in Frage gestellt werden (vgl. in diesem Zusammenhang nur
den sich an die Herausführungsformel anschließenden Infinitivsatz Ex 16,3bß).
Was die Gemeinde der Israel-Söhne hier in Frage stellt, ist letztlich die
Grundlage seiner eigenen Existenz als "Volk Jahwes".

Der Widerlegung genau dieser Infragestellung des Exodus ist nicht nur die
Erzähleinheit Ex 16,1-12[*], sondern darüber hinaus die ganze Sinaigeschichte
gewidmet. Die Gegenposition zum "Murren" der Israel-Söhne wird betont in
der Antwort des Mose Ex 16,6-7abα+8bß entfaltet. Dabei wird der entscheidende Punkt der Anklage von Ex 16,2+3 aufgenommen und daraus zugleich eine

---

[173] Der Anteil der priesterschriftlichen Erzählung ist auf Ex 16,1aßb.2+3.
6-7abα.8bß.9.1oaαb.11+12 einzugrenzen; zur Begründung der hier vorausgesetzten literarkritischen Position vgl. meine in Anm. 119 genannte
Untersuchung zu Ex 16.

grundsätzliche Perspektive im Blick auf das Folgende entwickelt. Der Infragestellung des Exodus wird die zukünftige Erkenntnis der Exoduswirklichkeit durch die Israel-Söhne als ein unablässiger Prozeß gegenübergestellt, wobei Pᵍ hier ausdrücklich an die Meerwundererzählung anknüpft. Damit wird zugleich mit Nachdruck auf die konstitutive Bedeutung des Exodus für die Existenz Israels als "Volk Jahwes" abgehoben [174]. Aufgenommen wird die Thematik der Rede Ex 16,6-7abα+8bβ nochmals in der Jahwe-Rede Ex 16,11+12, die durch die Imitation der Redestruktur von Ex 6,2-8 erneut die grundlegende Dimension des Exodus in Erinnerung ruft, zum anderen die in Ex 16,6-7abα+8bβ akzentuierte Erkenntnis der Exoduswirklichkeit dahingehend interpretiert, daß sich diese in der Sicherung aller Lebensbedürfnisse durch Jahwe zeigen wird [175].

Die Erzähleinheit Ex 16,1-12* ist keine in sich geschlossene Texteinheit (offener Schluß), sondern weist über sich hinaus auf den Zusammenhang der Sinaigeschichte, in deren dreiteiliger Komposition sie fest integriert ist [176]. Erzählerisch ist dies auf verschiedene Weise angezeigt. So verbindet die einleitende Wanderungsnotiz Ex 16,1aβb die Erzähleinheit Ex 16,1-12* mit der entsprechenden Einleitungsnotiz der zentralen Texteinheit der Sinaigeschichte in Ex 19,1 (vgl. auch die Ortsnamenvarianten "Wüste Sin" bzw. "Wüste Sinai"), wobei in beiden Wanderungsnotizen jeweils ein Bezug auf den Exodus angebracht ist [177]. Sodann findet - abgesehen von dem Ausdruck "Herrlichkeit

---

174 In diesem Zusammenhang ist vor allem der durch Ex 16,7aβ geschehende Rückverweis auf das Murren der Gemeinde in Ex 16,2+3 zu beachten, wodurch nochmals deutlich angezeigt ist, worum es beim Murren des Volkes geht. Die konstitutive Bedeutung des Exodusgeschehens für Israel wird gerade auch dadurch herausgestellt, daß ein in der *Vergangenheit* liegendes Geschehen (Exodus/Meerwunder) zum Inhalt eines *zukünftigen* Erkenntnisprozesses gemacht wird.

175 Zu beachten sind die Abänderungen von Ex 16,11+12 gegenüber Ex 16,6-7abα+ 8bβ, die sich einerseits auf die Zeitangaben und andererseits auf die Erkenntnisaussage beziehen. Die die Folge eines zukünftigen Geschehens markierende Erkenntnisaussage in Ex 16,12b stellt dabei den Zusammenhang zwischen Ex 6,7b (Exodus) und 29,46 (Sinai) her.

176 Zur Komposition und Theologie der priesterschriftlichen Sinaigeschichte soll in anderem Zusammenhang geschlossen Stellung genommen werden. Der Umfang der Sinaigeschichte von Pᵍ (vgl. dazu P. WEIMAR, BN 23, 1984, 85 Anm. 18) beschränkt sich auf drei Texteinheiten, die in sich eine geschlossene Kompositionsstruktur aufweisen (vgl. dazu die Hinweise bei P. WEIMAR, BN 24, 1984, 147f).

177 Zu den Wanderungsnotizen vgl. P. WEIMAR, BN 23 (1984) 98-1o5. - Im vorliegenden Zusammenhang verdient vor allem Beachtung, daß die Wanderungsnotizen Ex 16,1aßb und 19,1 als Einleitungen der von ihnen eröffneten Texteinheiten präzis auf das Zentrum der Sinaigeschichte hinführen, zugleich aber durch den Rückverweis auf das Exodusgeschehen eine Verbindung zum Meerwunder herstellen.

Jahwes" (s.o.) - die Erkenntnisaussage aus Ex 16,12 eine Wiederaufnahme in Ex 29,46. Nicht nur wird so ein Zusammenhang zwischen Exodus und Sinai hergestellt, sondern darüber hinaus auch die Errichtung der Wohnung Jahwes als Höhepunkt und Vollendung des Exodus vorgestellt, insofern das Wohnen Jahwes Zeichen der Präsenz des Exodusgottes bei "seinem" Volk ist [178]. Ereignet sich im Exodus (Meerwunder) die Annahme Israels als "Volk Jahwes", so wird dieser Prozeß aber erst mit der Errichtung der "Wohnung" Jahwes am Sinai zum Abschluß gebracht. Dies wird durch eine weitere Beobachtung unterstrichen [179].

Wie eine Reihe wechselseitiger Bezugnahmen erkennen läßt, ist die in Lev 9,1-24* überlieferte abschließende Erzähleinheit der priesterschriftlichen Sinaigeschichte als bewußtes Gegenstück zu Ex 16,1-12* konzipiert [180]. Entsprechend der Erzählung vom "Murren" der Gemeinde in Ex 16,1-12* endet auch die Erzählung vom "Nahen" der Gemeinde vor Jahwe in Lev 9,1-24* mit einer Erscheinung der Herrlichkeit Jahwes, die sich in dem Augenblick ereignet, als Mose und Aaron aus dem Zelt der Begegnung herauskommen und das Volk segnen. Eine Antithese zum "Murren" der Gemeinde von Ex 16,2 wird durch den Jubel des Volkes in Lev 9,23+24b gesetzt, womit dieses zugleich anerkennt, was Jahwe im Exodus und in der Errichtung seiner "Wohnung" getan hat [181]. Erst hier kommt dann die mit Ex 16,2 eröffnete Erzählbewegung zum Abschluß, was sowohl auf literarischer als auch auf theologischer Ebene gilt. Bezeichnenderweise wird gerade in diesem Zusammenhang der Terminus "Volk" in bezug auf Israel

---

178 Vgl. dazu P. WEIMAR, fzb 9, 34-136 und B. JANOWSKI, WMANT 55, 319f.

179 Auf weitere Hinweise in diese Richtung kann hier nicht eingegangen werden. So wäre vor allem auch die Tatsache zu berücksichtigen, daß sowohl die Exodus- als auch die Sinaigeschichte durch starke Bezugnahmen zur "Urgeschichte" ausgezeichnet sind, die in gleicher Weise nicht für die "Landgabegeschichte" gelten (vgl. dazu P. WEIMAR, BN 24, 1984, 16o Anm. 195). Der so zwischen der Exodus- und Sinaigeschichte bestehende Zusammenhang läßt auf eine einheitliche thematische Konzeption für beide Teile des priesterschriftlichen Werkes schließen (vgl. auch 4.42).

18o Im Rahmen von Lev 8-1o kann nur der Grundbestand von Lev 9,1-24 als Element der priesterschriftlichen Geschichtsdarstellung angesehen werden; der Nachweis soll in anderem Zusammenhang geführt werden.

181 Bezeichnenderweise treten sich in der Komposition der priesterschriftlichen Sinaigeschichte das Ende der abschließenden (Lev 9,23+24b) und der Beginn der einleitenden Texteinheit (Ex 16,2+3) antithetisch gegenüber und lassen darin den geschlossenen Charakter der die ganze Sinaigeschichte durchziehenden Erzählbewegung erkennen. Erst mit Lev 9,24b ist dann auch die in Ex 16,2+3 angeschlagene Frage definitiv gelöst. Damit ist sodann aber auch die gesamte Sinaigeschichte als ein von Ex 16,2+3 her thematisch bestimmter zusammenhängender Erzählkomplex zu verstehen.

nach den auf das Exodusgeschehen (Meerwunder) bezogenen Aussagen Ex 6,7a und 7,4b erstmals wieder aufgenommen [182]. Damit ist dann aber auch der thematische Bezugsrahmen zum Verständnis der Sinaigeschichte gegeben.

Zentrales Problem, um das die ganze Sinaigeschichte kreist, ist der Aufweis der lebensnotwendigen Bedeutung des sich im Meerwunder vollziehenden Exodus, weil Israel nur unter dieser Voraussetzung als "Volk Jahwes" bestehen kann. Der Zusammenhang zwischen Exodus und Sinai wird dabei deutlich durch Ex 16,1-12[*] hergestellt, insofern hier im Rückblick auf das Exodusgeschehen einerseits das Problem der inneren Sinnhaftigkeit des Exodus und damit auch der Bedeutung des Volk-Jahwes-Seins grundsätzlich thematisiert wird, im Vorblick auf die Sinaigeschichte andererseits gerade die grundlegende Bedeutung des Exodus für die Existenz Israels als "Volk Jahwes" hervorgehoben werden soll. Als Eröffnung der Sinaigeschichte gibt Ex 16,1-12[*] so einen grundlegenden Aspekt zu deren Verständnis an. Insofern die im Exodus geschehende Annahme als "Volk" Jahwes durch das "Murren" Israels im inneren Bestand gefährdet ist, kommt der Sinaigeschichte als ganzer die Funktion zu, diesen im Exodus einsetzenden Prozeß abzuschließen und zu vollenden.

Zu beachten ist in diesem Zusammenhang nicht zuletzt auch die Entsprechung zwischen der das Exodusgeschehen deutenden Ankündigung Ex 6,7a ("ich nehme euch mir zum Volk und ich werde euch Gott sein") und der im Zusammenhang der Anweisungen zum Bau der "Wohnung Jahwes" stehenden Aussage Ex 29,45

---

182 Der Terminus "Volk" begegnet in Lev 9,1-24* in auffälliger Dichte (Lev 9,7a und 23a; "Darbringung des Volkes" 9,7b und 15a; "ganzes Volk" 9, 23b). Es hat dabei den Anschein, als ob dieser Begriff den in Ex 16,1-12* vorherrschenden Ausdruck "ganze Gemeinde der Israel-Söhne" ersetzen wolle (Ex 16,1aß.2.9.1oaα), was durch seine Aufnahme in Lev 9,5 zusätzlich noch unterstrichen wird (vgl. auch das auffällige Phänomen, daß der Ausdruck "ganze Gemeinde (der Söhne Israels)" sich gerade im Mittelteil der Sinaigeschichte nicht findet). Damit ist zugleich ein Zusammenhang, aber auch eine Aspektverschiebung zwischen "Gemeinde" und "Volk" angezeigt, wobei in der Kennzeichnung Israels als "Volk" vor allem die theologische Komponente im Vordergrund stehen wird. Daß die Kennzeichnung Israels als "Volk" erst im Schlußabschnitt der Sinaigeschichte begegnet, dürfte kaum Zufall sein, sondern hängt mit der erzählerischen Systematik von Pᵍ zusammen. Das Gewicht, das Pᵍ diesem Begriff zumißt, wird nicht zuletzt daran erkennbar, daß Pᵍ ihn nur an den genannten Stellen verwendet; auffällig ist auch, daß nach der Sinaigeschichte die Kennzeichnung Israels als "Volk" nicht mehr begegnet, sondern nur noch der Ausdruck "ganze Gemeinde" (Num 14,2*.1o; 2o,1aα*.22b. 27.29; "ganze Gemeinde der Söhne Israels" Num 14,7; 27,2o; "ganze Versammlung der Gemeinde der Söhne Israels" Num 14,5; vgl. auch den Terminus "Versammlung" Num 2o,6.1o.12).

("und ich werde inmitten der Söhne Israels wohnen, und ich werde ihnen Gott sein") [183]. Darin kommt der unverbrüchliche Zusammenhang von Exodus und Sinai zum Ausdruck. Ohne Exodus hebt sich der Sinai von selbst auf. Aber ohne Sinai kommt der Exodus nicht zur Vollendung. Die priesterschriftliche Sinaigeschichte hat so wesentlich die Bedeutung, die zentrale Funktion des Exodusgeschehens (Meerwunder) für die Konstituierung des Jahwe-Volkes herauszustellen. Darin liegt dann auch der eigentliche Grund, warum von Pg die Darstellung des Meerwunders und das Sinaigeschehen - direkt oder indirekt - in einen so engen Zusammenhang zueinander gebracht werden.

4.42 *Meerwundererzählung und "Urgeschichte"*

Neben dem zwischen Meerwundererzählung und Sinaigeschichte bestehenden Zusammenhang sind vor allem auch die Verbindungslinien zwischen der Meerwundererzählung und der "Urgeschichte" zu beachten [184]. Entsprechende Berührungspunkte sind dabei gleichermaßen zur Schöpfungs- (Gen 1,1-2,4a*) wie Flutgeschichte (Gen 6,9-9,29*) zu konstatieren. Für eine angemessene Wertung der bestehenden Querverbindungen sind neben der Meerwundererzählung auch die übrigen Teile der priesterschriftlichen Exodusgeschichte mitzuberücksichtigen. Entsprechungen zwischen der Exodusgeschichte und der Schöpfungserzählung bestehen vor allem im Zusammenhang der "Plagen", während die Berührungspunkte innerhalb der Meerwundererzählung nur schwächer ausgeprägt sind. Diese läßt demgegenüber eine größere Affinität zur Fluterzählung erkennen, ohne daß aber zwischen beiden Bereichen starr getrennt werden könnte.

Auf die wechselseitigen Beziehungen von "Schöpfung" und Exodus deuten mehrere Stichwortentsprechungen hin, die um so bedeutsamer sind, als sie bei Pg nur in den vorliegenden literarischen Zusammenhängen begegnen, was bei dem durchreflektierten priesterschriftlichen Sprachgebrauch sicherlich kein Zufall ist. An die "Schöpfungserzählung" erinnert das in Ex 7,8-13* mehrfach gebrauchte Nomen "Schlange" (*tännîn*) (Ex 7,9.1o.12), das in Gen 1,21 in bezug auf die von Elohim geschaffenen Wassertiere gebraucht ist. Der Ausdruck "all ihre Wasseransammlungen" (*kål-miqwē mêmêhaem*) in Ex 7,19 hat seine Ent-

---

183 Vgl. dazu P. WEIMAR, fzb 9, 133-14o und B. JANOWSKI, WMANT 55, 319-324.

184 Wichtig sind in diesem Zusammenhang vor allem die Beobachtungen bei J.-L. SKA, NRTh 113 (1981) 512-532; zu den bei E. ZENGER, SBS 112, 167-169 mitgeteilten Berührungspunkten zwischen Exodus- und Urgeschichte vgl. den Hinweis bei P. WEIMAR, BN 24 (1984) 16o Anm. 195; zu einzelnen Beobachtungen vgl. schon P. WEIMAR, Hoffnung 329-362 (vor allem 36of).

sprechung in der Verbindung "Ansammlung der Wasser" (miqwē hāmmăjim) in Gen
1,1o. Ebenso ist eine Berührung im Gebrauch von jṣ' H-Stamm in der Bedeutung "hervorbringen" zwischen Gen 1,12.24 und Ex 8,14 zu konstatieren. Als
Anspielung an die Schöpfungserzählung (Gen 1,9.1o) kann innerhalb der Meerwundererzählung (Ex 14,16.22.29) das Nomen "das Trockene" (hājjăbbasă) verstanden werden [185].

Von Interesse ist dabei primär nicht die Entsprechung einzelner Aussagen im
Rahmen der Darstellung von Schöpfung und Exodus. Bedeutsamer erscheint vielmehr die darin geschehende Hinweisfunktion auf den zwischen Schöpfung und
Exodus bestehenden Zusammenhang im allgemeinen. Dies wird auch durch die verwandte Technik der "Strophenbildung" sowie durch Entsprechung der Darstellungsform zwischen Gen 1,1-2,4a* und den "Plagen" unterstrichen [186]. Die stärker
strukturellen Entsprechungen sind bei Pᵍ nicht als Zufallsprodukt, sondern
als ein absichtsvoll hergestelltes Entsprechungsverhältnis zu verstehen, um
so auf thematische Entsprechungen zwischen Schöpfung und Exodus hinzuweisen.
Im Verständnis von Pᵍ hat der Exodus geradezu die Dimension eines Wettstreites zwischen Jahwe/Mose und dem Pharao, indem die Macht Jahwes über die Götter sichtbar wird [187]. Innerhalb der Schöpfungserzählung ist diese Thematik
ausdrücklich in Gen 1,14-19* angesprochen [188].

Doch dürfte darin nicht der eigentliche Grund für die zwischen Schöpfungs- und
Exodusgeschichte bestehenden Querverbindungen zu sehen sein. Dieser wird vielmehr in dem besonderen Verständnis des Exodusgeschehens bei Pᵍ begründet

---

185 Im Gegensatz zu den übrigen Entsprechungen zwischen Gen 1,1-2,4a* und
     der Exodusgeschichte, die allesamt auf die priesterschriftliche Redak-
     tion selbst zurückgehen, ist hājjăbbasă in Ex 14,16.22.29 schon als Ele-
     ment einer Pᵍ vorgegebenen Tradition anzusehen, so daß der Bezug zu Gen
     1,1-2,4a* erst sekundär durch die Einfügung der Schöpfungs- und Fluter-
     zählung in den Rahmen der priesterschriftlichen Geschichtsdarstellung
     hergestellt worden ist.

186 Vgl. dazu P. WEIMAR, BN 23 (1984) 12of Anm. 112.

187 Durch das Motiv des "Wettstreits" sind innerhalb der priesterschrift-
     lichen Exodusgeschichte die beiden Textabschnitte Ex 7,8-12,4o* und
     12,41-14,22* miteinander verbunden. Das hinter der Darstellung des "Wett-
     streits" stehende theologische Programm ist in 7,1aß entworfen (vgl. da-
     zu P. WEIMAR, fzb 9, 199-2o3). Indem Mose von Jahwe zum Elohim für den
     Pharao eingesetzt wird, ist zugleich auch etwas über die dem Pharao zu-
     gemessene Qualität ausgesagt, der so eine geradezu quasi-göttliche Dig-
     nität besitzt. Angeregt ist eine dementsprechende Deutung des Geschehens
     wahrscheinlich durch Ex 12,12 ("und an allen Göttern Ägyptens will ich
     Gericht halten"), welche Aussage wohl einer von Pᵍ rezipierten Tradi-
     tion entstammt (vgl. dazu P. WEIMAR, Hoffnung 376f.379-388).

188 Vgl. dazu vor allem H.-D. PREUSS, BWANT V/12, 187-192; entsprechend ha-
     ben sich in jüngerer Zeit W.H. SCHMIDT, WMANT 17, 117-12o, A. OHLER,

liegen. Mit Hilfe der in Ex 6,7a von Pg eingeführten "Bundesformel" wird das Geschehen der Herausführung aus Ägypten betont als Annahme zum "Volk Jahwes" gedeutet (s.o.). In diesem Zusammenhang erscheint dann aber der Rückgriff auf die Schöpfung nicht unbedeutsam. Dadurch wird der Exodus der Israel-Söhne aus Ägypten als eine im Wettstreit mit dem Pharao sich vollziehende *"Schöpfung" des Jahwe-Volkes* verstanden. Schöpfung der Welt am Anfang und Schöpfung des Jahwe-Volkes im Exodus sind von daher gewissermaßen parallele Vorgänge, die sich wechselseitig interpretieren.

Aber auch zwischen der Fluterzählung und der Exodusgeschichte lassen sich entsprechende Querverbindungen feststellen, wobei diese im einzelnen auf unterschiedlichen Ebenen liegen. Als Stichwortentsprechung ist das in beiden Textbereichen vorkommende Verbum "spalten" (*bq^c*) anzusehen (Ex 14,16 *G*-Stamm sowie Gen 7,11 und Ex 14,21 *N*-Stamm). Wenn es auch in beiden Bereichen im Zusammenhang mit Wasser begegnet, so ist der Bedeutungsgehalt jedoch jeweils ein anderer (Vernichtung allen Fleisches in der Flut / Errettung Israels im Meer) [189]. Als verbale Entsprechung kann außerdem der Gebrauch des Verbums "bedecken" (*ksh*) angesehen werden (Gen 7,19 und Ex 8,2; 14,28), womit jeweils der Aspekt des Gerichtes Jahwes zum Ausdruck gebracht werden soll [190]. Eine dritte, durch Stichwortentsprechung hergestellte Querverbindung besteht zwischen der Vorstellung des Geschehens "inmitten des Meeres auf trockenem Boden" (*bäjjäbbaśā*) und dem Trockensein der Erde (*jabeśā ha'araeṣ*) nach der Flut als Ermöglichung neuen Lebens (Ex 14,16*.22.29 und Gen 8,14) [191].

Mythologische Elemente 133-139 und C. WESTERMANN, BK I/1, 175-186 geäußert.

189 Vgl. dazu J.-L. SKA, NRTh 113 (1981) 523-525.

19o Vgl. dazu E. ZENGER, SBS 112, 168. - In diesem Zusammenhang ist aber auch zu beachten, daß das Verbum *ksh* außer an den genannten Stellen bei Pg nur noch in Ex 24,15b+16 und 4o,34 begegnet, wobei es hier jeweils vom Bedecken des Berges bzw. des Zeltes der Begegnung durch die Wolke als Zeichen der Präsenz Jahwes gebraucht ist. Gegenüber dem Verständnis des Wortes in Gen 7,19 und Ex 14,28 (8,2) als Gerichtsterminus ist es in Ex 24,15b+16 und 4o,34 als Terminus, der die heilvolle Nähe zum Ausdruck bringt, gebraucht. Der dadurch bewirkte Kontrast zwischen "Ur"- und Exodusgeschichte einerseits und Sinaigeschichte andererseits dürfte angesichts der zwischen diesen literarischen Komplexen bestehenden Zusammenhänge beabsichtigt sein, wobei sich als Objekte des Gerichtes bzw. der Nähe Gottes "alles Fleisch"/Ägypten und Israel gegenübertreten.

191 Vgl. dazu J.-L. SKA, NRTh 113 (1981) 515-517.52o-522.

Nicht weniger wichtig als die Stichwortentsprechungen zwischen Fluterzählung und Exodusgeschichte sind auch die strukturellen Querverbindungen. Eine genaue Entsprechung hat die in Ex 7,6+7 und 12,28+4o vorliegende Kombination von dreiteiliger Ausführungsformel (1. "und es tat *NN*" - 2. "gemäß allem, wie (Gott) ihm geboten hatte" - 3. "so tat *NN*") und nominaler Altersangabe mit Feststellung des betreffenden Ereignisses in Gen 6,22+7,6, wobei in allen drei Fällen eine Gottesrede des Formtyps Gebot/Anordnung und Ankündigung vorangeht [192]. Auf diese Weise wird ein Entsprechungsverhältnis zwischen der Rettung Noachs aus dem allgemeinen Gericht und der Rettung der Israel-Söhne aus dem Gericht über die Ägypter hergestellt. In die gleiche Richtung weist auch die nur im Rahmen dieser beiden Textbereiche vorkommende Erscheinung der Eröffnung der Ansage des Handelns Jahwes durch betont vorangestelltes "und ich" ($w\check{a}$' $^{a}n\hat{i}$) (Gen 6,17 und 9,9 sowie Ex 7,3 und 14,17) [193]. Zusätzlich wird dieser Zusammenhang noch dadurch unterstrichen, daß die Aussage vom "Gedenken" des Bundes in Ex 6,5 (vgl. auch 2,24) sich thematisch zwar auf den Abrahambund bezieht, formal aber darüber hinaus in Verbindung mit dem Noachbund (Gen 9,15) zu sehen ist [194], womit dann zugleich auch zum Ausdruck gebracht sein soll, daß das Gericht über Ägypten nicht mehr zu einer allgemeinen Katastrophe wird.

---

192 Vgl. dazu P. WEIMAR, BN 23 (1984) 112f mit Anm. 115 und 116.

193 Vgl. dazu schon Anm. 159. - Daß diese bei P^g sonst nicht mehr begegnende sprachliche Erscheinung gerade nur im Zusammenhang der Fluterzählung und der Exodusgeschichte vorkommt, will wohl auch erzählerisch-thematische Zusammenhänge zwischen beiden Textbereichen andeuten. Die mit $w\check{a}$'$^{a}n\hat{i}$ eingeleitete Zukunftsansage bezieht sich in Gen 6,17 und 9,9 auf das Kommen der Flut bzw. die Errichtung des Bundes mit Noach (wobei in Gen 6,17+18a und 9,9-11* beide Themen jeweils miteinander verschränkt vorliegen), während in Ex 7,3 und 14,17a auf diese Weise die Aussagen der "Stärkung" des Herzens des Pharao bzw. der Ägypter eingeführt sind, wodurch zwischen dem Gericht über "alles Fleisch" und dem Gericht über die Ägypter ein Beziehungsverhältnis hergestellt wird.

194 Zu diesem Zusammenhang vgl. zuletzt auch E. ZENGER, SBS 112, 169. - Daß Pg in Ex 6,5 und 2,24 neben dem Abrahambund zugleich auch an den Noachbund anknüpfen will, wird auch in anderen Zusammenhängen erkennbar (vgl. dazu nur die Hinweise bei P. WEIMAR, BN 23, 1984, 86 Anm. 21 und BN 24, 1984, 155f Anm. 188, aber auch Anm. 193). Die Relation der beiden *b*^{e}*rît*-Setzungen an Noach und Abraham ist als sachliches Entsprechungsverhältnis und nicht als eine heilsgeschichtlich begründete Abfolge zu deuten (vgl. allein schon die Kompositionsstruktur des ersten Teils von P^g, dazu P. WEIMAR, fzb 9, 1o5 Anm. 72 sowie BN 24, 1984, 157f). Im Blick auf die Exodusgeschichte ist dabei vor allem von Bedeutung, daß der zentrale Inhalt der Zusage an Noach, daß die Wasser der Flut nicht mehr zu einer Flut werden sollen, um alles Fleisch zu vernichten (Gen 9,15b), durch die Zusage an Abraham keineswegs aufgehoben ist, sondern weiterhin Gültigkeit besitzt (vgl. die Aktualität dieser Zusage im Rahmen des Meerwundergeschehens).

Dadurch daß Pg für die Gestaltung des Exodusgeschehens auf die "Urgeschichte" zurückverweist und so eine wechselseitige Beziehung zwischen den beiden literarischen Größen herstellt, erhält nicht nur die "Urgeschichte", sondern ebenso die Exodusgeschichte eine neue Qualität. Der Herausführung aus Ägypten, vor allem dem Meerwunder, kommt so geradezu eine "urzeitliche" Dimension zu [195]. Der enge Zusammenhang von Exodus- und Sinaigeschichte einerseits wie die zwischen "Ur"- und Exodusgeschichte bestehende Verbindung andererseits ist durchaus als ein zusammenhängendes Phänomen zu verstehen, was nicht zuletzt auch daran erkennbar wird, daß die Sinaigeschichte ebenso wie die Exodusgeschichte enge literarische Querbezüge zur "Urgeschichte" aufweist [196]. Die im Exodus sich vollziehende "Schöpfung" des Jahwe-Volkes kommt erst mit dem Sinai definitiv zum Abschluß.

4.5 Zeit- und geistesgeschichtliche Dimension der priesterschriftlichen Meerwundererzählung

Gegenüber der Konzeption der Meerwundererzählung in der von Pg rezipierten Tradition hat sich bei Pg die Perspektive der Darstellung deutlich verlagert, was auf eine veränderte geschichtliche Situation hindeutet. Auch wenn die hinter der vorpriesterschriftlichen Fassung wie der priesterschriftlichen Redaktion der Meerwundererzählung stehende Grunderfahrung der Machtlosigkeit Gottes als durchaus verwandt anzusehen ist, geht die Verarbeitung dieser Grunderfahrung jeweils in eine andere Richtung. Für die vorpriesterschriftliche Tradition scheint die Krise des Gottesglaubens noch elementarer als bedrängend erfahren worden zu sein als für die priesterschriftliche Redaktion, da nämlich der in ihr sichtbar werdende Grad der Reflexion zugleich einen distanzierteren Umgang mit der durch das Exil hervorgerufenen Infragestellung des Gottseins Jahwes vermuten läßt.

Verschiebungen der theologischen wie zeitgeschichtlichen Problemlage werden in der Meerwundererzählung auf verschiedenen Ebenen erkennbar. Eine erste Veränderung ist allein schon dadurch gegeben, daß bei Pg die Meerwundererzählung nicht Abschluß einer Geschichtsdarstellung ist, sondern mit Sinai und Landgabe zusammen Bestandteil eines größeren Geschehensbogens, der als

---

195 Zur "Mythisierung" der Geschichte bei Pg vgl. vor allem N. LOHFINK, VTS 29, 2o2-215.

196 Zu den kompositionskritischen Entsprechungen zwischen der "Urgeschichte" und dem ganzen zweiten Teil der priesterschriftlichen Geschichtsdarstellung vgl. P. WEIMAR, BN 24 (1984) 148-161.

solcher zur "Ur"- und Patriarchengeschichte in einem wechselseitigen Beziehungsverhältnis steht [197]. Der Exodus erscheint so als Auftakt einer Erzählbewegung, die auf den Besitz des Landes als dem eigentlichen Ziel des
priesterschriftlichen Werkes hinläuft [198]. Sowohl aufgrund der Kompositionsstruktur, wonach nicht die Landgabe, sondern das Sinaigeschehen der eigentliche Höhepunkt der priesterschriftlichen Geschichtsdarstellung ist [199],
als auch aufgrund des "offenen Schlusses" mit Dtn 34,7-9* hat die als Ziel
der ganzen mit dem Exodus einsetzenden Geschehensfolge eingeführte Landgabe den Charakter eines noch ausstehenden Zukunftsprogramms [200]. Charakteristisch für Pg ist in diesem Zusammenhang auch die Verbindung der Landgabegeschichte mit Sündenfallerzählungen (Num 13/14* und 2o,1-12*) [2o1].

---

197 Zur Kompositionsstruktur von Pg vgl. die schematische Darstellung bei
     P. WEIMAR, BN 24 (1984) 158.

198 Vgl. dazu nur die dreiteilige Kompositionsstruktur des zweiten Teils
     von Pg (P. WEIMAR, BN 24, 1984, 146-148) sowie die durch die Aussagen
     von Ex 6,9 und 34,9 bewirkte Verklammerung des zweiten Teils des prie-
     sterschriftlichen Werkes (P. WEIMAR, fzb 9, 178-184).

199 Vgl. dazu P. WEIMAR, BN 24 (1984) 16of. - Wird die erzählerische Kon-
     struktion von Pg beachtet, dann erweist sich die häufig alternativ ent-
     schiedene Frage nach der eigentlichen Sinnmitte der priesterschriftli-
     chen Geschichtsdarstellung (*entweder* Land *oder* Kult/neues Gottesverhält-
     nis) als zu kurz, vielmehr stehen Landgabe und Gottesverhältnis für Is-
     rael in einem sachlichen Zusammenhang miteinander (vgl. auch B. JANOWSKI,
     WMANT 55, 324 Anm. 278), worauf auch die Verbindung beider Aussageelemen-
     te in der auf die Hand von Pg selbst zurückgehenden Zusage Gen 17,7+8*
     hinzuweisen scheint:

        *Gen 17,7**   Ich richte meinen Bund auf zwischen mir und dir und
                       deinem Samen nach dir,
                       um dir Elohim zu sein und deinem Samen nach dir.
             *8**   Und ich gebe dir und deinem Samen nach dir das Land
                       deiner Fremdlingschaft, das ganze Land Kanaan,
                       und ich werde ihnen Elohim sein.

     Die von Pg beabsichtigte Akzentuierung dieser Verheißung wird schon an
     der sorgfältigen literarischen Konstruktion von Gen 17,7+8* greifbar,
     wo die einzelnen Glieder geradezu alternierend aufeinander folgen. Pa-
     rallel zueinander stehen die Ankündigung der Errichtung eines Bundes
     Gen 17,7a* und die Ankündigung der Gabe des Landes (Gen 17,8a*), wobei
     diese aber wohl nicht als eine zur b^erît-Zusage hinzukommende Verheis-
     sung zu verstehen ist, sondern als deren Inhalt (vgl. nur Ex 6,4[8]).
     Daran angeschlossen ist in Gen 17,7b und 8b jeweils die Ansage eines neu-
     en Gottesverhältnisses, worin die innere Zielperspektive (vgl. die Infi-
     nitivkonstruktion in Gen 17,7b) des angesagten Bundes zu sehen ist. Die
     so in der Abfolge der einzelnen Glieder in Gen 17,7+8* sichtbar werdende
     Systematik entspricht mit der betonten Herausstellung der Zusage eines
     neuen Gottesverhältnisses dem anhand der Kompositionsstruktur von Pg
     erkennbaren Aussagegefälle (anders noch P. WEIMAR, fzb 9, 133f).

2oo Vgl. dazu P. WEIMAR, BN 24 (1984) 161 mit Anm. 2oo.2o1.

Im Blick auf die dem priesterschriftlichen Werk zugrundeliegende Situation verdient das gleichermaßen am Ausgangspunkt der Sinai- und Landgabegeschichte stehende, sich zudem thematisch im Todeswunschmotiv berührende "Murren" der Israel-Söhne gegen Mose und Aaron Beachtung (Ex 16,2+3 sowie Num 14, 2*) [2o2]. Seine eigentliche Dimension gewinnt das "Murren" der Israel-Söhne an beiden Stellen durch die darin jeweils (zumindest implizit) geschehende Infragestellung der Exoduswirklichkeit, die damit bestimmend am Ausgang beider Erzählbewegungen (Sinai/Landgabe) steht, auch wenn diese jeweils ihre eigene Dynamik entfalten [2o3]. Wird innerhalb der Sinaigeschichte die Bedeu-

---

2o1 Als Sündenfallerzählungen im eigentlichen Sinne können bei Pg nur Num 13/14* und 2o,1-12* bezeichnet werden (vgl. schon Anm. 13o). Theologisch von Gewicht ist dabei, daß Pg gerade da von Sünde und Gericht erzählt, wo Jahwe seine letzte Verheißung (Landgabe) zu realisieren im Begriff ist (Num 13,2). Im Sinne der priesterschriftlichen Geschichtskonstruktion ist Sünde erst nach der am Sinai geschehenen Konstituierung des Jahwe-Volkes möglich, was eindrucksvoll durch einen Vergleich des thematisch verwandten "Murrens" der Gemeinde in Ex 16,2+3 und Num 14,2* unterstrichen wird (vgl. dazu auch Anm. 2o2).

2o2 Die Verwandtschaft des "Murrens" der Israel-Söhne zu Beginn der Sinai- und Landgabegeschichte kann eine synoptische Gegenüberstellung von Ex 16,2+3 und Num 14,2* verdeutlichen:

Ex 16,2+3	*Num 14,2**
(1) *Und sie murrten, die ganze Gemeinde der Israel-Söhne, gegen Mose und Aaron in der Wüste,*	(1) *Und sie murrten gegen Mose und Aaron,*
(2) *und die Israel-Söhne sprachen zu ihnen:*	(2) *und sie sprachen zu ihnen, die ganze Gemeinde:*
(3) *Daß wir doch durch Jahwes Hand im Lande Ägypten gestorben wären ...*	(3) *Wären wir doch gestorben im Lande Ägypten*
(4) *Ja, herausgeführt habt ihr uns in diese Wüste,* um die ganze Gemeinde durch Hunger *sterben zu lassen.*	(4) *oder in dieser Wüste, wären wir doch gestorben.*

Die Berührungen von Ex 16,2+3 und Num 14,2* sind zu auffällig, als daß sie interpretatorisch ignoriert werden könnten. Die knappe Form von Num 14,2* ist wohl als Anspielung an Ex 16,2+3 zu verstehen. Verschieden ist der jeweilige Ort des "Murrens" im Erzählzusammenhang. Während es in Ex 16,1-12* den Auftakt der Erzählung bildet, steht es in Num 14, 2* präzis im Zentrum der ganzen "Landgabegeschichte" Num 13/14* (vgl. P. WEIMAR, BN 23, 1984, 133 Anm. 145), womit es eingebunden erscheint in eine Erzählbewegung, die das Verhalten der "Kundschafter" reflektiert, so daß das Murren der Israel-Söhne in Num 14,2* die Funktion hat, deutlich zu machen, welche grundsätzliche Dimension das Verhalten der "Kundschafter" (Verleumdung des Landes) heraufbeschwört.

2o3 Obschon in Num 14,2* ein unmittelbarer Bezug auf den Exodus fehlt, ist ein solcher indirekt durchaus gegeben, was zum einen durch die Verwandtschaft von Num 14,2* und Ex 16,2+3 (vgl. Anm. 2o2) sowie zum anderen durch die analoge Kompositionsstruktur von Num 13/14* und Ex 6,2-12+

tung des Exodusgeschehens thematisiert (s.o.), so reflektiert die Landgabe-geschichte die Konsequenzen, die aus dem Hereinziehen der Gemeinde in den Zweifel an der Sinnhaftigkeit des Exodus (Num 13/14[*]) bzw. aus dem Zweifel an der Macht des Wortes Jahwes (Num 2o,1-12[*]) entstehen [2o4].

Vor dem Hintergrund zeitgenössischer Probleme ist schließlich auch die inner-halb der Exodusgeschichte selbst geschehende Neuinterpretation des Exodus-geschehens zu sehen, insofern es als Annahme zum "Volk Jahwes" gedeutet so-wie durch das Beziehungsverhältnis, in dem es zum Geschehen der Urzeit gesetzt ist, geradezu als "Schöpfung" des Jahwe-Volkes verstanden wird. Im Rahmen ei-ner solchen Neufundierung des Exodus tritt die Darstellung des Meerwunders, in dem sich die Herausführung aus Ägypten ereignet, unter das Vorzeichen der Offenbarung der Macht und Herrlichkeit Jahwes. Mit einem solchen Bemühen in Zusammenhang zu sehen ist auch die Rückbindung nicht nur des Exodus, sondern der Geschehensfolge des ganzen zweiten Teils des priesterschriftlichen Werkes an die Bundeszusage an Abraham (Gen 17,7+8[*]) [2o5].

7,1-7 angezeigt ist. Dadurch daß jeweils zu Beginn der Sinai- und Land-gabegeschichte im Zusammenhang mit dem Motiv des "Murrens" auf das Exo-dusgeschehen Bezug genommen wird, wird zugleich seine Fragwürdigkeit im Blick auf Israel herausgestellt. Gilt die erzählbestimmende Bedeutung der Exodusthematik vor allem im Bereich der Sinaigeschichte, so scheint davon aber auch die Landgabegeschichte hintergründig beeinflußt zu sein. Darauf deuten nicht allein kompositorische Entsprechungen zwischen Exo-dus- und Landgabegeschichte hin, sondern auch einige - obschon mehr in-direkte - Anspielungen auf das Exodusgeschehen. In den beiden zueinander in Parallele gesetzten Sündenfallerzählungen Num 13/14[*] und 2o,1-12[*] (vgl. nur den jeweils mit lû/wᵉlû eingeleiteten Protest der Gemeinde ge-gén Mose und Aaron) findet sich das Verbum jṣˀ H-Stamm (Num 13,32a; 14, 37; 2o,8), was bei Pᵍ durchaus als Anspielung auf die typische Exodus-phraseologie angesehen werden kann. Außerdem erweckt die in Num 2o,1-12[*] vorgestellte Szenerie (Hervorbringen von Wasser aus dem Felsen) gewisse Assoziationen an Flut-/Meerwundererzählung, aber auch an die "Plagen". Die beiden Sündenfallerzählungen, die Pᵍ im Rahmen ihrer Landgabege-schichte erzählt, nehmen dabei genau jene Probleme auf, die auch für die Exodusgeschichte als bestimmend anzusehen sind. Treffen die hier geäußer-ten Vermutungen das Richtige, dann tritt damit noch stärker die beherr-schende Stellung des Exodus im Rahmen der priesterschriftlichen Ge-schichtsdarstellung hervor.

2o4 Zur Interpretation der beiden priesterschriftlichen Sündenfallerzählun-gen in Num 13/14* und 2o,1-12* vgl. vor allem N. LOHFINK, Ursünden 52-56. - Ob die dabei getroffene Unterscheidung zwischen der Sünde der po-litischen (Num 13/14*) und religiösen Führer des Volkes (Num 2o,1-12*) zutreffend ist, erscheint jedoch aus verschiedenen Gründen zweifelhaft.

2o5 Zu den in diesem Zusammenhang ebenfalls zu beachtenden übergreifenden kompositionellen Entsprechungen von Abraham-/Jakobgeschichte und dem zweiten Teil des priesterschriftlichen Werkes vgl. P. WEIMAR, BN 24 (1984) 146-148.

Werden die so bei P^g sich zeigenden Akzentsetzungen berücksichtigt, dann spiegeln sich darin wohl Erfahrungen und Probleme der frühnachexilischen Gemeinde. Angesichts der Enttäuschung der hochgespannten Erwartungen, wie sie etwa durch die Prophetie eines Deuterojesaja geweckt worden sind (vgl. auch die von P^g rezipierte Tradition), sieht sich die Priesterschrift geradezu vor die Notwendigkeit gestellt, die eigene Geschichte in einem umfassenden Sinn neu zu begründen. Aus diesem Grunde erzählt sie auch die Geschichte Israels als "Schöpfungsgeschichte" des Jahwe-Volkes, die in der Errichtung der "Wohnung" Jahwes am Sinai als Zeichen seiner Präsenz beim Jahwe-Volk ihren Höhepunkt erreicht. In dem Fest, das das aus Ägypten befreite und darin zum Volk Jahwes gewordene Israel am Sinai feiert, liegt für die Priesterschrift der eigentliche Zielpunkt der "Schöpfung" [206]. Der umfassende Charakter der bei P^g geschehenden Neubegründung der Geschichte Israels, die dabei als Ausdruck der einmal gesetzten Zusagen Jahwes verstanden wird [207], läßt noch etwas von der Größe der Krise spüren, in der sich das Israel der Priesterschrift befindet.

Nähere Hinweise auf eine konkrete zeitgeschichtliche Situierung der priesterschriftlichen Geschichtsdarstellung lassen sich möglicherweise neben den als Reflex zeitgenössischer Erfahrungen zu verstehenden Zweifeln an der Notwendigkeit und Sinnhaftigkeit des Exodusgeschehens (Ex 16,2+3 und Num 14,2*), am Wert und an der Bedeutung des Landes (Num 13/14*) sowie an der Macht Jahwes (Num 2o,1-12*) vor allem anhand der innerhalb der Sinaigeschichte gegebenen Konzeption der "Wohnung" Jahwes gewinnen, die am ehesten als Auseinandersetzung mit den Maßnahmen zum Wiederaufbau des Jerusalemer Tempels verständlich wird [208]. Als Adressatenkreis des priesterschriftlichen Werkes ist wahrscheinlich die babylonische Diaspora anzusehen [209]. Dagegen wird die Perspektive, aus der

---

206   Vgl. dazu P. WEIMAR, BN 24 (1984) 151 Anm. 179.

207   Vgl. in diesem Zusammenhang auch das hinter der zweiteiligen Großstruktur des priesterschriftlichen Werkes (vgl. den schematischen Aufriß bei P. WEIMAR, BN 24, 1984, 158) erkennbar werdende Schema von Verheißung und Erfüllung, wobei der Zusammenhang explizit durch die für P^g zentrale Jahwerede Ex 6,2-8 hergestellt wird.

208   Zu den literarischen wie theologischen Problemen der priesterschriftlichen Sinaigeschichte soll in anderem Zusammenhang umfassend Stellung genommen werden. - Gerade angesichts des so häufig reklamierten "priesterlichen" Charakters von P^g muß die Zurückhaltung beim Entwurf des "Heiligtums" auffallen. Die "Wohnung" Jahwes ist betont als ein transportables Gebilde ohne jede Inneneinrichtung vorgestellt, wobei alle Merkmale eines - wenn auch transportablen - Tempels fehlen. Ob darin aber ein Hinweis auf eine Herkunft aus der babylonischen Diaspora gesehen werden kann (so E. ZENGER, SBS 112, 48 Anm. 53), erscheint zweifelhaft.

heraus es verfaßt ist, eher jerusalemisch bestimmt sein [210]. Die nicht zu verkennende Reserve gegenüber klerikal-restaurativen Tendenzen läßt für die Priesterschrift wohl an eine Entstehung im Umkreis prophetisch-priesterlicher Traditionsbildung denken [211].

---

209 Dafür spricht nicht zuletzt die Tatsache, daß für Pg die Begründung der Notwendigkeit des Exodus die eigentliche Herausforderung zu sein scheint, was dann am ehesten verständlich wird, wenn als Adressat des priesterschriftlichen Werkes die babylonische Diaspora, die das Interesse an einer Rückkehr ins Land der Väter verloren hat, anzusehen ist.

210 Als Hinweis in diese Richtung ist m.E. vor allem auch die Tatsache zu werten, daß bei Pg die Landgabe als Fluchtpunkt aller Aktionen Jahwes erscheint. Im Blick auf das Problem einer genauen Bestimmung der "Heimat" von Pg, dem im Rahmen der vorliegenden Untersuchung nicht weiter nachgegangen werden kann, wäre genauer zu unterscheiden zwischen Aussagen, die auf die Hand von Pg selbst zurückgehen, und solchen, die Pg schon aus der ihr vorgegebenen Tradition aufgenommen hat (vgl. in diesem Zusammenhang vor allem Ex 12,1-14*, worin m.E. eine Pg vorgegebene und von ihr rezipierte Tradition zu sehen ist).

211 Wenn auch in Pg der Einfluß priesterlicher Traditionen allenthalben durchaus spürbar wird, ist dennoch "der Geist des Werkes nicht eben unbedingt priesterlich" (M. NOTH, ÜP 26o). In diesem Zusammenhang verdient vor allem die Nähe zu Ezechiel Beachtung, woher Pg stark beeinflußt scheint.

KAPITEL IX

Meerwunder als eschatologisches Geschehen

Die Meerwundererzählung im Rahmen der Schlußredaktion des Pentateuch

Die beiden voneinander unabhängigen Fassungen der Meerwundererzählung sind auf einer abschließenden redaktionellen Ebene zu *einer* geschlossenen Erzähleinheit miteinander verbunden worden. Auf die Hand dieser redaktionellen Bearbeitung, die mit der Pentateuchredaktion (R[P]) identisch ist [1], gehen dabei die Aussagen in Ex 13,17aßb.18.2o.21b; 14,2b.3.7aab.8aa* (nur "König von Ägypten").9aß* (ohne *raekaeb*).9ay.9b.11a* (ohne "und sie sprachen zu Mose"). 12.13aßb.15aß.17bß.18b.19a.2oaa.23aßy.26bß.3oa* (nur "an jenem Tage").31aa zurück. Durch R[P] ist dabei ein völlig neues literarisches Gebilde entstanden.

1. *Literarische Charakteristik der Bearbeitung*

Die Einsicht in die literarische Technik der Bearbeitung eröffnet Perspektiven, die Aufschlüsse über die Absicht des Verfassers vermitteln. Verschiedene Beobachtungen sind dabei von Bedeutung. Auf der Ebene der Pentateuchredaktion sind zunächst gegenüber der älteren, nicht-priesterschriftlichen Erzähltradition die Textgrenzen der Meerwundererzählung enger gezogen worden (Ex 13,2o-14,29), wodurch Anfang und Schluß der nicht-priesterschriftlichen

---

1 Als noch jüngere Zusätze können nur die Aussagen in Ex 14,7aß, 9aß* (nur *raekaeb*) und 2oaß angesehen werden. Doch handelt es sich dabei nicht um eine redaktionelle Bearbeitung eines Textes, sondern nur um eine punktuell anzusetzende Rezension, die die aus der Hand von R[P] stammende Fassung der Meerwundererzählung schon voraussetzt.

Meerwundererzählung in die angrenzenden Texteinheiten integriert werden mußten [2]. Im Blick auf die Gesamtkomposition der Meerwundererzählung haben gerade die *nicht*-priesterschriftlichen Aussageelemente durch die R^P zu ver-
dankende Verschiebung der Textgrenzen ein neues und für das Ganze entscheidendes Gewicht bekommen.

Weitere Beobachtungen weisen in die gleiche Richtung. Als für die literarische Struktur der Meerwundererzählung (vgl. Kap. II) bestimmend sind die
nicht auf die Hand von P^g zurückgehenden Bestandteile der Erzählung anzusehen, denen so auch erzählerisch ein tragendes Gewicht zukommen wird [3]. Vor
allem die Eingänge der drei Teile der Meerwundererzählung (Ex 13,2o-22 /
14,1o / 14,19+2o[*]) beruhen auf Aussagen, die die Pentateuchredaktion im wesentlichen aus der nicht-priesterschriftlichen Erzähltradition aufgenommen
hat [4]. Die tragende Bedeutung gerade dieser Textelemente wird weiterhin dadurch unterstrichen, daß die auf R^P zurückgehenden redaktionellen Einfügungen sich im wesentlichen nicht an priesterschriftliche (das gilt nur für Ex
14,2b+3, 8aα[*], 15aß, 17bß, 18b, 23aßγ und 26bß), sondern vor allem an nicht-
priesterschriftliche Aussagen anschließen. Die damit geschehende Akzentsetzung gewinnt zudem an Aussagewert, wenn auch das innere Gewicht der von R^P
eingetragenen redaktionellen Zusätze beachtet wird.

Während sich die an die priesterschriftliche Fassung der Meerwundererzählung
anknüpfenden redaktionellen Hinzufügungen mit Ausnahme von Ex 14,2b+3 auf Er-
gänzungen geringen Umfangs und dazu noch meist aufzählender Art beschränken
(vgl. Ex 14,8aα[*].15aß.17bß.18b.23aßγ.26bß), tragen die an die nicht-priesterschriftlichen Erzählelemente sich anhängenden Aussagen ein auch erzählerisch eigenständiges Gewicht. Auf diese Weise erfährt die nicht-priesterschriftliche Meerwundertradition durch die Pentateuchredaktion eine entschiedene Aufwertung, auch wenn der Text der priesterschriftlichen Meerwundertradition umfangmäßig den breitesten Raum einnimmt. Durch die Pentateuchredaktion wird so die priesterschriftliche Konzeption des Meerwunders im

---

2 Demgegenüber ist die priesterschriftliche Meerwundererzählung - mit Ausnahme der in Ex 12,41 vorliegenden Einleitung - ganz in die auf R^P zurückgehende Gestalt der Meerwundererzählung aufgegangen, so daß sie der Pentateuchredaktion als literarischer Grundstock und Rahmen gedient haben
dürfte, auch wenn der priesterschriftlichen Erzähltradition im Blick auf
die von R^P verfolgte Aussageabsicht keineswegs das Hauptgewicht zukommt.

3 Vgl. schon die entsprechende Beobachtung bei H.-Chr. SCHMITT, Meerwundererzählung 15of, auch wenn hier eine andere Textstruktur vorausgesetzt wird.

4 Weitere Hinweise in diese Richtung lassen sich bei näherer Beachtung der
inneren kompositorischen Gesetzmäßigkeiten der drei Teile der Meerwundererzählung gewinnen.

Lichte der älteren Meerwundertradition gedeutet, was zugleich anzeigt, daß der priesterschriftlichen Tradition auch theologisch nur ein untergeordneter Stellenwert zukommt [5]. Weitere Akzente werden anhand der Verteilung der auf R^P zurückgehenden redaktionellen Zusätze erkennbar.

Die umfangreichsten und zugleich gewichtigsten redaktionellen Erweiterungen aus der Hand der Pentateuchredaktion finden sich jeweils zu Beginn der drei Teile der Meerwundererzählung (Ex 13,2o.21b und 14,2b+3 / 14,11a*.12.13aßb / 14,19a+2oaα), womit zugleich deren thematischer Leitgedanke herausgestellt wird. Thematisch eng untereinander verbunden sind der Anfang des ersten und dritten Teils mit der starken Akzentuierung der Unmittelbarkeit der Führung durch Jahwe, womit die innerhalb der priesterschriftlichen Tradition betonte Mittlerfunktion des Mose eine neue Wertung erfährt [6]. Der Betonung des Theologischen in den beiden rahmenden Teilen wird im mittleren Erzählteil die "anthropologische" Dimension des Meerwundergeschehens gegenübergestellt. Beide Momente sind dabei von der Pentateuchredaktion absichtsvoll in ein wechselseitiges Beziehungsverhältnis zueinander gebracht worden [7].

Kennzeichnend für die Pentateuchredaktion ist eine andere Art des Erzählens. Aus dem Bemühen um erzählerische Vermittlung des dargestellten Geschehens wird nicht nur das Gewinnen einer Vorstellung vom Ort des Meerwunders (vgl. die entsprechenden Aussagen in Ex 13,17-2o und 14,2+3.9), sondern vor allem auch das Einsichtigmachen der das Geschehen selbst bestimmenden inneren Vorgänge und Motive verständlich (vgl. neben Ex 14,12 nur die Aussagen in Ex 13,17b und 14,3). Durch die auf R^P zurückgehende Itinerarnotiz Ex 13,2o als Einleitung der Meerwundererzählung wird diese zugleich in einen größeren gesamtgeschichtlichen Geschehenszusammenhang eingeordnet. Die starke Betonung der menschlichen Dimension des Geschehens ist wohl Reflex eines veränderten Bewußtseins von Geschichte, das wohl durch das Schwinden der Gewißheit in deren Sinn und Ziel gekennzeichnet ist [8]. Solche grundlegenden Veränderungen verlangen zu ihrer Bewältigung nach einer auch literarisch angemessenen Form [9].

---

5 Vgl. auch H.-Chr. SCHMITT, Meerwundererzählung 15of.

6 Zu entsprechenden Beobachtungen vgl. H.-Chr. SCHMITT, Meerwundererzählung 151f.

7 Vgl. dazu auch Kap. II/2.

8 Vgl. H.-Chr. SCHMITT, Meerwundererzählung 151f.

9 Es bleibt durchaus zu fragen, ob im Blick auf die Großkomposition des Pentateuch die Gattungsbestimmung "Geschichtsdarstellung" überhaupt noch angemessen ist, oder ob nicht präziser von einer Geschichtsdarstellung in der Form des "Romans" gesprochen werden müßte (zur Relativierung beider

2. Der literarische Zusammenhang der bearbeiteten Erzählung

Der literarische Zusammenhang, auf den die Pentateuchredaktion in der Meerwundererzählung verweist, wird am ehesten in den auf sie selbst zurückgehenden Aussagen greifbar, wobei aber der jeweilige literarische Zusammenhang mitzuberücksichtigen ist.

(1) Zwischen die auf die jehowistische Redaktion zurückgehenden Aussagen Ex 13,17aα und 19 hat R[P] in Ex 13,17aßb+18 einen umfangreicheren redaktionellen Zusatz eingefügt, mit dessen Hilfe eine Abänderung der Wanderungsroute begründet werden soll. Wie allein schon die wie angehängt wirkende Ortsangabe "zum Schilfmeer hin" (*jăm sûp*) in Ex 13,18a erkennen läßt [1o], geht die Perspektive von Ex 13,17aßb+18 zunächst und unmittelbar auf die Darstellung des Meerwunders hin, die damit um neue Aspekte bereichert werden soll. Durch die in Ex 13,17aßb+18 aufgebaute Konstruktion bekommt das Meerwunder geradezu den Charakter einer Inszenierung durch Jahwe, was zusätzlich durch die in diesem Zusammenhang geschehenden Anspielungen auf den ersten Teil des Exodusbuches (Ex 1,1-6,27) unterstrichen wird. Die dreimalige (viermalige) Nennung Elohims als Aussagesubjekt in Ex 13,17-18(19) hat im Rahmen des Exodusbuches bezeichnenderweise gerade eine Entsprechung in dem die Moseberufung (Ankündigung der Befreiung) einleitenden Textabschnitt Ex 2,23-25 [11]. Zudem stellt die Aussage vom Heraufziehen aus Ägypten in Ex 13,18b (vgl. auch die damit korrespondierende Aussage von Ex 12,37+38) einen Zusammenhang mit den erst von R[P] miteinander verknüpften Aussagen von Ex 1,1

Gattungsbegriffe vgl. R. HELM, Roman 8). Für eine solche Gattungsbezeichnung sprechen nicht nur einzelne romanhafte Züge innerhalb des Pentateuch, sondern die auf eine Vergewisserung der Geschichte hinzielende Grundhaltung des Verfassers (vgl. hierzu die wichtigen Beobachtungen bei E. LÄMMERT, Geschichtserfahrung 5o3-515(5o6)). Die Übernahme der Form des Romans, die gerade beim religiösen Roman wohl "aus pädagogisch-propagandistischen Gründen" geschehen sein dürfte (vgl. den entsprechenden Hinweis von W. SCHMID im Anhang zu E. ROHDE, Roman 6o9), setzt dabei schon eine gewisse, von der wahrscheinlich in der Perserzeit modern gewordenen Form des Romans ausgehende Faszination voraus. Zur literarischen Form des Romans vgl. die Übersicht bei P. WEIMAR, Formen 13of (dort weitere Literaturhinweise); zur Unterscheidung der Grundhaltung von Geschichtsdarstellung und Roman vgl. E. ZENGER, TrThZ 83 (1974) 78f und JSHRZ I/6, 438.

1o Die Angabe *jăm-sûp* im Anschluß an *daeraek hămmidbar* in Ex 13,18a ist immer als auffällig angesehen worden (vgl. die Diskussion in den *Komm.*), ohne daß sie aber zweifelsfrei als redaktionell ausgegrenzt werden könnte. Aufgrund der Parallelität der beiden Aussagen von Ex 13,17aß und 18a (*daeraek 'aeraeṣ p[e]lištîm/daeraek hămmidbar*) ist die überschießende Ortsangabe *jăm-sûp* in Ex 13,18a am ehesten dahingehend zu verstehen, daß mit ihr - im Vorblick auf die folgende Texteinheit - das "Schilfmeer" als Ort des Meerwunders eingeführt werden soll.

(Hineinkommen nach Ägypten) und 1,1ob (Ankündigung des Heraufziehens aus Ägypten im Zusammenhang eines Kriegsgeschehens) her [12]. Das Meerwunder erscheint damit als notwendiger Höhepunkt des in seinem Ablauf von vornherein festliegenden Exodusgeschehens. Dementsprechend ist das Heraufziehen aus Ägypten für R[P] auch keine ungeordnete Flucht, sondern ein Unternehmen in kriegsmäßig geordneter Formation (Ex 13,18b) [13].

Im Gegensatz zur priesterschriftlichen Tradition erfährt auf dieser Ebene auch die von der vor-priesterschriftlichen Tradition her vorgegebene Stilisierung des Meerwunders als Kriegsgeschehen eine erneute Aufwertung (vgl. in diesem Zusammenhang nur die Einfügung der auf R[P] zurückgehenden Aussagen in Ex 14,7aαb.9aß*.9aγb.17bß.18b.23aßγ.26bß) [14]. Der Krieg, den Israel entgegen der Selbsterwägung Elohims in Ex 13,17b im Meerwunder zu sehen bekommt, ist

---

11 Zur auffälligen Häufung von Elohim in Ex 13,17-19 vgl. P. HEINISCH 16o und B. JACOB 546, der auch auf die Verbindung mit Ex 2,23-25 hinweist.

12 Innerhalb des kompositionskritisch aus dem größeren Erzählrahmen des Exodusbuches auszugrenzenden Textabschnitts Ex 1,1-14 (vgl. dazu P. WEIMAR, OBO 32, 17f), in dem die auf P[g] zurückgehenden Aussagen den Rahmen um die aus der nicht-priesterschriftlichen Tradition aufgenommenen Aussagen bilden (Ex 1,1a.2-4 und 13+14*), läßt sich eine zweiteilige Textstruktur beobachten (Ex 1,1-7/8-14), wobei der Zusammenhang der beiden Teile gerade auf der redaktionellen Ebene durch mehrere Stichwortentsprechungen herausgestellt ist (vgl. *ûbᵉnê jiśra'el ... wᵃjjirbû wᵃjjᵃᶜᵃśmû* 1,7a und *ᶜam bᵉnê jiśra'el rab wᵉᶜaśûm mimmaenû* 1,9b). In diesen Rahmen ordnen sich auch die beiden Aussagen in Ex 1,1a und 1ob, für die allein schon aufgrund ihrer Position im Erzählzusammenhang ein Beziehungsverhältnis zu vermuten ist, wodurch erzählerisch eine Spannung zwischen dem Anfang (Ex 1,1a) und Ende des Ägyptenaufenthaltes (Ex 1,1ob) aufgebaut wird.

13 Vgl. C.F. KEIL 448 und U. CASSUTO 156.

14 Die in Ex 14,17bß, 18b, 23aγ und 26bß fast stereotyp begegnende Verbindung *rikbô ûparaśâw* hat innerhalb des Pentateuch Entsprechungen nur noch in der gleichfalls auf R[P] zurückgehenden Aussage Ex 15,19 sowie in Gen 5o,9 (wohl Je), wo sie im Unterschied zu den anderen Belegstellen aber auf den mit Josef nach Kanaan hinaufziehenden Trauerkondukt für Jakob bezogen ist. In Beziehung auf das Meerwunder begegnet die Wortverbindung sodann noch in Jos 24,6 (jüngere Redaktion in Jos 24). Literargeschichtlich ist das Vorkommen der Wortverbindung allgemein vorwiegend als exilisch-nachexilisch einzustufen. Im Blick auf die Meerwundererzählung sind dabei vor allem jene Belege von Bedeutung, wo mit Hilfe dieser Wortverbindung die militärische Macht Ägyptens umschrieben wird (Jes 31,1; 36,9 // 2 Kön 18,24; 2 Chr 12,3; 16,8). Beachtung verdient aber auch das Vorkommen der Wortverbindung in Dan 11,4o (vgl. Jes 22, 6+7), wo sie in eschatologischem Zusammenhang (Kampf Jahwes gegen die widergöttlichen Mächte) begegnet. Im Kontext solcher Vorstellungen wird auch ihre Einführung in den Rahmen der Meerwundererzählung durch R[P] zu sehen sein.

ein Krieg ganz anderer Art [15]. Das als Kriegsgeschehen stilisierte Meerwunder hat den Charakter eines eschatologischen Kampfes zwischen Jahwe und dem als Feind Jahwes schlechthin erscheinenden Ägypten (vgl. im Blick auf den eschatologischen Charakter des Meerwunders vor allem die Aussagen in Ex 14, 13aßb und 31aα sowie die Zeitangabe "an jenem Tag" in Ex 14,3oa) [16]. Durch die vorgreifend von Ex 13,17aßb+18 her im Blick auf das Meerwunder aufgebaute Spannung (vgl. vor allem den Kontrast zwischen der die Änderung der Wanderungsroute motivierenden Aussage Ex 13,17b und der Stilisierung des Meerwunders als Kriegsgeschehen) bekommt das Meerwunder insofern eine weitergehende Funktion, als darin der Gedanke der Schaffung eines neuen Israel zum Ausdruck gebracht sein wird [17]. Der eigentliche Grund, warum Israel nicht unmittelbar von Ägypten ins Land Kanaan ziehen, sondern den Umweg über das "Schilfmeer" nehmen soll (Ex 13,17b), ist dabei in der Kundgabe der Tora am Sinai zu sehen, die Israel in dem Lande, in das es kommen wird, verwirklichen soll [18].

Entsprechend geht so auch die Zielperspektive des von R^P in Ex 13,17aßb+18 eingefügten redaktionellen Zusatzes auf die zukünftige Landnahme hin. Dieser

---

15   Vgl. dazu B. JACOB 546.

16   In den beiden eng zusammengehörigen Aussagen von Ex 14,13aßb und 31aα
     (zu der in Verbindung mit Ex 14,3o+31 zu sehenden stilistisch auffälligen Gestaltung von Ex 14,13 vgl. U. CASSUTO 164) wird die Einzigartigkeit wie der definitive Charakter des Handelns Jahwes an den Ägyptern herausgestellt, wodurch das Meerwunder zugleich als ein eschatologisches Geschehen gedeutet wird (vgl. in diesem Zusammenhang auch die von R^P eingefügte und nicht unabhängig von Ex 14,31aα zu sehende Zeitangabe *bajjôm hāhû'* in Ex 14,3oa).

17   Im Rahmen der Darstellung des Meerwundergeschehens wird dieser Aspekt vor allem in der kompositorisch mit Ex 15,2o+21 verbundenen Aussagefolge Ex 14,3o+31 (vgl. dazu Kap. I) zum Ausdruck gebracht, womit zugleich ein bewußter Kontrast zu dem im Zentrum der Meerwundererzählung Ex 13,2o-14,29 stehenden "Murren" der Israel-Söhne in Ex 14,11+12 angezeigt ist (zur Komposition von Ex 13,2o-14,29 vgl. Kap. II). Durch die von R^P redaktionell eingefügten Aussagen von Ex 14,31aα sowie von *bajjôm hāhû'* in Ex 14,3oa sind die beiden Verse Ex 14,3o+31 zu einer in sich geschlossenen, chiastisch arrangierten Aussagefolge umstilisiert worden (Ex 14,3oa/3ob//31aα/31aßb), die aufgrund der Zuordnung der einzelnen Aussagen die Haltung grundsätzlichen Vertrauens auf Jahwe angesichts seiner "Großtat" im Meerwunder (zu *'aet-hajjad haggedolā* + RS mit ^{c}*š* als Verbum vgl. vor allem die wohl gleichfalls auf R^P zurückgehenden Aussagen von Dtn 34,12 sowie Dtn 11,7) herausstellen will. Im Zusammenhang mit Ex 14,31 verdient sodann auch die negative, gleichfalls R^P zuzurechnende Aussage von Num 14,11b Beachtung (zum Ganzen vgl. H.-Chr. SCHMITT, VT 32, 1982, 17o-189), wie überhaupt in diesem Zusammenhang die thematische Verbindung der Meerwundererzählung zu Num 13/14 zu beachten ist (dazu s.u.).

18   Vgl. M. KALISCH 172 sowie vor allem B. JACOB 546 und U. CASSUTO 156.

Zusammenhang ist dabei auf mehrfache Weise zum Ausdruck gebracht. Als Hinweis in diese Richtung kann in Ex 13,18b neben dem Verbum "heraufziehen" (ᶜlh) [19] insbesondere die Umstandsbestimmung "gerüstet" (wăhᵃmušîm), worin wahrscheinlich eine Anspielung auf die Tradition der Jordanüberquerung zu sehen ist (Jos 1,14 und 4,12) [2o], verstanden werden. Dem in der Selbstreflexion Elohims Ex 13,17b angesprochenen Zusammenhang vom Sehen des Krieges und vom Wunsch der Rückkehr nach Ägypten korrespondiert unverkennbar das Murren des Volkes angesichts der bevorstehenden Landnahme in dem gleichfalls auf R[P] zurückgehenden redaktionellen Zusatz Num 14,3 [21]. Als Anspielung auf Ex 13, 17b wird aber auch der in Dtn 17,16b vorliegende Rückverweis auf ein voraufgehendes Jahwewort zu sehen sein [22]. Beachtung verdient schließlich auch

19 Vgl. dazu A.B. EHRLICH, Randglossen I, 315.

2o Die genaue Bedeutung des seltenen Wortes ḥᵃmušîm in Ex 13,18 ist umstritten (vgl. dazu nur die Übersicht bei R. LE DEAUT, Targum l'Exode 13,18 525). Zuweilen wird auch mit Textkorrekturen gearbeitet (vgl. nur P. HEINISCH 116 ḥápšîm oder A.B. EHRLICH, Randglossen I, 315f wăhᵃmudîm haeᶜaelû). Am naheliegendsten ist jedoch die Vermutung, daß die Pentateuchredaktion mit der Verwendung des Wortes ḥᵃmušîm in Ex 13,18b auf die Tradition der Jordanüberquerung anspielen will, in welchem Zusammenhang das Wort in Jos 1,14 und 4,12 im Kontext des deuteronomistischen Werkes begegnet (vgl. auch das in dem jüngeren redaktionellen Zusatz zu Jos 4,12 in 4,13 anstelle von ḥᵃmušîm gebrauchte ḥᵃlusîm, so auch Num 31,5; 32,3o.32; Dtn 3,18).

21 Nach U. CASSUTO 156 ist für Ex 13,17b ein Zusammenhang mit Num 14,4 anzunehmen. Da Num 14,4 aber schon auf die Hand des Jehowisten zurückgeht, ist der Zusammenhang mit Ex 13,17b allenfalls indirekt, während aus literargeschichtlichen (R[P]) wie thematischen Gründen (Verbindung mit dem Motiv des Krieges) ein unmittelbarer Bezug zu Num 14,3 naheliegender ist (zur literarischen Problematik von Num 14,2-4 vgl. Kap. VI Anm. 33). - Das nicht breit belegte Motiv der Rückkehr nach Ägypten (šwb + misrájmā) begegnet im Rahmen des jehowistischen Werkes neben Num 14,4 (Rückgängigmachen des Exodus) noch einmal in Gen 5o,14* (Rückkehr des Josef nach Ägypten nach dem Begräbnis Jakobs), wobei außerdem das bei Je mehrfach vorkommende Motiv des Herabziehens nach Ägypten (jrd + misrájmā) mitzubeachten wäre (vgl. Gen 12,1o; 26,2; 43,15; Num 2o,15; vgl. auch P. WEIMAR, BZAW 146, 4o). Im Rahmen der Pentateuchredaktion findet sich das Motiv der Rückkehr nach Ägypten neben den unmittelbar aufeinander bezogenen Aussagen von Ex 13,17b und Num 14,3 sowie Dtn 17,16b (dazu vgl. Anm. 22) noch in Ex 4,21 (Rückkehr des Mose nach Ägypten auf Befehl Jahwes) und in Gen 5o,14 (Bearbeitung der jehowistischen Aussage durch R[P]), wobei dieser Aussage im Blick auf Ex 13,17aßb+18 insofern ein besonderes Gewicht zukommt, als in beiden Zusammenhängen das "Heraufziehen" aus Ägypten und das "Zurückkehren" nach Ägypten kontrastierend einander gegenübergestellt sind. Besteht ein solcher Zusammenhang zwischen Gen 5o,14 und Ex 13,17aßb+ 18, dann wird in der unterschiedlichen Blickrichtung beider Aussagen die zwischen Genesis- und Exodusbuch bestehende Zäsur unterstrichen.

22 Nach D.E. SKWERES, AnBb 79, 193f kann als möglicher Bezugstext von Dtn 17,16b sowohl Ex 13,17b als auch - vor allem wegen des immer wieder konstatierten Zusammenhangs von Dtn 17,16b und 28,68 - Ex 14,13aßb angesehen werden, wobei zu beachten bleibt, daß beide Bezugstexte auf den gleichen

die von R^P an der vorliegenden Stelle eingefügte und auch redaktionell bearbeitete Amalekitererzählung Ex 17,8-16 [23], wobei in den auf R^P selbst zurückgehenden Aussagen Ex 17,14 und 16 neben dem immerwährenden Charakter des Krieges zwischen Jahwe und Amalek mit Nachdruck die Gedächtnisfunktion dieses Geschehens im Blick auf die zukünftige Landnahme unter Josua betont wird (vgl. auch die damit verwandte Aussage von Dtn 25,17-19) [24]. Gerade die exponierte Plazierung von Ex 17,8-16 an den Beginn des im Zentrum des Exodusbuches stehenden Komplexes der Sinaitheophanie (Ex 17,1-24,18), aber auch die nachdrückliche Hervorhebung der Tatsache, daß das erzählte Geschehen von Mose in einem "Buch" (*bǎssepaer*) niederzuschreiben ist [25], unterstreichen nur die für R^P im Blick stehenden literarisch-theologischen Zu-

---

literarischen Zusammenhang verweisen (was an bewußte literarische Technik denken läßt). Da sowohl Ex 13,17b (als wahrscheinlicher Bezugstext für Dtn 17,16b) als auch Ex 14,13aßb (als anzunehmender Bezugstext für Dtn 28,68) erst auf die Pentateuchredaktion zurückgehen, können auch die entsprechenden Rückverweise in Dtn 17,16b und 28,68 frühestens auf R^P zurückgehen, was wegen des redaktionellen Charakters von Dtn 17,16b gegenüber 16a durchaus naheliegend erscheint, auch wenn sich diese Frage definitiv erst aufgrund einer Analyse des gesamten Textabschnittes Dtn 17,14-2o bzw. 16,18-18,22 klären läßt (zur Analyse von Dtn 17,14-2o vgl. zuletzt F. GARCÍA LÓPEZ, BETL 68, 277-297). Dem fiktiven Zitat eines Jahwewortes in Dtn 17,16b mit dem Verbot, nicht mehr nach Ägypten zurückzukehren, kommt ein um so höheres Gewicht zu, wenn die kompositionskritische Stellung des "Ämtergesetzes" Dtn 16,18-18,22 als Zentrum der Komposition des ganzen Deuteronomium*buches* beachtet wird (Beobachtungen zur Kompositionsstruktur des Deuteronomiumbuches sollen in anderem Zusammenhang vorgelegt werden), womit die im Mittelpunkt der "Ämtergesetze" stehende Frage nach der Sicherung der Wirksamkeit der Tora (dazu vor allem N. LOHFINK, Sicherung 143-155 und Gewaltenteilung 57-75) zugleich als theologisches Zentrum des Deuteronomium erscheint. Aber auch die Aussage von Dtn 28,68 begegnet in kompositionskritisch relevanter Position (Abschluß der Fluchandrohungen; korrespondierend dazu ist die Überschrift in Dtn 28,69 als Eröffnung eines neuen Teils der Komposition des Deuteronomiumbuches zu beachten).

23 Zur Analyse und redaktionskritischen Einordnung von Ex 17,8-16 vgl. die Hinweise bei P. WEIMAR, OBO 32, 359f Anm. 82; weitere Beobachtungen bei E. ZENGER, Sinai 76-113.

24 Zumindest für Ex 17,14b und Dtn 25,19aßγ ist aufgrund der nahezu wörtlichen Übereinstimmung die Vermutung gleicher literarischer Herkunft durchaus naheliegend. Auch die zwischen den beiden Aussagen bestehenden Differenzen (Jahwe bzw. Israel als Subjekt der Aussage) legen nicht notwendigerweise unterschiedliche Herkunft für beide Aussagen nahe, wenn die entsprechende Perspektive beider Aussagen beachtet wird (Verheißung Jahwes / Verpflichtung Israels; vgl. dazu auch B. JACOB 6o7). Die Stellung von Dtn 25,17-29 in der Komposition des Deuteronomiumbuches (Abschluß des Komplexes der rechtlichen Bestimmungen von Dtn 19-25) spricht m.E. gleichfalls dafür, in diesem Textabschnitt eine relativ junge literarische Bildung zu sehen, die als solche wahrscheinlich erst auf die Pentateuchredaktion zurückgehen wird.

sammenhänge (Kundgabe der Tora als Ziel des Exodusgeschehens im Blick auf das Leben im verheißenen Lande) [26].

(2) Auf entsprechende literarische Zusammenhänge verweist auch die nicht unabhängig von Ex 13,17aßb+18 zu beurteilende Itinerarnotiz Ex 13,2o [27], die ihrerseits in Verbindung mit den auf die gleiche Hand zurückgehenden Aussagen Ex 14,2b+3 und 9b zu sehen ist. Hinweise auf die für Ex 13,2o anzunehmenden literarischen Zusammenhänge ergeben sich dabei vor allem aufgrund der den Lagerort Etam näher qualifizierenden Angabe "am Rande der Wüste" (*biqṣē hammidbar*), die in Verbindung zu bringen ist mit der entsprechenden Ortsangabe "bis an den Rand des Landes Kanaan" (*'ael-qeṣē 'aeraeṣ kenaʿan*) in Ex 16,35b. Diese steht ihrerseits wiederum in einem engen Beziehungsverhältnis zu der Ortsangabe "im Lande Ägypten" (*be'aeraeṣ miṣrajim*) in Ex 12, 1 [28]. Der Zusammenhang dieser drei Ortsangaben wird durch ihre Herkunft von der gleichen Hand (R^P) unterstrichen [29]. Während in den die größere kompositorische Einheit Ex 12,1-16,35 verklammernden Ortsangaben in Ex 12,1 und 16, 35 mit der Nennung des Landes Ägypten und des Landes Kanaan das umgreifende Spannungsfeld angezeigt ist, in dem sich das dargestellte Geschehen einordnet, markiert die in Ex 13,2o stehende Ortsangabe "am Rand der Wüste" die Peripetie des Geschehensablaufes, womit zugleich auch das Meerwunder als die eigentliche Befreiungstat Jahwes erscheint [3o].

---

25 Die Bedeutung von *bassepaer* in Ex 17,14 ist umstritten (vgl. nur die Diskussion bei B. JACOB 7o6f). Trotz des Fehlens einer entsprechenden Näherbestimmung bleibt gerade angesichts der Herkunft der Aussage Ex 17,14 von R^P sowie der Stellung der Erzählung Ex 17,8-16 am Beginn der Darstellung der Sinaitheophanie m.E. weiterhin zu erwägen, ob mit dem in Ex 17,14 genannten "Buch" nicht doch die Tora gemeint ist. Ein weiterer Hinweis auf den Zusammenhang des Amalekiterkrieges mit dem Sinaigeschehen kann möglicherweise auch in der gleichfalls auf R^P zurückgehenden Aussage Ex 32,17b gesehen werden, falls darin eine Anspielung auf Ex 17,8-16 vorliegt (zur Diskussion vgl. nur J. HAHN, EH XXIII/ 154, 186).

26 Zum Zusammenhang dieser drei Größen vgl. schon B. JACOB 546.

27 So auch B.D. EERDMANS, ASt III, 4o.

28 Zur Ex 12,1-16,35 verklammernden Funktion der Ortsangaben in Ex 12,1 und 16,35b vgl. schon P. WEIMAR - E. ZENGER, SBS 75, 13; zum Zusammenhang von Ex 13,2o und 16,35 vgl. E. ZENGER, VTS 32 (1981) 483.

29 Zur Herleitung der Ortsangabe *be'aeraeṣ miṣrajim* in Ex 12,1 auf R^P vgl. P. WEIMAR, Hoffnung 365.38o; für Ex 16,35b vgl. meine in Vorbereitung befindliche Untersuchung zu Ex 16.

3o Die Ortsangaben in Ex 12,1, 13,2o und 16,35b unterstreichen so nur die aufgrund der kompositionskritischen Analyse (vgl. Kap. I) sich ergebende zentrale Funktion des Meerwunders im Rahmen von Ex 12,1-16,35.

Ebenso wie in Ex 13,2o ("am Rande der Wüste") wird auch in der damit zusammenhängenden Aussage von Ex 14,3 nochmals auf die "Grenzsituation" des Meerwundergeschehens verwiesen. In den beiden parallel zueinander gefügten Aussagegliedern der Selbsterwägung des Pharao sind betont "Land" und "Wüste" einander gegenübergestellt [31]. Die Perspektive, unter der das Meerwunder in der Pentateuchredaktion erscheint, wird dabei am ehesten wohl in der Ortsangabe "vor Baal-Zefon" (*lipnê ba͑al-s͑pon*) in Ex 14,2b erkennbar (vgl. auch Ex 14,9b), worin wahrscheinlich eine theologische Ortsbestimmung zu sehen ist, durch die der Charakter des Geschehens am Meer näher bezeichnet werden soll [32]. Damit bekommt sodann auch die Lokalisierung des "Schilfmeeres" präzis an der Grenze von Land (Ägypten) und Wüste ihren tieferen Sinn, insofern für das "Schilfmeer" auf der Ebene von R[P] ein mythologischer Hintergrund anzunehmen ist (vgl. in diesem Zusammenhang nur die ebenfalls auf R[P] zurückgehende Aussage von Ex 15,4) [33].

---

31 Die zuweilen vertretene Isolierung der beiden Aussagen Ex 14,3aß und 3b gegeneinander (vgl. H. HOLZINGER 43; H. GRESSMANN, FRLANT 18, 11o Anm. 3; C.A. SIMPSON, Early Traditions 182) verkennt m.E. die erzählerisch-theologische Funktion der Aussage von Ex 14,3.

32 Aufgrund der Einfügung der Ortsangabe Baal-Zefon in Ex 14,2b durch R[P] soll das religionsgeschichtliche Moment des Meerwunders hervorgehoben werden, insofern darin Jahwe als der den Göttern schlechthin überlegene präsentiert wird. Dieser Vorgang steht in einem engen Zusammenhang mit den entsprechenden religionspolemischen Aussagen in Ex 15,1-19 (vgl. E. ZENGER, VTS 32, 472-477 und Sinai 4of). Den Anspielungen auf die Baalmythologie in Ex 15,1-19 entspricht innerhalb der erzählerischen Entfaltung des Meerwunders die Lokalisierung des Geschehens gerade in Baal-Zefon, worin - allein schon aufgrund der Herkunft der entsprechenden Aussagen von R[P] - kein Hinweis auf eine ursprüngliche Zuschreibung der Rettung Israels am Meer an Baal-Zefon gesehen werden kann (so etwa O. EISSFELDT, Baal Zaphon 66 [dazu P.J. SMITH, OTWSA 24, 1981, 84f]; vgl. ausserdem F.E. EAKIN, JBL 86, 1967, 278-384 und RExp 74, 1977, 477-479), sondern vielmehr ein sekundärer Mythisierungsvorgang zu sehen ist, um dem Meerwundergeschehen eine ganz neue Qualität zu geben (vgl. auch die folgende Anm.).

33 Wird die durch Ex 13,2o und vor allem 14,3 angezeigte Grenzsituation des Meerwunders zwischen Land (Kosmos) und Wüste (Chaos) beachtet, dann dürfte *jăm-sûp* (Ex 13,18a) auf der Ebene von R[P] - im Unterschied gerade auch zu Je (Ex 1o,19; 15,22aα; Num 14,25b; 21,4a*) - nicht einfach als geographische Angabe, sondern darüber hinaus zugleich als eine mythische Größe zu verstehen sein (vgl. in diesem Zusammenhang auch die entsprechenden Überlegungen [Verbindung von *jăm-sûp* mit der Wurzel *swp*] bei N.H. SNAITH, VT 15, 1965, 395-398 [dazu St.I.L. NORIN, CB.OT 9, 29] und B.F. BATTO, JBL 1o2, 1983, 27-35 und BAR 1o/4, 1984, 57-63, aber auch den in andere Richtung gehenden Versuch von W. WIFALL, ZAW 92, 198o, 325-332 [dazu M. GÖRG, BN 17, 1982, 26-34]). Die mythische Qualität von *jăm-sûp* wird nachdrücklich auch durch die von R[P] eingefügte Aussage in Ex 15,4 hervorgehoben (zum mythischen Hintergrund des "Meerliedes" vgl. vor allem F.M. CROSS, Canaanite Myth 14o-143 und St.I.L. NORIN, CB.OT 9, 9o-93.1o4-1o6), ist aber wahrscheinlich auch für die anderen mit der Penta-

Weitergehende literarische Zusammenhänge sind mehr andeutungsweise greifbar. Das als Ausgangspunkt der auf das Meerwunder hinführenden Wanderungsroute genannte Ramses (vgl. die Itinerarnotizen in Ex 12,37 und 13,2o) verweist auf die Notiz vom Bau der beiden Vorratsstädte Pitom und Ramses in Ex 1, 11b zurück [34]. Nach vorn hin liegt die innere Zielrichtung der in den Notizen Ex 12,37 und 13,2o erkennbaren Wanderungsbewegung in der Sinaitheophanie, worauf der von R^P herzuleitende redaktionelle Zusatz "die zwischen Elim und dem Sinai liegt" (ʾa̍šaer bên ʾêlim ûbên sînaj) in Ex 16,1aγ innerhalb des Rahmens der Texteinheit Ex 15,22-16,12, die mit der den Aufbruch vom Schilfmeer markierenden Notiz Ex 15,22aα eingeleitet ist, hinweist (vgl. auch die an Ex 16,1 anknüpfenden Itinerarnotizen in Ex 17,1abα und 19,2a, die gleichfalls auf R^P zurückgehen)[35]. Entsprechend der Nennung von Ramses als Ausgangspunkt der Wanderungsbewegung der Israel-Söhne ist auch die auf die Sinaitheophanie zielende Perspektivik des Exodusgeschehens schon im ersten Teil des Exodusbuches verankert (vgl. die durch R^P im Zusammenhang der Moseberufung eingetragenen Aussagen Ex 3,1bß, 4bα* [nur "mitten aus dem Dornbusch"] und vor allem 12aßb) [36].

Verdeutlichen die vorverweisenden Bezugnahmen auf die Sinaitheophanie die innere Ausrichtung des Exodusgeschehens, so wird an der Weiterführung der Itinerarnotizen im Numeribuch, die mit dem Aufbruch vom Sinai einsetzen (Num 1o,11+12) [37], der größere Bezugsrahmen der Wüstenwanderung erkennbar. Entsprechend der Aussage von Ex 16,35b endet die Reihe der Itinerarnotizen in Num 22,1, deren zweite Hälfte mit der auf die Nennung des La-

---

teuchredaktion zusammenhängenden Aussagen anzunehmen (vgl. vor allem Jos 2,1o und 4,23 [zur literargeschichtlichen Einordnung dieser Stelle vgl. jetzt H.-J. FABRY, BETL 68, 351-356), möglicherweise auch Dtn 11, 4).

34 Gegenüber der noch bei P. WEIMAR, OBO 32, 296f vertretenen Zuordnung von Ex 1,11b zu Je dürfte dieser Halbvers ein noch jüngerer, wahrscheinlich auf R^P zurückgehender redaktioneller Zusatz sein, was vor allem die unmittelbare Verbindung der beiden Aussagen von Ex 1,11a und 12a (vgl. den Stichwortzusammenhang durch ^{c}nh D-Stamm) nahelegt (vgl. auch C.A. SIMPSON, Early Traditions 159 und D.B. REDFORD, VT 13, 1963, 414-418).

35 Vgl. P. WEIMAR, BN 23 (1984) 99 Anm. 55.

36 Vgl. dazu vor allem auch U. CASSUTO 156; zur Herleitung der entsprechenden Aussagen in Ex 3 von R^P vgl. P. WEIMAR, OBO 32, 31-33.38.45f.338f. 343f.

37 Die in ihrem Grundbestand auf P^g zurückgehende Itinerarnotiz Num 1o,11+ 12 hat eine Bearbeitung durch die Pentateuchredaktion erfahren (vgl. dazu P. WEIMAR, BN 23, 1984, 99 Anm. 55), wobei für eine weitergehende Wertung dieser Itinerarnotiz ihre Funktion im Rahmen der Komposition des Numeribuches (vor allem im Blick auf Num 1o,11-15,41) zu berücksichtigen wäre (weitergehende Beobachtungen hierzu in meiner in Vorbereitung befindlichen Untersuchung zu Num 13/14).

gerortes folgenden weiteren Ortsangabe "jenseits des Jordan von Jericho" (*me^cebaer l^ejǎrden j^erehô*) sich stilistisch auffällig mit Ex 13,2o berührt. Wie dort ist auch in Num 22,1 eine Obergangssituation .angesprochen (vgl. die darin geschehende Anspielung auf den Jordanübergang) [38]. Auf diese Weise werden die im Meerwunder sich vollziehende definitive Befreiung aus Ägypten und die in dem Jordanübergang sich ereignende Landnahme zueinander in Beziehung gesetzt (vgl. auch Num 33,5o+51) [39]. In den so zwischen Exodus (Meerwunder) und (noch ausstehender) Landnahme (Jordanübergang) bestehenden Zusammenhang ordnet sich die Verkündung der Tora im Rahmen der Sinaitheophanie ein. Als das innere Ziel, auf das hin das Exodusgeschehen ausgerichtet ist, ist die Tora zugleich die für ein Leben im Land bestimmende und darin zu verwirklichende Größe.

(3) Auf der Ebene der Pentateuchredaktion hat sodann auch die im Kern schon jehowistische Rede der Israel-Söhne in Ex 14,11+12 ihre gegenwärtige Form erhalten. Während sich das "Murren" des Volkes beim Jehowisten auf das Faktum der Herausführung aus Ägypten bezogen hat, rückt bei R^P das Problem der Rückkehr nach Ägypten in den Vordergrund. In den von der Pentateuchredaktion eingefügten beiden rhetorischen Fragen wird jeweils die jetzige Situation (Tod in der Wüste) der idealisierten Ägyptensituation gegenübergestellt [4o]. Ihr erzählerisches Profil gewinnt die Rede der Israel-Söhne in Ex 14,11+12 aus dem schon in der vorpriesterschriftlichen Tradition angelegten, von R^P aber weiter ausgebauten Kontrast zu Ex 14,5-7 (vgl. neben der Korrespondenz der aus der Tradition übernommenen Aussagen von Ex 14,5bß und 11bα vor allem

---

38 Der Angabe *me^cebaer l^ejǎrden j^erehô* (dazu vgl. M. GÖRG, ThWAT III, 9o6f) als Zielpunkt der beim Exodusgeschehen ansetzenden Reihe der Itinerarnotizen entspricht auf der anderen Seite die gerade auf der Ebene der Pentateuchredaktion zu beobachtende Parallelisierung von Meerwunder und Jordanübergang (zu Entsprechungen wie Unterschieden zwischen beiden literarischen Zusammenhängen vgl. nur die Übersichten bei A.R. HULST, OTS 14, 1965, 179-182 und R. DE VAUX, Histoire 363f). Die in der Forschung stark umstrittene Problematik der wechselseitigen Abhängigkeitsverhältnisse (vgl. die Übersicht bei R. DE VAUX, Histoire 363f) setzt nicht nur eine Klärung der literargeschichtlichen Fragen der Meerwundererzählung, sondern auch der Erzählung vom Jordanübergang Jos 3/4 voraus (vgl. hierzu die Übersicht der wichtigsten in der Forschung vertretenen Positionen bei M. GÖRG, ThWAT III, 9o7f).

39 Der entsprechende Zusammenhang wird auch noch dadurch unterstrichen, daß der Aussage von Num 33,5o+51, in der unmittelbar Jordanübergang und Landnahme zueinander in Beziehung gesetzt sind (*kî 'attaem ^coberîm 'aet-hajjǎrden 'ael-'aeraes k^ena^cǎn*), von der Pentateuchredaktion die (von ihr bearbeitete) Liste der Wüstenwanderungsstationen Num 33,1-49 vorgeschaltet worden ist.

4o Zur rhythmisierten Form der Rede Ex 14,11+12, die bezeichnenderweise aus sieben Gliedern besteht, von denen fünf mit dem Stichwort "Ägypten" und

die erst durch R^P hergestellte Stichwortentsprechung (*lqh*) zwischen Ex 14,
6b+7a und 11aß). Durchaus provozierend wirkt in diesem Zusammenhang die Erwähnung der "Gräber in Ägypten" (Ex 14,11a) [41]. Die Perspektive der Rede
der Israel-Söhne in Ex 14,11+12 geht dabei in zwei Richtungen.

In den Rahmen der Darstellung des Exodusgeschehens verweist die als rhetorische Frage stilisierte Aussage von Ex 14,12. Ihren besonderen Charakter bekommt sie durch die Rückprojektion des dabei angeführten Zitates in die Zeit
vor dem Auszug [42]. Als literarischer Anknüpfungspunkt für das fiktive Zitat von
Ex 14,12 wird die Reaktion der Israel-Söhne auf die Mitteilung der Befreiungsan-
kündigung durch Mose in Ex 6,9b gelten dürfen [43]. Damit wird das Meerwunder fest
in den Rahmen der Darstellung des Exodusgeschehens eingebunden [44]. Zugleich
wird auf diese Weise der Bogen an den Anfang des Exodusgeschehens zurückge-
spannt, wobei die durch den Wortstamm $^c bd$ ("dienen") angezeigten Bezüge einerseits auf den Kontext der Errettungszusage (vgl. Ex 6,6 und 9b, aber
auch schon Ex 2,23 (2mal))sowie andererseits auf die Feststellung der Heranziehung der Israel-Söhne zu harter Arbeit (Ex 1,13+14 (5mal)) verweisen [45].
Gerade von Ex 1,13+14 her gewinnt die Aussage von Ex 14,12 an Profil und
Schärfe.

---

zwei mit dem Stichwort "Wüste" enden, vgl. M. BUBER, Mose 1oo; G. AUZOU,
Servitude 198 Anm. 2; F. MICHAELI 12o Anm. 5; N. LEIBOWITZ, Shemot 245.

41 Dies wird zusätzlich noch dadurch unterstrichen, daß das Nomen *qaebaer*
im Pentateuch - ausgenommen allein Num 19,16.18 - sonst nur im Genesisbuch begegnet, wo es sich in den auf R^P zurückgehenden Belegen (Gen 23,4.
6 (2mal).9.2o; 49,3o; 5o,13) immer auf den Grabbesitz Abrahams bezieht
(anders in der wahrscheinlich jehowistischen Aussage von Gen 5o,5, wo
das Wort auf das Grab Jakobs bezogen ist). Möglicherweise tritt damit die
Erwähnung von "Gräbern in Ägypten" in Ex 14,11a zugleich in ein thematisch bewußtes Spannungsverhältnis zum Grabbesitz Abrahams im Lande Kanaan.

42 Zum Charakter von Ex 14,12 als eines in die Ägyptensituation rückproji-
zierten fiktiven Zitats vgl. vor allem R. KESSLER, Querverweise 217-221
sowie A.B. EHRLICH, Randglossen I, 317.

43 Vgl. dazu vor allem B. JACOB 575, aber auch schon *Sam*, der Ex 14,12aßb
nochmals nach Ex 6,9 eingetragen hat. Häufiger wird auch ein Zusammenhang von Ex 14,12 mit 5,21 angenommen (vgl. nur A. KNOBEL 148), was jedoch angesichts der thematischen Bezüge weniger wahrscheinlich ist.

44 Auch wenn das in Ex 14,11+12 erstmals begegnende Motiv des "Murrens" als
solches in den Zusammenhang der Wüstenüberlieferung verweist (vgl. nur R.
KESSLER, Querverweise 211-221), wird gerade durch das fiktive Zitat in
Ex 14,12 der Zusammenhang des Meerwunders mit dem Exodusgeschehen nachdrücklich betont, womit das Meerwunder zugleich auch als dessen Höhepunkt
erscheint.

45 Die angeführten Belege für das Vorkommen des Wortstammes $^c bd$ gehen in ihrem Grundbestand zwar auf P^g zurück, haben aber, wie gerade die von R^P
herzuleitenden redaktionellen Erweiterungen in Ex 1,14aßba und 2,23aa er-

Während mit Hilfe des fiktiven Zitates in Ex 14,12 der Bogen nach hinten zum ersten Teil des Exodusbuches (Ex 1,1-6,27) hin gespannt ist, führt das Motiv vom Tod in der Wüste, das R^P betont an Anfang und Ende der Rede der Israel-Söhne in Ex 14,11+12 eingefügt hat (Ex 14,11aß und 12bß), in den Zusammenhang der Wüstenwanderungsüberlieferung [46]. Nicht nur aus literargeschichtlichen (Herkunft von R^P), sondern auch aus thematischen Gründen (Motivverbindung von Todeswunsch und Rückkehr nach Ägypten) ist im Blick auf Ex 14,11+12 vor allem Num 14,2+3 zu beachten (vgl. auch den Zusammenhang von Ex 13,17b mit Num 14,3). In einem literarischen Zusammenhang mit Num 14,3 steht die Gerichtsansage Num 14,29aßb-32, die ihrerseits eine Entsprechung in der "Erfüllungsnotiz" Num 26,65 hat [47]. Der Blick der entsprechenden Aussagen geht jeweils auf die zukünftige Landnahme hin. In das von Jahwe verheißene Land kann nach Num 14,29aßb-32 nur eine neue Generation ("kleine Kinder"), die an der das Exodusgeschehen (Meerwunder) in Frage stellenden Sünde in der Wüste keinen Anteil hat, kommen.

(4) Bewußt miteinander parallelisiert sind die Eingänge des ersten und dritten Teils der Meerwundererzählung in Ex 13,2o-22 und 14,19+2o* (vgl. Kap. II), so daß dem Aufbrechen der Israel-Söhne das Aufbrechen des Boten Elohims gegenübertritt. Die innerhalb der Meerwundererzählung isoliert bleibende Nennung des "Boten Elohims" (vgl. jedoch die über die Wortverbindung "hergehen vor" hergestellte Beziehung zum Motiv der Wolken- und Feuersäule) ist allem Anschein nach als ein übergreifendes Deuteelement im Blick auf den größeren Erzählzusammenhang zu verstehen [48]. Durch die Einführung des Boten Elohims in Ex 14,19a wird ein Rückbezug auf die Erscheinung des Boten

kennen lassen, eine nachdrückliche Hervorhebung auf der Ebene der Pentateuchredaktion erfahren (vgl. in diesem Zusammenhang auch die kompositionskritische Funktion der Aussagen von Ex 1,14 und 2,23 im Rahmen der Komposition des Exodusbuches).

46 Das Motiv vom Tod in der Wüste gehört zum festen Repertoire der Tradition vom Murren Israels. Als jehowistische Belege sind Ex 17,3 und Num 21,5* (durch R^P bearbeitet) anzusehen. Innerhalb des priesterschriftlichen Werkes begegnet es in Ex 16,3 und Num 14,2. Wahrscheinlich nachpriesterschriftlichen Ursprungs sind Num 16,13 und 2o,4.

47 Die Aussagen von Num 14,3, 29aßb-32 und 26,65 stellen eine geschlossene Aussagefolge dar, für die aufgrund der zwischen ihnen bestehenden literarischen Querverbindungen eine gemeinsame literarische Herkunft zu vermuten ist. Nicht nur für Num 14,3 (vgl. dazu Anm. 21), sondern auch für Num 14,29aßb-32 (vgl. die Hinweise in Kap. VIII Anm. 118) und Num 26,65 (vgl. hierzu nur B. BAENTSCH 627.635) ist ein Zusammenhang mit der Pentateuchredaktion wahrscheinlich.

48 Das Vorkommen der Vorstellung vom Boten Elohims/Jahwes ist zuletzt im Zusammenhang von H. RÖTTGER, RStTh 13 untersucht worden (dort auch (12-32) eine Übersicht über die bisherige Forschung).

Jahwes im Dornstrauch am Gottesberg hergestellt (Ex 3,1bß+2a*) [49]. In Verbindung mit der Wendung "hergehen vor jemand" (*hlk + lipnê*) hat Ex 14,19a noch Entsprechungen im Rahmen der Darstellung des Sinaigeschehens (Ex 23,23 sowie 32,34aßb (vgl. auch die damit literarisch zusammenhängende Aussage Ex 32,23 R^P), aber auch Ex 33,2) [50]. Durch den dabei geschehenden Vorverweis auf die Landnahme werden die drei Größen Exodus, Sinai und Landnahme zu einander in Beziehung gesetzt.

In den Kontext des Sinaigeschehens verweist auch das schon aus der deuteronomistischen Tradition rezipierte und neu akzentuierte Motiv der Wolken- und Feuersäule [51], das in Ex 13,21+22 und 14,19+2o* jedoch mit jeweils eigener Akzentsetzung begegnet, was für beide Aussagen durchaus auf unterschiedliche literarische Zusammenhänge führt. In Ex 14,19+2o* steht das ereignishafte Moment im Vordergrund. Durch die Einschaltung der Aussage von Ex 14, 2oaα zwischen Ex 14,19b und 2oaγb erfährt hier zudem die Wolkensäule eine betonte Hervorhebung. Außerdem ist durch die Einfügung des priesterschriftlichen Erzählmaterials in Ex 14,21aα und 22+23 insofern eine Verlagerung der Aussage bewirkt worden, als auf diese Weise das Motiv der Wolkensäule in Beziehung zum rettenden Eingreifen Jahwes zugunsten der Israel-Söhne gesetzt ist [52]. Aufgrund der durch R^P bewirkten Akzentverschiebungen ist für Ex 14,19+2o* durchaus ein Zusammenhang mit der gleichfalls in Verbindung mit der Pentateuchredaktion zu bringenden Aussagegruppe Ex 33,9+1o, Num 12, 5 und Dtn 31,15 anzunehmen, wo die Wolkensäule jeweils als Begleitphänomen einer Theophanie Jahwes am Zelt der Begegnung erscheint [53]. Von daher trägt dann auch das Meerwunder schon den Charakter einer Theophanie des sich am Zelt der Begegnung kundtuenden Sinaigottes.

---

49 Zu beachten bleibt in diesem Zusammenhang, daß in Ex 3,1bß+2a* nicht nur die Einführung des Boten Jahwes, sondern auch die Lokalisierung des Geschehens am Gottesberg sowie die Wendung *mittôk hăss^{e}nāe* auf R^P zurückgehen, womit zugleich der größere Horizont dieser Aussagen (Sinai) erkennbar wird (zur Analyse vgl. P. WEIMAR, OBO 32, 31-34.338-341).

5o Zur literargeschichtlichen Einordnung dieser Aussagen vgl. vorerst die Hinweise bei P. WEIMAR, OBO 32, 34o.

51 Zum Zusammenhang des Motivs der Wolken- und Feuersäule mit der Sinaitradition vgl. nur M. NOTH 86 und G. FOHRER, BZAW 91, 1o2; zu den verschiedenen Deutungen des Motivs der Wolken- und Feuersäule vgl. im übrigen Th.W. MANN, JBL 9o (1971) 15-19, zum Gesamtzusammenhang außerdem J. LUZARRAGA, AnBb 54.

52 Damit tritt R^P durchaus in Gegensatz zur deuteronomistischen Erzählschicht, wo das Motiv der Wolken- und Feuersäule unmittelbar auf das Eingreifen Jahwes gegen die Ägypter bezogen erscheint (vgl. vor allem die Einfügung von *b^{e}c̆ămmûd ρeš̆ w^{e}c̆anan* in Ex 14,24aγ).

53 Zum Zusammenhang dieser drei Aussagen vgl. Kap. VII Anm. 6.7.

Gegenüber Ex 14,19+2o* steht in Ex 13,21+22 der Aspekt der beständigen Führung durch die Wolken- und Feuersäule im Vordergrund (vgl. auch die Einfügung von Ex 13,21b durch R^P), wobei diese durch die redaktionell vorgeschaltete Itinerarnotiz Ex 13,2o zum Aufbrechen der Israel-Söhne in Beziehung gesetzt wird [54]. Die so hergestellte Verbindung vom Aufbrechen der Israel-Söhne und der Führung durch Jahwe in der Wolken- und Feuersäule hat dabei durchaus eine Entsprechung in dem redaktionell auf Num 9,15-23 [55] vorgreifenden, den Abschluß des Exodusbuches bildenden Textabschnitt Ex 4o,36-38 [56], der über den Zusammenhang von Wolkenbewegung und Aufbrechen der Israel-Söhne reflektiert [57]. Die in Ex 4o,36+37 herausgestellte Korrelation zwischen Erheben der Wolke und Aufbrechen der Israel-Söhne erfährt durch Ex 4o,38 eine auffällige Begründung, wobei der Wechsel von "Wolke Jahwes ... am Tage" und "Feuer ... bei Nacht" wie ein fernes Echo der Aussage von Ex 13,2o-22 wirkt [58]. Der gleiche Zusammenhang steht sodann auch hinter der Aussage von Num 1o,34 [59]. Wie gerade der in Ex 4o,36b und 38b zur Verklammerung des Textabschnitts Ex 4o,36-38 eingesetzte Ausdruck "bei all ihren Aufbrüchen" erkennen läßt [60], soll damit der ganze Weg Israels vom Exodus bis zur Landnahme hin als unter der Führung des am Sinai sich kundtuenden Jahwe stehend verstanden werden [61].

Die literarischen Zusammenhänge, in die die Pentateuchredaktion die Meerwundererzählung hineinstellt, bewegen sich auf mehreren Ebenen. Als literarischer Rahmen ist dabei vor allem das Exodusbuch selbst anzusehen (vgl. die

---

54 Der so auf der Ebene der Pentateuchredaktion bestehende Zusammenhang zwischen Ex 13,2o und 21+22 bleibt allgemein unbeachtet, ist aber im Blick auf den von R^P beabsichtigten größeren literarischen Zusammenhang von entscheidendem Gewicht.

55 Zum Problem der Analyse von Num 9,15-23 vgl. vor allem D. KELLERMANN, BZAW 12o, 133-14o.

56 Zur Funktion von Ex 4o,36-38 als Buchabschluß vgl. M. NOTH 228; G. TE STROETE 247; P. WEIMAR - E. ZENGER, SBS 75, 12; B. JANOWSKI, WMANT 55, 3o1 Anm. 159.

57 Vgl. D. KELLERMANN, BZAW 12o, 135f und B. JANOWSKI, WMANT 55, 3o1 Anm. 159.

58 Vgl. auch U. CASSUTO 485.

59 Zur Zuweisung von Num 1o,34 an R^P vgl. schon B. BAENTSCH 5o2. - In diesem Zusammenhang verdient wohl auch die erst auf R^P zurückgehende Aussage Ex 24,17 (im Gegensatz zu B. JANOWSKI, WMANT 55, 3o4 Anm. 168 ist in diesem Vers ein den Zusammenhang der priesterschriftlichen Aussagen Ex 24,16 und 18aα unterbrechender redaktioneller Zusatz zu sehen) Beachtung (vgl. S. MITTMANN, BZAW 139, 16of).

6o Zur rahmenden Funktion von $b^e k\check{a}l \; m\check{a}s^c \hat{e}haem$ in Ex 4o,36b und 38bß vgl. U. CASSUTO 485.

61 Vgl. auch E. ZENGER, Sinai 39.

Verweise auf Anfang und Schluß des Exodusbuches). Durch die Rückbindung an die im ersten Teil des Exodusbuches (Ex 1,1-6,27) entworfene Ausgangssituation erscheint das Meerwunder als der eigentliche Höhe- und Schlußpunkt des Exodusgeschehens (vgl. in diesem Zusammenhang auch die kompositionskritisch zentrale Stellung von Meerwundererzählung und -lied im Rahmen des dritten Teils des Exodusbuches (Ex 12,1-16,35)). Wie die weiteren literarischen und thematischen Querverbindungen zu erkennen geben, geht das innere Gefälle des im Meerwunder dargestellten Geschehens vor allem auf die Theophanie Jahwes am Sinai mit der Proklamation der Tora. Ein den Rahmen des Exodusbuches übergreifender Spannungsbogen führt auf die (im Pentateuch selbst nicht mehr erzählte) Landnahme hin, wobei literarisch-thematische Bezugnahmen insbesondere auf die "Kundschaftererzählung" (Num 13/14) und den Jordanübergang verweisen.

3. *Die Meerwundererzählung als Element des Pentateuch*

Die der Meerwundererzählung durch die Pentateuchredaktion neu zugewachsenen Perspektiven erschließen sich im vollen Sinn erst dann, wenn die Meerwundererzählung im Zusammenhang des größeren Rahmens des Pentateuch überhaupt gesehen wird. Die literarischen Querverbindungen verweisen dabei weniger auf einzelne Aussagen, sondern auf umgreifendere thematische Zusammenhänge [62]. Auf der Ebene der Pentateuchredaktion erscheint die Meerwundererzählung (Ex 13,2o-14,29) zusammen mit dem ihr korrespondierenden Meerwunderlied (Ex 14,3o-15,21) fest in das kompositorische Gefüge der umfassenderen Texteinheit Ex 12,1-16,35 eingebunden. Die dabei als Struktursignale dienenden Itinerarnotizen wollen nur vordergründig den Weg Israels aus Ägypten in die Wüste beschreiben; sie verfolgen vor allem die Absicht, die auf diese Weise eingeleiteten Textabschnitte auch thematisch zueinander in Beziehung zu setzen. Der weitere Bezugsrahmen, in den der Verfasser des Pentateuch das Meerwundergeschehen einordnet, wird durch die Ortsangaben an den Rändern dieses Erzählteils in Ex 12,1 ("im Lande Ägypten") und 16,35b ("bis an den Rand des Landes Kanaan") zum Ausdruck gebracht.

Durch das von der Pentateuchredaktion aufgebaute Beziehungsgeflecht, in dem die einzelnen Erzählabschnitte zueinander stehen, wird das Geschehen der wun-

---

62 Damit konvergiert die gerade auf der Ebene der Pentateuchredaktion zu beobachtende blockhafte Geschlossenheit der einzelnen kompositionskritisch zu isolierenden Erzählteile innerhalb des Pentateuch (vor allem auf dieser Ebene haben m.E. auch die von R. RENDTORFF, BZAW 147, 151-158 und E. BLUM, WMANT 57 vorgetragenen Beobachtungen zur Existenz selbständiger, in sich geschlossener Texteinheiten ihr Gewicht).

derbaren Errettung am Meer einerseits zu den kultischen Begehungen von Pesach und Sabbat (Ex 12,1-36 / 16,13-35) und andererseits zur Bewahrung der Tora (Ex 12,37-13,19 / 15,22-16,12) in Beziehung gesetzt [63]. Aufgrund solcher mit Hilfe kompositorischer Gestaltungsmittel angezeigten Beziehungen bekommt das Meerwunder selbst durchaus eine neue Qualität. Es erscheint nachdrücklich als ein eschatologisches Geschehen (vgl. in diesem Zusammenhang nur die Vorstellung vom eschatologischen Sieg Jahwes über das alle Züge einer widergöttlichen Macht tragende Ägypten), in dem Jahwe sich ein "neues" Israel schaffen will, das sich durch das Halten der Tora auszeichnet (vgl. Ex 15,26 und 16,4). Entsprechend erfüllt sich der Sinn des Exodusgeschehens auch erst in der Theophanie Jahwes am Sinai mit der Kundgabe der Tora. Diese hat Israel in dem Lande, in das es kommen wird, zu verwirklichen. Das Leben im Land verlangt geradezu eine neue Generation ("kleine Kinder"), die an der Sünde Israels keinen Anteil hat (vgl. Num 14,29aßb-32 in Verbindung mit Num 14,3 (Rückkehr nach Ägypten)).

Die so bestehenden Zusammenhänge zwischen der Befreiung aus Ägypten (Meerwunder), der Verkündigung der Tora am Sinai und dem Besitz des Landes werden auch anhand der Verwendung des Glaubensmotivs auf der Ebene der Pentateuchredaktion unterstrichen [64]. Zu beachten ist in diesem Zusammenhang vor allem die Spannung zwischen den Aussagen von Ex 14,31 (Vertrauen auf Jahwe und Mose aufgrund des Meerwunders) und Num 14,11b (Nicht-Vertrauen auf Jahwe trotz der Zeichen), die um so höher zu gewichten ist, als dieser Zusammenhang erst von R^P selbst hergestellt worden ist [65]. Das Hineinkommen Israels in das Land ist nur als ein bedingt eintretendes Geschehen vorgestellt (vgl. vor allem die auf R^P zurückgehende Aussage von Num 14,8) [66], das abhängig ist vom Halten der dem Volk am Sinai gegebenen Tora (vgl. in Verbindung mit dem Glaubensmotiv vor allem Ex 19,9) [67]. Da für die Pentateuchredaktion die Landnahme als ein noch ausstehendes Ereignis erscheint, führt die Darstellung des Pentateuch auch konsequenterweise nur bis an den Rand des Landes (vgl.

---

63 Vgl. hierzu vor allem die Beobachtungen von E. ZENGER, VTS 32, 480-482.

64 Vgl. dazu auch die Beobachtungen von H.-Chr. SCHMITT, VT 32 (1982) 176-181.

65 Die wohl als redaktioneller Zusatz zu Num 14,11a zu interpretierende Aussage von Num 14,11b (vgl. dazu nur S. MITTMANN, BZAW 139, 49) ist wahrscheinlich als eine auf R^P zurückgehende redaktionelle Bildung zu verstehen (eine ausführliche Begründung dieser Vermutung soll in anderem Zusammenhang gegeben werden).

66 Gerade auf der Ebene von R^P bekommt die bedingte Aussage in Num 14,8 ihren inneren Sinn, so daß eine Herleitung von der Pentateuchredaktion (vgl. Kap. V Anm. 27) durchaus plausibel erscheint.

67 Zum Zusammenhang von Ex 19,9 mit R^P vgl. P. WEIMAR, OBO 32, 350.356 und F.-L. HOSSFELD, OBO 45, 188-190.

auch den durch die Bücher Exodus und Numeri gebildeten Rahmen) [68]. Gerade angesichts der im Genesisbuch auf der Ebene der Pentateuchredaktion stark herausgehobenen Landverheißung kommt der Ausblendung der Landnahme und dem Abschluß des Pentateuch mit dem Deuteronomiumbuch eine programmatische Funktion zu [69].

Daß hinter dem von der Pentateuchredaktion praktizierten literarischen Verfahren zeitgeschichtliche Vorgänge zu vermuten sind, darf als wahrscheinlich angesehen werden, auch wenn sich die zugrundeliegende geschichtliche Situation selbst nicht mehr mit hinreichender Sicherheit rekonstruieren läßt [70]. Innerhalb der Darstellung des Meerwundergeschehens gibt möglicherweise der hier stark akzentuierte Wunsch einer Rückkehr nach Ägypten einen entsprechen-

---

68 Zu beachten sind die gerade auf der Ebene der Pentateuchredaktion zu konstatierenden Entsprechungen zwischen Exodus- und Numeribuch, die auch im Blick auf die Kompositionsstruktur des Pentateuch (vgl. dazu die folgende Anm.) von Bedeutung sind.

69 Der "offene Schluß" des Pentateuch tritt noch schärfer hervor, wenn die kompositorische Gestalt des Pentateuch selbst beachtet wird. Wie die sorgfältige literarische Gestaltung der Buchgrenzen erkennen läßt, die nicht nur eindeutige Einschnitte im Erzählablauf markieren, sondern darüber hinaus auch übergreifende erzählerische Spannungsbögen unterbrechen (vgl. nur den Schluß des Exodusbuches), ist die Aufgliederung der Tora in fünf Bücher nicht ein mehr oder weniger zufälliger buchtechnischer Vorgang, sondern eine auf die Pentateuchredaktion selbst zurückgehende Maßnahme, weshalb die "Fünfteilung" auch für eine Interpretation des Gesamtwerkes als maßgebend anzusehen ist. Im einzelnen erweist sich der Pentateuch als ein wohlkonstruiertes literarisches Gebilde mit dem Leviticusbuch im Zentrum, das dabei eine doppelte Rahmung durch die Bücher Exodus (von Ägypten zum Sinai) und Numeri (vom Sinai zum Land) einerseits sowie durch die Bücher Genesis (Verheißung des Landes) und Deuteronomium (an der Grenze des verheißenen Landes) andererseits erfahren hat. Die thematischen Zusammenhänge zwischen den einzelnen Büchern sind durch auf verschiedenen Ebenen ansetzende literarische Querverbindungen sichtbar gemacht. Innerhalb der Gesamtkomposition des Pentateuch, aber auch seiner einzelnen Teile, erscheinen dabei auf unterschiedliche Weise das Wohnen im (verheißenen) Land sowie die Bewahrung des Bundes Jahwes mit Israel als korrespondierende Größen unlösbar miteinander verbunden. Israels Schicksal entscheidet sich an seiner Stellung zur Tora als jener Wirklichkeit, auf die alles in Israel hingeordnet ist. Der Besitz des Landes ist für den Verfasser des Pentateuch ein erst für die Zukunft erwartetes Geschehen und nicht schon bestehende Wirklichkeit (vgl. die Abtrennung der Landnahme aus dem Rahmen der Darstellung des Pentateuch, die um so mehr zu beachten ist, weil sie auf der Ebene des jehowistischen, aber auch deuteronomistischen Geschichtswerkes damit verbunden gewesen ist). Die Gesamtkomposition des Pentateuch mit der Aufteilung in fünf Bücher steht so im Zusammenhang mit einem umfassenden theologischen Programm.

7o Zu beachten wäre in diesem Zusammenhang vor allem auch die für die Pentateuchredaktion charakteristische eschatologische Erwartung in Verbindung mit dem noch ausstehenden, erst für die Zukunft erwarteten Besitz des Landes.

den Hinweis [71]. Für den Verfasser des Pentateuch sind Exodus und Landbesitz gleichermaßen eschatologische Größen, deren Realisierung von einem neuen Handeln Jahwes erwartet wird. Dem entspricht auf der anderen Seite auch die im Begriff des "Glaubens" gefaßte Haltung des "neuen" Israel, das sich in der Verwirklichung der am Sinai geoffenbarten Tora als Volk Jahwes zu bewähren hat [72].

---

71 Gerade das Motiv der Rückkehr nach Ägypten könnte die Pentateuch-redaktion als Reflex auf Aufstandsbewegungen in spätpersischer Zeit (um 360 und 340 v. Chr.) verstehen lassen (zum historischen Hintergrund vgl. vor allem O. KAISER, fzb 2, 197-206).

72 Vgl. die entsprechenden Überlegungen bei H.-Chr. SCHMITT, VT 32 (1982) 188f.

KAPITEL X

Meerwunder als geschichtliches Ereignis

Nicht minder umstritten als die literargeschichtliche Problematik der Meerwundererzählung ist auch die Frage, inwieweit hinter der Darstellung des
Meerwundergeschehens noch geschichtliche Vorgänge erkennbar werden [1]. Als
kontrovers erscheint dabei vor allem das Problem der Lokalisierung des Meerwunders [2]. Die innerhalb der Meerwundererzählung enthaltenen geographischen
Angaben lassen sich als solche nicht unmittelbar auswerten, sondern verlangen entsprechend der verwickelten literarischen Entstehungsgeschichte der
Meerwundererzählung eine differenzierte Betrachtungsweise. Vor einer historischen Rekonstruktion des Meerwundergeschehens ist so zunächst nach den
geographischen Vorstellungen der einzelnen Erzähltraditionen innerhalb der
Meerwundererzählung zu fragen.

1. Die geographischen Vorstellungen innerhalb der Meerwundererzählung

Bei Berücksichtigung der entstehungsgeschichtlichen Verhältnisse der Meerwundererzählung wird hinsichtlich der das Meerwunder fixierenden geographischen
Angaben ein deutliches Gefälle von den älteren zu den jüngeren Textschichten
hin erkennbar, insofern die Versuche, das Meerwunder auch geographisch präzis
zu lokalisieren, mit abnehmendem Alter der jeweiligen Erzähltraditionen zu-

---

1 Vgl. hierzu L.S. HAY, JBL 83 (1964) 397-4o3 und G.W. COATS, StTh 29 (1975)
  53-62. - Zur hier nicht näher zu behandelnden historischen Problematik des
  Exodusgeschehens allgemein vgl. die Darstellungen bei S. HERRMANN, SBS 4o
  und P. WEIMAR - E. ZENGER, SBS 75, 1oo-138 sowie jüngst die im Blick auf
  die historische Relevanz des vorliegenden Materials allzu skeptischen "Erwägungen zum Thema 'Exodus'" von B.J. DIEBNER, SAK 11 (1984) 595-63o; zur
  Forschungsgeschichte vgl. den Überblick bei H. ENGEL, FThSt 27.

2 Zu diesem Problemkreis vgl. nur O. EISSFELDT, Baal Zaphon; M. NOTH, Schauplatz 1o2-11o; H. CAZELLES, RB 62 (1965) 321-364; DERS., RHPhR 35 (1955)
  51-58; J. SIMONS, Texts 234-241.

nehmen. Dieser literargeschichtlich auffällige Tatbestand läßt vermuten, daß es sich bei den innerhalb der Meerwundererzählung zu beobachtenden Lokalisierungen nicht primär um authentische Traditionen handelt, sondern zumindest teilweise um gelehrte Lokalisierungen, die zum einen mit der literarisch-theologischen Konzeption der einzelnen Erzähltraditionen sowie zum anderen mit zeitgenössischen Vorstellungen ihrer Entstehungszeit zusammenhängen werden.

(1) Während die vorjahwistisch-jahwistische Erzähltradition in bezug auf das Meerwunder nur allgemein von einem Geschehen am "Meer" spricht (Ex 14,9aα. 27b.3ob), ohne daß hier eine genauere Lokalisierung des Geschehens erkennbar würde, finden sich entsprechende geographische Angaben erst auf der Ebene der jehowistischen Erzähltradition, obschon sie auch hier noch recht allgemein bleiben. Zu beachten ist dabei aber nicht nur die jehowistische Meerwundererzählung selbst, die keine geographischen Angaben enthält, sondern vor allem auch der größere Erzählzusammenhang. Wie die thematisch auf die Darstellung des Meerwunders bezogene Aussage Ex 1o,19 (Je) sowie die unmittelbar auf die jehowistische Meerwundererzählung folgende Aufbruchsnotiz Ex 15,22aαb erkennen lassen, wird der Ort des Meerwundergeschehens als "Schilfmeer" (jǎm-sûp) bezeichnet [3]. Innerhalb des jehowistischen Werkes begegnet diese Ortsangabe sodann nochmals in Num 14,25b und 21,4[*] als Zielpunkt der von Kadesch ausgehenden Wanderungsbewegung (Rückkehr nach Ägypten).

Die sonst bei Je sich findenden geographischen Angaben lassen keine genauen Rückschlüsse über den Exodusweg zu. Verbindungslinien führen allgemein in das östlich von Ägypten zu lokalisierende midianitische Gebiet (vgl. Ex 18,1-12[*], aber auch 2,15[*] und 3,1[*]) [4]. Als lokaler Fixpunkt des Wüstenwanderungsweges ist nach jehowistischer Vorstellung allem Anschein nach Kadesch anzusehen (Num 13,26[*] und 2o,14[*]), wohin die "Kundschafter" nach Begutachtung der Qualität des Landes (Negeb) zurückkehren und von wo aus Mose Boten an den König von Edom aussendet [5]. Im ganzen macht die Vorstellung des Exodus- und Wüstenwanderungsweges im Rahmen des jehowistischen Werkes einen stark

---

3   Im Gegensatz zur Verwendung von jǎm-sûp auf der Ebene von R[P] (vgl. dazu Kap. IX Anm. 33) läßt diese Ortsangabe bei Je keinerlei mythische Qualität erkennen. Für die Wahl der Bezeichnung jǎm-sûp als Ort des Meerwunders ist der durch Stichwortentsprechung hergestellte Zusammenhang zu Ex 2,3 und 5 zu beachten, wodurch Anfang und Ende der Darstellung des Exodusgeschehens bei Je miteinander verknüpft erscheinen.

4   Zur Qualifizierung der entsprechenden Belege als "jehowistisch" vgl. P. WEIMAR, OBO 32, 2o.25-3o.

konstruierten Eindruck [6]. Der Weg, den der Jehowist Israel ziehen läßt, führt vom "Schilfmeer" nach Kadesch und von dort wieder zurück zum "Schilfmeer", worin eine theologisch bedingte Konstruktion zu sehen ist, aus der sich hinsichtlich der Geographie des Exodusgeschehens unmittelbar keine Schlüsse ziehen lassen.

Näherhin zu klären bleibt die mit der Ortsangabe "Schilfmeer" ($j\breve{a}m-s\hat{u}p$) verbundene geographische Vorstellung. In Num 21,4[*] kann diese Ortsangabe aufgrund des vorgestellten Zusammenhangs ("um das Land Edom zu umgehen") nur mit dem Golf von $^{c}Aqab\bar{a}$ identifiziert werden, was nicht minder auch für die mit Num 21,4[*] zusammenhängende Aussage von Num 14,25b gilt [7]. Aufgrunddessen muß aber das als Ort des Meerwunders genannte "Schilfmeer" angesichts der primär theologisch bestimmten Korrespondenz der gleichlautenden Ortsangaben in Ex 1o,19 und 15,22aα einerseits und Num 14,25b und 21,4[*] andererseits nicht notwendigerweise gleichfalls mit dem Golf von $^{c}Aqab\bar{a}$ identifiziert werden [8]. Angesichts der weiteren geographischen Vorstellungen des Jehowisten (vgl. vor allem die Nähe des midianitischen Gebietes zu Ägypten) scheint es vielmehr naheliegender, das "Schilfmeer" als Ort des Meerwunders am Nordende des Golfes von Suez zu suchen [9]. Von dort ist Israel nach der Konzeption des Jehowisten wohl auf einer der traditionellen Wüstenrouten nach Kadesch gezogen, um von hier in Richtung auf den Golf von $^{c}Aqab\bar{a}$ weiterzuziehen. Der Je-

---

5   Zum Zusammenhang der entsprechenden Aussage vgl. vorläufig die Beobachtungen zu Kap. VI/4.1.

6   Vgl. in diesem Zusammenhang nur das Motiv der Drei-Tages-Reise in Ex 15,22* und Num 1o,33a.

7   Vgl. nur M. NOTH, Schauplatz 1o8f.

8   Anders H. GRESSMANN, FRLANT 18, 415f: "Es ist daher methodisch richtig, vom Sicheren auf das Unsichere zu schließen und die Identifikation des Schilfmeeres mit dem Golf von Akaba nur dann zu leugnen, wenn sie durch entgegenstehende Tatsachen als unmöglich erwiesen wird"; ähnlich M. NOTH, Schauplatz 1o9: "Es widerspräche allen Regeln einer vorurteilslosen Auslegung, wenn man danach nicht auch dort, wo das 'Schilfmeer' zur Lokalisierung des Meerwunders genannt wird, den Golf von el-^{c}akaba gemeint sein ließe". Dieser an sich methodisch richtige Grundsatz berücksichtigt jedoch zu wenig, daß die mit Hilfe der Ortsangabe $j\breve{a}m-s\hat{u}p$ hergestellte Korrespondenz zwischen den eindeutig mit dem Golf von $^{c}Aqab\bar{a}$ zu identifizierenden Angaben in Num 14,25b und 21,4* und den gleichlautenden Ortsangaben in Ex 1o,19 und 15,22* vor allem aus theologischem Interesse heraus bestimmt ist (Rückkehr nach Ägypten), ganz abgesehen davon, daß $j\breve{a}m-s\hat{u}p$ als Oberbegriff zur Bezeichnung sowohl des Golfes von $^{c}Aqab\bar{a}$ als auch des Golfes von Suez dienen kann (vgl. S. SIMONS, Texts 238).

9   Vgl. etwa Th.H. ROBINSON, ZAW 51 (1933) 17o-173 und W.H. SCHMIDT, EdF 191, 66f. - Trotz der für Je wahrscheinlichen Annahme, daß das "Schilfmeer" des Exodus am Nordende des Golfes von Suez zu suchen sein wird, ist damit noch

howist greift dabei wohl auf ihm zur Verfügung stehende geographische Kenntnisse zurück, um einen plausiblen Geschehenshintergrund zu entwerfen, der zugleich den beabsichtigten literarisch-theologischen Interessen Rechnung trägt.

(2) In eine andere Richtung führt der von der priesterschriftlichen Tradition im Blick auf die Lokalisierung des Meerwunders entworfene Vorstellungsrahmen. Konkrete, den Ort des Meerwunders fixierende Angaben finden sich in Ex 14,2a ("vor Pi-Hahirot zwischen Migdol und dem Meer") [10]. Als Hinweis auf die priesterschriftliche Lokalisierung des Meerwunders kann die (an sich nicht eindeutige) Ortslage von Migdol gewertet werden, falls diese in Verbindung mit dem gleichnamigen Ort in Jer 44,1 und 46,14 sowie in Ez 29,1o und 3o,6 zu bringen ist [11]. Da in diesem Fall Migdol als eine Ortslage im äußersten Norden der ägyptischen Ortsgrenze anzusehen ist [12], wird nach der Vorstellung von Pg der Ort des Meerwunders im nordöstlichen Grenzgebiet unweit der Militärstraße nach Palästina zu suchen sein, womit die Priesterschrift deutlich eine andere geographische Vorstellung vom Exodusgeschehen als die jehowistische Tradition voraussetzt.

Ob der Verfasser der Priesterschrift selbst über genauere Ortskenntnisse hinsichtlich der von ihm vorgenommenen Lokalisierung des Meerwunders verfügt hat, scheint keineswegs ausgemacht. Nicht auszuschließen ist die Wahl der jeweiligen Ortsnamen aufgrund der damit verbundenen Programmatik, wie dies für Pg unschwer an den der Strukturierung des zweiten Teils des priesterschriftlichen Werkes dienenden Itinerarnotizen erkennbar wird [13]. Die in diesem Zusammenhang gebrauchten Ortsnamen, die sich zum Teil wenigstens als künstliche Bildungen darstellen, haben Signalfunktion im Blick auf die jeweils

---

keineswegs das allgemeinere Problem der Lokalisierung von *jăm-sûp* gelöst, vgl. dazu die Übersichten über die verschiedenen Lösungsversuche bei St. I.L. NORIN, CB.OT 9, 23-32 und M. BIETAK, LÄ V (1984) 629-634.

1o Die bei Pg sich findende Umschreibung der Ortslage von Pi-Hahirot zeigt nur die Notwendigkeit einer solchen Umgrenzung an, was durchaus der Schwierigkeit entspricht, Pi-Hahirot eindeutig zu identifizieren (vgl. nur die Diskussion bei H. CAZELLES, RB 62, 1955, 35o-357 und RHPhR 35, 1955, 56f; R. DE VAUX, Histoire 357).

11 Ein solcher Zusammenhang ist nicht unbestritten (vgl. nur W. ZIMMERLI, BK XIII/2, 711f); zu den anstehenden Problemen vgl. vor allem E.D. OREN, BASOR 256 (1984) 31f.

12 Die Probleme der Lokalisierung von Migdol, das heute meist mit *Tell el-Ḥēr* identifiziert wird, sind ausführlich von H. CAZELLES, RB 62 (1955) 343-35o und RHPhR 35 (1955) 53-55 diskutiert. Jüngst hat E.D. OREN in verschiedenen Veröffentlichungen eine Identifizierung von Migdol mit der befestigten Anlage *T. 21*, ein Kilometer nördlich von *Tell el-Ḥēr* und westlich des östlichen Grenzkanals, vorgeschlagen (vgl. nur Landbrücke 19o-192; MondeB 24, 1982, 14-17; BASOR 256, 1984, 7-44).

nachfolgende Erzählung [14]. Entsprechendes kann dann durchaus für die Wahl der Ortsnamen in Ex 14,2a vermutet werden. Während für Pi-Hahirot der symbolische Bedeutungsgehalt des Namens im Blick auf die Deutung des Meerwunders für seine Wahl entscheidend gewesen sein könnte [15], ist für die Nennung von Migdol (abgesehen von der zeitgeschichtlichen Aktualität) möglicherweise der darin zum Ausdruck kommende Anspielcharakter auf die Ankündigung des Gerichtes über Ägypten bei Ezechiel (29,1o und 3o,6) mitbestimmend gewesen [16].

Die Verlegung des Meerwunders vom Golf von Suez, wo es vom Jehowisten lokalisiert wird, in das nördliche Ostdeltagebiet durch die Priesterschrift ist kaum als Reflex einer authentischen Tradition hinsichtlich der Geographie des Exodusgeschehens anzusehen. Jüdische Diasporagemeinden im östlichen Deltagebiet (Migdol) mögen für eine derartige Lokalisierung des Meerwunders impulsgebend gewirkt haben. Entscheidend mitbestimmt wird die Wahl der Ortsnamen in Ex 14,2a durch den von Pg darin zum Ausdruck gebrachten thematischen Zusammenhang mit der Meerwundererzählung selbst.

(3) Wiederum eine andere Vorstellung im Blick auf die Lokalisierung des Meerwunders ist für den Verfasser des Exodusbuches kennzeichnend, der dabei jedoch nicht frei verfahren kann, sondern an die geographischen Vorgaben der jehowistischen und priesterschriftlichen Tradition gebunden ist (vgl. vor allem Ex 13,17aßb+18). Die auf R[P] zurückgehenden Ortsangaben innerhalb der Meerwundererzählung (Ex 13,2o und 14,2b.9b) gehören in ein umfassenderes System miteinander verbundener Ortsangaben, die für die Rekonstruktion der von R[P] vorgestellten Exodusroute mitzuberücksichtigen sind. Aufgrund des unmittelbaren Zusammenhangs der beiden Itinerarnotizen Ex 12,37 und 13,2o ergibt sich für R[P] eine dreigestufte Stationenfolge (Ramses - Sukkot - Etam), wobei das in Ex 12,37 als Ausgangspunkt genannte Ramses auf die Baunotiz in Ex 1,11b

---

13 Dazu vgl. P. WEIMAR, BN 23 (1984) 98-1o5.

14 Vgl. P. WEIMAR, BN 23 (1984) 1o3 Anm. 62. - Als künstliche Ortsnamenbildungen sind bei Pg neben der "Wüste Sin" (Ex 16,1) noch die Nennung des "Berges Hor" (Num 2o,22b) und des "Abarimgebirges" (Num 27,12) zu verstehen.

15 Falls der Ortsname Pi-Hahirot als volksetymologische Wiedergabe des ägyptischen Ausdrucks "Haus der Hathor" zu verstehen ist, dann könnte die Wahl dieses Namens mit der priesterschriftlichen Interpretation des Exodusgeschehens als eines Gerichtes über die "Götter Ägyptens" zusammenhängen (vgl. Ex. 7,1-5 und 12,12; dazu Kap. VIII Anm. 187).

16 Gerade im Bereich der Exodusgeschichte (aber nicht nur dort!) ist eine Abhängigkeit der Priesterschrift von Ez zu konstatieren (zur Beziehung von Pg zu Ez vgl. die Literaturhinweise bei P. WEIMAR, BN 23, 1984, 87 Anm. 24).

(Pitom und Ramses) zurückverweist [17]. Als Element der von R[P] aufgebauten Geographie des Exodusgeschehens ist außerdem das in Ex 8,18 und 9,26 (aber auch innerhalb der Josefserzählung des Genesisbuches) als Siedlungsgebiet der Israel-Söhne genannte "Land Goschen" von Bedeutung [18], dessen Lage aufgrund der in Gen 45,1o vorliegenden Notiz in nicht allzu großer Distanz zur Residenzstadt anzunehmen ist [19].

Wo nach der Vorstellung der Pentateuchredaktion die Lage der als Ausgangspunkt des Exodus genannten Ramsesstadt zu suchen ist, bleibt näherhin zu prüfen. Angesichts der gerade zur Zeit der Entstehung des Pentateuch (4. Jh. v.Chr.) wieder aufkommenden Sekundärkulte an den Göttern von Ramses in Tanis und Bubastis erscheint sowohl die Annahme einer nördlichen als auch südlichen Lokalisierung der Ramsesstadt möglich [2o], wobei eine Auswertung der verschiedenen, auf R[P] selbst zurückgehenden geographischen Angaben, die direkt oder indirekt zum Exodusgeschehen in Beziehung stehen, jedoch am ehesten für einen südlichen Ausgangspunkt des Exodus, aber auch für eine Lokalisierung des Meerwunders im Süden spricht [21]. In diese Richtung weist vor allem das als Siedlungsgebiet der Israel-Söhne genannte Goschen, das am ehesten im *Wadi et-Tumēlāt* zu suchen ist [22], wo nach der Vorstellung von R[P] dann auch die beiden Orte Pitom und Ramses zu lokalisieren sind [23]. Auf einen

---

17 In Ex 1,11b wird auffälligerweise Pitom vor Ramses genannt, was um so mehr Beachtung verdient, als Pitom im weiteren Erzählverlauf keine Rolle mehr spielt.

18 Sowohl die beiden Belege von "Land Goschen" innerhalb der Darstellung des Exodusgeschehens (Ex 8,18 und 9,26) als auch die entsprechenden Belege im Zusammenhang der Josefserzählung ("Goschen" Gen 46,28a.29; "Land Goschen" Gen 45,1o; 46,28b.34; 47,1b.4.6b.27a; 5o,8) gehören m.E. allesamt der jüngsten, wohl erst auf R[P] zurückgehenden Textschicht an, ohne daß der Einzelnachweis für diese Annahme hier geführt werden könnte.

19 Vgl. etwa O. PROCKSCH, KAT I, 261; anders dagegen C. WESTERMANN, BK I/3, 161.

2o Vgl. dazu M. BIETAK, Tell el-Dab[c]a II, 217-22o und LÄ V (1984) 131-133.

21 Als Hinweis auf eine nördliche Lokalisierung des Exodus, wie sie in dem literarisch sehr jungen, den abgeschlossenen Pentateuch wohl voraussetzenden Ps 78 (12/43) im Blick ist, könnte innerhalb des Pentateuch die Notiz Num 13,22b, die das hohe Alter von Hebron in Beziehung zu Zoan (Tanis) setzt, verstanden werden, falls es sich dabei nicht um eine Glosse zum schon abgeschlossenen Pentateuch handelt (vgl. nur die lockere Einbindung der nominalen Aussage von Num 13,22b in den Textzusammenhang, ohne daß ihr im Blick auf die Komposition von Num 13/14 eine kompositionsbildende Funktion zukäme).

22 Vgl. dazu etwa R. NORTH, Egypt 8o-86, R. DE VAUX, Histoire 287 und H. DONNER, Geschichte 89.

südlichen Ausgangspunkt des Exodus deutet außerdem die Erwähnung von On (Heliopolis) im Rahmen der Josefserzählung hin (vgl. die Erwähnung eines "Priesters von On" als Schwiegervater des Josef in Gen 41,45.5o; 46,2o) [24]. Die einzelnen Stationen des Exodusweges (Sukkot - Etam - Baal-Zefon - Schilf-meer) selbst vermitteln keine genaue geographische Vorstellung [25], was nicht zuletzt auch damit zusammenhängt, daß es sich bei einzelnen dieser Ortsangaben um gelehrte Konstruktionen handeln wird, die aus einem theologisch-deutenden Interesse heraus geschehen sind, ohne daß sie als solche unmittelbar für eine Lokalisierung des Meerwunders ausgewertet werden können [26]. Angesichts der von R[P] in Ex 13,17aßb+18 eingefügten Reflexion über den Weg der Israel-Söhne aus Ägypten ist jedoch eher eine nach Süden (Sinai) hinführende Route als wahrscheinlich anzusehen.

Nach der geographischen Konzeption, wie sie von der Pentateuchredaktion favorisiert wird, ist als Ausgangspunkt des Exodus das Gebiet des *Wadi et-Tumēlāt* und als Ort des Meerwunders wahrscheinlich die Nordspitze des Golfes

---

23 Während für Pitom eine Identifizierung mit dem *Tell el-Maschuta* im öst-lichen Teil des *Wadi et-Tumēlāt* naheliegend ist (vgl. die Übersichten bei H. CAZELLES - J. LÉCLANT, DBS VIII, 1972, 1-6; S. AHITUV, Pithom; W.H. SCHMIDT, BK II/1, 36f und D.B. REDFORD, LÄ IV, 1982, 1o54-1o58 (jeweils mit Hinweis auf ältere Literatur)), dürfte das Ramses der Pen-tateuchredaktion am ehesten in der Nähe der "Ramsesstadt" Bubastis zu suchen sein (vgl. auch die entsprechende Vorstellung von *LXX*; dazu M. BIETAK, Tell el-Dab[c]a II, 219 und LÄ V, 1984, 132).

24 Die Aussagen von Gen 41,45a.5ob und 46,2o sind wahrscheinlich erst nach-priesterschriftlicher Herkunft (vgl. vor allem Gen 46,2o), wobei einiges für einen Zusammenhang mit R[P] spricht.

25 Vgl. in diesem Zusammenhang nur die bekannten Schwierigkeiten, die sich einer Lokalisierung von Etam entgegenstellen; dazu H. CAZELLES, RB 62 (1955) 357-36o und RHPhR 35 (1955) 56 sowie J. SIMONS, Texts 247.

26 Eine solche Vermutung legt nicht zuletzt eine Interpretation der von R[P] eingefügten geographischen Angaben in ihrem literarischen Zusammenhang nahe (vgl. dazu Kap. IX). Vor einem solchen Hintergrund erscheint es durchaus fraglich, ob die aufgrund der Namensähnlichkeit zumeist vertre-tene Identifizierung von Sukkot mit *Tkw* überhaupt das Richtige trifft (vgl. auch M. BIETAK, Tell el-Dab[c]a II, 218), zumal keineswegs auszu-schließen ist, daß die Erwähnung von Sukkot als erste Station des Exodus-weges schon im Blick auf die Bestimmungen zur Feier des Laubhüttenfestes in Lev 23,43 geschehen ist. Primär aus theologischem Interesse heraus ist auch die Nennung von Baal-Zefon in Ex 14,2b und 9b bedingt, wobei die Wahl gerade dieses Ortsnamens durch die an verschiedenen Orten des Ostdel-tagebietes belegte Verehrung dieses Gottes angeregt sein könnte, ohne daß es möglich wäre, daraus Rückschlüsse auf eine präzise Lokalisierung des von R[P] gemeinten Baal-Zefon zu ziehen (zum Problem der Lokalisierung von Baal-Zefon vgl. u.a. O. EISSFELDT, Baal Zaphon; N. AIMÉ-GIRON, ASAE 4o, 1941, 433-436; W.F. ALBRIGHT, Baal-Zephon 1-14; H. CAZELLES, RB 62, 1955, 332-34o; außerdem die Übersicht bei St.I.L. NORIN, CB.OT 9, 25-31), ge-

von Suez ("Schilfmeer") anzusehen [27]. Dahinter scheinen ebenfalls keine genaueren Kenntnisse hinsichtlich der Exodusereignisse, die auf älteren (authentischen) Traditionen fußen, zu stehen, sondern nur zeitgenössische Vorstellungen, wie sie durch jüdische Emigranten des 4. Jh.s in Ägypten vermittelt worden sein dürften. Die von R^P vorgenommenen Lokalisierungen stehen in einem engen Zusammenhang mit dem erzählten Geschehen selbst, so daß ihnen im Blick auf diese eine deutende Funktion zukommt. Unstimmigkeiten in der von R^P vorgestellten Exodusroute resultieren nicht zuletzt daher, daß R^P an die vorgegebenen älteren Traditionen (Je/P^g) gebunden ist.

2. *Überlegungen zur historisch-geographischen Rekonstruktion des Meerwunders*

Einer historisch-geographischen Rekonstruktion des Meerwunders stehen verschiedene Schwierigkeiten entgegen, die im Blick auf einen solchen Rekonstruktionsversuch mitzubedenken sind [28]. So vermitteln die unterschiedlichen geographischen Vorstellungen hinsichtlich des Ortes des Meerwunders, wie sie innerhalb der einzelnen an der Meerwundererzählung beteiligten Erzähltraditionen zur Geltung kommen, im Blick auf die Geographie des Exodusgeschehens nur ein recht allgemeines Bild (wunderbare Errettung im Raum des östlichen Grenzgebietes), das zudem noch mitbestimmt ist von zeitgeschichtlichen Faktoren der Entstehungszeit der jeweiligen Traditionen. Wird weiterhin berücksichtigt, daß sich die Vorstellungen der einzelnen Traditionen innerhalb der Meerwundererzählung nicht miteinander harmonisieren lassen [29], dann kann sich eine historisch-geographische Rekonstruktion des Meerwundergeschehens nicht allein auf die innerhalb der Erzähltraditionen des Pentateuch sich findenden geographischen Angaben beschränken, sondern muß andere Daten historisch-geographischer Art mitbedenken.

---

schweige denn historische Rückschlüsse über den Ort des Meerwundergeschehens als solchen (vgl. vor allem E.D. OREN, Landbrücke 19o und MondeB 24, 1982, 18 sowie M. BIETAK, LÄ V, 1984, 631). Aber auch Etam ordnet sich in diesen Rahmen ein, falls dieser Ortsname wie Pitom als "Haus des Atum" zu deuten ist (mündlicher Hinweis von M. GÖRG).

27 Von einer südlichen Exodusroute geht ebenfalls die *LXX* aus (vgl. nur die Hinweise bei M. BIETAK, Tell el-Dab^{c}a II, 219 und LÄ V, 1984, 132); die Vorstellung einer Lokalisierung des Meerwunders im Süden (Nordende des Golfes von Suez) ist auch für die ganze altchristliche Tradition als bestimmend anzusehen (vgl. dazu H. DONNER, Pilgerfahrt 95-99.3o4-3o6).

28 Ein solcher Rekonstruktionsversuch erweist sich von vornherein nur dann als sinnvoll und berechtigt, wenn das Meerwunder nicht einfachhin als ein mythisches Geschehen zu verstehen ist, sondern auch wirklich ein geschichtliches Ereignis im Blick hat.

Nicht ohne Gewicht für eine historisch-geographische Rekonstruktion des Meerwunders ist sodann auch die Frage nach dem Verständnis des Exodusgeschehens
selbst, ob dieses nämlich als "Flucht" oder als "Ausweisung" zu interpretieren ist, wobei sich für beide Möglichkeiten innerhalb der Meerwundererzählung Anknüpfungspunkte finden lassen [30]. Ist das Exodusgeschehen als eine
aufgrund von Unruhen herbeigeführte Ausweisung oder Vertreibung aus Ägypten
zu interpretieren, dann werden die abziehenden Israeliten das Land wohl auf
den offiziellen Routen mit einem geordneten Passieren der Grenzstationen ver-
lassen haben, so daß mit einem Geschehen wie dem Meerwunder kaum zu rechnen
sein wird. Handelt es sich dagegen beim Exodus um eine Flucht aus dem Herrschaftsbereich Ägyptens, dann konnte ein solches Unternehmen eigentlich nur
bei Meidung der Grenzstationen und einem Entweichen auf nicht kontrollier-
ten Schleichwegen gelingen, was wohl auch das Passieren eines Grenzgewässers
notwendig machte (dazu s.u.).

Ein nicht zu unterschätzender Hinweis im Blick auf die historisch-geographische Rekonstruktion des Exodusgeschehens ergibt sich aufgrund der Erwähnung
von Ramses als Ausgangspunkt des Exodus in Ex 12,37 (vgl. auch die damit zusammenhängende Baunotiz in Ex 1,11b), auch wenn die entsprechenden Notizen
als solche erst nachexilischen Ursprungs (Pentateuchredaktion) sind. Die mit
der Exilszeit in stärkerem Maße nach Ägypten gekommenen jüdischen Emigranten
haben wahrscheinlich versucht, ihre Situation unter Rückgriff auf die Anfänge
ihrer eigenen Tradition zu deuten [31]. Die dabei hergestellte Verbindung des
Aufenthaltes der Israeliten in Ägypten mit dem Bau der Ramsesstadt läßt sich
wohl nicht allein aus zeitgeschichtlichen Bedingungen heraus erklären, sondern könnte aus einer durchaus älteren zuverlässigen historischen Erinnerung
resultieren, auch wenn die Quellenlage in dieser Frage kein letzthin sicheres Urteil erlaubt. Hinsichtlich der Bestimmung der Lage der Ramsesstadt sind
die nachexilischen Theologen (Pentateuchredaktion) dabei von zeitgenössischen
Vorstellungen abhängig gewesen (Tanis und Bubastis) [32]. Die Kenntnis über die
eigentliche Lage der Ramsesstadt, die in der Geschichte und Literatur Ägyptens seit dem Ende der 2o. Dynastie (etwa 1o8o v.Chr.) keine Rolle mehr ge-
spielt hat, ist zu jener Zeit längst verloren gegangen.

---

29 Häufig leiden die vorgenommenen Rekonstruktionsversuche an einer solchen
    Harmonisierung nicht miteinander verrechenbarer Daten, was ihnen einen
    stark gekünstelten Charakter verleiht.

3o Dazu vgl. vor allem die Überlegungen bei M. GÖRG, Kairos 2o (1978) 272-28o.

31 Vgl. M. BIETAK, Tell el-Dab^{C}a II, 218 und LÄ V (1984) 132.

32 Vgl. M. BIETAK, Tell el-Dab^{C}a II, 217-22o und LÄ V (1984) 131-133.

Ist aber eine Verbindung des Exodusgeschehens mit der Ramsesstadt historisch als nicht unwahrscheinlich anzusehen, dann hat auch eine historisch-geographische Rekonstruktion der entsprechenden Vorgänge nicht bei den sekundären Lokalisierungen der Ramsesstadt (vgl. die Vorstellung der Pentateuchredaktion), sondern nur bei der eigentlichen Ramsesstadt anzusetzen [33]. Wie neuere Untersuchungen und Ausgrabungen deutlich gemacht haben, ist die historische Ramsesstadt im Bereich von *Tell ed-Dabᶜa* (=*Auaris*) und *Qanṭir* am Pelusischen Nilarm zu suchen [34]. Bei Berücksichtigung der Lage der Ramsesstadt wie der topographischen Gegebenheiten des Ostdeltagebietes wird eine Abwanderung zwangsrekrutierter halbnomadischer Gruppen, als welche die Israeliten wohl anzusehen sind [35], aus dem Gebiet der Ramsesstadt nach Osten hin zunächst wohl dem "Horusweg" ("Weg zum Land der Philister") gefolgt sein [36]. Der kritische Punkt ist das Passieren der Ostgrenze in der Höhe der Grenzfestung Sile auf dem Isthmus von *Qantara* [37], der im Norden durch einen langgestreckten See (*Schi-Hor*) [38] und im Süden durch die *Ballah-Seen* begrenzt ist. Da angesichts der topographischen Gegebenheiten ein Ausweichen nach Norden nicht möglich ist, bleibt Abwanderern zur Umgehung der Grenzfeste Sile nur die Möglichkeit eines Ausweichens nach Süden hin. Ein Umgehen der *Ballah-Seen* ist aber sowohl wegen der Wasser- und Brunnenverhältnisse als auch wegen der zwischen *Ballah-Seen* und *Timsah-See* anzunehmenden Grenzposten nicht wahrscheinlich, so daß ein Entkommen aus dem ägyptischen Herrschaftsbereich eigentlich nur auf einer der sumpfigen Landbrücken durch die *Ballah-Seen* möglich bleibt, wobei die Kenntnis eines solchen Schleichweges zwischen Ägypten und Palästina bei landsuchenden Nomaden als gegeben vorausgesetzt werden muß.

---

33 Eine historisch-geographische Rekonstruktion des Exodusgeschehens hat sich primär auf eine Analyse des archäologischen und topographischen Befundes von Ramsesstadt und Ostdeltagebiet zu stützen, da die geographischen Vorstellungen der einzelnen Autoren, die an der Meerwundererzählung beteiligt sind, nicht nur zeitbedingt, sondern darüber hinaus von ihrer jeweiligen theologischen Konzeption abhängig sind.

34 Zur Lage der Ramsesstadt vgl. vor allem M. BIETAK, Tell el-Dabᶜa II, Avaris and Piramesse und LÄ V (1984) 127-146.

35 Vgl. dazu nur S. HERRMANN, ZÄS 91 (1964) 63-79 und SBS 4o, 34-59 sowie P. WEIMAR - E. ZENGER, SBS 75, 12o-126.

36 Der vorliegende Rekonstruktionsversuch folgt weitgehend dem insgesamt überzeugenden Vorschlag von M. BIETAK, Tell el-Dabᶜa II, 135-137.217-22o (mit Kartenskizze in Abb. 45) und LÄ V (1984) 629-634, für den m.E. keineswegs der zu Recht als nicht unproblematisch angemahnte Rekurs auf Ortsangaben der alttestamentlichen (vor allem priesterschriftlichen) Exodusgeschichte (vgl. H. DONNER, Geschichte 94-96) als konstitutiv angesehen werden kann.

37 Vgl. M. BIETAK, LÄ III (198o) 2o5-2o6 (mit Kartenskizze 2o7-2o8).

38 Vgl. dazu M. BIETAK, LÄ V (1984) 623-626 (mit weiteren Literaturhinweisen).

Ist hierin der geographische Hintergrund für das Verständnis des Exodusgeschehens zu sehen, dann könnte die gelungene Flucht der Israeliten auf einer der sumpfigen und z.T. auch überschwemmten Landbrücken durch die *Ballah-
Seen* ("Schilfmeer") [39], wobei möglicherweise nachsetzende Grenztruppen ihre
Verfolgung aufgeben mußten, der Ausgangspunkt für die späteren theologischen
Interpretationen des Geschehens gewesen sein. Die überlieferten Darstellungen des Meerwundergeschehens innerhalb des Exodusbuches selbst erlauben keine darüber hinausführenden Konkretionen geographischer wie geschehensmäßiger
Art, da diese jeweils bestimmt sind von zeitabhängigen Erzählbedingungen der
einzelnen Meerwundertraditionen [4o]. Der aufgrund der verschiedenen Daten noch
zu rekonstruierende Vorgang eines Exodus geht nicht eigentlich über den Rahmen einer immer wieder sich ereignenden Fluchtbewegung nomadischer Gruppen
aus dem Herrschaftsgebiet der Ägypter hinaus. Seine religionsgeschichtlich
bedeutsame Funktion hat dieses Geschehen dadurch bekommen, daß es von den
Israeliten als wunderbare Errettung durch Jahwe gedeutet worden ist. In der
vom Exodus ausgehenden Wirkungsgeschichte liegt das eigentlich Besondere jenes Geschehens. Indem Israel immer neu seine wunderbare Befreiung aus Ägypten als Tat Jahwes erzählt hat, hat dieses Geschehen immer weitere und tie-
fere Bedeutungsdimensionen gewonnen, bis es schließlich innerhalb der Pentateuchredaktion zum Bild für den eschatologischen Kampf Jahwes gegen alle
jahwefeindlichen Mächte schlechthin geworden ist.

---

39 Zur Identifizierung der *Ballah-Seen* mit dem "Schilfmeer" vgl. M. BIETAK,
    Tell el-Dab^Ca II, 136f und LÄ V (1984) 633.

4o Vgl. auch das Urteil von W.H. SCHMIDT, EdF 191, 6: "In der Tat ist das
    'Daß' des Geschehens nicht zu bezweifeln, aber das 'Wie' des Vorgangs
    ... bleibt im einzelnen ungewiß". - Versuche, das Meerwundergeschehen
    selbst aufgrund der Daten, wie sie innerhalb der Meerwundererzählung
    enthalten sind, näher zu konkretisieren, müssen als gescheitert ange-
    sehen werden, da sie zu wenig die jeweiligen zeitgeschichtlichen Dimen-
    sionen der Darstellung des Meerwunders berücksichtigen.

Synopse von Ex 13,17 - 14,31

(*Kursivdruck* kennzeichnet redaktionelle Erweiterungen innerhalb der einzelnen Textschichten)

I	II	III	IV
	(13,17) Und es geschah, als der Pharao das Volk entließ,		
			da führte Elohim sie nicht den Weg zum Land der Philister, denn nahe war er, denn Elohim sprach: Daß es dem Volk nicht leid werde, wenn sie den Krieg sehen, und nach Ägypten zurückkehren! (18) Und Elohim ließ das Volk abbiegen auf den Weg zur Wüste, zum Schilfmeer hin. Und gerüstet waren die Söhne Israels aus dem Land Ägypten heraufgezogen.
	(19) Und Mose nahm die Gebeine des Josef mit sich, denn er hatte die Söhne Israels schwören, ja schwören lassen, sprechend: Zuwenden, ja zuwenden wird sich euch Elohim, und ihr sollt meine Gebeine von hier mit euch heraufführen.		
			(2o) Und sie brachen von Sukkot auf und lagerten sich in Etam, am Rand der Wüste.
	(21) *Und Jahwe ging vor ihnen her, am Tag in einer Wolkensäule, sie den Weg zu führen, und bei Nacht in einer Feuersäule, ihnen zu leuchten,*		
			um zu gehen bei Tag und bei Nacht.
	(22) *Nicht wich die Wolkensäule bei Tag, und die Feuersäule bei Nacht vor dem Volke.*		

I	II	III	IV

(14,1) *Und Jahwe redete zu Mose, sprechend: (2) Rede zu den Söhnen Israels, daß sie umkehren und sich lagern vor Pi-Hahirot, zwischen Migdol und dem Meer,*

vor Baal-Zefon, ihm gegenüber sollt ihr euch lagern zum Meer hin. (3) Und der Pharao wird von den Söhnen Israels sprechen: Verirrt sind sie im Lande, eingeschlossen hat sie die Wüste.

(4) *Und ich werde stark machen das Herz des Pharao, und er wird ihnen nachsetzen. Und ich will mich verherrlichen am Pharao und an seiner ganzen Macht, und die Ägypter werden erkennen, daß ich Jahwe bin. Und sie taten so.*

(5) Und es wurde dem König von Ägypten gemeldet, daß das Volk geflohen sei.

Und es wandelte sich das Herz des Pharao und seiner Diener gegen das Volk, und sie sprachen: Was haben wir da getan, daß wir Israel aus unserem Dienst entlassen haben! (6) Und er ließ anspannen seinen Streitwagen, und sein Volk nahm er mit sich.

(7) Und er nahm sechshundert auserlesene Streitwagen *und alle Streitwagen Ägyptens* und drei Mann Besatzung auf jedem.

(8) *Und Jahwe machte stark das Herz des Pharao,* und er setzte *den Söhnen Israels nach,* während die Söhne

des Königs von Ägypten,

270

I	II	III	IV

(9) Und
die Ägypter setz-
ten ihnen nach
und holten sie
ein, als sie am
Meer lagerten,

Israels mit erhobener
Hand auszogen.

alle Pferde *der Streit-
wagen* des Pharao und
seine Reiter und seine
Macht, gegen Pi-Hahirot,
vor Baal-Zefon.

*(1o)
Als der Pharao heran-
gekommen war,*

*da er-
hoben die Söhne
Israels ihre Au-
gen, und siehe:
Ägypten zieht hin-
ter ihnen her,* und
sie fürchteten
sich sehr,

*und die
Söhne Israels schrien
zu Jahwe.*

(11) Und
sie sprachen zu
Mose:

Etwa weil es keine
Gräber in Ägypten gab,
hast du uns genommen,
in der Wüste zu ster-
ben.

Was hast du
uns da getan, uns
aus Ägypten heraus-
zuführen.

(12) War dies nicht
die Rede, die wir zu dir
in Ägypten geredet haben,
sprechend: Laß ab von
uns, und wir wollen Ägyp-
ten dienen, denn es ist
besser für uns, Ägypten
zu dienen, als in der
Wüste zu sterben.

(13)
Und Mose sprach
zum Volk: Fürch-
tet euch nicht!
Stellt euch hin
und seht die
Rettung Jahwes,

die er euch heute tun
wird. Denn wie ihr die
Ägypter heute gesehen
habt, so werdet ihr sie
nicht mehr sehen in Ewig-
keit.

(14) Jahwe
wird für euch
kämpfen, ihr
aber verhaltet
euch still!

I	II	III	IV

(15) Und Jahwe sprach
zu Mose: *Was schreist du*
         Rede   *zu mir?*
zu den Söhnen Israels,
daß sie aufbrechen!
(16) *Du aber erhebe*
deinen Stab und
strecke deine Hand
aus über das Meer
und spalte es, daß
die Söhne Israels in-
mitten des Meeres auf
trockenem Boden hinein-
kommen. (17) *Ich aber,*
siehe, ich mache stark
das Herz der Ägypter,
daß sie hinter ihnen
hineinkommen. Und ich
will mich verherrli-
chen am Pharao und an
seiner ganzen Macht,

               an seinen Streitwagen
               und an seinen Reitern.

(18) *Und die Ägypter*
werden erkennen, daß
ich Jahwe bin,
                    wenn
               ich mich verherrliche
               am Pharao, an seinen
               Streitwagen und an
               seinen Reitern. (19)
               Und der Bote Elohims,
               der vor dem Lager Is-
               raels herging, brach
               auf und ging hinter
               sie.

    Und die Wolken-
säule brach auf
vor ihnen und trat
hinter sie.

                   (2o) Und sie
               kam zwischen das La-
               ger Ägyptens und zwi-
               schen das Lager Is-
               raels. *Und es war die*
               Wolke und die Fin-
               sternis,

         und
sie erleuchtete die
Nacht. Und keiner
nahte dem anderen
die ganze Nacht.

(21) Und Mose streck-
te seine Hand aus
über das Meer.

        Und
Jahwe ließ das Meer
durch einen starken
Ostwind die ganze
Nacht weggehen und
machte das Meer

I	II	III	IV

zum Trockenen.

Und es spalteten sich
die Wasser. (22) Und
die Söhne Israels ka-
men inmitten des Mee-
res auf trockenem Bo-
den hinein, und die
Wasser waren ihnen
eine Mauer zur Rechten
und zur Linken. (23)
Und die Ägypter setz-
ten ihnen nach und ka-
men hinter ihnen hinein,

alle Pferde des Pharao,
seine Streitwagen und
seine Reiter,

mitten

ins Meer.

(24) Und es
geschah zur Zeit
der Morgenwache,

da blickte Jah-
we auf das Lager
der Ägypter

in einer Feuer-
und Wolkensäule

und versetzte
das Lager der
Ägypter in
Schrecken. (25)
Und er ließ ab-
springen das Rad
seiner Streitwa-
gen und ließ es
nur schwer vor-
wärtskommen. *Und*
Ägypten sprach:
Ich will fliehen
vor Israel, denn
Jahwe kämpft für
sie gegen Ägyp-
ten.

(26) Und Jahwe
sprach zu Mose:
Strecke deine Hand
aus über das Meer,
daß die Wasser über
die Ägypter zurück-
kehren,

über seine Streit-
wagen und über seine
Reiter.

(27 Und
Mose streckte seine
Hand aus über das
Meer.

Und das Meer
kehrte gegen Mor-
gen in sein Bett
zurück, als die
Ägypter ihm gerade
entgegenflohen.

273

Und Jahwe
schüttelte die
Ägypter inmit-
ten des Meeres.

(28) Und die Wasser kehr-
ten zurück und bedeckten
die *Streitwagen und
Reiter der ganzen Macht
des Pharao*, die hinter
ihnen hineingekommen
waren im Meer.

        Nicht
ein einziger
blieb übrig.

(29) Aber die Söhne Is-
raels waren auf trocke-
nem Boden inmitten des
Meeres gegangen, und
die Wasser waren ihnen
eine Mauer zur Rechten
und zur Linken.

        (3o)
Und Jahwe rette-
te
Israel aus der
Hand der Ägypter,
*und Israel sah
Ägypten tot am
Ufer des Meeres.*

                                   an jenem Tage

                                   (31) Und Israel sah
die große Hand, die
Jahwe getan hatte
an den Ägyptern,

        und
das Volk fürch-
tete Jahwe,
                             und
sie glauben an Jah-
we und an Mose, sei-
nen Knecht.

LITERATURVERZEICHNIS

ACKROYD, P. - BERGMAN, J. - VON SODEN, W., Art. jā<u>d</u>: ThWAT III (1982) 421-458.

AHITUV, S., The Location of Pithom, in: B. UFFENHEIMER (Hrsg.), Bible and Jewish History. Studies in Bible and Jewish History Dedicated to the Memory of J. LIVER, Tel Aviv 1971, 157-16o (XVIII engl. Zusammenfassung).

AHUIS, F., Der klagende Gerichtsprophet. Studien zur Klage in der Überlieferung von den alttestamentlichen Gerichtspropheten (CThM A/12) Stuttgart 1982.

AIMÉ-GIRON, N., Ba^cal Saphon et les dieux de Taḥpanḥès dans un nouveau papyrus Phénicien: ASAE 4o (1941) 433-436.

ALBRIGHT, W.F., Baal-Zephon, in: W. BAUMGARTNER - O. EISSFELDT - K. ELLIGER - L. ROST (Hrsg.), Festschrift für A. BERTHOLET, Tübingen 195o, 1-14.

AUFFRET, P., Essai sur la structure littéraire d'Ex 14: EstB 41 (1983) 53-82.

AUZOU, G., De la Servitude au Service. Étude du Livre de l'Exode, Paris 1961.

BACON, B.W., The Triple Tradition of the Exodus, Hartford 1894.

BAENTSCH, B., Exodus - Leviticus - Numeri (HK I/2) Göttingen 19o3.

BARTH, Chr., Mose, Knecht Gottes, in: PARRHESIA. FS K. BARTH zum achtzigsten Geburtstag, Zürich 1966, 68-81.

BATTO, B.F., The Reed Sea: Requiescat in pace: JBL 1o2 (1983) 27-35.

- Red Sea or Reed Sea? How the mistake was made and what yam sûp really means: BAR 1o/4 (1984) 57-63.

BECKER, J., Besprechung von P.WEIMAR, Untersuchungen zur priesterschriftlichen Exodusgeschichte (fzb 9) Würzburg 1973: ThPh 5o (1975) 276-28o.

BEER, G. - GALLING, K., Exodus (HAT I/3) Tübingen 1939.

BERGE, K., "Jahvisten" i nyere Pentateuk-forskning: NTT 81(198o) 147-163.

BIETAK, M., Tell el-Dab^ca II. Der Fundort im Rahmen einer archäologisch-geographischen Untersuchung über das ägyptische Ostdelta. Mit einem geodätischen Beitrag von J. DORNER und H. KÖNIG (ÖAW IV) Wien 1975.

- Avaris and Piramesse: Archaeological Exploration in the Eastern Nile Delta, Oxford 1979.

- Art. Isthmus von Qantara: LÄ III (198o) 2o5-2o6.

- Art. Ramsesstadt: LÄ V (1984) 128-146.

- Art. Schi-Hor: LÄ V (1984) 623-626.

- Art. Schilfmeer: LÄ V (1984) 629-634.

BLUM, E., Die Komposition der Vätergeschichte (WMANT 57) Neukirchen-Vluyn 1984.

BOTTERWECK, G.J., Israels Errettung am Meer. Glaube und Geschichte in den Auszugstraditionen von Ex 13,17-14,31: BiLe 8 (1967) 8-33.

BRAULIK, G., Testament des Mose. Das Buch Deuteronomium (SKK AT 4) Stuttgart 1976.

BUBER, M., Moses, in: Werke II. Schriften zur Bibel, München - Heidelberg 1964, 9-23o.

BUIS, P., Les conflits entre Moise et Israel dans Exode et Nombres: VT 28 (1978) 257-27o.

CASSUTO, U., A Commentary on the Book of Exodus, Jerusalem 1967.

CAZELLES, H., Données géographiques sur l'Exode: RHPhR 35 (1955) 51-58.

- Les localisations de l'Exode et la critique littéraire: RB 62 (1955) 321-364.

CAZELLES, H. - LECLANT, J., Art. Pithom: DBS VII (1972) 1-6.

CHILDS, B.S., A Traditio-Historical Study of the Reed Sea Tradition: VT 2o (197o) 4o6-418.

- The Book of Exodus. A Critical Theological Commentary (OTL) Philadelphia 1974.

CLARK, W.M., The Flood and the Structure of the Pre-patriarchal History: ZAW 83 (1971) 184-211.

CLINES, D.J.A., The Theme of the Pentateuch (JSOT SS 1o) Sheffield 1978 (Nachdruck 1982).

COATS, G.W., The Traditio-Historical Character of the Reed Sea Motif: VT 17 (1967) 253-265.

- Rebellion in the Wilderness. The Murmuring Motif in the Wilderness Traditions of the Old Testament, Nashville - New York 1968.

- A Structural Transition in Exodus: VT 22 (1972) 129-142.

- An Exposition for the Wilderness Traditions: VT 22 (1972) 288-295.

- The Wilderness Itinerary: CBQ 34 (1972) 135-152.

- History and Theology in the Sea Tradition: StTh 29 (1975) 53-62.

- The Sea Tradition in the Wilderness Theme. A Review: JSOT 12 (1979) 2-8.

CROSS, F.M., The Song of the Sea and Canaanite Myth, in: Canaanite Myth and Hebrew Epic. Essays in the History of the Religion of Israel, Cambridge, Massachusetts 1973 ([4]198o) 112-144.

DANIÉLOU, J., Art. Feuersäule (Lichtsäule, Wolkensäule): RAC VII (1969) 786-79o.

DAVIES, G.H., Exodus. Introduction and Commentary (TBC) London 1967 ([5]1983).

DAVIES, G.I., The Wilderness Itineraries: A Comparative Study: TynB 25 (1974) 46-81.

- The Way of the Wilderness. A Geographical Study of the Wilderness Itineraries in the Old Testament (MSSOTS 5) Cambridge 1979.

- The Wilderness Itineraries and the Composition of the Pentateuch: VT 33 (1983) 1-13.

DIEBNER, B.J., Erwägungen zum Thema "Exodus", in: FS W. HELCK (SAK 11) Hamburg 1984, 595-63o.

DIEPOLD, P., Israels Land (BWANT V/15) Stuttgart 1972.

DILLMANN, A., Die Bücher Exodus und Leviticus (KeH 12) Leipzig [3]1897.

DONNER, H., Pilgerfahrt ins Heilige Land. Die ältesten Berichte christlicher Palästinapilger (4.-7. Jahrhundert), Stuttgart 1979.

DONNER, H., Der Redaktor. Überlegungen zum vorkritischen Umgang mit der Heiligen Schrift: Henoch 2 (198o) 1-3o.

- Geschichte des Volkes Israel und seiner Nachbarn in Grundzügen. I. Von den Anfängen bis zur Staatenbildungszeit (GAT 4/1) Göttingen 1984.

DRIVER, S.R., A Critical and Exegetical Commentary on Deuteronomy (ICC) Edinburgh [3]19o2 (Nachdruck 1965).

- The Book of Exodus (Cambridge Bible) Cambridge 1918.

DUHM, B., Das Buch Jesaja (HK III/1) Göttingen [4]1922 (= Nachdruck [5]1968).

EAKIN Jr., F.E., The Reed Sea and Baalism: JBL 86 (1967) 378-384.

- The Plagues and the Crossing of the Sea: RExp 74 (1977) 473-482.

EERDMANS, B.D., Alttestamentliche Studien III. Das Buch Exodus, Gießen 191o.

EHRLICH, A.B., Randglossen zur Hebräischen Bibel. Textkritisches, Sprachliches und Sachliches. I. Genesis und Exodus, Leipzig 19o8 (= Nachdruck Hildesheim 1968).

EISSFELDT, O., Hexateuch-Synopse, Leipzig 1922 (= Nachdruck Darmstadt [2]1962).

- Baal Zaphon, Zeus Kasios und der Durchzug der Israeliten durchs Meer (BRGA 1) Halle (Saale) 1932.

EITZ, A., Studien zum Verhältnis von Priesterschrift und Deuterojesaja, Diss. Heidelberg 1969.

ELLIGER, K., Deuterojesaja in seinem Verhältnis zu Tritojesaja (BWANT IV/11) Stuttgart 1933.

- Sinn und Ursprung der priesterlichen Geschichtserzählung: ZThK 49 (1952) 121-143 = Kleine Schriften zum Alten Testament (ThB 32) München 1966, 174-198.

ENGEL, H., Die Vorfahren Israels in Ägypten. Forschungsgeschichtlicher Überblick über die Darstellungen seit Richard Lepsius (1849) (FThSt 27) Frankfurt/M. 1979.

FABRY, H.-J., Spuren des Pentateuchredaktors in Jos 4,21ff. Anmerkungen zur Deuteronomismus-Rezeption, in: N. LOHFINK (Hrsg.), Das Deuteronomium. Entstehung, Gestalt und Botschaft (BTEL 68) Leuven 1985, 351-356.

FENSHAM, F.C., Exodus (PredOT) Nijkerk 1977.

FLOSS, J.P., Wer schlägt wen? Textanalytische Interpretation von Gen 32,23-33: BN 2o (1983) 92-132 und 21 (1983) 66-1oo.

- Jahwe dienen - Göttern dienen. Terminologische, literarische und semantische Untersuchung einer Aussage zum Gottesverhältnis im Alten Testament (BBB 45) Köln - Bonn 1975.

FOHRER, G., Überlieferung und Geschichte des Exodus. Eine Analyse von Ex 1-15 (BZAW 91) Berlin 1964.

FRIEDMAN, R.E., The Exile and Biblical Narrative. The Formation of the Deuteronomistic and Priestly Work (HSM 22) Chico/California 1981.

- Sacred History and Theology: The Redaction of Torah, in: DERS. (Hrsg.), The Creation of Sacred Literature. Composition and Redaction of the Biblical Text, Berkeley - Los Angeles - London 1981, 25-34.

FRITZ, V., Israel in der Wüste. Traditionsgeschichtliche Untersuchung der Wüstenüberlieferung des Jahvisten (MThSt 7) Marburg 197o.

FUHS, H.F., Qādeš - Materialien zu den Wüstentraditionen Israels: BN 9 (1979) 54-7o.

FUSS, W., Die deuteronomistische Pentateuchredaktion in Exodus 3-17 (BZAW 126) Berlin 1972.

GALBIATI, E., La struttura letteraria dell'Esodo. Contributo allo studio dei criteri stilistici dell'A.T. e della composizione del Pentateuco (Scrinium Theologicum 3) Alba 1956.

GARCÍA LÓPEZ, F., Le roi d'Israel: Dt 17,14-2o, in: N. LOHFINK (Hrsg.), Das Deuteronomium. Entstehung, Gestalt und Botschaft (BETL 68) Leuven 1985, 272-297.

GÖRG, M., Das Zelt der Begegnung. Untersuchung zur Gestalt der sakralen Zelttraditionen Altisraels (BBB 27) Bonn 1967.

- Ausweisung oder Befreiung? Neue Perspektiven zum sogenannten Exodus: Kairos 2o (1978) 272-28o.

- Ijob aus dem Lande ^cŪs. Ein Beitrag zur "theologischen Geographie": BN 12 (198o) 7-12.

- Ophir, Tarschisch und Atlantis. Einige Gedanken zur symbolischen Topographie: BN 15 (1981) 76-86.

- Art. *jarden*: ThWAT III (1982) 9o1-9o9.

- "Scheol" - Israels Unterweltsbegriff und seine Herkunft: BN 17 (1982) 26-34.

GRAY, G.B., A Critical and Exegetical Commentary on Numbers (ICC) Edinburgh 19o3 (= Nachdruck 1965).

GRESSMANN, H., Mose und seine Zeit. Ein Kommentar zu den Mose-Sagen (FRLANT 18) Göttingen 1913.

- Die Anfänge Israels (von 2. Mose bis Richter und Rut) (SAT I/2) Göttingen ²1921.

GROSS, W., Verbform und Funktion. *wayyiqtol* für die Gegenwart? Ein Beitrag zur Syntax poetischer althebräischer Texte (ATS 1) St. Ottilien 1976.

GUNN, D.M., The "Hardening of Pharaoh's Heart": Plot, Character and Theology in Exodus 1-14, in: D.J.A. CLINES - D.M. GUNN - A.J. HAUSER, Art and Meaning: Rhetoric in Biblical Literature (JSOT.SS 19) Sheffield 1982, 72-96.

HAAG, E., Der Tag Jahwes im Alten Testament: BiLe 13 (1972) 238-248.

- Abraham und Lot in Gen 18+19, in: A. CAQUOT und M. DELCOR (Hrsg.), Mélanges bibliques et orientaux en l'honneur de M. HENRI CAZELLES (AOAT 212) Kevelaer - Neukirchen-Vluyn 1981, 173-199.

HAHN, J., Das "Goldene Kalb". Die Jahwe-Verehrung bei Stierbildern in der Geschichte Israels (EH XXIII/154) Frankfurt/M. - Bern 1981.

HAY, L.S., What really happened at the Sea of Reeds?: JBL 83 (1964) 397-4o3.

HEINISCH, P., Das Buch Exodus (HSchAT I/2) Bonn 1934.

HELM, R., Der antike Roman (Studienhefte zur Altertumswissenschaft 4) Göttingen ²1956.

HERRMANN, S., Israel in Ägypten: ZÄS 91 (1964) 63-79.

- Israels Aufenthalt in Ägypten (SBS 4o) Stuttgart 197o.

HOFFMANN, H.-D., Reform und Reformen. Untersuchungen zu einem Grundthema der deuteronomistischen Geschichtsschreibung (AThANT 66) Zürich 198o.

HOLZINGER, H., Das Buch Josua (KHC VI) Tübingen - Leipzig 19o1.

- Exodus (KHC II) Tübingen - Leipzig 19o2.

- Numeri (KHC IV) Tübingen - Leipzig 19o3.

HOSSFELD, F.-L., Der Dekalog. Seine späten Fassungen, die originale Komposition und seine Vorstufen (OBO 45) Fribourg - Göttingen 1982.

HULST, A.R., Der Jordan in den alttestamentlichen Überlieferungen: OTS 14 (1965) 162-188.

HUMBERT, P., "Etendre la main": VT 12 (1962) 383-395.

HURVITZ, A., A Linguistic Study of the Relationship between the Priestly Source and the Book of Ezekiel. A New Approach to an old Problem (CRB 2o) Paris 1982.

HYATT, J.Ph., Commentary on Exodus (NCeB) London 1971.

JACOB, B., Das erste Buch der Tora. Genesis, Berlin 1934 (= Nachdruck New York o.J.)

- Das zweite Buch der Tora. Exodus (hrsg. von E.I. Jacob), Mikrofilm - Jerusalem o.J.

JANOWSKI, B., Sühne als Heilsgeschehen. Studien zur Sühnetheologie der Priesterschrift und zur Wurzel KPR im Alten Orient und im Alten Testament (WMANT 55) Neukirchen-Vluyn 1982.

JEREMIAS, J., Theophanie. Die Geschichte einer alttestamentlichen Gattung (WMANT 1o) Neukirchen-Vluyn [2]1977.

JÜLICHER, A., Die Quellen von Ex 7,8-24,11: JpTh 8 (1882) 79-127.272-315.

KAISER, O., Die mythische Bedeutung des Meeres in Ägypten, Ugarit und Israel (BZAW 78) Berlin [2]1962.

- Zwischen den Fronten. Palästina in den Auseinandersetzungen zwischen dem Perserreich und Ägypten in der ersten Hälfte des 4. Jahrhunderts, in: J. SCHREINER (Hrsg.), Wort, Lied und Gottesspruch. Beiträge zu Psalmen und Propheten. FS J. ZIEGLER (fzb 2) Würzburg 1972, 197-2o6.

- Das Buch des Propheten Jesaja. Kap. 1-12 (ATD 17) Göttingen [5]1981.

KALISCH, M., A Historical and Critical Commentary on the Old Testament. Exodus, London 1855.

KEIL, C.F., Biblischer Commentar über die Bücher Mose. I. Genesis und Exodus (BC I/1) Leipzig [3]1878 (= Nachdruck Giessen - Basel [4]1983).

KELLERMANN, D., Die Priesterschrift von Numeri 1,1 bis 1o,1o literarkritisch und traditionsgeschichtlich untersucht (BZAW 12o) Berlin 197o.

KESSLER, R., Die Querverweise im Pentateuch. Überlieferungsgeschichtliche Untersuchung der expliziten Querverbindungen innerhalb des vorpriesterlichen Pentateuch, Diss. Heidelberg 1972.

KIESOW, K., Exodustexte im Jesajabuch. Literarkritische und motivgeschichtliche Analysen (OBO 24) Fribourg - Göttingen 1979.

KILIAN, R., Die vorpriesterschriftlichen Abrahamsüberlieferungen literarkritisch und traditionsgeschichtlich untersucht (BBB 24) Bonn 1966.

KNOBEL, A., Die Bücher Exodus und Leviticus. Bearbeitet von A. DILLMANN (KeH 12) Leipzig [2]188o.

KÜHLEWEIN, J., Geschichte in den Psalmen (CThM A 2) Stuttgart 1973.

KUENEN, A., Historisch-kritische Einleitung in die Bücher des alten Testaments hinsichtlich ihrer Entstehung und Sammlung I/1, Leipzig 1887.

KUHL, C., Die "Wiederaufnahme" - ein literarkritisches Prinzip?: ZAW 64 (1952) 1-11.

LABUSCHAGNE, C.J., The Meaning of b^{e}yād rāmā in the Old Testament, in: W.C. DELSMAN - J.T. NELIS - J.R.T.M. PETERS - W.H.Ph. RÖMER - A.S. VAN DER WOUDE (Hrsg.), Von Kanaan bis Kerala. FS J.P.M. VAN DER PLOEG (AOAT 211) Kevelaer - Neukirchen-Vluyn 1982, 143-148.

LÄMMERT, E., Zum Wandel der Geschichtserfahrung im Reflex der Romantheorie, in: R. KOSELLECK - W.-D. STEMPEL (Hrsg.), Geschichte - Ereignis und Erzählung (Poetik und Hermeneutik. Arbeitsergebnis einer Forschungsgruppe V) München 1973, 5o3-515.

LAUHA, A., Das Schilfmeermotiv im Alten Testament, in: Congress Volume Bonn 1962 (VTS 9)Leiden 1963, 32-46.

LE DÉAUT, R., A propos du Targum d'Exode 13,18: La Tôrah, arme secrète d'Israel, in: De la Tôrah au Messie. Mélanges H. CAZELLES, Paris 1981, 525-533.

LEIBOWITZ, N., Studies in Shemot (Exodus). I. Shemot - Yitro (Exodus 1-2o,23), Jerusalem 1976 (^{4}1983).

LOHFINK, N., Darstellungskunst und Theologie in Dtn 1,6-3,29: Bb 41 (196o) 1o5-134.

- Die Ursünden in der priesterschriftlichen Geschichtsdarstellung, in: G. BORNKAMM und K. RAHNER (Hrsg.), Die Zeit Jesu. FS H. SCHLIER, Freiburg/ Brsg. 197o, 38-57.

- Beobachtungen zur Geschichte des Ausdrucks ^{c}m JHWH, in: H.W. WOLFF (Hrsg.), Probleme biblischer Theologie. FS G. VON RAD, München 1971, 278-3o5.

- Die Sicherung der Wirksamkeit des Gotteswortes durch das Prinzip der Schriftlichkeit der Tora und durch das Prinzip der Gewaltenteilung nach den Ämtergesetzen des Buches Deuteronomium (Dt 16,18-18,22), in: H. WOLTER (Hrsg.), Testimonium Veritati: FS für Bischof W. KEMPF (FThSt 7) Frankfurt/ M. 1971, 143-155.

- Culture Shock and Theology. A Discussion of Theology as a Cultural and a Sociological Phenomenon Based on the Example of the Deuteronomic Law: BThB 7 (1977) 12-22

- Gewaltenteilung. Die Ämtergesetze des Deuteronomiums als gewaltenteiliger Verfassungsentwurf und das Katholische Kirchenrecht, in: DERS., Unsere großen Wörter. Das Alte Testament zu Themen dieser Jahre, Freiburg/Brsg. 1977, 57-75.

- Pluralismus. Theologie als Antwort auf Plausibilitätskrisen in aufkommenden pluralistischen Situationen, erörtert am Beispiel des deuteronomischen Gesetzes, in: DERS., Unsere großen Wörter. Das Alte Testament zu Themen dieser Jahre, Freiburg/Brsg. 1977, 24-43.

- Die Priesterschrift und die Geschichte, in: Congress Volume Göttingen 1977 (VTS 29) Leiden 1978, 189-225.

- "Ich bin Jahwe, dein Arzt" (Exodus 15,26) - Gott, Gesellschaft und menschliche Gesundheit in einer nachexilischen Pentateuchbearbeitung (Ex 15,25b. 26), in: "Ich will euer Gott werden". Beispiele biblischen Redens von Gott (SBS 1oo) Stuttgart 1981, 11-78.

LOHFINK, N., Kerygmata des Deuteronomistischen Geschichtswerks, in: J. JERE-
MIAS und L. PERLITT (Hrsg.), Die Botschaft und die Boten. FS H.W. WOLFF,
Neukirchen-Vluyn 1981, 87-1oo.

- Die Schichten des Pentateuch und der Krieg, in: DERS. (Hrsg.), Gewalt und
Gewaltlosigkeit im Alten Testament (QD 96) Freiburg/Brsg. 1983, 51-11o.

LUZARRAGA, J., Las tradiciones de la nube en la Biblia y en el Judaismo
primitivo (AnBb 54) Rom 1973.

McCARTHY, D.J., Plagues and Sea of Reeds: Exodus 5-14: JBL 75 (1966) 137-158.

McEVENUE, S.E., A Source-Critical Problem in Num 14,26-38: Bb 5o (1969) 453-
465.

- The Narrative Style of the Priestly Writer (AnBb 5o) Rom 1971.

McNEILE, A.H., The Book of Exodus (WC) London [2]1917.

MAIBERGER, P., Das Manna. Eine literarische, etymologische und naturkundli-
che Untersuchung (ÄAT 6/1+2) Wiesbaden 1983.

MANESCHG, H., Die Erzählung von der ehernen Schlange (Num 21,4-9) in der Auslegung der frühen jüdischen Literatur. Eine traditionsgeschichtliche Studie (EH XXIII/157) Frankfurt/M. - Bern 1981.

MANN, Th.W., The Pillar of Cloud in the Red Sea Narrative: JBL 9o (1971)
15-3o.

MAYER, W., Art. *jrd*: ThWAT III(1982) 894-9o1.

MERENDINO, R.P., Der Erste und der Letzte. Eine Untersuchung zu Jes 4o-48
(VTS 31) Leiden 1981.

MEYER, E., Die Israeliten und ihre Nachbarstämme. Alttestamentliche Untersuchungen, Halle 19o6 (= Nachdruck Darmstadt 1967).

MICHAELI, F., Le livre de l'Exode (CAT II) Neuchâtel - Paris 1974.

MICHEL, D., Die Rettung am Schilfmeer, zugleich eine Einführung in die Literarkritik, in: DERS., Israels Glaube im Wandel, Berlin 1968, 33-49.

MITTMANN, S., Numeri 2o,14-21. Eine redaktionelle Kompilation, in: H. GESE
und H.P. RÜGER (Hrsg.), Wort und Geschichte. FS K. ELLIGER (AOAT 18)
Kevelaer - Neukirchen-Vluyn 1973, 143-149.

- Deuteronomium 1,1-6,3 literarkritisch und traditionsgeschichtlich untersucht (BZAW 139) Berlin - New York 1975.

MÖLLE, H., Der sogenannte Landtag zu Sichem (fzb 42) Würzburg 198o.

MORAN, W.L., The End of the Unholy War and the Anti-Exodus: Bb 44 (1963)
333-342.

MORAWE, G., Erwägungen zu Gen 7,11 und 8,2. Ein Beitrag zur Überlieferungsgeschichte des priesterlichen Flutberichtes: Theol. Versuche III (1972)
31-52.

MÜLLER, A.R., Der Text als russische Puppe. Zu P. Weimar's "Die Berufung des
Mose": BN 17 (1982) 56-72.

MÜLLER, H.-P., Ursprünge und Strukturen alttestamentlicher Eschatologie
(BZAW 1o9) Berlin 1969.

NÖLDEKE, Th., Untersuchungen zur Kritik des Alten Testaments, Kiel 1869.

NORIN, St.I.L., Er spaltete das Meer. Die Auszugsüberlieferung in Psalmen
und Kult des Alten Israel (CB.OT 9) Lund 1977.

NORTH, R., Archaeo-Biblical Egypt, Rom 1967.

NOTH, M., Nu 21 als Glied der "Hexateuch"-Erzählung: ZAW 58 (194o/41) 161-184 = DERS., Aufsätze zur biblischen Landes- und Altertumskunde I (hrsg. von H.W. WOLFF), Neukirchen-Vluyn 1971, 75-1o1.

- Überlieferungsgeschichtliche Studien I. Die sammelnden und bearbeitenden Geschichtswerke im Alten Testament, Halle/Saale 1943 (= Nachdruck Darmstadt 1963).

- Der Schauplatz des Meerwunders, in: FS O. EISSFELDT, Halle 1947, 181-19o = Aufsätze zur biblischen Landes- und Altertumskunde I (hrsg. von H.W. WOLFF), Neukirchen-Vluyn 1971, 1o2-11o.

- Überlieferungsgeschichte des Pentateuch, Stuttgart 1948 (= Nachdruck Darmstadt [3]1966).

- Das Buch Josua (HAT I/7) Tübingen [2]1953.

- Das zweite Buch Mose. Exodus (ATD 5) Göttingen [3]1965.

- Das vierte Buch Mose. Numeri (ATD 7) Göttingen 1966.

OHLER, A., Mythologische Elemente im Alten Testament. Eine motivgeschichtliche Untersuchung, Düsseldorf 1969.

OREN, E.D., Die Landbrücke zwischen Asien und Afrika. Archäologie des Nordsinai bis zur klassischen Periode, in: B. ROTHENBERG u.a., Sinai. Pharaonen, Bergleute, Pilger und Soldaten, Bern 1979, 181-192.

- Migdol: Une Forteresse Perse au Nord-Ouest du Sinai: MondeB 24 (1982) 14-17.

- Les Premières Colonies Grecques: MondeB 24 (1982) 18

- Migdol: A New Fortress on the Edge of the Eastern Nile Delta: BASOR 256 (1984) 7-44.

OTTO, E., Hat Max Webers Religionssoziologie des antiken Judentums Bedeutung für eine Theologie des Alten Testaments?: ZAW 94 (1982) 187-2o3.

PATRICK, D., Traditio-History of the Reed Sea Account: VT 26 (1976) 248-249.

PERLITT, L., Bundestheologie im Alten Testament (WMANT 36) Neukirchen-Vluyn 1969.

- Wovon der Mensch lebt (Dtn 8,3b), in: J. JEREMIAS und L. PERLITT (Hrsg.), Die Botschaft und die Boten. FS H.W. WOLFF, Neukirchen-Vluyn 1981, 4o3-436.

- Motive und Schichten der Landtheologie im Deuteronomium, in: G. STRECKER (Hrsg.), Das Land Israel in biblischer Zeit (GTA 25) Göttingen 1983, 46-58.

PLÖGER, J.G., Literarkritische, formgeschichtliche und stilkritische Untersuchungen zum Deuteronomium (BBB 26) Bonn 1967.

PREUSS, H.D., Verspottung fremder Religionen im Alten Testament (BWANT V/12) Stuttgart 1971.

- Art. jaḇeš: ThWAT III (1982) 4oo-4o6.

PROCKSCH, O., Die Genesis (KAT I) Leipzig - Erlangen [2.3]1924.

RABENAU VON K., Die beiden Erzählungen vom Schilfmeerwunder in Exod. 13,17-14,31: Theol. Versuche I, Berlin 1966, 7-29.

RABINOWITZ, I., 'āz Followed by Imperfect Verb-Form in Preterite Contexts: A Redactional Device in Biblical Hebrew: VT 34 (1984) 53-62.

RAD VON, G., Die Priesterschrift im Hexateuch. Literarisch untersucht und theologisch gewertet (BWANT IV/13) Stuttgart 1934.

- Der heilige Krieg im Alten Israel (AThANT 2o) Zürich 1951.

- Theologie des Alten Testaments I. Theologie der geschichtlichen Überlieferungen Israels, München [4]1965.

RADJAWANE, A.N., Israel zwischen Wüste und Land. Studien zur Theologie von Deuteronomium 1-3, Diss. Mainz 1972.

REDFORD, D.B., Exodus I 11: VT 13 (1963) 4o1-418.

- Art. Pithom: LÄ IV (1982) 1o54-1o58.

RENDTORFF, R., Das überlieferungsgeschichtliche Problem des Pentateuch (BZAW 147) Berlin 1977.

RICHTER, W., Traditionsgeschichtliche Untersuchungen zum Richterbuch (BBB 18) Bonn [2]1966.

- Die Bearbeitungen des "Retterbuches" in der deuteronomischen Epoche (BBB 21) Bonn 1964.

ROBINSON, Th.H., Der Durchzug durch das Rote Meer: ZAW 51 (1933) 17o-173.

RÖSEL, H.N., Erwägungen zu Tradition und Geschichte von Jos 24 - ein Versuch: BN 22 (1983) 41-46.

ROHDE, E., Der griechische Roman und seine Vorläufer, Leipzig [3]1914 (= Nachdruck Darmstadt [4]196o).

ROSE, M., Deuteronomist und Jahwist. Untersuchungen zu den Berührungspunkten beider Literaturwerke (AThANT 67) Zürich 1981.

RUDOLPH, W., Der "Elohist" von Exodus bis Josua (BZAW 68) Berlin 1938.

RUPRECHT, E., Stellung und Bedeutung der Erzählung vom Mannawunder (Ex 16) im Aufbau der Priesterschrift: ZAW 86 (1974) 269-3o7.

SAEBØ, M. - BERGMAN, J. - VON SODEN, W., Art. *jôm*: ThWAT III (1982) 559-586.

SCHARBERT, J., Das "Schilfmeerwunder" in den Texten des Alten Testaments, in: A. CAQUOT und M. DELCOR (Hrsg.), Mélanges bibliques et orientaux en l'honneur de M. HENRI CAZELLES (AOAT 212) Kevelaer - Neukirchen-Vluyn 1981, 395-417.

SCHMID, H., Mose. Überlieferung und Geschichte (BZAW 11o) Berlin 1968.

SCHMID, H.H., Der sogenannte Jahwist. Beobachtungen und Fragen zur Pentateuchforschung, Zürich 1976.

- Auf der Suche nach neuen Perspektiven für die Pentateuchforschung, in: Congress Volume Vienna 198o (VTS 32) Leiden 1981, 375-394.

SCHMID, W., s. ROHDE, E.

SCHMIDT, W.H., Die Schöpfungsgeschichte der Priesterschrift. Zur Überlieferungsgeschichte von Gen 1,1-2,4a und 2,4b-3,24 (WMANT 17) Neukirchen-Vluyn [2]1967.

- Exodus (BK II/Lieferungen 1-3) Neukirchen-Vluyn 1974.1977.1983.

- Einführung in das Alte Testament, Berlin - New York 1979 ([3]1985).

- Ein Theologe in salomonischer Zeit? Plädoyer für den Jahwisten: BZ NF 25 (1981) 82-1o2.

- Exodus, Sinai und Mose. Erwägungen zu Ex 1-19 und 24 (EdF 191) Darmstadt 1983.

SCHMIDT, W.H., Nachwirkungen prophetischer Botschaft in der Priesterschrift, in: A. CAQUOT - S. LÉGASSE - M. TARDIEU (Hrsg.), Mélanges bibliques et orientaux en l'honneur de M. DELCOR (AOAT 215) Kevelaer - Neukirchen-Vluyn 1985, 369-377.

SCHMITT, G., Der Landtag von Sichem (AzTh I/15) Stuttgart 1964.

SCHMITT, H.-Chr., Die nichtpriesterliche Josephsgeschichte. Ein Beitrag zur neuesten Pentateuchkritik (BZAW 154) Berlin 1980.

- "Priesterliches" und "prophetisches" Geschichtsverständnis in der Meerwundererzählung von Ex 13,17-14,31. Beobachtungen zur Endredaktion des Pentateuch, in: A.H.J. GUNNEWEG und O. KAISER (Hrsg.), Textgemäß. Aufsätze und Beiträge zur Hermeneutik des Alten Testaments. FS E. WÜRTHWEIN, Göttingen 1980, 139-155.

- Redaktion des Pentateuch im Geiste der Prophetie. Beobachtungen zur Bedeutung der "Glaubens"-Thematik innerhalb der Theologie des Pentateuch: VT 32 (1982) 170-189.

SCHUNCK, K.D., Strukturlinien in der Entwicklung der Vorstellung vom "Tag Jahwes": VT 14 (1964) 319-330.

SEEBASS, H., Zur geistigen Welt des sog. Jahwisten: BN 4 (1977) 39-47.

- Geschichtliche Zeit und theonome Tradition in der Josephs-Erzählung, Gütersloh 1978.

- Num. XI, XII und die Hypothese des Jahwisten: VT 28 (1978) 214-223.

SEIDL, Th., Jahwe der Krieger - Jahwe der Tröster. Kritik und Neuinterpretation der Schöpfungsvorstellungen in Jesaja 51,9-16: BN 21 (1983) 116-134.

SIMIAN-YOFRE, H., Exodo en Deuteroisaías: Bb 61 (1980) 530-553.

SIMONS, J., The Geographical and Topographical Texts of the Old Testament. A concise Commentary in 32 Chapters (Studia Francisci Scholten memoriae dicata 2) Leiden 1959.

SIMPSON, C.A., The Early Traditions of Israel. A Critical Analysis of the Pre-deuteronomic Narrative of the Hexateuch, Oxford 1948.

SKA, J.-L., Les plaies d'Égypte dans le récit sacerdotal (Pg): Bb 60 (1979) 23-35.

- La sortie d'Égypte (Ex 7-14) dans le récit sacerdotal (Pg) et la tradition prophétique: Bb 60 (1979) 191-215.

- Séparation des eaux et de la terre ferme dans le récit sacerdotal: NRTh 113 (1981) 512-532.

- La place d'Ex 6,2-8 dans la narration de l'Exode: ZAW 94 (1982) 530-548.

- Exode XIV contient-il un récit de "guerre sainte" de style deutéronomistique? VT 33 (1983) 454-467.

SKWERES, D.E., Die Rückverweise im Buch Deuteronomium (AnBb 79) Rom 1979.

SMEND, R., Die Erzählung des Hexateuch auf ihre Quellen untersucht, Berlin 1912.

SMEND, R., Das Gesetz und die Völker. Ein Beitrag zur deuteronomistischen Redaktionsgeschichte, in: H.W. WOLFF (Hrsg.), Probleme biblischer Theologie. FS G. VON RAD, München 1971, 494-509.

- Die Entstehung des Alten Testaments, Berlin - New York 1979 ([3]1984).

SMEND, R., "Das Ende ist gekommen". Ein Amoswort in der Priesterschrift, in: J. JEREMIAS und L. PERLITT (Hrsg.), Die Botschaft und die Boten. FS H.W. WOLFF, Neukirchen-Vluyn 1981, 67-72.

SMITH, P.J., Yahweh and Moses in the Story of the Exodus according to Exodus 14: OTWSA 24 (1981) 84-92.

SNAITH, N.H., סוּף יַם: The Sea of Reeds: The Red Sea: VT 15 (1965) 395-398.

SOGGIN, J.A., Das Wunder am Meer und in der Wüste (Exodus, cc.14-15), in: A. CAQUOT - S. LÉGASSE - M. TARDIEU (Hrsg.), Mélanges bibliques et orientaux en l'honneur de M. DELCOR (AOAT 215) Kevelaer - Neukirchen-Vluyn 1985, 379-385.

SPEISER, E.A., An Angelic "Curse": Exodus 14,2o: JAOS 8o (196o) 198-2oo = Oriental and Biblical Studies. Collected Writings of E.A. SPEISER, Philadelphia 1967, 1o6-112.

STECK, O.H., Genesis 12,1-3 und die Urgeschichte des Jahwisten, in: H.W. WOLFF (Hrsg.), Probleme biblischer Theologie. FS G. VON RAD, München 1971, 525-554 = Wahrnehmungen Gottes im Alten Testament. Gesammelte Studien (ThB 7o) München 1982, 117-148.

STEINGRIMSSON, S.Ö., Vom Zeichen zur Geschichte. Eine literar- und formkritische Untersuchung von Ex 6,28-11,1o (CB.OT 14) Lund 1979.

STEUERNAGEL, C., Deuteronomium und Josua (HK I/3) Göttingen 19oo.

 - Das Deuteronomium (HK I/3.1) Göttingen ²1923.

 - Lehrbuch der Einleitung in das Alte Testament, Tübingen 1922.

STOLZ, F., Jahwes und Israels Kriege. Kriegstheorien und Kriegserfahrungen im Glauben des alten Israel (AThANT 6o) Zürich 1972.

STRACK, H.L., Die Bücher Genesis, Exodus, Leviticus und Numeri (KK A I) München 1894.

TE STROETE, G., Exodus (BOT I/2) Roermond 1966.

STUHLMUELLER, C., Creative Redemption in Deutero-Isaiah (AnBb 43) Rom 197o.

VALENTIN, H., Aaron. Eine Studie zur vor-priesterschriftlichen Aaron-Überlieferung (OBO 18) Fribourg - Göttingen 1978.

DE VAUX, R., Histoire Ancienne d'Israel. Des Origines à l'Installation en Canaan (EtB) Paris 1971.

WALSH, J.T., From Egypt to Moab. A Source Critical Analysis of the Wilderness Itinerary: CBQ 39 (1977) 2o-33.

WEHMEIER, G., Art. ᶜlh: THAT II (1976) 272-29o.

WEIMAR, P., Hoffnung auf Zukunft. Studien zu Tradition und Redaktion im priesterschriftlichen Exodus-Bericht in Ex 1-12, Diss. Freiburg/Brsg. 1971.

 - Untersuchungen zur priesterschriftlichen Exodusgeschichte (fzb 9) Würzburg 1973.

 - Formen frühjüdischer Literatur. Eine Skizze, in: J. MAIER - J. SCHREINER (Hrsg.), Literatur und Religion des Frühjudentums. Eine Einführung, Würzburg - Gütersloh 1973, 123-16o.

 - Die Toledot-Formel in der priesterschriftlichen Geschichtsdarstellung: BZ NF 18 (1974) 65-93.

 - Die Jahwekriegserzählungen in Exodus 14, Josua 1o, Richter 4 und 1 Samuel 7: Bb 57 (1976) 38-73.

WEIMAR, P., Untersuchungen zur Redaktionsgeschichte des Pentateuch (BZAW 146) Berlin - New York 1977.

- Die Berufung des Mose. Literaturwissenschaftliche Analyse von Exodus 2, 23-5,5 (OBO 32) Fribourg - Göttingen 1980.

- Literarische Kritik und Literarkritik. Unzeitgemäße Beobachtungen zu Jona 1,4-16, in: L. RUPPERT - P. WEIMAR - E. ZENGER (Hrsg.), Künder des Wortes. Beiträge zur Theologie der Propheten. FS J. SCHREINER, Würzburg 1982, 217-235.

- Struktur und Komposition der priesterschriftlichen Geschichtsdarstellung: BN 23 (1984) 81-134 und BN 24 (1984) 138-162.

WEIMAR, P. - ZENGER, E., Exodus. Geschichten und Geschichte der Befreiung Israels (SBS 75) Stuttgart 1975 (^{2}1979).

WELLHAUSEN, J., Die Composition des Hexateuch und der historischen Bücher des Alten Testaments, Berlin ^{4}1963.

- Prolegomena zur Geschichte Israels, Berlin - Leipzig ^{6}1905.

- Israelitisch-jüdische Religion, in: Kultur der Gegenwart I/4 (1905) 1-38 = DERS., Grundrisse zum Alten Testament (hrsg. von R. SMEND) (ThB 27) München 1965, 65-109.

WESTERMANN, C., Die Herrlichkeit Gottes in der Priesterschrift, in: H.J. STOEBE (Hrsg.), Wort - Gebot - Glaube. Beiträge zur Theologie des Alten Testaments. FS W. EICHRODT (AThANT 59) Zürich 1971, 227-244 = Forschung am Alten Testament. Gesammelte Studien II (ThB 55) München 1974, 115-137.

- Genesis I (BK I/1) Neukirchen-Vluyn 1974 (^{3}1983).

- Genesis III (BK I/3) Neukirchen-Vluyn 1982.

WIFALL, W., The Sea of Reeds as Sheol: ZAW 92 (1980) 325-332.

VAN DER WIJNGAERT, L., Die Sünde in der priesterschriftlichen Urgeschichte: ThPh 43 (1968) 35-50.

WILDBERGER, H., Jesaja III (BK X/3) Neukirchen-Vluyn 1982.

WILMS, F.-E., Wunder im Alten Testament (Schlüssel zur Bibel) Regensburg 1979.

WILSON, R.R., The Hardening of Pharaoh's Heart: CBQ 41 (1979) 18-36.

ZENGER, E., Die Sinaitheophanie. Untersuchungen zum jahwistischen und elohistischen Geschichtswerk (fzb 3) Würzburg 1971.

- Der Juditroman als Traditionsmodell des Jahweglaubens: TrThZ 83 (1974) 65-80.

- Jahwe, Abraham und das Heil aller Völker. Ein Paradigma zum Thema Exklusivität und Universalismus des Heils, in: W. KASPER (Hrsg.), Absolutheit des Christentums (QD 79) Freiburg/Brsg. 1977, 39-62.

- Das Buch Exodus (Geistliche Schriftlesung 7) Düsseldorf 1978 (^{2}1982).

- Wo steht die Pentateuchforschung heute? Ein kritischer Bericht über zwei wichtige neuere Publikationen: BZ NF 24 (1980) 101-116.

- Das Buch Judit (JSHRZ I/6) Gütersloh 1981, 427-534.

- Tradition und Interpretation in Ex XV 1-21, in: Congress Volume Vienna 1980 (VTS 32) Leiden 1981, 452-483.

- Israel am Sinai. Analysen und Interpretationen zu Exodus 17-34, Altenberge 1982.

ZENGER, E., Auf der Suche nach einem Weg aus der Pentateuchkrise: ThRev 78 (1982) 353-362.

- Gottes Bogen in den Wolken. Untersuchungen zu Komposition und Theologie der priesterschriftlichen Urgeschichte (SBS 112) Stuttgart 1983.

ZIEGLER, J., Die Hilfe Gottes "am Morgen", in: Alttestamentliche Studien. FS F. NÖTSCHER (BBB 1) Bonn 195o, 281-288.

ZIMMERLI, W., Erkenntnis Gottes nach dem Buch Ezechiel. Eine theologische Studie (AThANT 27) Zürich 1954 = Gottes Offenbarung. Gesammelte Aufsätze zum Alten Testament (ThB 19) München 1963, 41-119.

- Ezechiel (BK XIII/2) Neukirchen-Vluyn 1969 ([2]1979).

REGISTER DER BIBELSTELLEN

(in Auswahl und unter Berücksichtigung des Inhaltsverzeichnisses)

Gen

1,9.1o	19of.229
1,12.24	229
1,14-19	229
1,21	228
6,11.12	21o
6,17	219.231
6,22+7,6	231
7,11	193.23o
7,19	23o
7,22	128
8,14	19of.193.23o
9,9	219.231
9,15	231
12,1-7	99f
12,7	1o3
12,1o	244
15	14of
15,6	129.146
15,8	142
17	187
17,7+8	233.235
18,1	184
19,15.23	129
23,4.6.9.2o	25o
26,2	244
32,23-33	141.146
41,45.5o	264
43,15	244
45,1o	263
46,2o	264
46,28.29.34	263
47,1.4.6.27	263
49,3o	25o
5o,5	25o
5o,8	263
5o,9	242
5o,13	25o
5o,14	244
5o,22-26	116f
5o,24	117f
5o,25+26	116-119.142f

Ex

1,1	241
1,6+8	118
1,9+1o	89f.1oo.133

1,1o	1o2f.242
1,11	248.262f.266
1,13+14	217.25o
1,14	21o
2,4.7	112
2,15	259
2,23-25	186.188.217
2,23	175.21o.25o
3,1+2	252
3,7+8	1oof.1o3
3,19+2o	158
4,1.5	129.131
4,21	2o9.244
4,22+23	114.116
4,24-26	135.141.146
5,1+2	115.131
5,1	11o
5,2	116
6,1	91
6,2-8	185-187.2o8.213.215.236
6,6	187.2o6-2o8.25o
6,7	187.214.225.227.23o
6,9	175.21o.25o
7,1-5	2o9f.211.219-221.267
7,3	21of.231
7,4	2o4.222.223.227
7,5	214
7,6+7	231
7,9.1o.12	228
7,9	22o
7,11	191
7,14-18	116
7,17	76.131f.135
7,19	2o6.221.228f
7,2o	177f.2o9
8,1	2o6.221
8,2	221.23o
8,6	131f
8,11	2o9
8,12	2o6
8,13	178.221
8,14	229
8,15	2o9
8,18	263
9,8-12	2o9.217

9,1o	178	17,3	123-125.127
9,12	2o9	17,8-16	136.245
9,26	263	17,11	177
1o,13	128f	17,14	245f
1o,19	128f.247.26o	18,1-12	1o3.135-137.259
11,1-8	158	18,1o+11	132
11,2+3	14	18,12	146
11,9+1o	11.2o9.22o	19,1	13.217.225
12,1-14	237	19,2	15.137.248
12,1	18.2o6.246	19,9	255
12,3	2o6	19,16	128
12,12	2o4.229.262	23,23	252
12,27	131	24,5	137.146
12,28+4o	157	24,12.18	125
12,29-39	14.157	24,15+16	212.23o
12,31	1o.114f.131	24,16	253
12,33	155-158	25,2	2o5-2o7
12,35+36	14	25,8	2o6
12,37	1o-14.19.248.	29,45	227f
	262.266	29,46	214f.225
12,41	13.19.173f.179.	31,18	125
	189.211.217.222f	32	126
13,3-16	157	32,1	125f.138.145f.
13,17-19	9f.11		155f
15,1-21	6f	32,4	155
15,1	8	32,6	137.146
15,3	6	32,8	155
15,4	247	32,17	246
15,19	7.191.242	32,34	252
15,2o+21	8.1o7.112	33,2	252
15,2o	126f	33,9+1o	151.252
15,22-27	122f	33,15+16	155
15,22	11-15.19.123.	34,27	142
	134-137.145.247.	4o,34	212.23o
	259.26o	4o,36-38	253
15,23	15		
15,25+26	15f	**Lev**	
15,27	12f.15		
16,1-12	212.224-226	9,1-24	226f
16,1	11-13.15.217.248	9,5	213
16,2+3	226.234.236	9,23+24	226f
16,4+5	15f	9,23	213
16,6+7	212.214	23,43	264
16,9	2o6f		
16,1o	212f	**Num**	
16,11+12	2o8.213.215		
16,11	2o6	1o,11+12	13.217.248
16,12	2o5.2o7.214f	1o,33	162.26o
16,12.13	16f	1o,34	253
16,15	15	11,4.1o.13.18	123f.138
16,16	17	11,2o	124
16,32	17	11,3o	138
16,35	18.246.248	12	113
16,36	11	12,5	151.252
17,1-7	122f	12,7.8	111
17,1	248	13+14	233-236
17,3-6	134-137	13,17	138
		13,22	263

Ägypten und Altes Testament

Studien zu Geschichte, Kultur und Religion Ägyptens und des Alten Testaments
Herausgegeben von Manfred Görg

VERLAG OTTO HARRASSOWITZ · WIESBADEN